晉書

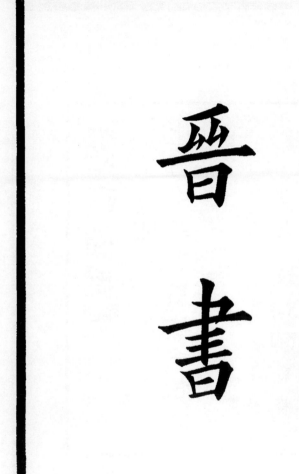

四部備要

史部

上海中華書局據武英殿本校刊

桐鄉陸費逵總勘
杭縣高時顯
吳汝霖輯校
杭縣丁輔之監造

晉書卷一百五

唐　太　宗　文　皇　帝　御　撰

載記第五

石勒下　子弘　張賓

太興二年勒僞稱趙王赦殊死已下均百姓田租之半賜孝悌力田死義之孤帛各有差孤老鰥寡穀人三石大酺七日依春秋列國漢初侯王每世稱元改稱趙王元年始建社稷立宗廟營東西官署從事中郎裴憲參軍傅暢杜嘏並領經學祭酒參軍續咸庾景爲律學祭酒任播崔濬爲史學祭酒中壘支雄游擊王陽並領門臣祭酒專明胡人辭訟以張離張良劉羣劉謨等爲門生主書司典胡人出內重其禁法不得侮易衣冠華族號胡爲國人遣使循行州郡勸課農桑加張賓大執法專總朝政位冠寮首署石季龍爲單于元輔都督禁衞諸軍事署前將軍李寒領司兵勳教國子擊刺戰射之法命記室佐明楷程機撰上黨國記中大夫傅彪賈蒲江軌撰大將軍起居注參軍石泰石同石謙孔

隆撰大單于志自是朝會常以天子禮樂饗其羣下威儀冠冕從容可觀矣羣臣議請論功勒曰自孤起軍十六年于兹矣文武將士從孤征伐者莫不蒙犯矢石備嘗艱阻其在葛陂之役厥功尤著宜爲賞之先也若身見存爵封輕重隨功位爲差死事之孤賞加一等庶足以慰答存亡申孤之心也又下書禁國人不聽報嫂及在喪婚娶其燒葬令如本俗孔萇攻邵續別營十一皆下之續尋爲石季龍所獲送于襄國劉曜將尹安宋始據洛陽降于勒晉徐州刺史蔡豹敗徐龕于檀丘龕遣使詣勒陳討豹之計勒遣將王步都爲龕前鋒使張敬率騎繼之敬達東平龕疑敬之襲己也斬步都等三百餘人復降于晉勒大怒命張敬據其襟要以守之大雨霖中山常山尤甚滹沲汎溢衝陷山谷巨松僵拔浮于滹沲東至渤海原隰之間皆如山積孔萇攻陷文鴦十餘營萇不設備鴦夜擊之大敗而歸勒始制軒懸之樂八佾之舞爲金根大輅黃屋左纛天子車旗禮樂備矣使石季龍率步騎四萬討徐龕龕遣長史劉霄詣勒乞降送妻子爲質納之時蔡豹屯于譙城季龍攻豹豹夜遁季龍引軍城封丘而旋徙朝

臣掾屬已上士族者三百戶于襄國崇仁里置公族大夫以領之勒宮殿及諸門始就制法令甚嚴諱胡尤峻有醉胡乘馬突入止車門勒大怒謂宮門小執法馮翥曰夫人君爲令尚望威行天下況宮闕之閒乎向馳馬入門爲是何人而不彈白耶翥惶懼忘諱對曰向有醉胡乘馬馳入甚呵禦之而不可與語勒笑曰胡人正自難與言恕而不罪使石季龍擊託候部掘咄哪於岍北大破之俘獲牛馬二十餘萬勒清定五品以張賓領選復續定九品署張班爲左執法郎孟卓爲右執法郎典定士族副選舉之任令羣寮及州郡歲各舉秀才至孝廉清賢良直言武勇之士各一人置署都部從事各一部一州秩二千石職準丞相司直勒下令曰去年水出巨材所在山積將皇天欲孤繕修宮宇也其擬洛陽之太極起建德殿遣從事中郎任汪帥使工匠五千採木以供之黎陽人陳武妻一產三男一女武攜其妻子詣襄國上書自陳勒下書以爲二儀諧暢和氣所致賜其乳婢一口穀一百石雜綵四十匹石季龍攻段匹磾于厭次孔萇討匹磾部內諸城陷之匹磾勢窮乃率其臣下輿櫬出降季龍送之襄國勒

署匹磾爲冠軍將軍以其弟文鴦亞將衞麟爲左右中郎將皆金章紫綬散諸
流人三萬餘戶復其本業置守宰以撫之於是冀幷幽州遼西巴西諸屯結皆
陷於勒時晉征北將軍祖逖據譙將平中原逖善於撫納自河以南多背勒歸
順勒憚之不敢爲寇乃下書曰祖逖屢爲邊患逖北州士望也儻有首丘之思
其下幽州修祖氏墳墓爲置守冢二家冀逖知趙施感恩輟其寇暴逖聞之甚
悅遣參軍王愉使于勒贈以方物修結和好勒厚賞其使遣左常侍董樹報聘
以馬百匹金五十斤答之自是兗豫又安人得休息矣從事中郎劉奥坐營建
德殿井木斜縮斬于殿中勒悔之贈太常建德校尉王和掘得員石銘曰律權
石重四鈞同律度量衡有新氏造議者未詳或以爲瑞參軍續咸曰王莽時物
也其時兵亂之後典度堙滅遂命下禮官爲準程定式又得一鼎容四升中有
大錢三十文曰百當千千當萬鼎銘十三字篆書不可曉藏之於永豐倉因此
令公私行錢而人情不樂乃出公絹市錢限中絹匹一千二百下絹八百然百
姓私買中絹四千下絹二千巧利者賤買私錢貴賣於官坐死者十數人而錢

終不行勒徙洛陽銅馬翁仲二于襄國列之永豐門祖逖牙門童建害新蔡內
史周密遣使降于勒勒斬之送首于祖逖曰天下之惡一也叛臣逃吏吾之深
仇將軍之惡猶吾惡也逖遣使報謝自是兗豫間壘壁叛者逖皆不納二州之
人率多兩屬矣勒令武鄉耆舊赴襄國既至勒親與鄉老齒坐歡飲語及平生
初勒與李陽鄰居歲常爭麻地迭相歐擊至是謂父老曰李陽壯士也何以不
來漚麻是布衣之恨孤方崇信於天下寧讎匹夫乎乃使召陽既至勒與酣謔
引陽臂笑曰孤往日厭卿老拳卿亦飽孤毒手因賜甲第一區拜參軍都尉令
曰武鄉吾之豐沛萬歲之後魂靈當歸之其復之三世勒以百姓始復業資儲
未豐於是重制禁釀郊祀宗廟皆以醴酒行之數年無復釀者尋署石季龍爲
車騎將軍率騎三萬討鮮卑鬱粥于離石俘獲及牛馬十餘萬鬱粥奔烏丸悉
降其衆城先是勒世子興死至是立子弘爲世子領中領軍遣季龍統中外精
卒四萬討徐龕龕堅守不戰於是築室返耕列長圍以守之晉鎮北將軍劉隗
降于勒拜鎮南將軍封列侯石季龍攻陷徐龕送之襄國勒囊盛於百尺樓自

上摽殺之令步都等妻子刳而食之坑龕降卒三千晉兗州刺史劉遐懼自鄒山退屯于下邳琅邪內史孫默以琅邪叛降于勒徐兗閒壘壁多送任請降皆就拜守宰清河張披爲程遐長史遐甚委昵之張賓舉爲別駕引參政事遐疾披去已又惡賓之權威勒世子弘卽遐之甥也自以有援欲收威重於朝乃使弘之母譖之曰張披與張賓爲游俠門客日百餘乘物望皆歸之非社稷之利也宜除披以便國家勒然之至是披取急召不時至因此遂殺之賓知遐之閒己遂弗敢請無幾以遐爲右長史總執朝政自是朝臣莫不震懼赴于程氏矣時祖逖卒勒始侵寇邊戍勒征虜石他敗王師于酇西執將軍衞榮而歸征北將軍祖約懼退如壽春勒境內大疫死者十二三乃罷徽文殿作遣其將王陽屯于豫州有闚闟之志於是兵難日尋梁鄭之閒騷然矣又遣季龍統中外步騎四萬討曹嶷先是嶷議欲徙海中保根余山會疾疫甚計未及就季龍進兵圍廣固東萊太守劉巴長廣太守呂披皆以郡降以石他爲征東將軍擊羌胡于河西左軍石挺濟師于廣固曹嶷降送于襄國勒害之坑其衆三萬季龍將

盡殺凝衆其青州刺史劉徵曰今留徵使牧人也無人焉牧徵將歸矣季龍乃
留男女七百口配徵鎮廣固青州諸郡縣壘壁盡陷勒司馬刺史石生攻晉揚
武將軍郭誦于陽翟不尅進寇襄城俘獲千餘而還勒以參軍樊坦清貧擢受
章武內史既而入辭勒見坦衣冠弊壞大驚曰樊參軍何貧之甚也坦性誠朴
率然而對曰頃遭羯賊無道資財蕩盡勒笑曰羯賊乃爾暴掠邪今當相償耳
坦大懼叩頭泣謝勒曰孤律自防俗士不關卿輩老書生也賜車馬衣服裝錢
三百萬以勵貪俗勒將兵都尉石瞻寇下邳敗晉將軍劉長遂寇蘭陵又敗彭
城內史劉續東莞太守竺珍東海太守蕭誕以郡叛降于勒勒親臨大小學考
諸學生經義尤高者賞帛有差勒雅好文學雖在軍旅常令儒生讀史書而聽
之每以其意論古帝王善惡朝賢儒士聽者莫不歸美焉嘗使人讀漢書聞酈
食其勸立六國後大驚曰此法當失何得遂成天下至留侯諫乃曰賴有此耳
其天資英達如此勒徵徐揚州兵會石瞻于下邳劉遐懼又自下邳奔于泗汭
石生攻劉曜河內太守尹平于新安斬之尅壘壁十餘降掠五千餘戶而歸自

是劉石禍結兵戈日交河東弘農閒百姓無聊矣以右常侍霍皓爲勸課大夫與典農使者朱表典勸都尉陸充等循行州郡核定戶籍勸課農桑農桑最修者賜爵五大夫使石生自延壽關出寇許頴俘獲萬餘降者二萬生遂攻陷康城晉將軍郭誦追生生大敗死者千餘生收散卒屯于康城勒汲郡內史石聰聞生敗馳救之進攻郭默俘獲男女二千餘人石聰攻敗晉將李矩郭默等勒將狩於近郊主簿程琅諫曰劉馬刺客離布如林變起倉卒帝王亦一夫之敵耳孫策之禍可不慮乎且枯木朽株盡能爲害馳騁之弊古今戒之勒勃然曰吾幹力自可足能裁量但知卿文書事不須白此輩也是日逐獸馬觸木而死勒亦幾殆乃曰不用忠臣言吾之過也乃賜琅朝服錦絹爵關內侯於是朝臣謁見忠言競進矣晉都尉魯潛叛以許昌降于勒石瞻攻陷晉兗州刺史檀斌于鄒山斌死之勒西夷中郎將王勝襲殺幷州刺史崔琨上黨內史王昚以幷州叛于勒先是石季龍攻劉曜將劉嶽于石梁至是石梁潰執嶽送襄國季龍又攻王勝于幷州殺之李矩以劉嶽之敗也懼自滎陽遁歸矩長史崔宣率矩

衆二千降于勒於是盡有司兗之地徐豫濱淮諸郡縣皆降之勒命徙洛陽晷影于襄國列之單于庭銘佐命功臣三十九人于石函置于建德前殿立桑梓苑于襄國勒嘗夜微行檢察營衞齎繒帛金銀以賂門者求出永昌門門候王假欲收捕之從者至乃止旦召假以爲振忠都尉爵關內侯勒如苑鄉召記室參軍徐光光醉不至以光物情所湊常不平之因此發怒退爲牙門勒自苑鄉如鄴徐光侍直慍然攘袂振紛仰視不顧勒因而惡之讓光曰何負卿而敢怏怏邪於是幽光幷其妻子于獄勒既將營鄴宮又欲以其世子弘爲鎭鄴與程遐謀之石季龍自以勳效之重仗鄴爲基雅無去意及修構三臺遷其家室季龍深恨遐遣左右數十人夜入遐宅姦其妻女掠衣物而去勒以弘鎭鄴配禁兵萬人車騎所統五十四營悉配之以驍騎領門臣祭酒王陽專統六夷以輔之石聰攻壽春不剋遂寇逡遒阜陵殺掠五千餘人京師大震濟岷太守劉闓將軍張闔等叛害下邳內史夏嘉以下邳降于石生石瞻攻河南太守王羨于邾陷之龍驤將軍王國叛以南郡降于勒晉彭城內史劉續復據蘭陵石城石

瞻攻陷之勒令州郡有壙發掘不掩覆者推劾之骸骨暴露者縣爲備棺衾之
具以牙門將王波爲記室參軍典定九流始立秀孝試經之制荏平令師懽獲
黑兎獻之於勒程遐等以爲勒龍飛革命之祥於晉以水承金兎陰精之獸玄
爲水色此示殿下宜速副天人之望也於是大赦以咸和三年改年曰太和石
堪攻晉豫州刺史祖約于壽春屯師淮上晉龍驤將軍王國以南郡叛降于堪
南陽都尉董幼叛率襄陽之衆又降于堪祖約諸將佐皆陰遣使附于勒石聰
與堪濟淮陷壽春祖約奔歷陽壽春百姓陷于聰者二萬餘戶劉曜敗季龍于
高候遂圍洛陽勒滎陽太守尹矩野王太守張進等皆降之襄國大震勒將親
救洛陽左右長史司馬郭敖程遐等固諫曰劉曜乘勝雄威難與爭鋒金墉糧
豐攻之未可卒拔曜懸軍千里勢不久支不可親動動無萬全大業去矣勒大
怒按劍叱遐等出於是赦徐光召而謂之曰劉曜乘高候之勢圍守洛陽庸人
之情皆謂其鋒不可當也然曜帶甲十萬攻一城而百日不剋師老卒殆以我
初銳擊之可一戰而擒若洛陽不守曜必送死冀州自河已北席卷南向吾事

去矣程遐等不欲吾親行卿以爲何如光對曰劉曜乘高候之勢而不能進臨
襄國更守金墉此其無能爲也懸軍三時亡攻戰之利若鸞旗親駕必望旌奔
敗定天下之計在今一舉今此機會所謂天授授而弗應禍之攸集勒笑曰光
之言是也佛圖澄亦謂勒曰大軍若出必擒劉曜勒尤悅使內外戒嚴有諫者
斬命石堪石聰及豫州刺史桃豹等各統見衆會滎陽使石季龍進據石門以
左衞石邃都督中軍事勒統步騎四萬赴金墉濟自大堨先是流澌風猛軍至
冰泮清和濟畢流澌大至勒以爲神靈之助也命曰靈昌津勒顧謂徐光曰曜
盛兵成皋關上計也阻洛水其次也坐守洛陽者成擒也諸軍集于成皋步卒
六萬騎二萬七千勒見曜無守軍大悅舉手指天又自指額曰天也乃卷甲銜
枚而詭道兼路出于鞏訾之間知曜陳其軍十餘萬于城西彌悅謂左右曰可
以賀我矣勒統步騎四萬入自宣陽門升故太極前殿季龍步卒三萬自城北
而西攻其中軍石堪石聰等各以精騎八千城西而北擊其前鋒大戰于西陽
門勒躬貫甲冑出自閶闔夾擊之曜軍大潰石堪執曜送之以徇于軍斬首五

萬餘級枕尸於金谷勒下令曰所欲擒者一人耳今已獲之其勅將士抑鋒止
銳縱其歸命之路乃旋師使征東石邃等帥騎衞曜而北及是祖約舉兵敗降
于勒勒使王波讓之曰卿逆極勢窮方來歸命吾朝豈逋逃之藪邪而卿敢有
靦面目也示之以前後檄書乃赦之劉曜子熙等去長安奔于上邽遣季龍討
之勒巡行冀州諸郡引見高年孝悌力田文學之士班賜穀帛有差令遠近牧
守宣告屬城諸所欲言靡有隱諱使知區區之朝虛渴讜言也季龍剋上邽遣
主簿趙封送傳國玉璽金璽太子玉璽各一于勒季龍進攻集木且羌于河西
剋之俘獲數萬秦隴悉平涼州牧張駿大懼遣使稱藩貢方物于勒徙氐羌十
五萬落于司冀州勒羣臣議以勒功業既隆祥符並萃宜時革徽號以答乾坤
之望於是石季龍等奉皇帝璽綬上尊號于勒勒弗許羣臣固請勒乃以咸和
五年僭號趙天王行皇帝事尊其祖邪曰宣王父周曰元王立其妻劉氏爲王
后世子弘爲太子署其子宏爲持節散騎常侍都督中外諸軍事驃騎大將軍
大單于封秦王左衞將軍斌太原王小子恢爲輔國將軍南陽王中山公季龍

爲太尉守尚書令中山王石生河東王石堪彭城王以季龍子邃爲冀州刺史封齊王加散騎常侍武衞將軍宣左將軍挺侍中梁王署左長史郭敖爲尚書左僕射右長史程遐爲右僕射領吏部尚書左司馬夔安右司馬郭殷從事中郎李鳳前郎中令裴憲爲尚書署參軍事徐光爲中書令領祕書監論功封爵開國郡公文武二十一人侯二十四人縣公二十六人侯二十二人其餘文武各有差侍中任播等參議以趙承金爲水德旗幟尚玄牲牡尚白子社丑臘勒從之勒下書曰自今有疑難大事八坐及委丞郎齎詣東堂詮詳平決其有軍國要務須啓有令僕尚書隨局入陳勿避寒暑昏夜也勒以祖約不忠於本朝誅之及其諸子姪親屬百餘人羣臣固請勒宜即尊號勒乃僭即皇帝位大赦境內改元曰建平自襄國都臨漳追尊其高祖曰順皇曾祖曰威皇祖曰宣皇父曰世宗元皇帝妣曰元昭皇太后文武封進各有差立其妻劉氏爲皇后又定昭儀夫人位視上公貴嬪貴人視列侯員各一人三英九華視伯淑媛淑儀視子容華美人視男務簡賢淑不限員數勒荊州監軍郭敬南蠻校尉董幼寇

襄陽勒馳勑敬退屯樊城戒之使偃藏旗幟寂若無人彼若使人觀察則告之
曰自愛堅守後七八日大騎將至相策不復得走矣敬使人浴馬于津周而復
始晝夜不絕偵諜還告南中郎將周撫撫以爲勒軍大至懼而奔武昌敬入襄
陽軍無私掠百姓安之晉平北將軍魏該弟遐等率該部衆自石城降于敬敬
毀襄陽還其百姓于沔北城樊城以戍之秦州休屠王羌叛于勒刺史臨深遣
司馬管光帥州軍討之爲羌所敗隴右大擾氐羌悉叛勒遣石生進據隴城王
羌兄子擢與羌有隙生乃賂擢與掎擊之羌敗奔涼州徙秦州夷豪五千餘戶
于雍州勒下書曰自今諸有處法悉依科令吾所忿戮怒發中旨者若德位已
高不宜訓罰或服勤死事之孤邂逅罹譴門下皆各列奏之吾當思擇而行也
堂陽人陳豬妻一產三男賜其衣帛廩食乳婢一口復三歲勿事時高句麗肅
愼致其楛矢宇文屋孤並獻名馬于勒涼州牧張駿遣長史馬詵奉圖送高昌
于寘鄯善大宛使獻其方物晉荊州牧陶侃遣兼長史王敷聘于勒致江南之
珍寶奇獸秦州送白獸白鹿荊州送白雉白兎濟陰木連理甘露降苑鄉勒以

休瑞並臻遐方慕義赦三歲刑已下均百姓去年逋調特赦涼州殊死涼州計吏皆拜郎中賜絹十匹綿十斤勒南郊有白氣自壇屬天勒大悅還宮赦四歲刑遣使封張駿武威郡公食涼州諸郡勒親耕藉田還宮赦五歲刑賜其公卿已下金帛有差勒以日蝕避正殿三日令羣公卿士各上封事禁州郡諸祠堂非正典者皆除之其能興雲致雨有益於百姓者郡縣更爲立祠堂殖嘉樹準嶽瀆已下爲差等勒將營鄴宮廷尉續咸上書切諫勒大怒曰不斬此老臣朕宮不得成也勑御史收之中書令徐光進曰陛下天資聰睿超邁唐虞而更不欲聞忠臣之言豈夏癸商辛之君邪其言可用用之不可用故當容之奈何一旦以直言而斬列卿乎勒歎曰爲人君不得自專如是豈不識此言之忠乎向戲之爾人家有百匹資尚欲市別宅況有天下之富萬乘之尊乎終當繕之耳且勑停作成吾直臣之氣也因賜咸絹百匹稻百斛又下書令公卿百寮歲薦賢良方正直言秀異至孝廉清各一人答策上第者拜議郎中第中郎下第郎中其舉人得遞相薦引廣招賢之路起明堂辟雍靈臺于襄國城西時大雨霖

中山西北暴水流漂巨木百餘萬根集于堂陽勒大悅謂公卿曰諸卿知不此
非爲災也天意欲吾營鄴都耳於是令少府任汪都水使者張漸等監營鄴宮
勒親授規模蜀梓潼建平漢固三郡蠻巴降于勒勒以成周土中漢晉舊京復
欲有移都之意乃命洛陽爲南都置行臺治書侍御史于洛陽勒因饗高句麗
宇文屋孤使酒酣謂徐光曰朕方自古開基何等主也對曰陛下神武籌略邁
于高皇雄藝卓犖超絕魏祖自三王以來無可比也其軒轅之亞乎勒笑曰人
豈不自知卿言亦以太過朕若逢高皇當北面而事之與韓彭競鞭而爭先耳
脫遇光武當並驅于中原未知鹿死誰手大丈夫行事當礧礧落落如日月皎
然終不能如曹孟德司馬仲達父子欺他孤兒寡婦狐媚以取天下也朕當在
二劉之間耳軒轅豈所擬乎其羣臣皆頓首稱萬歲晉將軍趙胤攻剋馬頭石
堪遣將軍韓雍救之至則無及遂寇南沙海虞俘獲五千餘人初郭敬之退據
樊城也王師復戍襄陽至是敬又攻陷之留戍而歸暴風大雨震電建德殿端
門襄國市西門殺五人雹起西河介山大如雞子平地三尺洿下丈餘行人禽

歐死者萬數歷太原樂平武鄉趙郡廣平鉅鹿千餘里樹木摧折禾稼蕩然勒正服于東堂以問徐光曰歷代已來有斯災幾也光對曰周漢魏晉皆有之雖天地之常事然明主未始不爲變所以敬天之怒也去年禁寒食介推帝鄉之神也歷代所尊或者以爲未宜替也一人吁嗟王道尙爲之虧況羣神怨憾而不怒動上帝乎縱不能令天下同爾介山左右晉文之所封也宜任百姓奉之勒下書曰寒食既幷州之舊風朕生其俗不能異也前者外議以子推諸侯之臣王者不應爲忌故從其議儻或由之而致斯災乎子推雖朕鄉之神非法食者亦不得亂也尙書其促檢舊典定議以聞有司奏以子推歷代攸尊請普復寒食更爲殖嘉樹立祠堂給戶奉祀勒黃門郎韋諛駮曰按春秋藏冰失道陰氣發泄爲雹自子推已前雹者復何所致此自陰陽乖錯所爲耳且子推賢者曷爲暴害如此求之冥趣必不然矣今雖爲冰室懼所藏之冰不在固陰沍寒之地多皆山川之側氣泄爲雹也以子推忠賢令緜介之間奉之爲允於天下則不通矣勒從之於是遷冰室於重陰凝寒之所幷州復寒食如初勒令其太

子省可尚書奏事使中常侍嚴震參綜可否征伐刑斷大事乃呈之自是震威
權之盛過于主相矣季龍之門可設雀羅季龍忿怏怏不悅郭敬南掠江西晉
南中郎將桓宣承其虛攻樊城取城中之衆而去敬旋師救樊追戰于涅水敬
前軍大敗宣亦死傷大半盡取所掠而止宣遂南取襄陽留軍戍之勒如鄴臨
石季龍第謂之曰功力不可並與待宮殿成後當爲王起第勿以卑小悒悒也
季龍免冠拜謝勒曰與王共有天下何所謝也有流星大如象尾足蛇形自北
極西南流五十餘丈光明燭地墜於河聲聞九百餘里黑龍見鄴井中勒觀龍
有喜色朝其羣臣于鄴命郡國立學官每郡置博士祭酒二人弟子百五十人
三考修成顯升台府於是擢拜太學生五人爲佐著作郎錄述時事時大旱勒
親臨廷尉錄囚徒五歲刑已下皆輕決遣之重者賜酒食聽沐浴一須秋論還
未及宮澍雨大降勒如其澧水宮因疾甚而還召石季龍與其太子弘中常侍
嚴震等侍疾禁中季龍矯命絕弘震及內外羣臣親戚勒疾之增損莫有知者
詐召石宏石堪還襄國勒疾小瘳見宏驚曰秦王何故來邪使王藩鎮正備今

日有呼者邪自來也有呼者誅之季龍大懼曰秦王思慕暫還耳今謹遣之數
日復問之季龍曰奉詔即遣今已半路矣更諭宏在外遂不遣之廣阿蝗季龍
密遣其子邃率騎三千游于蝗所熒惑入昴星隕于鄴東北六十里初赤黑黃
雲如幕長數十匹交錯聲如雷震墜地氣熱如火塵起連天時有耕者往視之
土猶燃沸見有一石方尺餘青色而輕擊之音如磬勒疾甚遺令三日而葬內
外百寮既葬除服無禁婚娶祭祀飲酒食肉征鎮牧守不得輒離所司以奔喪
斂以時服載以常車無藏金寶無內器玩大雅沖幼恐非能構荷朕志中山已
下其各司所典無違朕命大雅與斌宜善相維持司馬氏汝等之殷鑒其務於
敦穆也中山王深可三思周霍勿爲將來口實以咸和七年死時年六十在位
十五年夜瘞山谷莫知其所備文物虛葬號高平陵僞諡明皇帝廟號高祖
弘字大雅勒之第二子也幼有孝行以恭謙自守受經於杜嘏誦律於續咸勒
曰今世非承平不可專以文業教也於是使劉徵任播授以兵書王陽教之擊
刺立爲世子領中領軍尋署衞將軍使領開府辟召後鎮鄴勒僭位立爲太子

虛襟愛士好爲文詠其所親昵莫非儒素勒謂徐光曰大雅愔愔殊不似將家子光曰漢祖以馬上取天下孝文以玄默守之聖人之後必世勝殘天之道也勒大悅光因曰皇太子仁孝溫恭中山王雄暴多詐陛下一旦不諱臣恐社稷必危宜漸奪中山威權使太子早參朝政勒納之程遐又言於勒曰中山王勇武權智羣臣莫有及者觀其志也自陛下之外視之蔑如兼荷專征歲久威振外內性又不仁殘忍無賴其諸子並長皆預兵權陛下在自當無他恐其怏怏不可輔少主也宜早除之以便大計勒曰今天下未平兵難未已大雅沖幼宜任彊輔中山佐命功臣親同魯衞方委以伊霍之任何至如卿言也卿當忠輔幼主之日不得獨擅帝舅之權故耳吾亦當參卿於顧命勿爲過懼也遐泣曰臣所言者至公陛下以私賜距豈明主開襟納說忠臣必盡之義乎中山雖爲皇太后所養非陛下天屬不可以親義期也杖陛下神規微建鷹犬之效陛下酬其父子以恩榮亦以足矣魏任司馬懿父子終於鼎祚淪移以此而觀中山豈將來有益者乎臣因緣多幸託瓜葛於東宮臣而不竭言於陛下而誰言之

陛下若不除中山臣已見社稷不復血食矣勒不聽遐退告徐光曰主上向言
如此太子必危將若之何光曰中山常切齒於吾二人恐非但國危亦爲家禍
當爲安國寧家之計不可坐而受禍也光復承間言於勒曰陛下廓平八州帝
有海內而神色不悅者何也勒曰吳蜀未平書軌不一司馬家猶不絕於丹陽
恐後之人將以吾爲不應符籙每一思之不覺見於神色光曰臣以陛下爲憂
腹心之患而何暇更憂四支乎何則魏承漢運爲正朔帝王劉備雖紹興巴蜀
亦不可謂漢不滅也吳雖跨江東豈有虧魏美陛下既苞括二都爲中國帝王
彼司馬家兒復何異玄德李氏亦猶孫權符籙不在陛下竟欲安歸此四支之
輕患耳中山王藉陛下指授神略天下皆言其英武亞於陛下兼其殘暴多姦
見利忘義無伊霍之忠父子爵位之重勢傾王室觀其耿耿常有不滿之心近
於東宮曲讌有輕皇太子之色陛下隱忍容之臣恐陛下萬年之後宗廟必生
荆棘此心腹之重疾也惟陛下圖之勒默然而竟不從及勒死季龍執弘使臨
軒命收程遐徐光下廷尉召其子邃率兵入宿衞文武靡不奔散弘大懼讓位

于季龍季龍曰君薨而世子立臣安敢亂之弘泣而固讓季龍怒曰若其不堪天下自當有大議何足預論遂以咸和七年逼立之改年曰延熙文武百寮進位一等誅程遐徐光弘策拜季龍爲丞相魏王大單于加九錫以魏郡等十三郡爲邑總攝百揆季龍僞固讓久而受命赦其境內殊死已下立季龍妻鄭氏爲魏王后子邃爲魏太子加使持節侍中大都督中外諸軍事大將軍錄尚書事宣爲使持節車騎大將軍冀州刺史封河間王韜爲前鋒將軍司隸校尉封樂安王遵齊王鑒代王苞樂平王徙太原王斌爲章武王勒文武舊臣皆補左右丞相閑任季龍府寮舊昵悉署臺省禁要命太子宮曰崇訓宮勒妻劉氏已下皆徙居之簡其美淑及勒車馬珍寶服御之上者皆入于己署鎮軍夔安領左僕射尚書郭殷爲右僕射劉氏謂石堪曰皇祚之滅不復久矣王將何以圖之堪曰先帝舊臣皆已斥外衆旅不復由人宮殿之內無所措籌臣請出奔兗州據廩丘挾南陽王爲盟主宣太后詔於諸牧守征鎮令各率義兵同討桀逆蔑不濟也劉氏曰事急矣便可速發恐事淹變生堪許諾微服輕騎襲兗州失

期不尅遂南奔譙城季龍遣其將郭太等追擊之獲堪于城父送襄國炙而殺
之徵石恢還于襄國劉氏謀泄季龍殺之尊弘母程氏爲皇太后時石生鎭關
中石朗鎭洛陽皆起兵于二鎭季龍留子邃守襄國統步騎七萬攻朗于金墉
金墉潰獲朗刖而斬之進師攻長安以石挺爲前鋒大都督生遣將軍郭權率
鮮卑涉璝部衆二萬爲前鋒距之生統大軍繼發次于蒲坂前鋒及挺大戰潼
關敗績挺及丞相左長史劉隗皆戰死季龍退奔澠池枕尸三百餘里鮮卑密
通于季龍背生而擊之生時停蒲坂不知挺之死也懼單馬奔長安郭權乃復
收衆三千與越騎校尉石廣相持于渭汭生遂去長安潛于雞頭山將軍蔣英
固守長安季龍聞生之奔也進師入關進攻長安旬餘拔之斬蔣英等分遣諸
將屯于汧隴徙雍秦州華戎十餘萬戶于關東生部下斬生于雞頭山季龍還襄
國大赦諷弘命己建魏臺一如魏輔漢故事郭權以生敗據上邽以歸順詔以
權爲鎭西將軍秦州刺史於是京兆新平扶風馮翊北地皆應之弘鎭西石廣
與權戰敗績季龍遣郭敖及其子斌等率步騎四萬討之次于華陰上邽豪族

害權以降徙秦州三萬餘戶于青幷二州諸郡南氐楊難敵等送任通和長安陳良夫奔于黑羌招誘北羌四角王薄句大等擾北地馮翊與石斌相持石韜等率騎掎句大之後與斌夾擊敗之句大奔于馬蘭山郭敖等懸軍追北爲羌所敗死者十七八斌等收軍還于三城季龍聞而大怒遣使殺郭敖石宏有怨言季龍幽之弘齎璽綬親詣季龍諭禪位意季龍曰天下人自當有議何爲自論此也弘還宮對其母流涕曰先帝真無復遺矣俄而季龍遣丞相郭殷持節入廢弘爲海陽王弘安步就車容色自若謂羣臣曰不堪纂承大統顧慚羣后此亦天命去矣又何言百官莫不流涕宮人慟哭咸康元年幽弘及程氏幷宏恢于崇訓宮尋殺之在位時年二十二

張賓

張賓字孟孫趙郡中丘人也父瑤中山太守賓少好學博涉經史不爲章句闊達有大節常謂昆弟曰吾自言智算鑒識不後子房但不遇高祖耳爲中丘王帳下都督非其好也病免及永嘉大亂石勒爲劉元海輔漢將軍與諸將下山

東賓謂所親曰吾歷觀諸將多矣獨胡將軍可與共成大事乃提劍軍門大呼請見勒亦未之奇也後漸進規模乃異之引爲謀主機不虛發算無遺策成勒之基業皆賓之勳也及爲右長史大執法封濮陽侯任遇優顯寵冠當時而謙虛敬慎開襟下士士無賢愚造之者莫不得盡其情焉肅清百寮屏絕私昵入則格言出則歸美勒甚重之每朝常爲之正容貌簡辭令呼曰右侯而不名之勒朝莫與爲比也及卒勒親臨哭之哀慟左右贈散騎常侍右光祿大夫儀同三司謚曰景將葬送于正陽門望之流涕顧左右曰天欲不成吾事邪何奪吾右侯之早也程遐代爲右長史勒每與遐議有所不合輒歎曰右侯捨我去令我與此輩共事豈非酷乎因流涕彌日

晉書卷一百五

晉書卷一百五考證

石勒載記下修祖氏墳墓爲置守冢二家冀遜知趙施感恩輟其寇暴○後趙錄知作如施作佗言如南越王佗感漢之恩也似應從之

晉書卷一百五考證

晉書卷一百六

唐　太　宗　文　皇　帝　御　撰

載記第六

石季龍上

石季龍勒之從子也名犯太祖廟諱故稱字焉祖曰㔨邪父曰寇覓勒父朱幼而子季龍故或稱勒弟焉年六七歲有善相者曰此兒貌奇有壯骨貴不可言永興中與勒相失後劉琨送勒母王及季龍于葛陂時年十七矣性殘忍好馳獵游蕩無度尤善彈數彈人軍中以爲毒患勒白王將殺之王曰快牛爲犢子時多能破車汝當小忍之年十八稍折節身長七尺五寸趫捷便弓馬勇冠當時將佐親戚莫不敬憚勒深嘉之拜征虜將軍爲聘將軍郭榮妹爲妻季龍寵惑優僮鄭櫻桃而殺郭氏更納清河崔氏女櫻桃又譖而殺之所爲酷虐軍中有勇幹策略與己侔者輒方便害之前後所殺甚衆至於降城陷壘不復斷別善惡坑斬士女尠有遺類勒雖屢加責誘而行意自若然御衆嚴而不煩莫敢

犯者指授攻討所向無前故勒寵之信任彌隆仗以專征之任勒之居襄國署
爲魏郡太守鎮鄴三臺後封繁陽侯勒即大單于趙王位署爲單于元輔都督
禁衛諸軍事遷侍中開府進封中山公及勒僭號授太尉守尚書令進封爲王
邑萬戸季龍自以勳高一時謂勒即位之後大單于必在己而更以授其子弘
季龍深恨之私謂其子邃曰主上自都襄國以來端拱指授而以吾躬當矢石
二十餘年南擒劉岳北走索頭東平齊魯西定秦雍剋殄十有三州成大趙之
業者我也大單于之望實在于我而授黃吻婢兒每一憶此令人不復能寢食
待主上晏駕之後不足復留種也咸康元年季龍廢勒子弘羣臣已下勸其稱
尊號季龍下書曰王室多難海陽自棄四海業重故俛從推逼朕聞道合乾坤
者稱皇德協人神者稱帝皇帝之號非所敢聞且可稱居攝趙天王以副天人
之望於是赦其境內改年曰建武以夔安爲侍中太尉守尚書令郭殷爲司空
韓晞爲尚書左僕射魏槩馮莫張崇曹顯爲尚書申鍾爲侍中郎闓爲光祿大
夫王波爲中書令文武封拜各有差立其子邃爲太子季龍以讖文天子當從

東北來於是備法駕行自信都而還以應之分遣陶之柳鄉立停駕縣季龍徐州從事朱縱殺刺史郭祥以彭城歸順季龍遣將王朗擊之縱奔淮南季龍荒游廢政多所營繕使遂省可尚書奏事選牧守祀郊廟惟征伐刑斷乃親覽之觀省臺崩殺典匠少府任汪復使脩之倍於常度季龍自率衆南寇歷陽臨江而旋京師大震遣其征虜石遇寇中廬遂圍平北將軍桓宣于襄陽輔國將軍毛寶南中郎將王國征西司馬王愆期等率荊州之衆救之屯于章山遇攻守二旬軍中饑疫而還季龍以租入殷廣轉輸勞煩令中倉歲入百萬斛餘皆儲之水次晉將軍淳于安攻其琅邪費縣俘獲而歸石遂保母劉芝初以巫術進既養遂遂有深寵通賄賂豫言論權傾朝廷親貴多出其門遂封芝爲宜城君季龍下書令刑贖之家得以錢代財帛無錢聽以穀麥皆隨時價輸水次倉冀州八郡雨雹大傷秋稼下書深自咎責遣御史所在發水次倉麥以給秋種尤甚之處差復一年季龍將遷于鄴尚書請太常告廟季龍曰古者將有大事必告宗廟而不列社稷尚書可詳議以聞公卿乃請使太尉告社稷從之及入鄴

宮澍兩周洽季龍大悅赦殊死已下尚方令解飛作司南車成季龍以其構思精微賜爵關內侯賞賜甚厚始制散騎常侍已上得乘軺軒王公郊祀乘副車駕四馬龍旂八旒朔望朝會節乘軺軒時羌薄句大猶保險未賓遣其子章武王斌帥精騎二萬幷秦雍二州兵以討之季龍如長樂衞國有田疇不闢桑業不脩者貶其守宰而還咸康二年使牙門將張彌徙洛陽鍾虡九龍翁仲銅駝飛廉于鄴鍾一沒於河募浮沒三百人入河繫以竹絙牛百頭鹿櫨引之乃出造萬斛舟以渡之以四輪纏輞車轍廣四尺深二尺運至鄴季龍大悅赦二歲刑賚百官穀帛百姓爵一級下書曰三載考績黜陟幽明斯則先王之令典政道之通塞魏始建九品之制三年一清定之雖未盡弘美亦縉紳之清律人倫之明鏡從爾以來遵用無改先帝創臨天下黃紙再定至於選舉銓爲首格自不清定三載于茲主者其更銓論務揚清激濁使九流咸允也吏部選舉可依晉氏九班選制永爲揆法選畢經中書門下宣示三省然後行之其著此詔書于令銓衡不奉行者御史彈坐以聞索頭郁鞠率衆三萬降于季龍署鞠等一

十三人親通趙王皆封列侯散其部衆于冀青等六州時衆役煩興軍旅不息
加以久旱穀貴金一斤直米二斗百姓嗷然無生賴矣又納解飛之說於鄴正
南投石於河以起飛橋功費數千億萬橋竟不成役夫飢甚乃止使令長率丁
壯隨山澤采橡捕魚以濟老弱而復爲權豪所奪人無所得焉又料殷富之家
配飢人以食之公卿以下出穀以助振給姦吏因之侵割無已雖有貸贍之名
而無其實改直盪爲龍騰冠以絳幘於襄國起太武殿於鄴造東西宮至是皆
就太武殿基高二丈八尺以文石綷之下穿伏室置衞士五百人於其中東西
七十五步南北六十五步皆漆瓦金鐺銀楹金柱珠簾玉壁窮極伎巧又起靈
風臺九殿於顯陽殿後選士庶之女以充之後庭服綺縠玩珍奇者萬餘人內
置女官十有八等教宮人星占及馬步射置女太史于靈臺仰觀災祥以考外
太史之虛實又置女鼓吹羽儀雜伎工巧皆與外侔禁郡國不得私學星讖敢
有犯者誅左校令成公段造庭燎于崇杠之末高十餘丈上盤置燎下盤置人
絙繳上下季龍試而悅之其太保夔安等文武五百九人勸季龍稱尊號安等

方入而庭燎油灌下盤死者七人季龍惡之大怒斬成公段于閶闔門於是依殷周之制以咸康三年僭稱大趙天王即位于南郊大赦殊死已下追尊祖㔨邪爲武皇帝父寇覓爲太宗孝皇帝立其妻鄭氏爲天王皇后以子邃爲天王皇太子親王皆貶封郡公藩王爲縣侯百官封署各有差太原徙人有五百餘戸叛入黑羌武鄉長城徙人韓彊獲玄玉璽方四寸七分龜紐金文詣鄴獻之拜彊騎都尉復其一門夔安等又勸進曰臣等謹按大趙水德玄龜者水之精也玉者石之寶也分之數以象七政寸之紀以準四極昊天成命不可久違輒下史官擇吉日具禮儀謹昧死上皇帝尊號季龍下書曰過相褒美猥見推逼覽增恧然非所望也其亟止玆議今東作告始自非京城內外皆不得表慶中書令王波上玄璽頌以美之季龍以石弘時造此璽彊遇而獻之邃自總百揆之後荒酒淫色驕恣無道或盤游于田懸管而入或夜出于宮臣家淫其妻妾妝飾宮人美淑者斬首洗血置於盤上傳共視之又內諸比丘尼有姿色者與其交褻而殺之合牛羊肉煮而食之亦賜左右欲以識其味也河間公宣樂安

公韜有寵於季龍邃疾之如讎季龍荒耽內游威刑失度邃以事爲可呈呈之季龍恚曰此小事何足呈也時有所不聞復怒曰何以不呈誚責杖捶月至再三邃甚恨私謂常從無窮長生中庶子李顏等曰官家難稱吾欲行冒頓之事卿從我乎顏等伏不敢對邃稱疾不省事率宮臣文武五百餘騎宴于李顏別舍謂顏等曰我欲至冀州殺石宣有不從者斬行數里騎皆逃散李顏叩頭固諫邃亦昏醉而歸邃母鄭氏聞之私遣中人責邃邃怒殺其使季龍聞邃有疾遣所親任女尚書察之邃呼前與語抽劍擊之季龍大怒收李顏等詰問顏具言始末誅顏等三十餘人幽邃于東宮既而赦之引見太武東堂邃朝而不謝俄而便出季龍遣使謂邃曰太子應入朝中宮何以便去邃徑出不顧季龍大怒廢邃爲庶人其夜殺邃及妻張氏幷男女二十六人同埋於一棺之中誅其宮臣支黨二百餘人廢鄭氏爲東海太妃立其子宣爲天王皇太子宣母杜昭儀爲天王皇后安定人侯子光弱冠美姿儀自稱佛太子從大秦國來當王小秦國易姓名爲李子楊游于鄠縣爰赤眉家頗見其妖狀事微有驗赤眉信敬

之妻以二女轉相扇惑京兆樊經竺龍嚴諶謝樂子等聚衆數千人於杜南山
子楊稱大皇帝建元曰龍興赤眉與經爲左右丞相龍諶爲左右大司馬樂子
爲大將軍鎭西石廣擊斬之子楊頸無血十餘日而面色無異於生季龍將伐
遼西鮮卑段遼募有勇力者三萬人皆拜龍騰中郎遼遣從弟屈雲襲幽州刺
史李孟退奔易京季龍以桃豹爲橫海將軍王華爲渡遼將軍統舟師十萬出
漂渝津支雄爲龍驤大將軍姚弋仲爲冠軍將軍統步騎十萬爲前鋒以伐段
遼季龍衆次金臺支雄長驅入薊遼漁陽太守馬鮑代相張牧北平相陽裕上
谷相侯龕等四十餘城並率衆降于季龍支雄攻安次斬其部大夫那樓奇遼
懼棄令支奔于密雲山遼左右長史劉羣盧諶司馬崔悅等封其府庫遣使請
降季龍遣將軍郭太麻秋等輕騎二萬追遼及之戰于密雲獲其母妻斬級三
千遼單馬竄險遣子乞特真送表及名馬季龍納之乃還其戶二萬餘于雍司
兗豫四州之地諸有才行者皆擢敘之先是北單于乙回爲鮮卑敦那所逐既
平遼西遣其將李穆擊那破之復立乙回而還季龍入遼宮論功封賞各有差

初慕容皝與段遼有隙遣使稱藩于季龍陳遼宜伐請盡衆來會及軍至令支皝師不出季龍將伐之天竺佛圖澄進曰燕福德之國未可加兵季龍作色曰以此攻城何城不尅以此衆戰誰能禦之區區小豎何所逃也太史令趙攬固諫曰燕地歲星所守行師無功必受其禍季龍怒鞭之黜爲肥如長進師攻棘城旬餘不尅皝遣子恪帥胡騎二千晨出挑戰諸門皆若有師出者四面如雲季龍大驚棄甲而遁於是召趙攬復爲太史令季龍旋自令支過易京惡其固而毀之還謁石勒墓朝其羣臣于襄國建德前殿復從征文武有差至鄴設飲至之禮賜伻徧於丞郎季龍謀伐昌黎遣渡遼曹伏將青州之衆渡海戍蹋頓城無水而還因戍于海島運穀三百萬斛以給之又以船三百艘運穀三十萬斛詣高句麗使典農中郎將王典率衆萬餘屯田於海濱又令青州造船千艘使石宣率步騎二萬擊朔方鮮卑斛摩頭破之斬首四萬餘級冀州八郡大蝗司隸請坐守宰季龍曰此政之失和朕之不德而欲委咎守宰豈禹湯罪己之義邪司隸不進讜言佐朕不逮而歸咎無辜所以重吾之責可白衣領司隸加

其子司徒韜金鉦黃鉞鑾輅九旒先是使襄城公涉歸上庸公曰歸率衆戍長安二歸告鎮西石廣私樹恩澤潛謀不軌季龍大怒追廣至而殺之段遼於密雲山遣使詐降季龍信之使征東麻秋百里郊迎勅秋曰受降如待敵將軍愼之遼又遣使降于慕容皝曰胡貪而無謀吾今請降求迎彼終不疑也若伏衆軍以要之可以得志皝遣子恪伏兵于密雲麻秋統衆三萬迎遼爲恪所襲死者十六七秋步遁而歸季龍聞之驚怒方食吐餔乃削秋官爵下書令諸郡國立五經博士初勒置大小學博士至是復置國子博士助教季龍以吏部選舉斥外耆德而勢門童幼多爲美官免郎中魏奭爲庶人以其太子宣爲大單于建天子旌旗以夔安爲征討大都督統五將步騎七萬寇荊楊北鄙石閔敗王師于沔陰將軍蔡懷死之宣將朱保又敗王師于白石將軍鄭豹談玄郝莊隨相蔡熊皆遇害季龍將張賀度攻陷邾城敗晉將毛寶于邾西死者萬餘人夔安進據胡亭晉將軍黃沖歷陽太守鄭進皆降之安於是掠七萬戸而還時豪戚侵恣賄託公行季龍患之擢殿中御史李巨爲御史中丞特親任之自此百

寮震懾州郡肅然季龍曰朕聞良臣如猛獸高步通衢而豺狼避路信矣哉鎮遠王擢表雍秦二州望族自東徙已來遂在戍役之例既衣冠華胄宜蒙優免從之自是皇甫胡梁韋杜牛辛等十有七姓蠲其兵貫一同舊族隨才銓敍思欲分還桑梓者聽之其非此等不得爲例以其撫軍李農爲使持節監遼西北平諸軍事征東將軍營州牧鎮令支于時大旱白虹經天季龍下書曰朕在位六載不能上和乾象下濟黎元以致星虹之變其令百寮各上封事解西山之禁蒲葦魚鹽除歲供之外皆無所固公侯卿牧不得規占山澤奪百姓之利又下書曰前以豐國澠池二冶初建徙刑徒配之權救時務而主者循爲恆法致起怨聲自今罪犯流徙皆當申奏不得輒配也京獄見囚非手殺人一皆原遣其日澍雨季龍將討慕容皝令司冀青徐幽幷雍兼復之家五丁取三四丁取二合鄴城舊軍滿五十萬具船萬艘自河通海運穀豆千一百萬斛于安樂城以備征軍之調徙遼西北平漁陽萬餘戶于兖豫雍洛四州之地季龍僭位之後有所調用皆選司擬官經令僕而後奏行不得其人案以爲令僕之負尚書

及郎不坐至是吏部尚書劉真以爲失銓考之體而言之季龍責怒主者加真光祿大夫金章紫綬季龍如宛陽大閱於曜武場慕容皝襲幽冀略三萬餘家而去幽州刺史石光坐愞弱徵還賜徵士辛謐几杖衣服穀五百斛勅平原爲起甲第先是李壽將李宏自晉奔于季龍壽致書請之題曰趙王石君季龍不悅付外議之多有異同中書監王波議曰今李宏以死自誓若得反魂蜀漢當鳩率宗族混同王化若遣而果也則不煩一旅之師而坐定梁益就有進退豈在逃命一夫壽既號並日月跨僭一方今若制詔或敢酬反則取誚戎裔宜書答之并贈以楛矢使壽知我遐荒必臻也於是遣宏備物以酬之以石韜爲太尉與太子宣迭日省可尚書奏事自幽州東至白狼大興屯田張駿憚季龍之威遣其別駕馬詵朝之季龍初大悅及覽其表辭頗蹇傲季龍大怒將斬詵侍中石璞進曰爲陛下之患者丹陽也區區河右焉能爲有無今斬馬詵必征張駿則南討之師勢分爲二建業君臣延其數年之命矣勝之不爲武弗剋爲四夷所笑不如因而厚之若彼改圖謝罪率其臣職者則我又何求迷而不悟討

之末後也季龍乃止李宏既至蜀漢李壽欲誇其境內下令云羯使來庭獻其楛矢季龍聞之怒甚黜王波以白衣守中書監季龍志在窮兵以其國內少馬乃禁畜馬匿者腰斬收百姓馬四萬餘匹以入于公兼盛興宮室於鄴起臺觀四十餘所營長安洛陽二宮作者四十餘萬人又勑河南四州具南師之備幷朔秦雍嚴西討之資青冀幽州三五發卒諸州造甲者五十餘人兼公侯牧宰競興私利百姓失業十室而七船夫十七萬人爲水所沒猛獸所害三分而一貝丘人李弘因衆心之怨自言姓名應讖遂連結姦黨署置百寮事發誅之連坐者數千家季龍畋獵無度晨出夜歸又多微行躬察作役之所侍中韋謏諫曰臣聞千金之子坐不垂堂萬乘之主行不履危陛下雖天生神武雄據四海乾坤冥贊萬無所慮然白龍魚服有豫且之禍海若潛游罹葛陂之酷深願陛下清宮蹕路思二神爲元鑒不可忽天下之重輕行斤斧之間一旦有狂夫之變龍騰之勇不暇施也智士之計豈及設哉又自古聖王之營建宮室未始不於三農之隙所以不奪農時也今或盛功于耘藝之辰或煩役于收獲之月頓

斃屬塗怨聲塞路誠非聖君仁后所忍爲也昔漢明賢君也鍾離一言而德陽役止臣誠識慙昔士言無可採陛下道越前王所宜哀覽季龍省而善之賜以穀帛而興繕滋繁游察自若右僕射張離領五兵尚書專總兵要而欲求媚于石宣因說之曰今諸公侯吏兵過限宜漸削弱以盛儲威宣素疾石韜之寵甚說其言乃使離奏奪諸公府吏秦燕義陽樂平四公聽置吏一百九十七人帳下兵二百人自此已下三分置一餘兵五萬悉配東宮於是諸公咸怨爲大釁之漸矣遣征北張舉自鴈門討索頭郁鞠尅之制征士五人車一乘牛二頭米各十五斛絹十匹調不辦者以斬論將以圖江表於是百姓窮窘鬻子以充軍制猶不能赴自經于道路死者相望而求發無已會青州言濟南平陵城北石獸一夜中忽移在城東南善石溝上有狼狐千餘迹隨之迹皆成路季龍大悅曰獸者朕也自平陵城北而東南者天意將使朕平蕩江南之徵也天命不可違其勅諸州兵明年悉集朕當親董六軍以副成路之祥羣臣皆賀上皇德頌者一百七人時妖怪尤多石然于泰山八日而滅東海有大石自立旁有血流

鄴西山石間血流出長十餘步廣二尺餘太武殿畫古賢悉變爲胡旬餘頭悉縮入肩中季龍大惡之佛圖澄對之流涕寧遠劉寧攻武都狄道陷之使石宣討鮮卑斛穀提大破之斬首三萬級中謁者令申扁有寵於季龍而宣亦昵之扁聰辯明斷專綜機密之任季龍既不省奏案宣荒酒內游石韜沉湎好獵生殺除拜皆扁所決於是權傾內外刺史二千石多出其門九卿已下望塵而拜唯侍中鄭系王謙常侍盧諶崔約等十餘人與之抗禮季龍又取州郡吏馬一萬四千餘匹以配曜武關將馬主皆復一年鎮北宇文歸執送段遼之子蘭降于季龍獻駿馬萬匹季龍以平西張伏都爲使持節都督征討諸軍事帥步騎三萬擊涼州既濟河與張駿將謝艾大戰于河西伏都敗績季龍雖昏虐無道而頗慕經學遣國子博士詣洛陽寫石經校中經于祕書國子祭酒聶熊注穀梁春秋列于學宮燕公石斌淫酒荒獵常懸管而入征北張賀度以邊防宜警每裁諫之斌怒辱賀度季龍聞之大怒杖斌一百遣主書禮儀持節監之斌行意自若儀持法呵禁斌怒殺之欲殺賀度賀度嚴衞馳白之季龍遣尚書張離

持節帥騎追斌鞭之三百免官歸第誅其親任十餘人建元初季龍饗羣臣于
太武前殿有白鴈百餘集于馬道南季龍命射之無所獲旣將討三方諸州兵
至者百餘萬太史令趙攬私於季龍曰白鴈集殿庭宮室將空不宜行也季龍
納之臨宣武觀大閱而解嚴以燕公斌爲使持節侍中大司馬錄尙書事置左
右戎昭曜武將軍位在左右衞上東宮置左右統將軍位在四率上置上中光
祿大夫在左右光祿上置鎭衞將軍在車騎將軍上時石宣淫虐日甚而莫敢
以告領軍王朗言之於季龍曰今隆冬雪寒而皇太子使人斫伐宮材引於漳
水功役數萬士衆吁嗟陛下宜因游觀而罷之也季龍如其言旣而宣知朗所
爲怒欲殺之而無因會熒惑守房趙攬承宣旨言於季龍曰昴者趙之分也熒
惑所在其主惡之房爲天子此殃不小宜貴臣姓王者當之季龍曰誰可當者
攬久而對曰無復貴於王領軍也季龍旣惜朗且猜之曰更言其次攬曰其次
唯中書監王波耳季龍乃下書追波前議遣李宏及荅楛矢之愆腰斬之及其
四子投于漳水以厭熒惑之變尋愍波之無罪追贈司空封其孫爲侯平北尹

農攻慕容皝凡城不剋而還黜農爲庶人時白虹出自太社經鳳陽門東南連
天十餘刻乃滅季龍下書曰蓋古明王之理天下也政以均平爲首化以仁惠
爲本故能允協人和緝熙神物朕以眇薄君臨萬邦夕惕乾乾思遵古烈是以
每下書蠲除徭賦休息黎元庶俯懷百姓仰稟三光而中年已來變眚彌顯天
文錯亂時氣不應斯由人怨于下譴感皇天雖朕之不明亦羣后不能翼獎之
所致也昔楚相脩政洪災旋弭鄭卿厲道氛祲自消皆股肱之良用康羣變而
羣公卿士各懷道迷邦拱默成敗豈所望於台輔百司哉其各上封事極言無
隱於是閉鳳陽門唯元日乃開立二時于靈昌津祠天及五郊李壽以建寧上
庸漢固巴徵梓潼五郡降于季龍先是季龍起河橋於靈昌津采石爲中濟石
無大小下輒隨流用功五百餘萬而不成季龍遣使致祭沉璧于河俄而所沉
璧流于渚上地震水波騰上津所殿觀莫不傾壞壓死者百餘人季龍恚甚斬
工匠而止作焉命石宣石韜生殺拜除皆迭日省決不復啓也司徒申鍾諫曰
慶賞刑威后皇攸執名器至重不可以假人皆以防姦杜漸以示軌儀太子國

之儲貳朝夕視膳而不及政也庶人遂往以聞政致敗殷鑒不遠宜革而弗遵且二政分權尠不及禍周有子頹之釁鄭有叔段之難此皆由寵之不道所以亂國害親惟陛下覽之季龍不從太子詹事孫珍問侍中崔約曰吾患目疾何方療之約素狎珍戲之曰溺中則愈珍曰目何可溺約曰卿目睕睕正耐溺中珍恨之以白宣宣諸子中最胡狀目深聞之大怒誅約父子珍有寵于宣頗預朝政自誅約之後公卿已下憚之側目季龍子義陽公鑒時鎮關中役煩賦重失關右之和其友李松勸鑒文武有長髮者拔爲冠纓餘以給宮人長史取髮白之季龍大怒以其右僕射張離爲征西左長史龍驤將軍雍州刺史以察之信然徵鑒還鄴收松下廷尉以石苞代鎮長安發雍洛秦并州十六萬人城長安未央宮季龍性既好獵其後體重不能跨鞍乃造獵車千乘轅長三丈高一丈八尺置高一丈七尺格獸車四十乘立三級行樓二層於其上剋期將校獵自靈昌津南至滎陽東極陽都使御史監察其中禽獸有犯者罪至大辟御史因之擅作威福百姓有美女好牛馬者求之不得便誣以犯獸論死者百餘家

海岱河濟間人無寧志矣又發諸州二十六萬人脩洛陽宮發百姓牛二萬餘頭配朔州牧官增置女官二十四等東宮十有二等諸公侯七十餘國皆爲置女官九等先是大發百姓女二十已下十三已上三萬餘人爲三等之第以分配之郡縣要媚其旨務於美淑奪人婦者九千餘人百姓妻有美色豪勢因而脅之率多自殺石宣及諸公及私令采發者亦垂一萬總會鄴宮季龍臨軒簡第諸女大悅封使者十二人皆爲列侯自初發至鄴諸殺其夫及奪而遣之縊死者三千餘人荊楚揚徐間流叛略盡宰守坐不能綏懷下獄誅者五十餘人金紫光祿大夫逯明因侍切諫季龍大怒遣龍騰拉而殺之自是朝臣杜口相招爲祿仕而已季龍常以女騎一千爲鹵簿皆著紫綸巾熟錦袴金銀鏤帶五文織成韡游于戲馬觀觀上安詔書五色紙在木鳳之口鹿盧迴轉狀若飛翔焉遣涼州刺史麻秋等伐張重華尚書朱軌與中黃門嚴生不協會大雨霖道路陷滯不通生因而譖軌不脩道又訕謗朝政季龍遂殺之於是立私論之條偶語之律聽吏告其君奴告其主威刑日濫公卿已下朝會以目吉凶之問自

此而絶軌之囚也冠軍苻洪諫曰臣聞聖主之馭天下也土階三尺茅茨不翦
食不累味刑措而不用亡君之馭海內也傾宮瓊榭象箸玉杯截脛剖心脯賢
刳孕故其亡也忽焉今襄國鄴宮足康帝宇長安洛陽何爲者哉盤于游田躭
於女德三代之亡恆必由此而忽爲獵車千乘養獸萬里奪人妻女十萬盈宮
尙書朱軌納言大臣以道路不修將加酷法此自陛下政之失和陰陽災沴暴
降霖雨七旬霽方二日縱有鬼兵百萬尙未及脩之而況人乎刑政如此其如
史筆何其如四海何特願止作徒休宮女赦朱軌允衆望季龍省之不悅憚其
彊但寢而不納弗之罪也乃停二京作役焉

晉書卷一百六

晉書卷一百六考證

石季龍載記上尙方令解飛作司南車成○司十六國春秋作指

季龍將張賀度攻陷郡城○賀度十六國春秋作貉

擢殿中御史李巨爲御史中丞○巨一本作宸又一本作鉅

遣主書禮儀持節監之○左傳有衞大夫禮孔則禮其姓儀其名也

晉書卷一百六考證

晉書卷一百七

唐　太　宗　文　皇　帝　御　撰

載記第七

石季龍下　子世　遵　鑒　冉閔

永和三年，季龍親耕籍田于其桑梓苑，其妻杜氏祠先蠶于近郊，遂如襄國謁勒墓。以中書監石寧爲征西將軍，率并司州兵二萬餘人爲麻秋等後繼。張重華將宋秦等率戶二萬來降。河湟間氐羌十餘萬落與張璩相首尾，麻秋憚之不進。重華金城太守張沖又以郡降石寧。麻秋尋次曲柳，劉寧、王擢進攻，始與武街。重華將楊康等與寧戰于沙阜，寧敗績，乃引還金城。王擢剋武街，執重華護軍曹權、胡宣，徙七千餘戶于雍州。季龍又以孫伏都爲征西將軍，與麻秋率步騎三萬，長驅濟河，且城長最。重華大懼，遣將謝艾逆擊敗之，秋退歸金城。勒

及季龍並貪而無禮，既王有十州之地，金帛珠玉及外國珍奇異貨不可勝紀，而猶以爲不足，曩代帝王及先賢陵墓靡不發掘，而取其寶貨焉。邯鄲城西石

子堈上有趙簡子墓至是季龍令發之初得炭深丈餘次得木板厚一尺積板厚八尺乃及泉其水清冷非常作絞車以牛皮囊汲之月餘而水不盡不可發而止又使掘秦始皇冢取銅柱鑄以爲器時沙門吳進言于季龍曰胡運將衰晉當復興宜苦役晉人以厭其氣季龍於是使尚書張羣發近郡男女十六萬車十萬乘運土築華林苑及長牆于鄴北廣長數十里趙攬申鍾石璞等上疏陳天文錯亂蒼生凋弊及因引見又面諫辭旨甚切季龍大怒曰牆朝成夕沒吾無恨矣乃促張羣以燭夜作起三觀四門三門通漳水皆爲鐵扉暴風大雨死者數萬人揚州送黃鵠雛五頸長一丈聲聞十餘里泛之于玄武池郡國前後送蒼麟十六白鹿七季龍命司虞張曷柱調之以駕芝蓋列于充庭之乘鑿北城引水于華林園城崩壓死者百餘人命石宣祈于山川因而游獵乘大輅羽葆華蓋建天子旌旗十有六軍戎卒十八萬出自金明門季龍從其後宮升陵霄觀望之笑曰我家父子如是自非天崩地陷當復何愁但抱子弄孫日爲樂耳宣既馳逐無厭所在陳列行宮四面各以百里爲度驅圍禽獸皆暮集其

所文武跪立圍守重行烽炬星羅光燭如晝命勁騎百餘馳射其中宣與嬖姬顯德美人乘輦觀之嬉娛忘反獸殫乃止其有禽獸奔逸當之者坐有爵者奪馬步驅一日無爵者鞭之一百峻制嚴刑文武戰慄士卒飢凍而死者萬有餘人宣弓馬衣食皆號爲御有亂其間者以冒禁罪罪之所過三州十五郡資儲靡有孑遺季龍復命石韜亦如之出自并州游于秦晉宣素惡韜寵是行也疾之彌甚宦者趙生得幸于宣而無寵于韜微勸宣除之於是相圖之計起矣麻秋又襲張重華將張瑁於河陜敗之斬首三千餘級枹罕護軍李逵率衆七千降于季龍自河以南氐羌皆降石韜起堂于太尉府號曰宣光殿梁長九丈宣視而大怒斬匠截梁而去韜怒增之十丈宣聞之恚甚謂所幸楊杯牟成曰韜凶豎勃逆敢違我如是汝能殺之者吾入西宮當盡以韜之國邑分封汝等韜既死主上必親臨喪因行大事蔑不濟矣杯等許諾時東南有黃黑雲大如數畝稍分爲三狀若匹布東西經天色黑而青酉時貫日日沒後分爲七道每相去數十丈間有白雲如魚鱗子時乃滅韜素解天文見而惡之顧謂左右曰此

變不小當有刺客起于京師不知誰定當之是夜韜讌其寮屬于東明觀樂奏
酒酣愀然長歎曰人居世無常別易會難各付一杯開意爲吾飲令必醉知後
會復何期而不飲乎因泫然流涕左右莫不歔欷因宿于佛精舍宣使楊杯牟
皮牟成趙生等緣獼猴梯而入殺韜置其刀箭而去旦宣奏之季龍哀驚氣絶
久之方蘇將出臨之其司空李農諫曰害秦公者恐在蕭牆之內慮生非常不
可以出季龍乃止嚴兵發哀于太武殿宣乘素車從千人臨韜喪不哭直言呵
呵使舉衾看尸大笑而去收大將軍記室參軍鄭靖尹武等將委之以罪季龍
疑宣之害韜也謀召之懼其不入乃僞言其母哀過危惙宣不虞己之見疑也
入朝中宮因而止之建興人史科告稱韜死夜宿東宮長上楊杯家杯夜與五
人從外來相與語曰大事已定但願大家老壽吾等何患不富貴語訖便入科
寢闇中杯不見也科尋出逃匿俄而杯與二人出求科不得杯曰宿客聞人向
語當殺之斷口舌今而得去作大事矣科踰牆獲免季龍馳使收之獲楊杯牟
皮趙生等杯皮尋皆亡去執趙生而詰之生具首服季龍悲怒彌甚幽宣於席

庫以鐵環穿其頷而鏁之作數斗木槽和羹飯以猪狗法食之取害韜刀箭舐其血哀號震動宮殿積柴鄴北樹標於其上標末置鹿盧穿之以繩倚梯柴積送宣於標所使韜所親宦者郝稚劉霸拔其髮抽其舌牽之登梯上於柴積郝稚以繩貫其頷鹿盧絞上劉霸斷其手足斫眼潰腹如韜之傷四面縱火煙炎際天季龍從昭儀已下數千登中臺以觀之火滅取灰分置諸門交道中殺其妻子九人宣小子年數歲季龍甚愛之抱之而泣兒曰非兒罪季龍欲赦之其大臣不聽遂於抱中取而戮之兒猶挽季龍衣而大叫時人莫不爲之流涕季龍因此發病又誅其四率已下三百人宦者五十人皆車裂節解棄之漳水洿其東宮養豬牛東宮衛士十餘萬人皆謫戍涼州先是散騎常侍趙攬言於季龍曰中宮將有變宜防之及宣之殺韜也季龍疑其知而不告亦誅之廢宣母杜氏爲庶人貴嬪柳氏尚書耆之女也以才色特幸坐其二兄有寵于宣亦殺之季龍追其姿色復納耆少女于華林園季龍議立太子其太尉張舉進曰燕公斌彭城公遵並有武藝文德陛下神齒已衰四海未一請擇二公而樹之初

戎昭張豺之破上邽也獲劉曜幼女年十二有殊色季龍得而嬖之生子世封齊公至是豺以季龍年長多疾規立世爲嗣劉當爲太后己得輔政說季龍曰陛下再立儲宮皆出自倡賤是以禍亂相尋今宜擇母貴子孝者立之季龍曰卿且勿言吾知太子處矣又議于東堂季龍曰吾欲以純灰三斛洗吾腹腸穢惡故生凶子兒年二十餘便欲殺公今世方十歲比其二十吾已老矣於是與張舉李農定議勑公卿上書請立世大司農曹莫不署名季龍使張豺問其故莫頓首曰天下業重不宜立少是以不敢署也季龍曰莫忠臣也然未達朕意張舉李農知吾心矣其令諭之遂立世爲皇太子劉氏爲皇后季龍召太常條攸光祿勳杜嘏謂之曰煩卿傅太子實希改轍吾之相託卿宜明之署攸太傅嘏爲少傅季龍時疾瘳以永和五年僭即皇帝位于南郊大赦境內建元曰大寧百官增位一等諸子進爵郡王以尚書張良爲右僕射故東宮謫卒高力等萬餘人當戍涼州行達雍城既不在赦例又勑雍州刺史張茂送之茂皆奪其馬令步推鹿車致糧戍所高力督定陽梁犢等因衆心之怨謀起兵東還陰令

胡人頡獨鹿微告戍者戍者皆踊抃大呼梁犢乃自稱晉征東大將軍率衆攻
陷下辯逼張茂爲大都督大司馬載以軺車安西劉寧自安定擊之大敗而還
秦雍間城戍無不摧陷斬二千石長史長驅而東高力等皆多力善射一當十
餘人雖無兵甲所在掠百姓大斧施一丈柯攻戰若神所向崩潰戍卒皆隨之
比至長安衆已十萬其樂平王石苞時鎭長安盡銳距之一戰而敗犢遂東出
潼關進如洛川季龍以李農爲大都督行大將軍事統衞軍張賀度征西張良
征虜石閔等率步騎十萬討之戰于新安農師不利又戰于洛陽農師又敗乃
退壁成皐犢東掠滎陽陳留諸郡季龍大懼以燕王石斌爲大都督中外諸軍
事率精騎一萬統姚弋仲苻洪等擊犢于滎陽東大敗之斬犢首而還討其餘
黨盡滅之俄而晉將軍王龕拔其沛郡始平人馬勖起兵於洛氏葛谷自稱將
軍石苞攻滅之誅三千餘家時熒惑犯積尸又犯昴月及熒惑北犯河鼓未幾
季龍疾甚以石遵爲大將軍鎭關右石斌爲丞相錄尚書事張豺爲鎭衞大將
軍領軍將軍吏部尚書並受遺輔政劉氏懼斌之輔政也害世與張豺謀誅之

斌時在襄國乃遣使詐斌曰主上患已漸損王須獵者可小停也斌性好酒耽
獵遂游畋縱飲劉氏矯命稱斌無忠孝之心免斌官以王歸第使張豺弟雄率
龍騰五百人守之石遵自幽州至鄴勅朝堂受拜配禁兵三萬遣之遵慟泣而
去是日季龍疾小瘳問曰遵至未左右答言久已去矣季龍曰恨不見之季龍
臨於西閤龍騰將軍中郎二百餘人列拜于前季龍曰何所求也皆言聖躬不
和宜令燕王入宿衞典兵馬或言乞爲皇太子季龍不知斌之廢也責曰燕王
不在內邪呼來左右言王酒病不能入季龍曰促持輦迎之當付其璽綬亦竟
無行者尋惛眩而入張豺使弟雄等矯季龍命殺斌劉氏又矯命以豺爲太保
都督中外諸軍錄尚書事加千兵百騎一依霍光輔漢故事侍中徐統歎曰禍
將作矣吾無爲豫之乃仰藥而死俄而季龍亦死季龍始以咸康元年僭位至
此太和六年凡在位十五歲於是世卽僞位尊劉氏爲皇太后臨朝進張豺爲
丞相豺請石遵石鑒爲左右丞相以慰其心劉氏從之豺與張舉謀誅李農而
舉與農素善以豺謀告之農懼率騎百餘奔廣宗率乞活數萬家保于上白劉

氏使張舉等統宿衞精卒圍之豺以張離爲鎭軍大將軍監中外諸軍事司隸校尉爲己之副鄴中羣盜大起迭相刼掠石遵聞季龍之死屯于河內姚弋仲苻洪石閔劉寧及武衞王鸞寧西王午石榮王鐵立義將軍段勤等既平秦洛班師而歸遇遵于李城說遵曰殿下長而且賢先帝亦有意于殿下矣但以末年惛惑爲張豺所誤今上白相持未下京師宿衞空虛若聲張豺之罪鼓行而討之孰不倒戈開門而迎殿下者邪遵從之洛州刺史劉國等亦率洛陽之衆至於李城遵檄至鄴張豺大懼馳召上白之軍遵次于蕩陰戎卒九萬石閔爲前鋒豺將出距之耆舊羯士皆曰天子兒來奔喪吾當出迎之不能爲張豺城戍也踰城而出豺斬之不能止張離率龍騰二千斬關迎遵劉氏懼引張豺入對之悲哭曰先帝梓宮未殯而禍難繁興今皇嗣沖幼託之於將軍將軍何以匡濟邪加遵重官可以弭不豺惶怖失守無復籌計但言唯唯劉氏令以遵爲丞相領大司馬大都督中外諸軍錄尚書事加黃鉞九錫增封十郡委以阿衡之任遵至安陽亭張豺懼而出迎遵命執之於是貫甲曜兵入自鳳陽門升于

太武前殿擗踴盡哀退如東閣斬張豺于平樂市夷其三族假劉氏令曰嗣子
幼沖先帝私恩所授皇業至重非所克堪其以遵嗣位遵僞讓至于再三羣臣
敦勸乃受之僭卽尊位于太武前殿大赦殊死已下罷上白圍封世爲譙王邑
萬戶待以不臣之禮廢劉氏爲太妃尋皆殺之世凡立三十三日於是李農歸
請罪遵復其位待之如初尊其母鄭氏爲皇太后其妻張氏爲皇后以石斌子
衍爲皇太子石鑒爲侍中石沖爲太保石苞爲大司馬石琨爲大將軍石閔爲
中外諸軍事輔國大將軍錄尚書事輔政暴風拔樹震雷雨雹大如盂升太武
暉華殿災諸門觀閣蕩然其乘輿服御燒者太半光燄照天金石皆盡火月餘
乃滅雨血周徧鄴城石沖時鎭于薊聞遵殺世而自立乃謂其寮佐曰世受先
帝之命遵輒廢殺罪逆莫大其勅內外戒嚴孤將親討之於是留寧北沭堅戍
幽州帥衆五萬自薊討遵傳檄燕趙所在雲集比及常山衆十餘萬次于苑鄉
遇遵赦書謂左右曰吾弟一也死者不可復追何爲復相殘乎吾將歸矣其將
陳暹進曰彭城篡弑自尊爲罪大矣吳王雖北旆臣將南轅平京師擒彭城然

後奉迎大駕沖從之遵馳遣王擢以書喻沖沖弗聽遵假石閔黃鉞金鉦與李農等率精卒十萬討之戰于平棘沖師大敗獲沖于元氏賜死坑其士卒三萬餘人始葬季龍號其墓爲顯原陵僞謚武皇帝廟號太祖遵揚州刺史王浹以淮南歸順晉西中郎將陳逵進據壽春征北將軍褚裒率師伐遵次于下邳遵以李農爲南討大都督率騎二萬來距裒不能進退屯廣陵陳逵聞之懼遂焚壽春積聚毀城而還石苞時鎭長安謀帥關中之衆攻鄴左長史石光司馬曹曜等固諫苞怒誅光等百餘人苞性貪而無謀雍州豪右知其無成並遣使告晉梁州刺史司馬勳勳於是率衆赴之壁于懸鉤去長安二百餘里使治中劉煥攻京兆太守劉秀離斬之三輔豪右多殺其令長擁三十餘壁有衆五萬以應勳苞輟攻鄴之謀使麻秋姚國等率騎距勳遵遣車騎王朗率精騎二萬外以討勳爲名因劫苞送之于鄴勳又爲朗所距釋懸鉤拔宛城殺遵南陽太守袁景而還初遵之發李城也謂石閔曰努力事成以爾爲儲貳既而立衍閔甚失望自以勳高一時規專朝政遵忌而不能任閔既爲都督總內外兵權乃懷

撫殿中將士及故東宮高力萬餘人皆奏爲殿中員外將軍爵關外侯賜以宮女樹己之恩遵弗之猜也而更題名善惡以挫抑之衆咸怨矣而又納中書令孟準左衞將軍王鸞之計頗疑憚於閔稍奪兵權閔益有恨色準等咸勸誅之遵召石鑒等入議于其太后鄭氏之前皆請誅之鄭氏曰李城迴師無棘奴豈有今日小驕縱之不可便殺也鑒出遣宦者楊環馳以告閔閔遂劫李農及右衞王基密謀廢遵使將軍蘇亥周成率甲士三十執遵于如意觀遵時方與婦人彈碁問成等曰反者誰也成曰義陽王鑒當立遵曰我尚如是汝等立鑒復能幾時乃殺之于琨華殿誅鄭氏及其太子衍上光祿張斐中書令孟準左衞王鸞等遵凡在位一百八十三日鑒乃僭位大赦殊死以下以石閔爲大將軍封武德王李農爲大司馬並錄尚書事郎闓爲司空秦州刺史劉羣爲尚書左僕射侍中盧諶爲中書監鑒使石苞及中書令李松殿中將軍張才等夜誅閔農於琨華殿不克禁中擾亂鑒恐閔爲變僞若不知者夜斬松才於西中華門幷誅石苞時石祗在襄國與姚弋仲苻洪等通和連兵檄誅閔農鑒遣石琨爲

大都督與張舉及侍中呼延盛率步騎七萬分討祇等中領軍石成侍中石啓前河東太守石暉謀誅閔農閔農殺之龍驤孫伏都劉銖等結羯士三千伏于胡天亦欲誅閔等時鑒在中臺伏都率三十餘人將升臺挾鑒以攻之鑒見伏都毀閣道臨問其故伏都曰李農等反已在東掖門臣嚴率衞士謹先啓知鑒曰卿是功臣好爲官陳力朕從臺觀卿勿慮無報也於是伏都及銖率衆攻閔農不尅屯於鳳陽門閔農率衆數千毀金明門而入鑒懼閔之誅己也馳招閔農開門內之謂曰孫伏都反卿宜速討之閔農攻斬伏都等自鳳陽至琨華橫尸相枕流血成渠宣令內外六夷敢稱兵杖者斬之胡人或斬關或踰城而出者不可勝數使尙書王簡少府王鬱帥衆數千守鑒于御龍觀懸食給之令城內曰與官同心者住不同心者各任所之勅城門不復相禁於是趙人百里內悉入城胡羯去者塡門閔知胡之不爲己用也班令內外趙人斬一胡首送鳳陽門者文官進位三等武職悉拜牙門一日之中斬首數萬閔躬率趙人誅諸胡羯無貴賤男女少長皆斬之死者二十餘萬尸諸城外悉爲野犬豺狼所食

屯據四方者所在承閔書誅之于時高鼻多鬚至有濫死者半太宰趙鹿太尉
張舉中軍張春光祿石行撫軍石寧武衞張季及諸公侯卿校龍騰等萬餘人
出奔襄國石琨奔據冀州撫軍張沈屯滏口張賀度據石瀆建義段勤據黎陽
寧南楊羣屯桑壁劉國據陽城段龕據陳留姚弋仲據混橋苻洪據枋頭衆各
數萬王朗麻秋自長安奔于洛陽秋承閔書誅朗部胡千餘朗奔于襄國麻秋
率衆奔于苻洪石琨及張舉王朗率衆七萬伐鄴石閔率騎千餘距之城北閔
執兩刃矛馳騎擊之皆應鋒摧潰斬級三千琨等大敗遂歸于冀州閔與李農
率騎三萬討張賀度于石瀆鑒密遣宦者齎書召張沈等使承虛襲鄴宦者以
告閔農閔農馳還廢鑒殺之誅季龍孫三十八人盡殪石氏鑒在位一百三日
季龍小男混永和八年將妻妾數人奔京師勑收付廷尉俄而斬之於建康市
季龍十三子五人爲冉閔所殺八人自相殘害混至此又死初讖言滅石者陵
尋而石閔徙封蘭陵公季龍惡之改蘭陵爲武興郡至是終爲閔所滅始勒以
成帝咸和三年僭立二主四子凡二十三年以穆帝永和五年滅

閔字永曾小字棘奴季龍之養孫也父瞻字弘武本姓冉名良魏郡內黃人也其先漢黎陽騎都督累世牙門勒破陳午獲瞻時年十二命季龍子之驍猛多力攻戰無前歷位左積射將軍西華侯閔幼而果銳季龍撫之如孫及長身長八尺善謀策勇力絕人拜建節將軍徙封修成侯歷位北中郎將游擊將軍季龍之敗於昌黎閔軍獨全由此功名大顯及敗梁犢之後威聲彌振胡夏宿將莫不憚之永和六年殺石鑒其司徒申鍾司空郎闓等四十八人上尊號于閔閔固讓李農農以死固請於是僭卽皇帝位于南郊大赦改元曰永興國號大魏復姓冉氏追尊其祖隆元皇帝考瞻烈祖高皇帝尊母王氏爲皇太后立妻董氏爲皇后子智爲皇太子以李農爲太宰領太尉錄尚書事封齊王農諸子皆封爲縣公封其子胤明裕皆爲王文武進位三等封爵有差遣使者持節赦諸屯結皆不從石祗聞鑒死僭稱尊號于襄國諸六夷據州郡擁兵者皆應之閔遣使臨江告晉曰胡逆亂中原今已誅之若能共討者可遣軍來也朝廷不答閔誅李農及其三子幷尚書令王謨侍中王衍中常侍嚴震趙昇等晉廬江

太守袁眞攻其合肥執南蠻校尉桑坦遷其百姓而還石祗遣其相國石琨率衆十萬伐鄴進據邯鄲祗鎭南劉國自繁陽會琨閔大敗琨于邯鄲死者萬餘劉國還屯繁陽苻健自枋頭入關張賀度段勤與劉國靳豚會于昌城將攻鄴閔遣尙書左僕射劉羣爲行臺都督使其將王泰崔通周成等帥步騎十二萬次于黃城閔躬統精卒八萬繼之戰于蒼亭賀度等大敗死者二萬八千追斬靳豚于陰安鄉盡俘其衆振旅而歸戎卒三十餘萬旌旗鍾鼓綿亘百餘里雖石氏之盛無以過之閔至自蒼亭行飮至之禮清定九流準才受任儒學後門多蒙顯進于時翕然方之爲魏晉之初閔率步騎十萬攻石祗于襄國署其子太原王胤爲大單于驃騎大將軍以降胡一千配爲麾下光祿大夫韋謏啓諫切甚閔覽之大怒誅謏及其子孫閔攻襄國百餘日爲土山地道築室反耕祗大懼去皇帝之號稱趙王遣使詣慕容儁姚弋仲以乞師會石琨自冀州援祗弋仲復遣其子襄率騎三萬八千至自滆頭儁遣將軍悅綰率甲卒三萬自龍城三方勁卒合十餘萬閔遣車騎胡睦距襄于長蘆將軍孫威候琨于黃丘皆

爲敵所敗士卒略盡睦威單騎而還琨等軍且至閔將出擊之衞將軍王泰諫

曰窮寇固迷希望外援今彊救雲集欲吾出戰腹背擊我宜固壘勿出觀勢而

動以挫其謀今陛下親戎如失萬全大事去矣請愼無出臣請率諸將爲陛下

滅之閔將從之道士法饒進曰太白經昴當殺胡王一戰百剋不可失也閔攘

袂大言曰吾戰決矣敢諫者斬於是盡衆出戰姚襄悅綰石琨等三面攻之祗

衝其後閔師大敗閔潛于襄國行宮與十餘騎奔鄴降胡栗特康等執冉胤及

左僕射劉琦等送于祗盡殺之司空石璞尚書令徐機車騎胡睦侍中李琳中

書監盧諶少府王鬱尚書劉欽劉休等及諸將士死者十餘萬人於是人物殲

矣賊盜蜂起司冀大饑人相食自季龍末年而閔盡散倉庫以樹私恩與羌胡

相攻無月不戰青雍幽荆州徙戶及諸氐羌胡蠻數百餘萬各還本土道路交

錯互相殺掠且饑疫死亡其能達者十有二三諸夏紛亂無復農者閔悔之誅

法饒父子支解之贈韋謏大司徒石祗使劉顯帥衆七萬攻鄴時閔潛還莫有

知者內外兇兇皆謂閔已沒矣射聲校尉張艾勸閔親郊以安衆心閔從之訛

言乃止劉顯次于明光宮去鄴二十三里閔懼召衛將軍王泰議之泰恚其謀之不從辭以瘡甚閔親臨問之固稱疾篤閔怒還宮顧謂左右曰巴奴乃公豈假汝爲命邪要將先滅羣胡却斬王泰於是盡衆而戰大敗顯軍追奔及于陽平斬首三萬餘級顯懼密使請降求殺祗爲效閔振旅而歸會有告王泰招集秦人將奔關中閔怒誅泰夷其三族劉顯果殺祗及其太宰趙鹿等十餘人傳首于鄴送質請命驃騎石寧奔于柏人閔命焚祗首于通衢閔兗州刺史劉啓以鄄城歸順劉顯復率衆伐鄴閔擊敗之還稱尊號于襄國閔徐州刺史周成兗州刺史魏統豫州牧冉遇荊州刺史樂弘皆以城歸順平南高崇征虜呂護執洛州刺史鄭系以三河歸順慕容虔攻陷中山殺閔寧北白同幽州刺史劉準降于慕容儁時有雲黄赤色起東北長百餘丈一白鳥從雲間西南去占者惡之劉顯率衆伐常山太守蘇亥告難于閔閔留其大將軍蔣幹等輔其太子智守鄴親率騎八千救之顯所署大司馬清河王寧以棗強降于閔收其餘衆擊顯敗之追奔及于襄國顯大將曹伏駒開門爲應遂入襄國誅顯及其公卿

已下百餘人焚襄國宮室遷其百姓于鄴顯領軍范路率衆千餘斬關奔于枋
頭時慕容儁已尅幽薊略地至于冀州閔帥騎距之與慕容恪相遇於魏昌城
閔大將軍董閏車騎張温言於閔曰鮮卑乘勝氣勁不可當也請避之以溢其
氣然後濟師以擊之可以捷也閔怒曰吾成師以出將平幽州斬慕容儁今遇
恪而避之人將侮我矣乃與恪遇十戰皆敗之恪乃以鐵鏁連馬簡善射鮮卑
勇而無剛者五千方陣而前閔所乘赤馬曰朱龍日行千里左杖雙刃矛右執
鉤戟順風擊之斬鮮卑三百餘級俄而燕騎大至圍之數周閔衆寡不敵躍馬
潰圍東走行二十餘里馬無故而死爲恪所擒及董閏張温等送之于薊儁立
閔而問之曰汝奴僕下才何自妄稱天子閔曰天下大亂爾曹夷狄人面獸心
尙欲篡逆我一時英雄何爲不可作帝王邪儁怒鞭之三百送于龍城告廆皝
廟遣慕容評率衆圍鄴劉寧及弟崇帥胡騎三千奔于晉陽蘇亥棄常山奔于
新興鄴中饑人相食季龍時宮人被食略盡冉智尙幼蔣幹遣侍中繆嵩詹事
劉猗奉表歸順且乞師于晉濮陽太守戴施自倉垣次于棘津止猗不聽進責

其傳國璽猗使嵩還鄴復命幹沉吟未決施乃率壯士百餘人入鄴助守三臺
譎之曰且出璽付我今凶寇在外道路不通未敢送也須得璽當馳白天子耳
聞璽已在吾處信卿至誠必遣軍糧厚相救餉幹以爲然乃出璽付之施宣言
使督護何融迎糧陰令懷璽送于京師長水校尉馬願龍驤田香開門降評施
融蔣幹縋而下奔于倉垣評送閔妻董氏太子智太尉申鍾司空條攸中書
監聶熊司隸校尉籍羆中書令李垣及諸王公卿士于薊尚書令王簡左僕射
張乾右僕射郎肅自殺儁送閔既至龍城斬于遏陘山山左右七里草木悉枯
蝗蟲大起五月不雨至于十二月儁遣使者祀之謚曰武悼天王其日大雪是
歲永和八年也

史臣曰夫拯溺救焚帝王之師也窮凶騁暴戎狄之舉也蠢茲雜種自古爲虞
限以塞垣猶懼侵軼況乃入居中壤窺我王政乘弛紊之機覘危亡之隙而莫
不嘯羣鳴鏑汨亂天常者乎石勒出自羌渠見奇醜類聞鞞上黨季子鑒其非
凡倚嘯洛城夷甫識其爲亂及惠皇失統寓內崩離遂乃招聚蜡徒乘間煽禍

虔劉我都邑翦害我黎元朝市淪胥若沉航於鯨浪王公顛仆譬游魂於龍漠豈天厭晉德而假茲妖孽者歟觀其對敵臨危運籌賈勇奇謨間發猛氣橫飛遠嗤魏武則風情慷慨近答劉琨則音詞倜儻焚元超於苦縣陳其亂政之咎戮彭祖於襄國數以無君之罪於是跨躡燕趙幷吞韓魏杖奇材而竊徽號擁舊都而抗王室褫氈裘襲冠帶釋介胄開庠序鄰敵懼威而獻欵絕域承風而納貢則古之爲國曷以加諸雖曰凶殘亦一時傑也而託授非所貽厥無謀身隕嗣滅業歸攜養斯乃知人之闇焉季龍心昧德義幼而輕險假豹姿於羊質騁梟心於狼性始懷怨懟終行篡奪於是窮驕極侈勞役繁與畚鍤相尋干戈不息刑政嚴酷動見誅夷惵惵遺黎求哀無地戎狄殘獷斯爲甚乎既而父子猜嫌兄弟讎隙自相屠膾取笑天下墳土未燥禍亂荐臻釁起於張豺族傾於冉閔積惡致滅有天道哉夫從逆則凶事符影響爲咎必應理若循環世龍之殪晉人既窮其酷丞曾之誅羯士亦殲其類無德不報斯之謂乎

贊曰中朝不競蠻狄爭衡塵飛五嶽霧晻三精狡焉石氏怙亂窮兵流災肆慝

剽邑屠城始自羣盜終假鴻名勿謂凶醜亦曰時英季龍篡奪淫虐播聲身喪

國泯其由禍盈

晉書卷一百七

晉書卷一百七考證

石季龍載記下是歲永和八年也〇臣宗楷按永各本訛太綱目晉穆帝永和八年壬子夏四月燕慕容恪等擊魏大破之執其主閔以歸殺之今云太和乃海西公年號且在位僅五年不可云八年也今改正

晉書卷一百七考證

晉書卷一百八

唐太宗文皇帝御撰

載記第八

慕容廆　裴嶷　高瞻

慕容廆字奕洛瓌昌黎棘城鮮卑人也其先有熊氏之苗裔世居北夷邑于紫蒙之野號曰東胡其後與匈奴並盛控弦之士二十餘萬風俗官號與匈奴略同秦漢之際爲匈奴所敗分保鮮卑山因以爲號曾祖莫護跋魏初率其諸部入居遼西從宣帝伐公孫氏有功拜率義王始建國於棘城之北時燕代多冠步搖冠莫護跋見而好之乃斂髮襲冠諸部因呼之爲步搖其後音訛遂爲慕容焉或云慕二儀之德繼三光之容遂以慕容爲氏祖木延左賢王父涉歸以全柳城之功進拜鮮卑單于遷邑於遼東北於是漸慕諸夏之風矣廆幼而魁岸美姿貌身長八尺雄傑有大度安北將軍張華雅有知人之鑒廆童丱時往謁之華甚歎異謂曰君至長必爲命世之器匡難濟時者也因以所服簪幘遺

廆結殷勤而別涉歸死其弟耐篡位將謀殺廆廆亡潛以避禍後國人殺耐迎

廆立之初涉歸有憾於宇文鮮卑廆將脩先君之怨表請討之武帝弗許廆怒

入寇遼西殺略甚衆帝遣幽州諸軍討廆戰于肥如廆衆大敗自後復掠昌黎

每歲不絕又率衆東伐扶餘扶餘王依慮自殺廆夷其國城驅萬餘人而歸東

夷校尉何龕遣督護賈沉將迎立依慮之子爲王廆遣其將孫丁率騎邀之沉

力戰斬丁遂復扶餘之國廆謀於其衆曰吾先公以來世奉中國且華裔理殊

彊弱固別豈能與晉競乎何爲不和以害吾百姓邪乃遣使來降帝嘉之拜爲

鮮卑都督廆致敬於東夷府巾衣詣門抗士大夫之禮何龕嚴兵引見廆乃改

服戎衣而入人問其故廆曰主人不以禮賓復何爲哉龕聞而慚之彌加敬憚

時東胡宇文鮮卑段部以廆威德日廣懼有吞併之計因爲寇掠往來不絕廆

卑辭厚幣以撫之太康十年廆又遷于徒河之青山廆以大棘城卽帝顓頊之

墟也元康四年乃移居之教以農桑法制同於上國永寧中燕垂大水廆開倉

振給幽方獲濟天子聞而嘉之褒賜命服太安初宇文莫圭遣弟屈雲寇邊城

雲別帥大素延攻掠諸部廆親擊敗之素延怒率衆十萬圍棘城衆咸懼人無
距志廆曰素延雖犬羊蟻聚然軍無法制已在吾計中矣諸君但爲力戰無所
憂也乃躬貫甲冑馳出擊之素延大敗追奔百里俘斬萬餘人永嘉初廆自稱
鮮卑大單于遼東太守龐本以私憾殺東夷校尉李臻附塞鮮卑素連木津等
託爲臻報讎實欲因而爲亂遂攻陷諸縣殺掠士庶太守袁謙頻戰失利校尉
封釋懼而請和連歲寇掠百姓失業流亡歸附者日月相繼廆子翰言於廆曰
求諸侯莫如勤王自古有爲之君靡不杖此以成事業者也今連津跋扈王師
覆敗蒼生屠膾豈甚此乎豎子外以龐本爲名內實幸而爲寇封使君以誅本
請和而毒害滋深遼東傾沒垂已二周中原兵亂州師屢敗勤王杖義今其時
也單于宜明九伐之威救倒懸之命數連津之罪合義兵以誅之上則興復遼
邦下則幷吞二部忠義彰於本朝私利歸于我國此則吾鴻漸之始也終可以
得志于諸侯廆從之是日率騎討連津大敗斬之二部悉降徙之棘城立遼東
郡而歸懷帝蒙塵于平陽王浚承制以廆爲散騎常侍冠軍將軍前鋒大都督

大單于廆不受建興中愍帝遣使拜廆鎮軍將軍昌黎遼東二國公建武初元
帝承制拜廆假節散騎常侍都督遼左雜夷流人諸軍事龍驤將軍大單于昌
黎公廆讓而不受征虜將軍魯昌說廆曰今兩京傾沒天子蒙塵琅邪承制江
東實人命所係明公雄據海朔跨總一方而諸部猶怙衆稱兵未遵道化者蓋
以官非王命又自以爲彊今宜通使琅邪勸承大統然後敷宣帝命以伐有罪
誰敢不從廆善之乃遣其長史王濟浮海勸進及帝卽尊位遣謁者陶遼重申
前命授廆將軍單于廆固辭公封時二京傾覆幽冀淪陷廆刑政脩明虛懷引
統流亡士庶多襁負歸之廆乃立郡以統流人冀州人爲冀陽郡豫州人爲成
周郡青州人爲營丘郡并州人爲唐國郡於是推舉賢才委以庶政以河東裴
嶷代郡魯昌北平陽耽爲謀主北海逄羨廣平游邃北平西方虔渤海封抽西
河宋奭河東裴開爲股肱渤海封奕平原宋該安定皇甫岌蘭陵繆愷以文章
才儁任居樞要會稽朱左車太山胡毋翼魯國孔纂以舊德清重引爲賓友平
原劉讚儒學該通引爲東庠祭酒其世子皝率國冑束脩受業焉廆覽政之暇

親臨聽之於是路有頌聲禮讓興矣時平州刺史東夷校尉崔毖自以爲南州士望意存懷集而流亡者莫有赴之毖意廆拘留乃陰結高句驪及宇文段國等謀滅廆以分其地大興初三國伐廆廆曰彼信崔毖虛說邀一時之利烏合而來耳既無統一莫相歸伏吾今破之必矣然彼軍初合其鋒甚銳幸我速戰若逆擊之落其計矣靖以待之必懷疑貳迭相猜防一則疑吾與毖譎而覆之二則自疑三國之中與吾有韓魏之謀者待其人情沮惑然後取之必矣於是三國攻棘城廆閉門不戰遣使送牛酒以犒宇文大言於衆曰崔毖昨有使至於是二國果疑宇文同於廆也引兵而歸宇文悉獨官曰二國雖歸吾當獨兼其國何用人爲盡衆逼城連營三十里廆簡銳士配皝推鋒於前翰領精騎爲奇兵從傍出直衝其營廆方陣而進悉獨官自恃其衆不設備見廆軍之至方率兵距之前鋒始交翰已入其營縱火焚之其衆皆震擾不知所爲遂大敗悉獨官僅以身免盡俘其衆於其營候獲皇帝玉璽三紐遣長史裴嶷送于建鄴崔毖懼廆之讎己也使兄子燾僞賀廆會三國使亦至請和曰非我本意也崔

平州教我耳廆將翥示以攻圍之處臨之以兵曰汝叔父教三國滅我何以詐來賀我乎翥懼首服廆乃遣翥歸說毖曰降者上策走者下策也以兵隨之毖與數十騎棄家室奔于高句麗廆悉降其衆徙翥及高瞻等于棘城待以賓禮明年高句麗寇遼東廆遣衆擊敗之裴嶷至自建鄴帝遣使者拜廆監平州諸軍事安北將軍平州刺史增邑二千戶尋加使持節都督幽州東夷諸軍事車騎將軍平州牧進封遼東郡公邑一萬戶常侍單于並如故丹書鐵券承制海東命備官司置平州守宰段末波初統其國而不脩備廆遣皝襲之入令支收其名馬寶物而還石勒遣使通和廆距之送其使於建鄴勒怒遣宇文乞得龜擊廆廆遣皝距之以裴嶷爲右部都督率索頭爲右翼命其少子仁自平國趣柏林爲左翼攻乞得龜剋之悉虜其衆乘勝拔其國城收其資用億計徙其人數萬戶以歸成帝卽位加廆侍中位特進咸和五年又加開府儀同三司固辭不受廆嘗從容言曰獄者人命之所懸也不可以不愼賢人君子國家之基也不可以不敬稼穡者國之本也不可以不急酒色便佞亂德之甚也不可以不

戒乃著家令數千言以申其旨遣使與太尉陶侃箋曰明公使君轂下振德曜威撫寧方夏勞心文武士馬無恙欽高仰止注情彌久王塗嶮遠隔以燕越每瞻江湄延首遐外天降艱難禍害屢臻舊都不守奄爲虜庭使皇輿遷幸假勢吳楚大晉啓基祚流萬世天命未改玄象著明是以義烈之士深懷憤踴猥以功薄受國殊寵上不能掃除羣羯下不能身赴國難仍縱賊臣屢逼京輦王敦昌禍於前蘇峻肆毒於後凶暴過於董卓惡逆甚於傕汜普天率土誰不同忿深怪文武之士過荷朝榮不能滅中原之寇刷天下之恥君侯植根江陽發曜荆衡杖葉公之權有包胥之志而令白公伍員殆得極其暴竊爲丘明恥之區區楚國子重之徒猶恥君弱羣臣不及先大夫厲己戒衆以服陳鄭越之種蠡尚能弼佐句踐取威黃池況今吳土英賢比肩而不輔翼聖主陵江北伐以義聲之直討逆暴之羯檄命舊都之士招懷存本之人豈不若因風振落頓坂走輪哉且孫氏之初以長沙之衆摧破董卓志匡漢室雖中遇寇害雅志不遂原其誠心乃忽身命及權據揚越外杖周張內憑顧陸距魏赤壁剋取襄陽自茲

以降世主相襲咸能侵逼徐豫令魏朝旰食不知今之江表爲賢儁匿智藏其勇略邪將呂蒙凌統高蹤曠世哉況今凶羯虐暴中州人士逼迫勢促其顛沛之危甚於累卵假號之彊衆心所去敵有釁矣易可震蕩王郎袁術雖自詐僞皆基淺根微禍不旋踵此皆君侯之所聞見者矣王司徒清虛寡欲善於全己昔曹參亦崇此道著畫一之稱也庾公居元舅之尊處申伯之任超然高蹈明智之權廆於寇難之際受大晉累世之恩自恨絕域無益聖朝徒繫心萬里望風懷憤今海內之望足爲楚漢輕重者惟在君侯若戮力盡心悉五州之衆據兗豫之郊使向義之士倒戈釋甲則羯寇必滅國恥必除廆在一方敢不竭命孤軍輕進不足使勤畏首畏尾則懷舊之士欲爲內應無由自發故也故遠陳寫言不宣盡廆使者遭風沒海其後廆更寫前箋并齎其東夷校尉封抽行遼東相韓矯等三十餘人䟽上侃府曰自古有國有家鮮不極盛而衰自大晉龍興剋平岷會神武之略邁蹤前史惠皇之末后黨構難禍結京畿釁成公族遂使羯寇乘虛傾覆諸夏舊都淪滅山陵毀掘人神悲悼幽明發憤昔獫狁之彊

匈奴之盛未有如今日羯寇之暴跨躡華裔盜稱尊號者也天祚有晉挺授英
傑車騎將軍慕容廆自弱冠莅國忠於王室明允恭肅志在立勳屬海內分崩
皇輿遷幸元皇中興初唱大業肅祖繼統蕩平江外廆雖限以山海隔以羯寇
翹首引領繫心京師常假寤寐欲憂國忘身貢篚相尋連舟載路戎不稅駕動
成義舉今羯寇滔天怙其醜類樹基趙魏跨略燕齊廆雖率義衆誅討大逆然
管仲相齊猶曰寵不足以御下況廆輔翼王室有匡霸之功而位卑爵輕九命
未加非所以寵異藩翰敦獎殊勳者也方今詔命隔絕王路嶮遠貢使往來動
彌年載今燕之舊壤北周沙漠東盡樂浪西概代山南極冀方而悉爲虜庭非
復國家之域將佐等以爲宜遠遵周室近準漢初進封廆爲燕王行大將軍事
上以總統諸部下以劃損賊境使冀州之人望風向化廆得祗承詔命率合諸
國奉辭夷逆以成桓文之功苟利社稷專之可也而廆固執謙光守節彌高每
詔所加讓動積年非將佐等所能敦逼今區區所陳不欲苟相崇重而愚情至
心實爲國計侃報抽等書其略曰車騎將軍憂國忘身貢篚載路羯賊求和執

使送之西討段國北伐塞外遠綏索頭荒服以獻惟北部未賓屢遣征伐又知
東方官號高下齊班進無統攝之權退無等差之降欲進車騎爲燕王一二具
之夫功成進爵古之成制也車騎雖未能爲官摧勒然忠義竭誠今騰牋上聽
可不遲速當任天臺也朝議未定八年廆卒乃止時年六十五在位四十九年
帝遣使者策贈大將軍開府儀同三司謚曰襄及儁僭號僞謚武宣皇帝

裴嶷

裴嶷字文冀河東聞喜人也父昶司隸校尉嶷清方有幹略累遷至中書侍郎
轉給事黃門郎滎陽太守屬天下亂嶷兄武先爲玄菟太守嶷遂求爲昌黎太
守至郡久之武卒嶷被徵乃將武子開送喪俱南旣達遼西道路梗塞乃與開
投廆時諸流寓之士見廆草創並懷去就嶷首定名分爲羣士啓行廆甚悅以
嶷爲長史委以軍國之謀及悉獨官寇逼城下外內騷動廆問策於嶷嶷曰悉
獨官雖擁大衆軍無號令衆無部陣若簡精兵乘其無備則成擒耳廆從之遂
陷寇營廆威德於此甚振將遣使獻捷於建鄴妙簡行人令嶷將命初朝廷以

廆僻在荒遠猶以邊裔之豪處之嶷既使至廆言廆威略又知四海英賢並爲其用舉朝改觀焉嶷將還帝試留嶷以觀之嶷辭曰臣世荷朝恩濯纓華省因事遠寄投迹荒遐今遭開泰得覲朝廷復賜恩詔卽留京輦於臣之私誠爲厚幸顧以皇居播遷山陵幽辱慕容龍驤將軍越在遐表乃心王室慷慨之誠義感天地方掃平中壤奉迎皇輿故遣使臣萬里表誠今若留臣必謂國家遺其僻陋孤其丹心使懷義懈怠是以微臣區區忘身爲國貪還反命耳帝曰卿言是也乃遣嶷還廆後謂羣寮曰裴長史名重中朝而降屈於此豈非天以授孤也出爲遼東相轉樂浪太守

高瞻

高瞻字子前渤海蓨人也少而英爽有俊才身長八尺二寸光熙中調補尚書郎屬永嘉之亂還鄉里乃與父老議曰今皇綱不振兵革雲擾此郡沃壤憑固河海若兵荒歲儉必爲寇庭非謂圖安之所王彭祖先在幽薊據燕代之資兵彊國富可以託也諸君以爲何如衆咸善之乃與叔父隱率數千家北徙幽州

既而以王浚政令無恆乃依崔毖隨毖如遼東毖之與三國謀伐廆也瞻固諫
以爲不可毖不從及毖奔敗瞻隨衆降于廆廆署爲將軍瞻稱疾不起廆敬其
姿器數臨候之撫其心曰君之疾在此不在餘也今天子播越四海分崩蒼生
紛擾莫知所繫孤思與諸君匡復帝室翦鯨豕于二京迎天子於吳會廓清八
表侔勳古烈此孤之心也孤之願也君中州大族冠冕之餘宜痛心疾首枕戈
待旦奈何以華夷之異有懷介然且大禹出于西羌文王生于東夷但問志略
何如耳豈以殊俗不可降心乎瞻仍辭疾篤廆深不平之瞻又與宋該有隙該
陰勸廆除之瞻聞其言彌不自安遂以憂死

晉書卷一百八

晉書卷一百九

唐 太 宗 文 皇 帝 御 撰

載記第九

慕容皝 慕容翰 陽裕

慕容皝字元真廆第三子也龍顏版齒身長七尺八寸雄毅多權略尙經學善天文廆爲遼東公立爲世子建武初拜爲冠軍將軍左賢王封望平侯率衆征討累有功大寧末拜平北將軍進封朝鮮公廆卒嗣位以平北將軍行平州刺史督攝部內尋而宇文乞得龜爲其別部逸豆歸所逐奔死于外皝率騎討之逸豆歸懼而請和遂築榆陰安晉二城而還初皝庶兄建威翰驍武有雄才素爲皝所忌母弟征虜仁廣武昭並有寵于廆皝亦不平之及廆卒並懼不自容至此翰出奔段遼仁勸昭舉兵廢皝皝殺昭遣使按檢仁之虛實遇仁於險瀆仁知事發殺皝使東歸平郭皝遣其弟建武幼司馬佟燾等討之仁盡衆距戰幼等大敗皆沒於仁襄平令王冰將軍孫機以遼東叛于皝東夷校尉封抽護

軍乙逸遼東相韓矯玄菟太守高詡等棄城奔還仁於是盡有遼左之地自稱
車騎將軍平州刺史遼東公宇文歸段遼及鮮卑諸部並爲之援咸和九年皝
遣其司馬封弈攻鮮卑木堤于白狼揚威淑虞攻烏丸悉羅侯於平堈皆斬之
材官劉佩攻乙連不剋段遼遂寇徒河皝將張萌逆擊敗之遼弟蘭與翰寇柳
城都尉石琮擊敗之旬餘蘭翰復圍柳城皝遣寧遠慕容汗及封弈等救之皝
戒汗曰賊衆氣銳難與爭鋒宜顧萬全愼勿輕進必須兵集陣整然後擊之汗
性驍銳遣千餘騎爲前鋒而進封弈止之汗不從爲蘭所敗死者大半蘭復攻
柳城爲飛梯地道圍守二旬石琮躬勒將士出擊敗之斬首千五百級蘭乃遁
歸是歲成帝遣謁者徐孟閭丘幸等持節拜皝鎮軍大將軍平州刺史大單于
遼東公持節都督承制封拜一如廆故事皝自征遼東剋襄平仁所署居就令
劉程以城降新昌人張衡執縣宰以降於是斬仁所置守宰分徙遼東大姓於
棘城置和陽武次西樂三縣而歸咸康初遣封弈襲宇文別部涉弈于大獲而
還涉弈于率騎追戰于渾水又敗之皝將乘海討仁羣下咸諫以海道危阻宜

從陸路皝曰舊海水無凌自仁反已來凍合者三矣昔漢光武因滹沱之冰以濟大業天其或者欲吾乘此而剋之乎吾計決矣有沮謀者斬乃率三萬從昌黎踐凌而進仁不虞皝之至也軍去平郭七里候騎乃告仁狼狽出戰爲皝所擒殺仁而還立藉田於朝陽門東置官司以主之段遼遣其將李詠夜襲武興遇雨引還都尉張萌追擊擒詠段蘭擁衆數萬屯于曲水亭將攻柳城宇文歸入寇安晉爲蘭聲援皝以步騎五萬擊之師次柳城蘭歸皆遁遣封弈率輕騎追擊敗之收其軍實館穀二旬而還謂諸將曰二虜恥無功而歸必復重至宜於柳城左右設伏以待之遣封弈率騎潛于馬兜山諸道俄而遼騎果至弈夾擊大敗之斬其將榮保遣兼長史劉斌郎中令陽景送徐孟等歸于京師使其世子儁伐段遼諸城封弈攻宇文別部皆大捷而歸立納諫之木以開讜言之路後徙昌黎郡築好城於乙連東使將軍蘭勃戍之以逼乙連又城曲水以爲勃援乙連飢甚段遼輸之粟蘭勃要擊獲之遼遣將屈雲攻興國與皝將慕容遵大戰於五官水上雲敗斬之盡俘其衆封弈等以皝任重位輕宜稱燕王皝

於是以咸康三年僭卽王位赦其境內以封弈爲國相韓壽爲司馬裴開陽騖王寓李洪杜羣宋該劉瞻石琮皇甫真陽協宋晃平熙張泓等並爲列卿將帥起文昌殿乘金根車駕六馬出入稱警蹕以其妻段氏爲王后世子儁爲太子皆如魏武晉文輔政故事皝以段遼屢爲邊患遣將軍宋回稱藩于石季龍請師討遼季龍於是總衆而至皝率諸軍攻遼令支以北諸城遼遣其將段蘭來距大戰敗之斬級數千掠五千餘戶而歸季龍至徐無遼奔密雲山季龍進入令支怒皝之不會師也進軍擊之至于棘城戎卒數十萬四面進攻郡縣諸部叛應季龍者三十六城相持旬餘左右勸皝降皝曰孤方取天下何乃降人乎遣子恪等率騎二千晨出擊之季龍諸軍驚擾棄甲而遁恪乘勝追之斬獲三萬餘級築戍凡城而還段遼遣使詐降於季龍請兵應接季龍遣其將麻秋率衆迎遼恪伏精騎七千於密雲山大敗之獲其司馬陽裕將軍鮮于亮擁段遼及其部衆以歸帝又遣使進皝爲征北大將軍幽州牧領平州刺史加散騎常侍增邑萬戶持節都督單于公如故皝前軍帥慕容評敗季龍將石成等于遼

西斬其將呼延晃張支掠千餘戶以歸段遼謀叛皝誅之季龍又使石成入攻凡城不剋進陷廣城皝雖稱燕王未有朝命乃遣其長史劉祥獻捷京師兼言權假之意幷請大舉討平中原又聞庾亮薨弟冰翼繼爲將相乃表曰臣究觀前代昏明之主若能親賢並建則政致升平若親黨后族必有傾辱之禍是以周之申伯號稱賢舅以其身藩于外不握朝權降及秦昭足爲令主委信二舅幾至亂國逮于漢武推重田蚡萬幾之要無不決之及蚡死後切齒追恨成帝闇弱不能自立內惑豔妻外恣五舅卒令王莽坐取帝位每覽斯事孰不痛惋設使舅氏賢若穰侯王鳳則但聞有二臣不聞有二主若其不才則有竇憲梁冀之禍凡此成敗亦既然矣苟能易轍可無覆墜陛下命世天挺當隆晉道而遭國多難殷憂備嬰追述往事至今焚灼迹其所由實因故司空亮居元舅之尊勢業之重執政裁下輕侮邊將故令蘇峻祖約不勝其忿遂致敗國至令太后發憤一旦升遐若社稷不靈人神無助豺狼之心當可極耶前事不忘後事之表而中書監左將軍冰等內執樞機外擁上將昆弟並列人臣莫疇陛下深

敦涓陽冰等自宜引領臣常謂世主若欲崇顯舅氏何不封以藩國豐其祿賜限其勢利使上無偏優下無私論如此榮辱何從而生噂喈何辭而起往者惟亮一人宿有名望尙致世變況今居之者素無聞焉且人情易惑難以戶告縱令陛下無私於彼天下之人誰謂不私乎臣與冰等名位殊班出處懸邈又國之戚昵理應降悅以適事會臣獨矯抗此言者上爲陛下退爲冰計疾苟容之臣坐鑒得失顚而不扶焉用彼相昔徐福陳霍氏之戒宣帝不從至令忠臣更爲逆族良由察之不審防之無漸臣今所陳可謂防漸矣但恐陛下不明臣之忠不用臣之計事過之日更處焦爛之後耳昔王章劉向每上封事未嘗不指斥王氏故令二子或死或刑谷永張禹依違不對故容身苟免取譏於世臣被髮殊俗位爲上將夙夜惟憂罔知所報惟當外殄寇讎內盡忠規陳力輸誠以答國恩臣若不言誰當言者又與冰書曰君以椒房之親舅氏之昵總據樞機出內王命兼擁列將州司之位昆弟網羅顯布畿甸自秦漢以來隆赫之極豈有若此者乎以吾觀之若功就事舉必享申伯之名如或不立將不免梁竇之

迹矣每觀史傳未嘗不寵恣母族使執權亂朝先有殊世之榮尋有負乘之累所謂愛之適足以爲害吾常忿歷代之主不盡防萌終寵之術何不業以一土之封令藩國相承如周之齊陳如此則永保南面之尊復何黜辱之憂乎竇武何進好善虛己賢士歸心雖爲閹豎所危天下嗟痛猶有能履以不驕圖國忘身故也方今四海有倒懸之急中夏逋僭逆之寇家有漉血之怨人有復讎之憾寧得安枕逍遙雅談卒歲耶吾雖寡德過蒙先帝列將之授以數郡之人尚欲并吞彊虜是以自頃迄今交鋒接刃一時務農三時用武而猶師徒不頓倉有餘粟敵人日畏我境日廣況乃王者之威堂堂之勢豈可同年而語哉冰見表及書甚懼以其絕遠非所能制遂與何充等奏聽皝稱燕王其年皝伐高句麗王釗乞盟而還明年釗遣其世子朝於皝初段遼之敗也建威翰奔于宇文歸自以威名夙振終不保全乃陽狂恣酒被髮歌呼歸信而不禁故得周游自任至於山川形便攻戰要路莫不練之皝遣商人王車陰使察翰翰見車無言撫膺而已車還以白皝曰翰欲來也乃遣車遺翰弓矢翰乃竊歸駿馬攜其二

子而還皝將圖石氏從容謂諸將曰石季龍自以安樂諸城守防嚴重城之南北必不設備今若詭路出其不意冀之北土盡可破也於是率騎二萬出蠮螉塞長驅至于薊城進渡武遂津入于高陽所過焚燒積聚掠徙幽冀三萬餘戶使陽裕唐柱等築龍城構宮廟改柳城爲龍城縣於是成帝使兼大鴻臚郭希持節拜皝侍中大都督河北諸軍事大將軍燕王其餘官皆如故封諸功臣百餘人咸康七年皝遷都龍城率勁卒四萬入自南陜以伐宇文高句麗又使翰及子垂爲前鋒遣長史王寓等勒衆萬五千從北置而進高句麗王釗謂皝軍之從北路也乃遣其弟武統精銳五萬距北置躬率弱卒以防南陜翰與釗戰于木底大敗之乘勝遂入丸都釗單馬而遁皝掘釗父利墓載其尸幷其母妻珍寶掠男女五萬餘口焚其宮室毀丸都而歸明年釗遣使稱臣於皝貢其方物乃歸其父尸宇文歸遣其相國莫淺渾伐皝諸將請戰皝不許渾以皝爲憚之荒酒縱獵不復設備皝曰渾奢怠已甚今則可一戰矣遣翰率騎擊之渾大敗僅以身免盡俘其衆皝躬巡郡縣勸課農桑起龍城宮闕尋又率騎二萬親

伐宇文歸以翰及垂爲前鋒歸使其驍將涉弈于盡衆距翰皝馳遣謂翰曰弈
于雄悍宜小避之待虜勢驕然後取也翰曰歸之精銳盡於此今若剋之則歸
可不勞兵而滅弈于徒有虛名其實易與耳不宜縱敵挫吾兵氣於是前戰斬
弈于盡俘其衆歸遠遁漠北皝開地千餘里徙其部人五萬餘落於昌黎改涉
弈于城爲威德城行飲至之禮論功行賞各有差以牧牛給貧家田于苑中公
收其八二分入私有牛而無地者亦田苑中公收其七三分入私皝記室參軍
封裕諫曰臣聞聖王之宰國也薄稅而藏于百姓分之以三等之田十一而稅
之寒者衣之飢者食之使家給人足雖水旱而不爲災者何也高選農官務盡
勸課人治周田百畝亦不假牛力力田者受旌顯之賞惰農者有不齒之罰又
量事置官量官置人使官必稱須人不虛位度歲入多少裁而祿之供百寮之
外藏之太倉三年之耕餘一年之粟以斯而積公用於何不足水旱其如百姓
何雖務農之令屢發二千石令長莫有志勤在公銳盡地利者故漢祖知其如
此以墾田不實徵殺二千石以十數是以明章之際號次升平自永嘉喪亂百

姓流亡中原蕭條千里無煙飢寒流隕相繼溝壑先王以神武聖略保全一方
威以殄姦德以懷遠故九州之人塞表殊類襁負萬里若赤子之歸慈父流人
之多舊土十倍有餘人殷地狹故無田者十有四焉殿下以英聖之資克廣先
業南摧彊趙東滅句麗開境三千戶增十萬繼武闡廣之功有高西伯宜省罷
諸苑以業流人人至而無資產者賜之以牧牛人既殿下之人牛豈失乎善藏
者藏於百姓若斯而已矣邇者深副樂土之望中國之人皆將壺飧奉迎石季
龍誰與居乎且魏晉雖道消之世猶削百姓不至於七八特官牛田者官得六
分百姓得四分私牛而官田者與官中分百姓安之人皆悅樂臣猶曰非明王
之道而況增乎且水旱之厄堯湯所不免王者宜濬治溝澮循鄭白西門史起
溉灌之法旱則決溝爲雨水則入于溝瀆上無雲漢之憂下無昏墊之患句麗
百濟及宇文段部之人皆兵勢所徙非如中國慕義而至咸有思歸之心今戶
垂十萬狹湊都城恐方將爲國家所害宜分其兄弟宗屬徙于西境諸城撫之
以恩檢之以法使不得散在居人知國之虛實今中原未平資畜宜廣官司猥

多游食不少一夫不耕歲受其飢必取於耕者而食之一人食一人之力游食數萬損亦如之安可以家給人足治致升平殿下降覽古今之事多矣政之巨患莫甚於斯其有經略出世才稱時求者自可隨須置之列位非此已往其耕而食蠶而衣亦天之道也殿下聖性寬明思言若渴故人盡芻蕘有犯無隱前者參軍王憲大夫劉明並竭忠獻款以貢至言雖頗有逆鱗意在無責主者奏以妖言犯上致之於法殿下慈弘苞納恕其大辟猶削黜禁錮不齒於朝其言是也殿下固宜納之如其非也宜亮其狂狷罪諫臣而求直言亦猶北行詣越豈有得邪右長史宋該等阿媚苟容輕劾諫士己無骨鯁嫉人有之擁閉耳目不忠之甚四業者國之所資教學者有國盛事習戰務農尤其本也百工商賈猶其末耳宜量軍國所須置其員數已外歸之於農教之戰法學者三年無成亦宜還之於農不可徒充大員以塞聽儁之路臣之所言當也願時速施行非也登加罪戮使天下知朝廷從善如流罰惡不淹王憲劉明忠臣也願宥忤鱗之愆收其藥石之效皝乃令曰覽封記室之諫孤實懼焉君以黎元爲國黎元

以穀爲命然則農者國之本也而二千石令長不遵孟春之令惰農弗勸宜以尤不脩闕者措之刑法肅厲屬城主者明詳推檢具狀以聞苑囿悉可罷之以給百姓無田業者貧者全無資產不能自存各賜牧牛一頭若私有餘力樂取官牛墾官田者其依魏晉舊法溝洫溉灌有益官司主者量造務盡水陸之勢中州未平兵難不息勳誠既多官僚不可以減也待剋平凶醜徐更議之百工商賈數四佐與列將速定大員餘者還農學生不任訓教者亦除員錄夫人臣闕言於人主至難也妖妄不經之事皆應蕩然不問擇其善者而從之王憲劉明雖其罪應禁黜亦由孤之無大量也可悉復本官仍居諫司封生蹇蹇深得王臣之體詩不云乎無言不酬其賜錢五萬明宣內外有欲陳孤過者不拘貴賤勿有所諱時有黑龍白龍各一見于龍山皝親率羣僚觀之去龍二百餘步祭以太牢二龍交首嬉翔解角而去皝大悅還宮赦其境內號新宮曰和龍立龍翔佛寺于山上賜其大臣子弟爲官學生者號高門生立東庠于舊宮以行鄉射之禮每月臨觀考試優劣皝雅好文籍勤於講授學徒甚盛至千餘人親

造太上章以代急就又著典誡十五篇以教冑子慕容恪攻高句麗南蘇剋之置戍而還三年遣其世子儁與恪率騎萬七千東襲扶餘剋之虜其王及部衆五萬餘口以還皝親臨東庠考試學生其經通秀異者擢充近侍以久旱丐百姓田租罷成周冀陽營丘等郡以渤海人爲興集縣河間人爲寧集縣廣平魏郡人爲興平縣東萊北海人爲育黎縣吳人爲吳縣悉隸燕國皝嘗畋于西鄙將濟河見一父老服朱衣乘白馬舉手麾皝曰此非獵所王其還也祕之不言遂濟河連日大獲後見白兔馳射之馬倒被傷乃說所見輦而還宮引儁屬以後事以永和四年死在位十五年時年五十二儁僭號追諡文明皇帝

慕容翰字元邕廆之庶長子也性雄豪多權略猨臂工射膂力過人廆甚奇之委以折衝之任行師征伐所在有功威聲大振爲遠近所憚作鎮遼東高句麗不敢爲寇善撫接愛儒學自士大夫至於卒伍莫不樂而從之及奔段遼深爲遼所敬愛柳城之敗段蘭欲乘勝深入翰慮成本國之害詭說於蘭蘭遂不進後石季龍征遼皝親將三軍略令支以北遼議欲追之翰知皝躬自總戎戰必

剋勝乃謂遼曰今石氏向至方對大敵不宜復以小小爲事燕主自來士馬精
銳兵者凶器戰有危慮若其失利何以南禦乎蘭怒曰吾前聽卿誑說致成今
患不復入卿計中矣乃率衆追䨖蘭果大敗翰雖處䨖國因事立忠皆此類也
及遼奔走翰又北投宇文歸既而逃歸乃遣勁騎百餘追之翰遙謂追者曰吾
既思戀而歸理無反面吾之弓矢汝曹足知無爲相逼自取死也吾處汝國久
恨不殺汝汝可百步豎刀吾射中者汝便宜反不中者可來前也歸騎解刀豎
之翰一發便中刀鐶追騎乃散既至䨖甚加恩禮建元二年從䨖討宇文歸臨
陣爲流矢所中臥病積時後疾漸愈於其家中騎馬自試或有人告翰私習騎
疑爲非常䨖素忌之遂賜死焉翰臨死謂使者曰翰懷疑外奔罪不容誅不能
以骸骨委賊庭故歸罪有司天慈曲愍不賜之市朝今日之死翰之生也但逆
胡跨據神州中原未靖翰常剋心自誓志吞醜虜上成先王遺旨下謝山海之
責不圖此心不遂沒有餘恨命也奈何仰藥而死

陽裕

陽裕字士倫右北平無終人也少孤兄弟皆早亡單煢獨立雖宗族無能識者惟叔父耽幼而奇之曰此兒非惟吾門之標秀乃佐時之良器也刺史和演辟爲主簿王浚領州轉治中從事忌而不能任石勒既剋薊城問棗嵩曰幽州人士誰最可者嵩曰燕國劉翰德素長者北平陽裕幹事之才勒曰若如君言王公何以不任嵩曰王公由不能任所以爲明公擒也勒方任之裕乃微服潛遁時鮮卑單于段眷爲晉驃騎大將軍遼西公雅好人物虛心延裕裕謂友人成泮曰仲尼喜佛肸之召以匏瓜自喻伊尹亦稱何事非君何使非民聖賢尚如此況吾曹乎眷今召我豈徒然哉泮曰今華夏分崩九州幅裂軌迹所及易水而已欲偃蹇考槃以待通者俟河之清也人壽幾何古人以爲白駒之歎少游有云郡掾足以蔭後況國相乎卿追蹤伊孔抑亦知幾其神也裕乃應之拜郎中令中軍將軍處上卿位歷事段氏五主甚見尊重段遼與皝相攻裕諫曰臣聞親仁善鄰國之寶也慕容與國世爲婚姻且皝令德之主不宜連兵構怨凋殘百姓臣恐禍害之興將由於此願兩追前失通款如初使國家有太山之安

蒼生蒙息肩之惠遼不從出爲燕郡太守石季龍剋令支裕以郡降拜北平太
守徵爲尚書左丞段遼之請迎於季龍也裕以左丞相領征東麻秋司馬秋敗
裕爲軍人所執將詣皝皝素聞裕名即命釋其囚拜郎中令遷大將軍左司馬
東破高句麗北滅宇文歸皆豫其謀皝甚器重之及遷都和龍裕雅有巧思皝
所制城池宮閣皆裕之規模裕雖仕皝日近寵秩在舊人之右性謙恭清儉剛
簡慈篤雖歷居朝端若布衣之士士大夫流亡羈絶者莫不經營收葬存恤孤
遺士無賢不肖皆傾身待之是以所在推仰初范陽盧諶每稱之曰吾及晉之
清平歷觀朝士多矣忠清簡毅篤信義烈如陽士倫者實亦未幾及死皝甚悼
之時年六十一

晉書卷一百九

晉書卷一百九考證

慕容皝載記南摧彊趙東滅句麗開境三千○一本開境三千上有北取宇文四字

晉書卷一百九考證

晉書卷一百十

唐　太　宗　文　皇　帝　御　撰

載記第十

慕容儁　韓恆　李產　產子績

慕容儁字宣英皝之第二子也初廆常言吾積福累仁子孫當有中原既而生儁廆曰此兒骨相不恆吾家得之矣及長身長八尺二寸姿貌魁偉博觀圖書有文武幹略皝爲燕王拜儁假節安北將軍東夷校尉左賢王燕王世子皝死永和五年僭即燕王位依春秋列國故事稱元年赦于境內是時石季龍死趙魏大亂儁將圖兼幷之計以慕容恪爲輔國將軍慕容評爲輔弼將軍陽騖爲輔義將軍慕容垂爲前鋒都督建鋒將軍簡精卒二十餘萬以待期是歲穆帝使謁者陳沉拜儁爲使持節侍中大都督都督河北諸軍事幽冀幷平四州牧大將軍大單于燕王承制封拜一如廆皝故事明年儁率三軍南伐出自盧龍次于無終石季龍幽州刺史王午棄城走留其將王他守薊儁攻陷其城斬他

因而都之徙廣甯上谷人于徐無代郡人于凡城而還及冉閔殺石祗僭稱大號遣其使人常煒聘於儁儁引之觀下使其記室封裕詰之曰冉閔養息常才負恩篡逆有何祥應而僭稱大號煒曰天之所與其致不同狼烏紀于三王麟龍表于漢魏寡君應天敘歷能無祥乎且用兵殺伐哲王盛典湯武親行誅放而仲尼美之魏武養於宦官莫知所出衆不盈旅遂能終成大功暴胡酷亂蒼生屠膾寡君奮劒而誅除之黎元獲濟可謂功格皇天勳侔高祖恭承乾命有何不可裕曰石祗去歲使張舉請救云璽在襄國其言信不又聞閔鑄金爲己象壞而不成奈何言有天命煒曰誅胡之日在鄴者略無所遺璽何從而向襄國此求救之辭耳天之神璽實在寡君且妖孽之徒欲假奇眩衆或改作萬端以神其事寡君今已握乾符類上帝江海懸諸掌大業集于身何所求慮而取信此乎鑄形之事所未聞也儁既銳信舉言又欣於閔鑄形之不成也必欲審之乃積薪置火於其側命裕等以意喻之煒神色自若抗言曰結髮已來尚不欺庸人況千乘乎巧詐虛言以救死者使臣所不爲也直道受戮死自分耳益

薪速火君之大惠左右勸儁殺之儁曰古者兵交使在其間此亦人臣常事遂
赦之遣慕容恪略地中山慕容評攻王午于魯口恪次唐城冉閔將白同中山
太守侯龕固守不下恪留其將慕容彪攻之進討常山評次南安王午遣其將
鄭生距評評逆擊斬之侯龕踰城出降恪進剋中山斬白同儁軍令嚴明諸將
無所犯閔章武太守賈堅率郡兵邀評戰于高城擒堅於陣斬首三千餘級是
歲丁零翟鼠及冉閔將劉準等率其所部降于儁封鼠歸義王拜準左司馬時
鮮卑段勤初附於儁其後復叛儁遣慕容恪及相國封弈討冉閔於安喜慕容
垂討段勤于繹幕儁如中山爲二軍聲勢閔懼奔于常山恪追及於泒水閔威
名素振衆咸憚之恪謂諸將曰閔師老卒疲實爲難用加其勇而無謀一夫之
敵耳雖有甲兵不足擊也吾今分軍爲三部犄角以待之閔性輕銳又知吾軍
勢非其敵必出萬死衝吾中軍吾今貫甲厚陣以俟其至諸軍但厲卒從旁須
其戰合夾而擊之蔑不剋也及戰敗之斬首七千餘級擒閔送之斬於龍城恪
屯軍滹沱閔將蘇亥遣其將金光率騎數千襲恪恪逆擊斬之亥大懼奔于幷

州恪進據常山段勤懼而請降遂進攻鄴閔將蔣幹閉城距守儁又遣慕容評

等率騎一萬會攻鄴是時鶼巢于儁正陽殿之西椒生三雛項上有豎毛凡城

獻異鳥五色成章儁謂羣寮曰是何祥也咸稱鶼者燕鳥也首有毛冠者言大

燕龍興冠通天章甫之象也巢正陽西椒者言至尊臨軒朝萬國之徵也三子

者數應三統之驗也神鳥五色言聖朝將繼五行之籙以御四海者也儁覽之

大悅既而蔣幹率銳卒五千出城挑戰慕容評等擊敗之斬首四千餘級幹單

騎還鄴於是羣臣勸儁稱尊號儁答曰吾本幽漠射獵之鄉被髮左衽之俗歷

數之籙寧有分邪卿等苟相褒舉以覬非望實匪寡德所宜聞也慕容恪封弈

討王午于魯口降之尋而慕容評攻剋鄴城送冉閔妻子寮屬及其文物于中

山先是蔣幹以傳國璽送于建鄴儁欲神其事業言歷運在己乃詐云閔妻得

之以獻賜號曰奉璽君因以永和八年僭即皇帝位大赦境內建元曰元璽署

置百官以封弈為太尉慕容恪為侍中陽騖為尚書令皇甫真為尚書左僕射

張希為尚書右僕射宋活為中書監韓恆為中書令其餘封授各有差追尊廆

爲高祖武宣皇帝皝爲太祖文明皇帝時朝廷遣使詣儁儁謂使者曰汝還白汝天子我承人乏爲中國所推已爲帝矣初石季龍使人探策于華山得玉版文曰歲在申酉不絶如綫歲在壬子眞人乃見及此燕人咸以爲儁之應也改司州爲中州置司隸校尉官羣下言大燕受命上承光紀黑精之君運歷傳屬代金行之后宜行夏之時服周之冕旗幟尚黑牲牡尚玄儁從之其從行文武諸藩使人及登號之日者悉增位三級派河之師守鄴之軍下及戰士賜各有差臨陣戰亡者將士加贈二等士卒復其子孫殿中舊人皆隨才擢敘立其妻可足渾氏爲皇后世子曄爲皇太子晉寧朔將軍榮胡以彭城魯郡叛降于儁常山人李犢聚衆數千反于普壁壘儁遣慕容恪率衆討降之初冉閔既敗王午自號安國王午既死呂護復襲其號保于魯口恪進討走之遣前軍悅綰追及于野王悉降其衆姚襄以梁國降于儁以慕容評爲都督秦雍益梁江揚荊徐兗豫十州河南諸軍事權鎭于洛水慕容彊爲前鋒都督都督荊徐二州緣淮諸軍事進據河南儁自和龍至薊城幽冀之人以爲東遷互相驚擾所在屯

結其下請討之儁曰羣小以朕東巡故相惑耳今朕既至尋當自定然不虞之備亦不可不爲於是令內外戒嚴苻生河內太守王會黎陽太守韓高以郡歸儁晉蘭陵太守孫黑濟北太守高柱建興太守高瓮各以郡叛歸于儁初儁車騎大將軍范陽公劉寧屯據蕕城降于苻氏至此率戶二千詣薊歸罪拜後將軍高句麗王釗遣使謝恩貢其方物儁以釗爲營州諸軍事征東大將軍營州刺史封樂浪公王如故儁給事黃門侍郎申胤上言曰夫名尊禮重先王之制冠冕之式代或不同漢以蕭曹之功有殊羣辟故劍履上殿入朝不趨世無其功則禮宜闕也至於東宮體此爲儀魏晉因循制不納舄今皇儲過謙準同百寮禮卑逼下有違朝式太子有統天之重而與諸王齊冠遠游非所以辨章貴賤也祭饗朝慶宜正服袞衣九文冠冕九旒又仲冬長至太陰數終黃鍾產氣綿微於下此月閉關息旅后不省方禮記曰是月也事欲靜君子齊戒去聲色唯周官有天子之南郊從八能之說或以有事至靈非朝饗之節故有樂作之理王者慎微禮從其重前來二至闕鼓不宜有設今之鏗鏘蓋以常儀二至之

禮事殊餘節猥動金聲驚越神氣施之宣養實爲未盡又朝服雖是古禮絳襩始於秦漢迄於今代遂相仍準朔望正旦乃具袞舄禮諸侯旅見天子不得終事者三兩沾服失容其在一焉今或朝日天雨未有定儀禮貴適時不在過恭近以地濕不得納舄而以袞襈改履案言稱朝服所以服之而朝一體之間上下二制或廢或存實乖禮意大燕受命侔蹤虞夏諸所施行宜損益定之以爲皇代永制儁曰其劔舄不趨事下太常參議太子服袞冕冠九旒超級逼上未可行也冠服何容一施一廢皆可詳定初段蘭之子龕因冉閔之亂擁衆東屯廣固自號齊王稱藩于建鄴遣書抗中表之儀非儁正位儁遣慕容恪慕容塵討之恪既濟河龕弟羆驍勇有智計言於龕曰慕容恪善用兵加其衆旅既盛恐不可抗也若頓兵城下雖復請降懼終不聽王但固守羆請率精鋭距之若其戰捷王可馳來追擊使虜匹馬無反如其敗也遽出請降不失千戶侯也龕弗從羆固請行龕怒殺之率衆三萬來距恪恪遇龕於濟水之南與戰大敗之遂斬其弟欽盡俘其衆恪進圍廣固諸將勸恪宜急攻之恪曰軍勢有宜緩以

剋敵有宜急而取之若彼我勢均且有彊援慮腹背之患者須急攻之以速大利如其我彊彼弱外無寇援力足制之者當羈縻守之以待其斃兵法十圍五攻此之謂也龕恩結賊黨衆未離心濟南之戰非不鋭也但其用之無術以致敗耳今憑固天險上下同心攻守勢倍軍之常法若其促攻不過數旬剋之必矣但恐傷吾士衆自有事已來卒不獲寧吾每思之不覺忘寢亦何宜輕殘人命乎當持久以取耳諸將皆曰非所及也乃築室反耕嚴固圍壘龕所署徐州刺史王騰索頭單于薛雲降于恪段龕之被圍也遣使詣建鄴請救穆帝遣北中郎將荀羨赴之憚虜彊遷延不敢進攻破陽都斬王騰以歸恪遂剋廣固以龕爲伏順將軍徙鮮卑胡羯三千餘戸于薊留慕容塵鎮廣固恪振旅而歸儁太子曄死僞謚獻懷升平元年復立次子暐爲皇太子赦其境内改元曰光壽遣其撫軍慕容垂中軍慕容虔與護軍平熙等率步騎八萬討丁零勅勒于塞北大破之俘斬十餘萬級獲馬十三萬匹牛羊億餘萬初廆有駿馬曰赭白有奇相逸力石季龍之伐棘城也皝將出避難欲乘之馬悲鳴蹄齧人莫能近皝

曰此馬見異先朝孤常仗之濟難今不欲者蓋先君之意乎乃止季龍尋退跳
鎰奇之至是四十九歲矣而駿逸不虧儁比之於鮑氏驄命鑄銅以圖其象親
爲銘贊鐫勒其傍置之薊城東掖門是歲象成而馬死匈奴單于賀賴頭率部
落三萬五千降于儁拜寧西將軍雲中郡公處之于代郡平舒城晉太山太守
諸葛攸伐其東郡儁遣慕容恪距戰王師敗績北中郎將謝萬先據梁宋懼而
遁歸恪進兵入寇河南汝穎譙沛皆陷置守宰而還儁自薊城遷于鄴赦其境
內繕修宮殿復銅雀臺廷尉監常煒上言大燕雖革命創制至於朝廷銓謨亦
多因循魏晉唯祖父不殯葬者獨不聽官身清朝斯誠王教之首不刊之式然
禮貴適時世或損益是以高祖制三章之法而秦人安之自頃中州喪亂連兵
積年或遇傾城之敗覆軍之禍坑師沉卒往往而然孤孫煢子十室而九兼三
方岳峙父子異邦存亡吉凶杳成天外或便假一時或依嬴博之制孝子糜身
無補順孫心喪靡及雖招魂虛葬以敘罔極之情又禮無招葬之文令不此載
若斯之流抱琳瑯而無申懷英才而不齒誠可痛也恐非明揚側陋務盡時珍

之道吳起二陳之疇終將無所展其才幹漢祖何由免於平城之圍郅支之首何以懸於漢闕謹案戊辰詔書蕩清瑕穢與天下更始以明維新之慶五六年間尋相違伐於則天之體臣竊未安儁曰煒宿德碩儒練明刑法覽其所陳良足採也今六合未寧喪亂未已又正當搜奇拔異之秋未可才行兼舉且除此條聽大同更議使昌黎遼東二郡營起廆廟范陽燕郡構皝廟以其護軍平熙領將作大匠監造二廟焉苻堅平州刺史劉特率戶五千降于儁河間李黑聚衆千餘攻掠州郡殺東彊令衞顏儁長樂太守傅顏討斬之常山大樹自拔根下得璧七十珪七十三光色精奇有異常玉儁以爲嶽神之命遣其尚書郎段勤以太牢祀之初冉閔之僭號也石季龍將李歷張平高昌等並率其所部稱藩於儁遣子入侍既而投款建鄴結援苻堅並受爵位羈縻自固雖貢使不絕而誠節未盡呂護之走野王也遣弟奉表謝罪於儁拜寧南將軍河內太守又上黨馮鴦自稱太守附於張平平屢言之儁以平故赦其罪以爲京兆太守護鴦亦陰通京師張平跨有新興鴈門西河太原上黨上郡之地壘壁三百餘胡

晉十餘萬戶遂拜置征鎮爲鼎跱之勢儁遣其司徒慕容評討平領軍慕輿根
討鴦司空陽鶩討昌撫軍慕容臧攻歷幷州壘壁降者百餘所以尚書右僕射
悅綰爲安西將軍領護匈奴中郎將幷州刺史以撫之平所署征西諸葛驤鎮
北蘇象寧東喬庶鎮南石賢等率壘壁百三十八降于儁儁大悅皆復其官爵
旣而平率衆三千奔于平陽鴦奔于野王歷走滎陽昌奔邵陵悉降其衆儁于
是復圖入寇兼欲經略關西乃令州郡校閱見丁精覆隱漏率戶留一丁餘悉
發之欲使步卒滿一百五十萬期明年大集將進臨洛陽爲三方節度武邑劉
貴上書極諫陳百姓凋弊召兵非法恐人不堪命有土崩之禍幷陳時政不便
于時者十有三事儁覽而悅之付公卿博議事多納用乃改爲三五占兵寬戎
備一周悉令明年季冬赴集鄴都是歲晉將荀羨攻山茌拔之斬儁太山太守
賈堅儁青州刺史慕容塵遣司馬悅明救之羨師敗績復陷山茌儁立小學于
顯賢里以教冑子封其子泓爲濟北王沖爲中山王讌羣臣於蒲池酒酣賦詩
因談經史語及周太子晉潸然流涕顧謂羣臣曰昔魏武追痛倉舒孫權悼登

無已孤常謂二主緣愛稱奇無大雅之體自曄亡已來孤鬢髮中白始知二主有以而然卿等言曄定何如也孤今悼之得無貽怪將來乎其司徒左長史李續對曰獻懷之在東宮臣爲中庶子既忝近侍聖質志業臣實不敢不知臣聞道備無愆其唯聖人乎先太子大德有八未見闕也儁曰卿言亦以過矣然試言之續曰至孝自天性與道合此其一也聰敏慧悟機思若流此其二也沉毅好斷理詣無幽此其三也疾諛亮物雅悅直言此其四也好學愛賢不恥下問此其五也英姿邁古藝業超時此其六也虛襟恭讓尊師重道此其七也輕財好施勤恤民隱此其八也儁泣曰卿雖褒譽然此兒若在吾死無憂也吾既不能追蹤唐虞官天下以禪有德近模三王以世傳授景茂幼沖器藝未舉卿以爲何如續曰皇太子天資岐嶷聖敬日躋而八德闕然二闕未補雅好游田娛心絲竹所以爲損耳儁顧謂暐曰伯陽之言藥石之惠汝宜戢之因問高年疾苦孤寡不能自存者賜穀帛有差儁夜夢石季龍齧其臂寤而惡之命發其墓剖棺出尸蹋而罵之曰死胡安敢夢生天子遣其御史中尉約陽數其殘酷之

罪鞭之棄于漳水諸葛攸又率水陸二萬討儁入自石門屯于河渚攸部將匡超進據嶠嶮蕭館屯于新柵又遣督護徐冏率水軍三千泛舟上下爲東西聲勢儁遣慕容評傅顏等統步騎五萬戰于東阿王師敗績塞北七國賀蘭涉勒等皆降俄而儁寢疾謂慕容恪曰吾所疾惙然當恐不濟修短命也復何所恨但二寇未除景茂沖幼慮其未堪多難吾欲遠追宋宣以社稷屬汝恪曰太子雖幼天縱聰聖必能勝殘刑措不可以亂正統也儁怒曰兄弟之間豈虛飾也恪曰陛下若以臣堪荷天下之任者寧不能輔少主乎儁曰若汝行周公之事吾復何憂李績清方忠亮堪任大事汝善遇之是時兵集鄴城盜賊互起每夜攻劫晨昏斷行於是寬常賦設奇禁賊盜有相告者賜奉車都尉捕誅賊首木穀和等百餘人乃止升平四年儁死時年四十二在位十一年僞諡景昭皇帝廟號烈祖墓號龍陵儁雅好文籍自初卽位至末年講論不倦覽政之暇唯與侍臣錯綜義理凡所著述四十餘篇性嚴重愼威儀未曾以慢服臨朝雖閑居燕處亦無懈怠之色云

韓恆

韓恆字景山灌津人也父默以學行顯名恆少能屬文師事同郡張載載奇之曰王佐才也身長八尺一寸博覽經籍無所不通永嘉之亂避地遼東廆既逐崔毖復徙昌黎召見嘉之拜參軍事咸和中宋該等建議以廆立功一隅勤誠王室位卑任重不足以鎮華夷宜表請大將軍燕王之號廆納之命羣寮博議咸以爲宜如該議恆駁曰自羣胡乘間人嬰荼毒諸夏蕭條無復綱紀明公忠武篤誠憂勤社稷抗節孤危之中建功萬里之外終古勤王之義未之有也夫立功者患信義不著不患名位不高故桓文有寧復一匡之功亦不先求禮命以命諸侯宜繕甲兵候機會除羣凶靖四海功成之後九錫自至且要君以求寵爵者非爲臣之義也廆不平之出爲新昌令皝爲鎮軍復參軍事遷營丘太守政化大行儁爲大將軍徵拜諮議參軍加揚烈將軍儁僭位將定五行次衆論紛紜恆時疾在龍城儁召恆以決之恆未至而羣臣議以燕宜承晉爲水德既而恆至言於儁曰趙有中原非唯人事天所命也天實與之而人奪之臣竊

謂不可且大燕王迹始自於震於易震爲青龍受命之初有龍見於都邑城龍爲木德幽契之符也儁初雖難改後終從恆議儁祕書監清河聶熊聞恆言乃歎曰不有君子國何以興其韓令君之謂乎後與李產俱傅東宮從太子暐入朝儁顧謂左右曰此二傅一代偉人未易繼也其見重如此

李產 子績

李產字子喬范陽人也少剛厲有志格永嘉之亂同郡祖逖擁衆部於南土力能自固產遂往依之逖素好縱橫弟約有大志產微知其旨乃率子弟十數人間行還鄉里仕於石氏爲本郡太守及慕容儁南征前鋒達郡界鄉人皆勸產降產曰夫受人之祿當同負安危今若舍此節以圖存義士將謂我何衆潰始詣軍請降儁嘲之曰卿受石氏寵任衣錦本鄉何故不能立功於時而反委質乎烈士處身於世固當如是邪產泣曰誠知天命有歸非微臣所抗然犬馬爲主豈忘自効但以孤窮勢蹙致力無術僶俛歸死實非誠款儁嘉其慷慨顧謂左右曰此真長者也乃擢用之歷位尚書性剛正好直言每至進見未曾不論

朝政之得失同輩咸憚焉儁亦敬其儒雅前後固辭年老不堪理劇轉拜太子太保謂子績曰以吾之才而致於此始者之願亦已過矣不可復以西夕之年取笑於來今也固辭而歸死於家子績

績字伯陽少以風節知名清辯有辭理弱冠爲郡功曹時石季龍親征段遼師次范陽百姓饑儉軍供有闕季龍大怒太守惶怖避匿績進曰郡帶北裔與寇接壤疆埸之間人懷危慮聞輿駕親戎將除殘賊雖嬰兒白首咸思效命非唯爲國亦自求寧雖身膏草野猶甘爲之敢有私吝而闕軍實但比年災儉家有菜色困弊力屈無所取濟逋廢之罪情在可矜季龍見績年少有壯節嘉而恕之於是太守獲免刺史王午辟爲主簿儁之南征也隨午奔魯口鄧恆謂午曰績鄉里在北父已降燕今雖在此終不爲用方爲人患午曰績於喪亂之中捐家立義情節之重有侔古烈若懷嫌害之必駭衆望恆乃止午恐績終爲恆所害乃資遣之及到儁責其背親後至績答曰臣聞豫讓報智伯讎稱于前史既官身所在何事非君陛下方弘唐虞之化臣實未謂歸順之晚也儁曰此亦事

主之一節耳累還太子中庶子及暐立慕容恪欲以續爲尚書右僕射暐憾續往言不許恪屢請乃謂恪曰萬幾之事委之叔父伯陽一人暐請獨裁續遂憂死

晉書卷一百十

晉書卷一百十考證

慕容儁載記慕容垂討段勳于繹幕○垂一本作霸前燕錄儁僭號之三年四月命冀州刺史吳王霸徙治信都更名曰垂則霸乃垂之本名爾時猶未改也

絳𧝓始於秦漢○𧝓監本訛褠今從本書禮志改正

時年四十二在位十一年○一本作時年五十三在位十二年綱目晉穆帝永和八年壬子十一月燕王儁稱皇帝至升平四年庚申卒凡九年若以嗣燕王位計之在戊申九月則爲十三年不知何以云十一年也若其年歲則不可考矣

晉書卷一百十考證

唐　太　宗　文　皇　帝　御　撰

載記第十一

慕容暐

慕容暐字景茂儁第三子也初封中山王尋立爲太子及儁死羣臣欲立慕容恪恪辭曰國有儲君非吾節也於是立暐升平四年僭卽皇帝位大赦境內改元曰建熙尊其母可足渾氏爲皇太后以慕容恪爲太宰錄尙書行周公事慕容評爲太傅副贊朝政慕輿根爲太師慕容垂爲河南大都督征南將軍兗州牧荆州刺史領護南蠻校尉鎭梁國孫希爲安西將軍幷州刺史傅顏爲護軍將軍其餘封授各有差暐旣庸弱國事皆委之於恪慕輿根自恃勳舊驕傲有無上之心忌恪之總朝權將伺隙爲亂乃言於恪曰今主上幼沖母后丁政殿下宜慮楊駿諸葛元遜之變思有以自全且定天下者殿下之功也兄亡弟及先王之成制過山陵之後可廢主上爲一國王殿下踐尊位以建大燕無窮之

慶恪曰公醉乎何言之悖也昔曹臧吳札並於家難之際猶曰爲君非吾節況今儲君嗣統四海無虞宰輔受遺奈何便有私議公忘先帝之言乎根大懼陳謝而退恪以告慕容垂垂勸恪誅之恪曰今新遭大凶二虜伺隙山陵未建而宰輔自相誅滅恐乖遠近之望且可容忍之根與左衞慕輿干潛謀誅恪及評因而簒位入白可足渾氏及暐曰太宰太傅將謀爲亂臣請率禁兵誅之以安社稷可足渾氏將從之暐曰二公國之親穆先帝所託終應無此未必非太師將爲亂也於是使其侍中皇甫真護軍傅顏收根等於禁中斬之大赦境內遣傅顏率騎二萬觀兵河南臨淮而還軍威甚盛初儁所署寧南將軍呂護據野王陰通京師穆帝以護爲前將軍冀州刺史儁死謀引王師襲鄴事覺暐使慕容恪等率衆五萬討之傅顏言於恪曰護窮寇假合王師既臨則上下喪氣曾不敢闚兵中路展其螗蜋之心此則士卒攝魂敗亡之驗也殿下前以廣固天險守易攻難故爲長久之策今賊形便不與往同宜急攻之以省千金之費恪曰護老賊經變多矣觀其爲備之道未易卒平今圍之窮城樵採路絕內無蓄

積外無彊援不過十旬其斃必矣何必遽殘士卒之命而趣一時之利哉吾嚴濬圍壘休養將卒以重官美貨閒而離之事淹勢窮其釁易動我則未勞而寇已斃此爲兵不血刃坐以制勝也遂列長圍守之護遣其將張興率勁卒七千出戰傅顏擊斬之自三月至八月而野王潰護南奔于晉悉降其衆尋復叛歸于暐暐待之如初因遣傅顏與護率衆據河陰顏北襲勑勒大獲而還護攻洛陽中流矢而死將軍段崇收軍北渡屯于野王暐遣其寧東慕容忠攻陷滎陽又遣鎭南慕容塵寇長平時晉冠軍將軍陳祐戍洛陽遣使請救帝遣桓溫援之與寧初暐復使慕容評寇許昌懸瓠陳城並陷之遂略汝南諸郡徙萬餘戶于幽冀暐豫州刺史孫興上疏請步卒五千先圖洛陽暐納之遣其太宰司馬悅希軍于盟津孫興分戍成皋以爲之聲援尋而陳祐率衆奔陸渾河南諸壘悉陷于希慕容恪攻陷金墉害揚威將軍沈勁以其左右中郎慕容筑爲假節征虜將軍洛州刺史鎭金墉慕容垂爲都督荊揚洛徐兗豫雍益涼秦等十州諸軍事征南大將軍荊州牧配兵一萬鎭魯陽時暐境內多水旱慕容恪慕容

評並稽首歸政請遜位還第曰臣以朽闇器非經國過荷先帝拔擢之恩又蒙
陛下殊常之遇猥以輕才竊位宰錄不能上諧陰陽下釐庶政致使水旱愆和
彝倫失序輭弱任重夕惕唯憂臣聞王者則天建國辨方正位司必量才官惟
德舉台傅之重參理三光苟非其人則靈曜爲虧尸祿貽殃負乘招悔由來常
道未之或差以姬旦之勳聖猶近則二公不悅遠則管蔡流言況臣等寵緣戚
來榮非才授而可久點天官塵蔽賢路是以中年拜表披陳丹款聖恩齒舊未
忍遐棄奄冉偷榮愆責彌厚自待罪鼎司歲餘辰紀忝冒宰衡七載于茲雖乃
心經略而思不周務至令二方干紀跋扈未庭同文之詠有慙盛漢深乖先帝
託付之規甚違陛下垂拱之義臣雖不敏竊聞君子之言敢忘虞丘避賢之美
輒循兩疏知止之分謹送太宰大司馬太傅司徒章綬惟垂昭許詔曰朕以不
天早傾乾覆先帝所託唯在二公二公懿親碩德勳高魯衛翼贊王室輔導朕
躬宣慈惠和坐而待旦虔誠夕惕美亦至矣故能外掃羣凶內清九土四海晏
如政和時洽雖宗廟社稷之靈抑亦公之力也今關右有未賓之氐江吳有遺

燼之虜方賴謀猷混寧六合豈宜虛己謙沖以違委任之重王其割二疏獨善之小以成公旦復袞之大恪評等固請致政暐曰夫建德者必以終善爲名位命者則以功成爲效公與先帝開構洪基膺天明命將廓夷羣醜紹復隆周之迹災眚橫流乾光墜曜朕以眇躬猥荷大業不能上成先帝遺志致使二虜遊魂所以功未成也豈宜沖退且古之王者不以天下爲榮憂四海若荷擔然後仁讓之風行則比屋而可封今道化未純鯨鯢未殄宗社之重非唯朕身公所憂也當思所以寧濟兆庶靖難敦風垂美將來侔蹤周漢不宜崇飾常節以違至公遂斷其讓表恪評等乃止暐鎮律郎郭欽奏議以暐承石季龍水爲木德暐從之太和元年暐遣撫軍慕容厲攻晉太山太守諸葛攸攸奔于淮南厲悉陷兗州諸郡置守宰而還慕容恪有疾深慮暐政不在己慕容評性多猜忌大司馬之位不能允授人望乃召暐兄樂安王臧謂之曰今勁秦跋扈彊吳未賓二寇並懷進取但患事之無由耳夫安危在得人國興在賢輔若能推才任忠和同宗盟則四海不足圖二虜豈能爲難哉吾以常才受先帝顧託之重每欲

掃平關隴蕩一甌吳庶嗣成先帝遺志謝憂責于當年而疾固彌留恐此志不遂所以沒有餘恨也吳王天資英傑經略超時司馬職統兵權不可以失人吾終之後必以授之若以親疎次第不以授汝當以授沖汝等雖才識明敏然未堪多難國家安危實在于此不可昧利忘憂以致大悔也又以告評月餘而死其國中皆痛惜之先是晉南陽督護趙弘以宛降于暐暐遣其南中郎將趙盤自魯陽戍宛至此晉右將軍桓豁攻宛拔之趙盤退奔魯陽豁遣輕騎追盤及於雉城大戰敗之執盤戍宛而歸苻堅將苻廋據陝降于暐時有圖書云燕馬當飲渭水堅恐暐乘釁入關大懼乃盡精銳以備華陰暐羣下議欲遣兵救廋因圖關右慕容評素無經略又受苻堅間貨沮議曰秦雖有難未易可圖朝廷雖明豈如先帝吾等經略又非太宰之匹終不能平秦也但可閉關息旅保寧疆埸足矣暐魏尹慕容德上疏曰先帝應天順時受命革代方以文德懷遠以一六合神功未就奄忽升遐昔周文既沒武王嗣興伏惟陛下則天比德揆聖齊功方闡崇乾基纂成先志逆氐僭據關隴號同王者惡積禍盈自相疑戮釁

起蕭牆勢分四國投誠請援旬日相尋豈非凶運將終數歸有道兼弱攻昧取亂侮亡機之上也今秦土四分可謂弱矣時來運集天贊我也天與不取反受其殃吳越之鑒我之師也宜應天人之會建牧野之旗命皇甫真引幷冀之衆徑趣蒲阪臣垂引許洛之兵馳解謏圍太傅總京都武旅爲二軍後繼飛檄三輔仁聲先路獲城即侯微功必賞此則鬱槩待時之雄抱志未申之傑必嶽峙灞上雲屯隴下天羅既張內外勢合區區僭豎不走則降大同之舉今其時也願陛下獨斷聖慮無訪仁人暐覽表大悅將從之評固執不許乃止苻謏知評暐之無遠略恐救師弗至乃牋於慕容垂皇甫真曰苻堅王猛皆人傑也謀爲燕患爲日久矣今若乘機不赴恐燕之君臣將有甬東之悔垂得書私於真曰方爲人患者必在於秦主上富於春秋未能留心政事觀太傅度略豈能抗苻堅王猛乎真曰然繞朝有云謀之不從可如何暐僕射悅綰言於暐曰太宰政尚寬和百姓多有隱附傳曰唯有德者可以寬臨衆其次莫如猛今諸軍營戶三分共貫風教陵弊威綱不舉宜悉罷軍封以實天府之饒肅明法令以清四

海暐納之綰既定制朝野震驚出戶二十餘萬慕容評大不平尋賊綰殺之晉
大司馬桓溫江州刺史桓沖豫州刺史袁真率衆五萬伐暐前兗州刺史孫元
起兵應之溫部將檀玄攻胡陸執暐寧東慕容忠暐遣其將慕容厲與溫戰于
黃墟厲師大敗單馬奔還高平太守徐翻以郡歸順溫前鋒朱序又破暐將傅
顏于林渚溫軍大振次於枋頭暐懼謀奔和龍慕容垂曰不然臣請擊之若戰
不捷走未晚也乃以垂爲使持節南討大都督慕容德爲征南將軍率衆五萬
距溫使其散騎侍郎樂嵩乞師於苻堅堅遣將軍苟池率衆二萬出自洛陽師
于頴川外爲赴援內實觀隙有兼并之志矣慕容德屯于石門絕溫糧漕豫州
刺史李邪率州兵五千斷溫餽運溫頻戰不利糧運復絕及聞堅師之至乃焚
舟棄甲而退德率勁騎四千先溫至襄邑東伏於澗中與垂前後夾擊王師大
敗死者三萬餘人苟池聞溫班師邀擊于譙溫衆又敗死者萬計垂既有大功
威德彌振慕容評素不平之垂又言其將孫蓋等摧鋒陷銳宜論功超授評寢
而不錄垂數以爲言頗與評廷爭可足渾氏素惡垂毀其戰功遂與評謀殺垂

垂懼奔于苻堅先是暐使其黄門侍郎梁琛聘于堅琛還言於評曰秦揚兵講武運粟陝東以琛觀之無久和之理兼吳王西奔必有覬釁之計深宜備之評曰不然秦豈可受吾叛臣而不懷和好哉琛曰鄰國相并有自來矣况今並稱大號理無俱存苻堅機明好斷納善如流王猛有王佐之才鋭於進取觀其君臣相得自謂千載一時桓溫不足爲慮終爲人患者其唯王猛乎暐評不以爲虞皇甫眞又陳其事曰苻堅雖聘使相尋託輔車爲諭然抗均鄰敵勢同戰國明其甘於取利無慕善之心終不能守信存和以崇久要也頃來行人累續兼師出洛川夷險要害具之耳目觀虛實以措奸圖聽風塵而伺國隙者寇之常也又吳王外奔爲之謀主伍員之禍不可不慮洛陽幷州壺關諸城並宜增兵益守以防未兆暐召評而謀之評曰秦國小力弱杖我爲援且苻堅庶幾善道終不納叛臣之言不宜輕自擾懼以動寇心也暐從之俄而堅遣其將王猛率衆伐暐攻慕容筑于金墉暐遣慕容臧率衆救之臧次滎陽猛部將梁成洛州刺史鄧羌與臧戰于石門臧師敗績死者萬餘遂相持于石門筑以救兵不至

以金墉降于猛梁成又敗慕容臧斬首三千餘級獲其將軍楊璩臧遂城新樂而還桓温之敗也歸罪于豫州刺史袁真真怒以壽陽降暐暐遣其大鴻臚温統署真爲使持節散騎常侍都督淮南諸軍事征南大將軍領護南蠻校尉揚州刺史封宣城公未至而真統俱卒真黨朱輔立真子瑾爲建威將軍豫州刺史以固壽陽時外則王師及苻堅交侵兵革不息內則暐母亂政評等貪冒政以賄成官非才舉羣下切齒焉其尚書左丞申紹上疏曰臣聞漢宣有言與朕共治天下者其唯良二千石乎是以特重此選必妙盡英才莫不拔自貢士歷資內外用能仁感猛獸惠致羣祥今者守宰或擢自匹夫兵將之間或因寵戚藉緣時會非但無聞於州閭亦不經于朝廷又無考績黜陟幽明貪惰爲惡無刑戮之懼清勤奉法無爵賞之勸百姓窮弊侵賊無已兵士逋逃乃相招爲賊盜風頹化替莫相糾攝且吏多則政煩由來常患今之見戶不過漢之一大郡而備置百官加之新立軍號兼重有過往時虛假名位廢棄農業公私驅擾人無聊生宜并官省職務勸農桑秦吳二虜僻僭一時尚能任道捐情肅諧僞部

況大燕累聖重光君臨四海而可矣政或虧取陵奸寇哉鄰之有善衆之所望
我之不修彼之願也秦吳狡猾地居形勝非唯守境而已乃有吞噬之心中州
豐實戶兼二寇弓馬之勁秦晉所憚雲騎風馳國之常也而比赴敵後機兵不
速濟者何也皆由賦法靡恆役之非道郡縣守宰每於差調之際無不舍越殷
彊首先貧弱行留俱窘資贍無所人懷嗟怨遂致奔亡進闕供國之饒退離蠶
農之要兵豈在多貴於用命宜嚴制軍科務先饒復習兵教戰使偏伍有常從
戎之外足營私業父兄有陟岵之觀子弟懷孔邇之顧雖赴水火何所不從節
儉約費先王格謨去華敦朴哲后恆憲故周公戒成王以嗇財爲本漢文以皁
幃變俗孝景宮人弗過千餘魏武寵賜不盈十萬薄葬不墳儉以率下所以割
肌膚之惠全百姓之力謹案後宮四千有餘僮侍廝養通兼十倍日費之重價
盈萬金綺縠羅紈歲增常調戎器弗營奢玩是務令帑藏虛竭軍士無襜褕之
賚宰相侯王迭以侈麗相尚風靡之化積習成俗臥薪之諭未足甚焉宜罷浮
華非要之役峻明婚姻喪葬之條禁絕奢靡浮煩之事出傾宮之女均商農之

賦公卿以下以四海爲家信賞必罰綱維肅舉者温猛之首可懸之白旗秦吳
二主可以禮之歸命豈唯不復侵寇而已哉陛下若不遠追漢宗弋綈之模近
崇先帝補衣之美臣恐頹風弊俗亦革變靡途中興之歌無以軫之絃詠又拓
宇兼并不在一城之地控制戎夷者懷之以德今魯陽上郡重山之外雲陰之
北四百有餘而未可以羈服塞表爲平寇之基徒孤危託落令善附內駭宜攝
就幷豫以臨二河通接漕轂擬之丘後重晉陽之戍增南藩之兵戰守之備衛
以千金之餌蓄力待時可一舉而滅如其虔劉送死俟入境而斷之可令匹馬
不反非唯絕二賊闚覦乃是殲殄之要惟陛下覽焉暐不納苻堅又使王猛楊
安率衆伐暐猛攻壺關安攻晉陽暐使慕容評等率中外精卒四十餘萬距之
猛安進師潞川州郡盜賊大起鄴中多怪異暐憂懼不知所爲乃召其使而問
曰秦衆何如大師既出猛等能戰否或對曰秦國小兵弱豈王師之敵景略常
才又非太傅之匹不足憂也黃門侍郎梁琛中書侍郎樂嵩進曰不然兵書之
義計敵能鬭當以算取之若冀敵不鬭非萬全之道也慶鄭有云秦衆雖少戰

士倍我衆之多少非可間也且秦行師千里固戰是求何不戰之有乎暐不悅
猛與評等相持評以猛懸軍遠入利在速戰議以持久制之猛乃遣其將郭慶
率騎五千夜從間道起火高山燒評輜重火見鄴中評性貪鄙障固山泉賣樵
鬻水積錢絹如丘陵三軍莫有鬭志暐遣其侍中蘭伊讓評曰王高祖之子也
宜以宗廟社稷爲憂奈何不務撫養勳勞專以聚斂爲心乎府藏之珍貨朕豈
與王愛之若寇軍冒進王持錢帛安所置也皮之不存毛將安傅錢帛可散之
三軍以平寇凱旋爲先也評懼而與猛戰于潞川評師大敗死者五萬餘人評
等單騎遁還猛遂長驅至鄴堅復率衆十萬會猛攻暐先是慕容桓以衆萬餘
屯于沙亭爲評等後繼聞評敗引屯內黃堅遣將鄧羌攻信都桓率鮮卑五千
退保和龍散騎侍郎徐蔚等率扶餘高句麗及上黨質子五百餘人夜開城門
以納堅軍暐與評等數十騎奔于昌黎堅遣郭慶追及暐于高陽堅將巨武執
暐將縛之暐曰汝何小人而縛天子武曰我梁山巨武受詔縛賊何謂天子邪
遂送暐于堅堅詰其奔狀暐曰狐死首丘欲歸死于先人墳墓耳堅哀而釋之

令還宮率文武出降郭慶遂追評桓于和龍桓殺其鎮東慕容亮而幷其衆攻其遼東太守韓稠于平州郭慶遣將軍朱嶷擊桓執而送之堅徙暐及其王公已下幷鮮卑四萬餘戶于長安封暐新興侯署爲尚書堅征壽春以暐爲平南將軍別部都督淮南之敗隨堅還長安旣而慕容垂攻苻丕于鄴慕容沖起兵關中暐謀殺堅以應之事發爲堅所誅時年三十五及德僭稱尊號僞諡幽皇帝始廆以武帝太康六年稱公至暐四世暐在位二十一年以海西公太和五年滅通廆皝凡八十五年

慕容恪

慕容恪字玄恭皝之第四子也幼而謹厚沉深有大度母高氏無寵皝未之奇也年十五身長八尺七寸容貌魁傑雄毅嚴重每所言及輒經綸世務皝始異焉乃授之以兵數從皝征伐臨機多奇策使鎭遼東甚有威惠高句麗憚之不敢爲寇皝使恪與儁俱伐夫餘儁居中指授而已恪身當矢石推鋒而進所嚮輒潰皝將終謂儁曰今中原未一方建大事恪智勇俱濟汝其委之及儁嗣位

彌加親任累戰有大功封太原王拜侍中假節大都督錄尚書儁寢疾引恪與
慕容評屬以後事及暐之世總攝朝權初建鄴聞儁死曰中原可圖矣桓溫曰
慕容恪尚存所憂方爲大耳慕輿根之就誅也內外危懼恪容止如常神色自
若出入往還一人步從或有諫之者恪曰人情懷懼且當自安以靖之吾復不
安則衆何瞻仰哉於是人心稍定恪虛襟待物諮詢善道量才處任使人不踰
位朝廷謹肅進止有常度雖執權政每事必諮之於評罷朝歸第則盡心色養
手不釋卷其百寮有過未嘗顯之自是庶寮化德稀有犯者恪之圍洛陽也秦
中大震苻堅親將以備潼關軍迴乃定恪爲將不尚威嚴專以恩信御物務於
大略不以小令勞衆軍士有犯法密縱舍之捕斬賊首以令軍營內不整似可
犯而防禦甚嚴終無喪敗臨終暐親臨問以後事恪曰臣聞報恩莫大薦士版
築猶可而況國之懿藩吳王文武兼才管蕭之亞陛下若任之以政國其少安
不然臣恐二寇必有闚𨵦之計言終而死

陽騖

陽騖字士秋右北平無終人也父耽仕廆官至東夷校尉騖少清素好學器識沈遠起家爲平州別駕屢獻安時彊國之術事多納用廆甚奇之皝卽王位遷左長史東西征伐參謀帷幄皝臨終謂儁曰陽士秋忠幹貞固可託付大事汝善待之儁之將圖中原也騖制勝之功亞於慕容恪暐既嗣僞位申以師傅之禮親遇日隆及爲太尉慨然而歎曰昔常林徐邈先代名臣猶以鼎足任重而終辭三事以吾虛薄何德以堪之固求罷職言甚懇至暐優答不許騖清貞謙謹老而彌篤既以宿望舊齒自慕容恪已下莫不畢拜性儉約常乘弊車瘠馬及死無斂財

皇甫真

皇甫真字楚季安定朝那人也弱冠以高才廆拜爲遼東國侍郎皝嗣位遷平州別駕時內難連年百姓勞悴真議欲寬減歲賦休息力役不合旨免官後以破麻秋之功拜奉車都尉守遼東營丘二郡太守皆有善政及儁僭位入爲典書令後從慕容評攻拔鄴都珍貨充溢真一無所取唯存恤人物收圖籍而已

傳臨終與慕容恪等俱受顧託慕輿根將謀爲亂眞陰察知之乃言於恪請除之恪未忍顯其事俄而根謀發伏誅恪謝眞曰不從君言幾成禍敗呂護之叛恪謀於朝曰遠人不服修文德以來之今護宜以恩詔降乎不宜以兵戈取也眞曰護九年之間三背王命揆其姦心凶勃未已明公方飲馬江湘勒銘劍閣況護蕞爾近畿而不梟戮宜以兵算取之不可復以文檄諭也恪從之以眞爲冠軍將軍別部都督師還拜鎭西將軍幷州刺史鎭護匈奴中郎將徵還拜侍中光祿大夫累遷太尉侍中苻堅密謀兼幷欲觀審釁隙乃遣其西戎主簿郭辯潛結匈奴左賢王曹轂令轂遣使詣鄴辯因從之眞兄典仕苻堅爲散騎常侍從子奮覆並顯關西辯旣至鄴歷造公卿言於眞曰辯家爲秦所誅故寄命曹王貴兄常侍及奮覆兄弟並相知在素眞怒曰臣無境外之交斯言何以及我君似姦人得無因緣假託乎乃白暐請窮詰之暐評不許辯還謂堅曰燕朝無綱紀實可圖之鑒機識變唯皇甫眞耳堅曰以六州之地豈無智識士一人哉眞亦秦人而燕用之固知關西多君子矣眞性淸儉寡慾不營產業飲酒至

石餘不亂雅好屬文凡著詩賦四十餘篇王猛入鄴真望馬首拜之明日更見
語乃卿猛猛曰昨拜今卿何恭慢之相違也真答曰卿昨爲賊朝是國士吾拜
賊而卿國士何所怪也猛大嘉之謂權翼曰皇甫真故大器也從堅入關爲奉
車都尉數歲而死
史臣曰觀夫北陰衍氣醜虜彙生隔閡諸華聲教莫之漸雄據殊壤貪悍成其
俗先叛後服蓋常性也自當塗紊紀典午握符推亡之功掩岷吳而可錄御遠
之策懷戎狄而猶漏慕容廆英姿偉量是曰邊豪釁迹姦圖實惟亂首何者無
名而舉表深譏於魯冊象龔致罰昭大訓於姚典況乎放命挻禍距戰發其狼
心剽邑屠城略地騁其蠭賊既而二帝遘平陽之酷按兵窺運五鐸啓金陵之
祚率禮稱藩勤王之誠當君危而未立匡主之節俟國泰而將徇適所謂相時
而動豈素蓄之款哉然其制敵多權臨下以惠勸農桑敦地利任賢士該時傑
故能恢一方之業創累葉之基焉元真體貌不恆暗符天表沈毅自處頗懷奇
略于時羣雄角立爭奪在辰顯宗主祭於沖年庾亮竊政於元舅朝綱不振天

步孔艱遂得據已成之資乘土崩之會揚兵南鶩則烏丸卷甲建旆東征則宇文摧陣乃負險自固恃勝而驕端拱稱王不待朝命昔鄭武職居三事爵不改伯齊桓績宣九合位止爲侯瞻曩烈而功微徵前經而禮縟谿壑難滿此之謂乎宣英文武兼優加之以機斷因石氏之釁首圖中原燕王協其籌冀馬爲其用一戰而平巨寇再舉而拔堅城氣讋傍鄰威加邊服便謂深功被物天數在躬遽竊鴻名偷安寶籙猶將席卷京洛肆其蟻聚之徒宰割黎元縱其鯨吞之勢使江左疲於奔命職此之由非夫天厭素靈而啓異類不然者其鋒何以若斯景茂庸材不親厥務賢輔攸賴逆臣挫謀於是陷金墉而款河南包銅城而臨漠北西秦勁卒頓函關而不進東夏遺黎企鄴宮而授首當此之時也凶威轉熾及玄恭即世虐媪亂朝垂以勳德不容評以黷貨干政志士絕忠貞之路讒人襲交亂之風輕鄰反速其咎禦敵罕修其備以攜離之衆抗敢死之師鋒鏑未交白溝淪境衝輣暫擬紫陌成墟是知由余出而戎亡子常升而郢覆終於身死異域智不自全吉凶惟人良所謂也

贊曰青山徙構玄塞分疆蠢茲雜種奕世彌昌角端掩月步搖翻霜乘危蝟起
怙險鴟張假竊神器憑陵帝鄉守不以德終致餘殃

晉書卷一百十一

晉書卷一百十一考證

慕容暐載記苻堅將苻廋據陝降于暐○廋前燕錄作庾綱目晉帝奕太和三年秦苻庾以陝城降燕亦作庾今從音義作廋

豫州刺史李邦○邦一本作邦綱目作邽

晉書卷一百十一考證

晉書卷一百十二

唐　太　宗　文　皇　帝　御　撰

載記第十二

苻洪

苻洪字廣世略陽臨渭氐人也其先蓋有扈之苗裔世為西戎酋長始其家池中蒲生長五丈五節如竹形時咸謂之蒲家因以為氏焉父懷歸部落小帥先是隴右大雨百姓苦之謠曰雨若不止洪水必起故因名曰洪好施多權略驍武善騎射屬永嘉之亂乃散千金召英傑之士訪安危變通之術宗人蒲光蒲突遂推洪為盟主劉曜僭號長安光等逼洪歸曜拜率義侯曜敗洪西保隴山石季龍將攻上邽洪又請降季龍大悅拜冠軍將軍委以西方之事季龍滅石生洪說季龍宜徙關中豪傑及羌戎內實京師季龍從之以洪為龍驤將軍流人都督處于枋頭累有戰功封西平郡公其部下賜爵關內侯者二千餘人以洪為關內領侯將冉閔言於季龍曰苻洪雄果其諸子並非常才宜密除之季

龍待之愈厚及石遵即位閔又以爲言遵乃去洪都督餘如前洪怨之乃遣使降晉後石鑒殺遵所在兵起洪有衆十餘萬永和六年帝以洪爲征北大將軍都督河北諸軍事冀州刺史廣川郡公時有說洪稱尊號者洪亦以讖文有草付應王又其孫堅背有草付字遂改姓苻氏自稱大將軍大單于三秦王洪謂博士胡文曰孤率衆十萬居形勝之地冉閔慕容儁可指辰而殄姚襄父子克之在吾數中孤取天下有易於漢祖初季龍以麻秋鎮枹罕冉閔之亂秋歸鄴洪使子雄擊而獲之以秋爲軍師將軍秋說洪西都長安洪深然之既而秋因宴鴆洪將并其衆世子健收而斬之洪將死謂健曰所以未入關者言中州可指時而定今見困豎子中原非汝兄弟所能辦關中形勝吾亡後便可鼓行而西言終而死年六十六健僭位僞諡惠武帝

苻健

苻健字建業洪第三子也初母羌氏夢大羆而孕之及長勇果便弓馬好施善事人甚爲石季龍父子所親愛季龍雖外禮苻氏心實忌之乃陰殺其諸兄而

不害健也及洪死健嗣位去秦王之號稱晉爵遣使告喪于京師且聽王命時京兆杜洪竊據長安自稱晉征北將軍雍州刺史戎夏多歸之健密圖關中懼洪知之乃僞受石祇官繕宮室於枋頭課所部種麥示無西意有知而不種者健殺之以狥既而自稱晉征西大將軍都督關中諸軍事雍州刺史盡衆西行起浮橋於盟津以濟遣其弟雄率步騎五千入潼關兄子菁自軹關入河東健執菁手曰事若不捷汝死河北我死河南比及黃泉無相見也既濟焚橋自統大衆繼雄而進杜洪遣其將張先要健於潼關健逆擊破之健雖戰勝猶修牋于洪并送名馬珍寶請至長安上尊號洪曰幣重言甘誘我也乃盡召關中之衆來距健筮之遇泰之臨健曰小往大來吉亨昔往東而小今還東而大吉孰大焉是時衆星夾河西流占者以爲百姓還西之象健遂進軍次赤水遣雄略地渭北又敗張先於陰槃擒之諸城盡陷菁所至無不降者三輔略定健引兵至長安洪奔司竹健入而都之遣使獻捷京師并修好於桓温健軍師將軍賈玄碩等表健爲侍中大都督關中諸軍事大單于秦王健怒曰我官位輕重非

若等所知既而潛使諷玄碩等使上尊號永和七年僭稱天王大單于赦境內死罪建元皇始繕宗廟社稷置百官於長安立妻強氏爲天王皇后子萇爲天王皇太子弟雄爲丞相都督中外諸軍事車騎大將軍領雍州刺史自餘封授各有差初杜洪之奔也招晉梁州刺史司馬勳至是勳率步騎三萬入秦川健敗之於五丈原八年健僭卽皇帝位于太極前殿諸公進爲王以大單于授其子萇杜洪屯宜秋爲其將張琚所殺琚自立爲秦王置百官健率步騎二萬攻琚斬其首健至自宜秋遣雄菁率衆略關東幷援石季龍豫州刺史張遇於許昌與晉鎮西將軍謝尚戰于穎水之上王師敗績雄乘勝逐北至于疊門殺傷太半遂虜遇及其衆歸于長安拜遇司空豫州刺史鎮許昌雄攻王擢於隴上擢奔涼州雄屯隴東張重華拜擢征東大將軍使與其將張弘宋修連兵伐雄雄與菁率衆擊敗之獲弘修送長安初張遇自許昌來降健納遇後母韓氏爲昭儀每於衆中謂遇曰卿吾子也遇慚恨引關中諸將欲以雍州歸順乃與健中黃門劉晃謀夜襲健事覺遇害於是孔特起池陽劉珍夏侯顯起鄠喬景起

雍胡陽赤起司竹呼延毒起霸城衆數萬人並遣使詣征西桓溫中軍殷浩請
救雄遣菁掠上洛郡於豐陽縣立荆州以引南金奇貨弓竿漆蠟通關市來遠
商於是國用充足而異賄盈積矣十年溫率衆四萬趨長安遣別將入淅川攻
上洛執健荆州刺史郭敬而遣司馬勳掠西鄙健遣其子萇率雄菁等衆五萬
距溫于堯柳城愁思堆溫轉戰而前次于灞上萇等退營城南健以羸兵六千
固守長安小城遣精銳三萬爲游軍以距溫三輔郡縣多降于溫健別使雄領
騎七千與桓沖戰於白鹿原王師敗績又破司馬勳于子午谷初健聞溫之來
也收麥清野以待之故溫衆大飢至是徙關中三千餘戶而歸及至潼關又爲
萇等所敗司馬勳奔還漢中其年西虜乞沒軍邪遣子入侍健於是置來賓館
于平朔門以懷遠人起靈臺於杜門與百姓約法三章薄賦卑宮垂心政事優
禮耆老修尚儒學而關右稱來蘇焉新平有長人見語百姓張靖曰苻氏應天
受命今當太平外面者歸中而安泰問姓名弗荅俄而不見新平令以聞健以
爲妖下靖獄會大雨霖河渭溢蒲津監寇登得一屐於河長七尺三寸人跡稱

之指長尺餘文深一寸健歎曰覆載之中何所不有張靖所見定不虛也敕之
蝗蟲大起自華澤至隴山食百草無遺牛馬相噉毛猛獸及狼食人行路斷絕
健自蠲百姓租稅減膳徹懸素服避正殿初桓溫之入關也其太子萇與溫戰
爲流矢所中死至是立其子生爲太子健寢疾菁勒兵入東宮將殺苻生自立
時生侍健疾菁以健爲死迴攻東掖門健聞變升端門陳兵衆皆舍杖逃散執
菁殺之數日健死時年三十九在位四年僞諡明皇帝廟號世宗後改曰高祖

苻生

生字長生健第三子也幼而無賴祖洪甚惡之生無一目爲兒童時洪戲之問
侍者曰吾聞瞎兒一淚信乎侍者曰然生怒引佩刀自刺出血曰此亦一淚也
洪大驚鞭之生曰性耐刀槊不堪鞭捶洪曰汝爲爾不已吾將以汝爲奴生曰
可不如石勒也洪懼跣而掩其口謂健曰此兒狂勃宜早除之不然長大必破
人家健將殺之雄止之曰兒長成自當修改何至便可如此健乃止及長力舉
千鈞雄勇好殺手格猛獸走及奔馬擊刺騎射冠絕一時桓溫之來伐也生單

馬入陣搴旗斬將者前後十數萇既死健以讖言三羊五眼應符故立爲太子健卒僭卽皇帝位大赦境內改年壽光時永和十二年也尊其母強氏爲皇太后立妻梁氏爲皇后以呂婆樓爲侍中左大將軍苻安領太尉苻柳爲征東大將軍幷州牧鎮蒲坂苻廋爲鎮東大將軍豫州牧鎮陝城自餘封授有差初生將強懷與桓溫戰沒其子延未及封而健死會生出游懷妻樊氏於道上書論懷忠烈請封其子生怒射而殺之僞中書監胡文中書令王魚言於生曰比頻有客星孛于大角熒惑入於東井大角爲帝坐東井秦之分野於占不出三年國有大喪大臣戮死願陛下遠追周文修德以禳之惠和羣臣以成康哉之美生曰皇后與朕對臨天下亦足以塞大喪之變毛太傅梁車騎梁僕射受遺輔政可謂大臣也於是殺其妻梁氏及太傅毛貴車騎尚書令梁楞左僕射梁安未幾又誅侍中丞相雷弱兒及其九子二十七孫諸羌悉叛弱兒南安羌酋也剛鯁好直言見生嬖臣趙韶董榮亂政每大言於朝故榮等譖而誅之生雖在諒闇游飲自若荒耽淫虐殺戮無道常彎弓露刃以見朝臣錘鉗鋸鑿備置左

右又納董榮之言誅其司空王隨以應日蝕之災饗羣臣於太極前殿飲酣樂奏生親歌以和之命其尚書令辛牢典勸既而怒曰何不彊酒猶有坐者引弓射牢而殺之於是百僚大懼無不引滿昏醉汙服失冠蓬頭僵仆生以爲樂生聞張祚見殺玄靚幼沖命其征東苻柳參軍閻負梁殊使涼州以書喻之負殊至姑臧玄靚年幼不見殊等其涼州牧張瓘謂負殊曰孤之本朝世執忠節遠宗大晉臣無境外之交君等何爲而至負殊曰晉王以鄰藩義好有自來矣雖擁阻山河然風通道會不欲使羊陸二公獨美於前主上以欽明紹統八表宅心光被四海格於天地晉王思與張王齊曜大明交玉帛之好兼與君公同金蘭之契是以不遠而來有何怪乎瓘曰羊陸一時之事亦非純臣之義也本朝六世重光固忠不二若與苻征東交玉帛之好者便是上違先公純誠雅志下乖河右遵奉之情負殊曰昔微子去殷項伯歸漢雖背君違親前史美其先覺亡晉之餘遠逃江會天命去之故尊先王翻然改圖北面二趙蓋神算無方鑒機而作君公若欲稱制河西衆旅非秦之敵如欲宗歸遺晉深乖先君雅旨孰

若遠蹤竇融附漢之規近述先王歸趙之事垂祚無窮永享遐祉乎𤩽曰中州無信好食誓言往與石氏通好旋見寇襲中國之風誠在昔日不足復論通和之事也負殊曰三王異政五帝殊風趙多姦詐秦以義信豈可同年而語哉張先楊初皆擅兵一方不供王貢先帝命將擒之宥其難恕之罪加以爵封之榮今上道合二儀慈弘山海信符陰陽御物無際不可以二趙相況也𤩽曰秦若兵彊化盛自可先取江南天下自然盡爲秦有何辱征東之命負殊曰先帝以大聖神武開構鴻基彊燕納款八州順軌主上欽明道必隆世慨徽號擁於河西正朔未加吳會以吳必須兵涼可以義故遣行人先申大好如君公不能蹈機而發者正可緩江南數年之命迴師西旆恐涼州弗可保也𤩽曰我跨據三州帶甲十萬西包崐域東阻大河伐人有餘而況自固秦何能爲患負殊曰貴州險塞孰若崤函五郡之衆何如秦雍張琚杜洪因趙之成資據天阻之固策三秦之銳藉陸海之饒勁士風集驍騎如雲自謂天下可平關中可固先帝神矛一指望旗冰解人詠來蘇不覺易主燕雖武視關東猶以地勢之義逆順之

理北面稱藩貢不踰月致肅慎楛矢通九夷之珍單于屈膝名王內附控弦之士百有餘萬鼓行而濟西河者君公何以抗之壼追遵先王臣趙故事世享大美爲秦之西藩瓘曰然秦之德義加於天下江南何以不賓負殊曰文身之俗負阻江山道洿先叛化威後賓自古而然豈但今也故詩曰蠢爾蠻荊大邦爲仇言其不可以德義懷也瓘曰秦據漢舊都地兼將相文武輔臣領袖一時者誰也負殊曰皇室懿藩忠若公旦者則大司馬武都王安征東大將軍晉王柳文武兼才神器秀拔入可允釐百工出能折衝萬里者衛大將軍廣平王黃眉後將軍清河王法龍驤將軍東海王堅之兄弟其耆年碩德德侔尚父者則太師錄尚書事廣寧公魚遵其清素剛嚴骨鯁貞亮則左光祿大夫強平金紫光祿程肱牛夷博聞強識探賾索幽則中書監胡文中書令王魚黃門侍郎李柔雄毅厚重權智無方則左衛將軍李威右衛將軍苻雅才識明達令行禁止則特進領御史中丞梁平老特進光祿大夫強汪侍中尚書呂婆樓文史富贍鬱爲文宗則尚書右僕射董榮祕書監王颺著作郎梁讜驍勇多權略攻必取戰

必勝關張之流萬人之敵者則前將軍新興王飛建節將軍鄧羌立忠將軍彭越安遠將軍范俱難建武將軍徐盛常伯納言卿校牧守則人皆文武莫非才賢其餘懷經世之才蘊佐時之略守南山之操遂而不奪者王猛朱彤之倫相望於巖谷濟濟多士焉可罄言姚襄張平一時之傑各擁衆數萬狼顧偏方皆委忠獻款請爲臣妾小不事大春秋所誅惟君公圖之瓘笑曰此事決之主上非身所了負殊曰涼王雖天縱英睿然尙幼沖君公居伊霍之任安危所繫見機之義實在君公瓘新輔政河西所在兵起懼秦師之至乃言於玄靚遣使稱藩生因其所稱而授之慕容儁遣將慕輿長卿等率衆七千入自軹關攻幽州刺史張哲于裴氏堡晉將軍劉度等率衆四千攻青州刺史袁朗于盧氏生遣其前將軍苻飛距晉建節鄧羌距燕飛未至而度退羌及長卿戰于堡南大敗之獲長卿及甲首二千七百餘級姚襄率衆萬餘攻其平陽太守苻產于匈奴堡苻柳救之爲襄所敗引還蒲坂襄遂攻堡剋之殺苻產盡坑其衆遣使從生假道將還隴西生將許之苻堅諫曰姚襄人傑也今還隴西必爲深害不如誘

以厚利伺隙而擊之生乃止遣使拜襄官爵襄不受斬其使者焚所送章策寇掠河東生怒命其大將軍張平討之襄乃卑辭厚幣與平結爲兄弟平更與襄通和生發三輔人營渭橋金紫光祿大夫程肱以妨農害時上疏極諫生怒殺之長安大風發屋拔樹行人顛頓宮中奔擾或稱賊至宮門晝閉五日乃止生推告賊者殺之刳而出其心左光祿大夫強平諫曰元正盛旦日有蝕之正陽神朔昏風大起兼水旱不時獸災未息此皆由陛下不勉彊於政事乖和氣所致也願陛下務養元元平章百姓棄纖介之嫌含山嶽之過致敬宗廟愛禮公卿去秋霜之威垂三春之澤則姦回寢止妖祲自消乾靈祇祐皇家永保無窮之美矣生怒以爲妖言鑿其頂而殺之平之囚也僞衞將軍苻黃眉前將軍苻飛建節鄧羌侍講禁中叩頭固諫以太后爲言平即生母強氏之弟也生既弗許強氏憂恨而死生下書曰朕受皇天之命承祖宗之業君臨萬邦子育百姓嗣統以來有何不善而謗讟之音扇滿天下殺不過千而謂刑虐行者比肩未足爲稀方當峻刑極罰復如朕何時猛獸及狼大暴晝則斷道夜則發屋惟害

人而不食六畜自生立一年獸殺七百餘人百姓苦之皆聚而邑居爲害滋甚遂廢農桑內外兇懼羣臣奏請禳災生曰野獸飢則食人飽當自止終不能累年爲患也天豈不子愛羣生而年年降罰正以百姓犯罪不已將助朕專殺而施刑教故耳但勿犯罪何爲怨天而尤人哉生如阿房遇兄與妹俱行者逼令爲非禮不從生怒殺之又讌羣臣于咸陽故城有後至者皆斬之嘗使太醫令程延合安胎藥問人參好惡幷藥分多少延曰雖小小不具自可堪用生以爲譏其目鑿延出目然後斬之有司奏太白犯東井東井秦之分也太白罰星必有暴兵起于京師生曰星入井者必將渴耳何所怪乎姚襄遣姚蘭王欽盧等招動鄜城定陽北地芹川諸羌胡皆應之有衆二萬七千進據黃洛生遣苻黃眉苻堅鄧羌率步騎萬五千討之襄深溝高壘固守不戰鄧羌說黃眉曰傷弓之鳥落於虛發襄頻爲桓温張平所敗銳氣喪矣今謀固壘不戰是窮寇也襄性剛狠易以剛動若長驅鼓行直壓其壘襄必忿而出師可一戰擒也黃眉從之遣羌率騎三千軍於壘門襄怒盡銳出戰羌僞不勝引騎而退襄追之于三

原羌迴騎距襄俄而黃眉與堅至大戰斬之盡俘其衆黃眉等振旅而歸黃眉雖有大功生不加旌賞每於衆中辱之黃眉怒謀殺生自立事發伏誅其王公親戚多有死者初生夢大魚食蒲又長安謠曰東海大魚化爲龍男便爲王女爲公問在何所洛門東東海苻堅封也時爲龍驤將軍第在洛門之東生不知是堅以謠夢之故誅其侍中太師錄尙書事魚遵及其七子十孫時又謠曰百里望空城鬱鬱何青青瞎兒不知法仰不見天星於是悉壞諸空城以禳之金紫光祿大夫牛夷懼不免禍請出鎭上洛生曰卿忠肅篤敬宜左右朕躬豈有外鎭之理改授中軍夷懼歸而自殺初生少凶暴嗜酒健臨死恐其不能保全家業誡之曰酋帥大臣若不從汝命可漸除之及卽僞位殘虐滋甚耽湎於酒無復晝夜羣臣朔望朝謁罕有見者或至暮方出臨朝輒怒惟行殺戮動連月昏醉文奏因之遂寢納姦佞之言賞罰失中左右或言陛下聖明宰世天下惟歌太平生曰媚於我也引而斬之或言陛下刑罰微過曰汝謗我也亦斬之所幸妻妾少有忤旨便殺之流其尸于渭水又遣宮人與男子裸交於殿前生剝

牛羊驢馬活爓雞豚鵝三五十爲羣放之殿中或剝死囚面皮令其歌舞引羣
臣觀之以爲嬉樂宗室勳舊親戚忠良殺害略盡王公在位者悉以疾告歸人
情危駭道路以目既自有目疾其所諱者不足不具少無缺傷殘毀偏隻之言
皆不得道左右忤旨而死者不可勝紀至於截脛剖胎拉脅鋸頸者動有千數
太史令康權言於生曰昨夜三月並出孛星入於太微遂入於東井兼自去月
上旬沉陰不雨迄至于今將有下人謀上之禍深願陛下脩德以消之生怒以
爲妖言撲而殺之生夜對侍婢曰阿法兄弟亦不可信明當除之是夜清河王
苻法夢神告之曰旦將禍集汝門惟先覺者可以免之寤而心悸會侍婢來告
乃與特進梁平老強汪等率壯士數百人潛入雲龍門苻堅與呂婆樓率麾下
三百餘人鼓譟繼進宿衞將士皆捨杖歸堅生猶昏寐未寤堅衆繼至引生置
於別室廢之爲越王俄而殺之生臨死猶飲酒數斗昏醉無所知矣時年二十
三在位二年僞謚厲王

苻雄

苻雄字元才洪之季子也少善兵書而多謀略好施下士便弓馬有政術健僭位爲佐命元勳權侔人主而謙恭奉法健常曰元才吾姬旦也及卒健哭之歐血曰天不欲吾定四海邪何奪元才之速也子堅別有載記

王墮

王墮字安生京兆霸城人也博學有雄才明天文圖緯苻洪征梁犢以墮爲司馬謂洪曰讖言苻氏應王公其人也洪深然之及爲宰相著匪躬之稱健常歎曰天下羣官皆如王令君者陰陽曷不和乎甚敬重之性剛峻疾惡雅好直言疾董榮強國如仇讎每於朝見之際略不與言人謂之曰董尚書貴幸一時公宜降意墮曰董龍是何雞狗而令國士與之言乎榮聞而慚恨遂勸生誅之及刑榮謂墮曰君今復敢數董龍作雞狗乎墮瞋目而叱之龍榮之小字也

晉書卷一百十三

唐　太　宗　文　皇　帝　御　撰

載記第十三

苻堅上

苻堅字永固一名文玉雄之子也祖洪從石季龍徙鄴家于永貴里其母苟氏嘗游漳水祈子於西門豹祠其夜夢與神交因而有孕十二月而生堅焉有神光自天燭其庭背有赤文隱起成字曰艸付臣又土王咸陽臂垂過膝目有紫光洪奇而愛之名曰堅頭年七歲聰敏好施舉止不踰規矩每侍洪側輒量洪舉措取與不失機候洪每曰此兒姿貌瓌偉質性過人非常相也高平徐統有知人之鑒遇堅於路異之執其手曰苻郎此官之御街小兒敢戲于此不畏司隸縛邪堅曰司隸縛罪人不縛小兒戲也統謂左右曰此兒有霸王之相左右怪之統曰非爾所及也後又遇之統下車屏人密謂之曰苻郎骨相不恆後當大貴但僕不見如何堅曰誠如公言不敢忘德八歲請師就家學洪曰汝戎狄

異類世知飲酒今乃求學邪欣而許之健之入關也夢天神遣使者朱衣赤冠
命拜堅爲龍驤將軍健翼日爲壇於曲沃以授之健泣謂堅曰汝祖昔受此號
今汝復爲神明所命可不勉之堅揮劍捶馬志氣感勵士卒莫不憚服焉性至
孝博學多才藝有經濟大志要結英豪以圖緯世之宜王猛呂婆樓強汪梁平
老等並有王佐之才爲其羽翼太原薛讚略陽權翼見而驚曰非常人也及苻
生嗣僞位讚翼說堅曰今主上昏虐天下離心有德者昌無德受殃天之道也
神器業重不可令他人取之願君王行湯武之事以順天人之心堅深然之納
爲謀主生既殘虐無度梁平老等亟以爲言堅遂弑生以僞位讓其兄法法自
以庶孽不敢當堅及母苟氏並慮衆心未服難居大位羣寮固請乃從之以升
平元年僭稱大秦天王誅生倖幸臣董龍趙韶等二十餘人赦其境內改元曰
永興追謚父雄爲文桓皇帝尊母苟氏爲皇太后妻苟氏爲皇后子宏爲皇太
子兄法爲使持節侍中都督中外諸軍事丞相錄尚書從祖侯爲太尉從兄柳
爲車騎大將軍尚書令封弟融爲陽平公雙河南公子丕長樂公暉平原公熙

廣平公叡鉅鹿公李威爲衞將軍尙書左僕射梁平老爲右僕射強汪爲領軍將軍仇騰爲尙書領選席寶爲丞相長史行太子詹事呂婆樓爲司隸校尉王猛薛讚爲中書侍郎權翼爲給事黃門侍郎與猛讚並掌機密追復魚遵雷弱兒毛貴王墮梁楞梁安段純辛牢等本官以禮改葬之其子孫皆隨才擢授初堅母以法長而賢又得衆心懼終爲變至此遣殺之堅性仁友與法訣於東堂慟哭嘔血贈以本官諡曰哀封其子陽爲東海公敷爲淸河公於是脩廢職繼絕世禮神祇課農桑立學校鰥寡孤獨高年不自存者賜穀帛有差其殊才異行孝友忠義德業可稱者令在所以聞其將張平以幷州叛堅率衆討之以其建節將軍鄧羌爲前鋒率騎五千據汾上堅至銅壁平盡衆拒戰爲羌所敗獲其養子蚝送之平懼乃降于堅堅赦其罪署爲右將軍蚝武賁中郎將加廣武將軍徙其所部三千餘戶于長安堅自臨晉登龍門顧謂其羣臣曰美哉山河之固婁敬有言關中四塞之國眞不虛也權翼薛讚對曰臣聞夏殷之都非不險也周秦之衆非不多也終於身竄南巢首懸白旗軀殘於犬戎國分於項籍

者何也德之不脩故耳吳起有言在德不在險深願陛下追蹤唐虞懷遠以德
山河之固不足恃也堅大悅乃還長安賜爲父後者爵一級鰥寡高年穀帛有
差丐所過田租之半是秋大旱堅減膳徹懸金玉綺繡皆散之戎士後宮悉去
羅紈衣不曳地開山澤之利公私共之偃甲息兵與境內休息王猛親寵愈密
朝政莫不由之特進樊世氐豪也有大勳于苻氏負氣倨傲衆辱猛曰吾輩與
先帝共興事業而不預時權君無汗馬之勞何敢專管大任是爲我耕稼而君
食之乎猛曰方當使君爲宰夫安直耕稼而已世大怒曰要當懸汝頭於長安
城門不爾者終不處於世也猛言之於堅堅怒曰必須殺此老氐然後百寮可
整俄而世入言事堅謂猛曰吾欲以楊壁尚主壁何如人也世勃然曰楊壁臣
之壻也婚已久定陛下安得令之尚主乎猛讓世曰陛下帝有海內而君敢競
婚是爲二天子安有上下世怒起將擊猛左右止之世遂醜言大罵堅由此發
怒命斬之於西廐諸氐紛紜競陳猛短堅恚甚慢罵或有鞭撻於殿廷者權翼
進曰陛下宏達大度善馭英豪神武卓犖錄功捨過有漢祖之風然慢易之言

所宜除之堅笑曰朕之過也自是公卿以下無不憚猛焉堅起明堂繕南北郊郊祀其祖洪以配天宗祀其伯健於明堂以配上帝親耕藉田其妻苟氏親蠶于近郊堅南游霸陵顧謂羣臣曰漢祖起自布衣廓平四海佐命功臣孰爲首乎權翼進曰漢書以蕭曹爲功臣之冠堅曰漢祖與項羽爭天下困於京索之間身被七十餘創通中六七父母妻子爲楚所囚平城之下七日不火食賴陳平之謀太上妻子克全免匈奴之禍二相何得獨高也雖有人狗之喻豈黃中之言乎於是酣飲極歡命羣臣賦詩大赦復改元曰甘露以王猛爲侍中中書令京兆尹其特進強德健妻之弟也昏酒豪横爲百姓之患猛捕而殺之陳尸於市其中丞鄧羌性鯁直不撓與猛協規齊志數旬之閒貴戚強豪誅死者二十有餘人於是百寮震肅豪右屏氣路不拾遺風化大行堅歎曰吾今始知天下之有法也天子之爲尊也於是遣使巡察四方及戎夷種落州郡有高年孤寡不能自存長吏刑罰失中爲百姓所苦清脩疾惡勸課農桑有便於俗篤學至孝義烈力田者皆令具條以聞時匈奴左賢王衛辰遣使降於堅遂請田內

地堅許之雲中護軍賈雍遣其司馬徐斌率騎襲之因縱兵掠奪堅怒曰朕方脩魏絳和戎之術不可以小利忘大信昔荊吳之戰事興蠶婦澆瓜之惠梁宋息兵夫怨不在大事不在小擾邊動衆非國之利也所獲資產其悉以歸之免雍官以白衣領護軍遣使脩和示之信義辰於是入居塞內貢獻相尋烏丸獨孤鮮卑沒奕干率衆數萬又降于堅堅初欲處之塞內苻融以匈奴爲患其與自古北虜馬不敢南首者畏威故也今處之於內地見其弱矣方當闚兵郡縣爲北邊之害不如徙之塞外以存荒服之義堅從之堅僭位五年鳳皇集于東闕大赦其境內百寮進位一級初堅之將爲赦也與王猛苻融密議於露堂悉屏左右堅親爲赦文猛融供進紙墨有一大蒼蠅入自牖間鳴聲甚大集於筆端驅而復來俄而長安街巷市里人相告曰官今大赦有司以聞堅驚謂融猛曰禁中無耳屬之理事何從泄也於是敕外窮推之咸言有一小人衣黑衣大呼於市曰官今大赦須臾不見堅歎曰其向蒼蠅乎聲狀非常吾固惡之諺曰欲人勿知莫若勿爲聲無細而弗聞事未形而必彰者其此之謂也堅廣脩學

宮召郡國學生通一經以上充之公卿已下子孫並遣受業其有學爲通儒才堪幹事清脩廉直孝弟力田者皆旌表之於是人思勸勵號稱多士盜賊止息請託路絕田疇脩闢帑藏充盈典章法物靡不悉備堅親臨太學考學生經義優劣品而第之問難五經博士多不能對堅謂博士王寔曰朕一月三臨太學黜陟幽明躬親獎勵罔敢勸違庶幾周孔微言不由朕而墜漢之二武其可追乎寔對曰自劉石擾覆華畿二都鞠爲茂草儒生罕有或存墳籍滅而莫紀經淪學廢奄若秦皇陛下神武撥亂道隆虞夏開庠序之美弘儒教之風化盛隆周垂馨千祀漢之二武焉足論哉堅自是每月一臨太學諸生競勸焉屠各張罔聚衆數千自稱大單于寇掠郡縣堅以其尚書鄧羌爲建節將軍率衆七千討平之時商人趙掇丁妃鄒瓮等皆家累千金車服之盛擬則王侯堅之諸公競引之爲國二卿黃門侍郎程憲言於堅曰趙掇等皆商販醜豎市郭小人車馬衣服僭同王者官齊君子爲藩國列卿傷風敗俗有塵聖化宜肅明典法使清濁顯分堅於是推檢引掇等爲國卿者降其爵乃下制非命士已上不得乘

車馬於都城百里之內金銀錦繡工商皂隸婦女不得服之犯者棄市興寧三
年堅又改元爲建元慕容暐遣其太宰慕容恪攻拔洛陽略地至于崤澠堅懼
其入關親屯陝城以備之匈奴右賢王曹轂左賢王衞辰舉兵叛率衆二萬攻
其杏城已南郡縣屯于馬蘭山索虜烏延等亦叛堅而通于辰轂堅率中外精
銳以討之以其前將軍楊安鎭軍毛盛等爲前鋒都督轂遣弟活距戰于同川
安大敗之斬活幷四千餘級轂懼而降堅徙其酋豪六千餘戶于長安進擊烏
延斬之鄧羌討衞辰擒之於木根山堅自驄馬城如朔方巡撫夷狄以衞辰爲
夏陽公以統其衆轂尋死分其部落貳城已西二萬餘落封其長子璽爲駱川
侯貳城以東二萬餘落封其小子寅爲力川侯故號東西曹秦雍二州地震裂
水泉湧出金象生毛長安大風震電壞屋殺人堅懼而愈修德政焉使王猛楊
安等率衆二萬寇荊州北鄙諸郡掠漢陽萬餘戶而還羌斂岐叛堅自稱益州
刺史率部落四千餘家西依張天錫叛將李儼堅遣王猛與隴西太守姜衡南
安太守邵羌討斂岐于略陽張天錫率步騎三萬擊李儼攻其大夏武始二郡

尅之天錫將掌據又敗儼諸軍于葵谷儼懼遣兄子純謝罪於堅仍請救尋而猛攻破略陽斂岐奔白馬堅遣楊安與建威王撫率衆會猛以救儼猛遣邵羌追斂岐使王撫守侯和姜衡守白石猛與楊安救枹罕及天錫將楊遹戰于枹罕東猛不利邵羌擒斂岐於白馬送之長安天錫遂引師而歸儼猶憑城未出猛乃服白乘輿從數十人請與相見儼開門延之未及設備而將士續入遂虜儼而還堅以其將軍彭越爲平西將軍涼州刺史鎭枹罕以儼爲光祿勳歸安侯是歲苻雙據上邽苻柳據蒲坂叛于堅苻庾據陝城苻武據安定並應之將共伐長安堅遣使諭之各齧梨以爲信皆不受堅命阻兵自守堅遣後禁將軍楊成世左將軍毛嵩等討雙武王猛鄧羌攻蒲坂楊安張蚝攻陝城成世毛嵩爲雙武所敗堅又遣其武衞王鑒寧朔呂光等率中外精銳以討之左衞苻雄左禁竇衝率羽林騎七千繼發雙武乘勝至于榆眉鑒等擊敗之斬獲萬五千人武棄安定隨雙奔上邽鑒等攻之苻柳出挑戰猛閉壘不應柳以猛爲憚己留其世子良守蒲坂率衆二萬將攻長安長安去蒲坂百餘里鄧羌率勁騎七

千夜襲敗之柳引軍還猛又盡衆邀擊悉俘其卒柳與數百騎入于蒲坂鑒等攻上邽克之斬雙武猛又尋破蒲坂斬柳及其妻子傳首長安猛屯蒲坂遣鄧羌與王鑒等攻陷陝城克之送庾于長安殺之太和四年晉大司馬桓溫伐慕容暐次于枋頭暐衆屢敗遣使乞師于堅請割武牢以西之地堅亦欲與暐連橫乃遣其將苟池等率步騎二萬救暐王師尋敗引歸池乃還是時慕容垂避害奔于堅王猛言於堅曰慕容垂燕之戚屬世雄東夏寬仁惠下恩結士庶燕趙之間咸有奉戴之意觀其才略權智無方兼其諸子明毅有幹藝人之傑也蛟龍猛獸非可馴之物不如除之堅曰吾方以義致英豪建不世之功且其初至吾告之至誠今而害之人將謂我何王師既旋慕容暐悔割武牢之地遣使謂堅曰頃者割地行人失辭有國有家分災救患理之常也堅大怒遣王猛與建威梁成鄧羌率步騎三萬署慕容垂爲冠軍將軍以爲鄉導攻暐洛州刺史慕容筑于洛陽暐遣其將慕容臧率精卒十萬將解筑圍猛使梁成等以精銳萬人卷甲赴之大破臧於滎陽筑懼而請降猛陳師以受之留鄧羌鎮金墉猛

振旅而歸太和五年又遣猛率楊安張蚝鄧羌等十將率步騎六萬伐暐堅親送猛于霸東謂曰今授卿精兵委以重任便可從壺關上黨出潞川此捷濟之機所謂疾雷不及掩耳吾當躬自率衆以繼卿後於鄴相見已敕運漕相繼但憂賊不煩後慮也猛曰臣庸劣孤生操無豪介蒙陛下恩榮內侍帷幄出總戎旅藉宗廟之靈稟陛下神算殘胡不足平也願不煩鑾軫冒犯霜露臣雖不武望克不淹時但願速敕有司部置鮮卑之所堅大悅於是進師楊安攻晉陽猛攻壺關執暐上黨太守慕容越所經郡縣皆降于猛猛留屯騎校尉苟萇戍壺關會楊安攻晉陽爲地道遣張蚝率壯士數百人入其城中大呼斬關猛安遂入晉陽執暐并州刺史慕容莊暐遣其太傅慕容評率衆四十餘萬以救二城評憚猛不敢進屯於潞川猛留將軍毛當戍晉陽進師與評相持遣游擊郭慶以銳卒五千夜從間道出評營後傍山起火燒其輜重火見鄴中暐懼遣使讓評催之速戰猛知評賣水鬻薪有可乘之會評又求戰乃陣於渭原而誓衆曰王景略受國厚恩任兼內外今與諸軍深入賊地宜各勉進不可退也願戮力

行間以報恩顧受爵明君之朝慶觴父母之室不亦美乎衆皆勇奮破釜棄糧大呼競進猛望評師之衆也惡之謂鄧羌曰今日之事非將軍莫可以捷成敗之機在斯一舉將軍其勉之羌曰若以司隸見與者公無以爲憂猛曰此非吾之所及也必以安定太守萬戶侯相處羌不悅而退俄而兵交猛召之羌寢而弗應猛馳就許之羌於是大飲帳中與張蚝徐成等跨馬運矛馳入評軍出入數四傍若無人搴旗斬將殺傷甚衆及日中評衆大敗俘斬五萬有餘乘勝追擊又降斬十萬於是進師圍鄴堅聞之留李威輔其太子宏守長安以苻融鎮洛陽躬率精銳十萬向鄴七日而至於安陽過舊閭引諸耆老語及祖父之事泫然流涕乃停信宿猛潛至安陽迎堅堅謂之曰昔亞夫不出軍迎漢文將軍何以臨敵而棄衆也猛曰臣每覽亞夫之事常謂前却人主以此而爲名將竊未多之臣奉陛下神算擊垂亡之虜若摧枯拉朽何足慮也監國沖幼鑾駕遠臨脫有不虞其如宗廟何堅遂攻鄴陷之慕容暐出奔高陽堅將郭慶執而送之堅入鄴宮閱其名籍凡郡百五十七縣一千五百七十九戶二百四十五萬

八千九百六十九口九百九十八萬七千九百三十五諸州郡牧守及六夷渠帥盡降於堅郭慶窮追餘燼慕容評奔于高句麗慶追至遼海句麗縛評送之堅散暐宮人珍寶以賜將士論功封賞各有差以王猛爲使持節都督關東六州諸軍事車騎大將軍開府儀同三司冀州牧鎮鄴以郭慶爲持節都督幽州諸軍事揚武將軍幽州刺史鎮薊堅自鄴如枋頭讌諸父老改枋頭爲永昌縣復之終世堅至自永昌行飲至之禮歌勞止之詩以饗其羣臣赦慕容暐及其王公已下皆徙于長安封授有差堅於是行禮于辟雍祀先師孔子其太子及公侯卿大夫士之元子皆束脩釋奠焉徙關東豪傑及諸雜夷十萬戶于關中處烏丸雜類于馮翊北地丁零翟斌于新安徙陳留東阿萬戶以實青州諸因亂流移避仇遠徙欲還舊業者悉聽之晉叛臣袁瑾固守壽春爲大司馬桓溫所圍遣使請救于堅堅遣王鑒張蚝率步騎二萬救之鑒據洛澗蚝屯八公山桓溫遣諸將夜襲鑒蚝敗之鑒蚝屯慎城初仇池氏楊世以地降于堅堅署爲平南將軍秦州刺史仇池公既而歸順於晉世死子纂代立遂受天子爵命而

絶於堅世弟統驍武得衆起兵武都與纂分爭堅遣其將苻雅楊安與益州刺史王統率步騎七萬先取仇池進圍寧益雅等次于鷲陝纂率衆五萬距雅晉梁州刺史楊亮遣督護郭寶率騎千餘救之戰于陝中爲雅等所敗纂收衆奔還雅進攻仇池楊統帥武都之衆降于雅纂將碩密降于雅請爲內應纂懼面縛出降雅釋其縛送之長安以楊統爲平遠將軍南秦州刺史加楊安都督鎮仇池先是王猛獲張天錫將敦煌陰據及甲士五千堅既東平六州西擒楊纂欲以德懷遠且跨威河右至是悉送所獲還涼州天錫懼而遣使謝罪稱藩堅大悅卽署天錫爲使持節散騎常侍都督河右諸軍事驃騎大將軍開府儀同三司涼州刺史西域都護西平公吐谷渾碎奚以楊纂既降懼而遣使送馬五千匹金銀五百斤堅拜纂安遠將軍濕川侯堅嘗如鄴狩于西山旬餘樂而忘反伶人王洛叩馬諫曰臣聞千金之子坐不垂堂萬乘之主行不履危故文帝馳車袁公止轡孝武好田相如獻規陛下爲百姓父母蒼生所繫何可盤于游田以玷聖德若禍起須臾變在不測者其如宗廟何其如太后何堅曰善昔文

公悟愆于虞人朕聞罪於王洛吾過也自是遂不復獵堅聞桓温廢海西公也謂羣臣曰温前敗灞上後敗枋頭十五年間再傾國師六十歲公舉動如此不能思愆免退以謝百姓方廢君以自悅將如四海何諺云怒其室而作色於父者其桓温之謂乎堅以境內旱課百姓區種懼歲不登省節穀帛之費大官後宮減常度二等百寮之秩以次降之復魏晉士籍使役有常聞諸非正道典學一皆禁之堅臨太學考學生經義上第擢敘者八十三人自永嘉之亂庠序無聞及堅之僭頗留心儒學王猛整齊風俗政理稱舉學校漸興關隴清晏百姓豐樂自長安至于諸州皆夾路樹槐柳二十里一亭四十里一驛旅行者取給於途工商貿販於道百姓歌之曰長安大街夾樹楊槐下走朱輪上有鸞栖英彥雲集誨我萌黎是歲有大風從西南來俄而晦冥恆星皆見又有赤星見于西南太史令魏延言於堅曰於占西南國亡明年必當平蜀漢堅大悅命秦梁密嚴戎備乃以王猛爲丞相以苻融爲鎮東大將軍代猛爲冀州牧融將發堅祖於霸東奏樂賦詩堅母苟氏以融少子甚愛之比發三至灞上其夕又竊如

融所內外莫知是夜堅寢于前殿魏延上言天市南門屏內后妃星失明左右閹寺不見后妃移動之象堅推問知之驚曰天道與人何其不遠遂重星官王猛至長安加都督中外諸軍事猛辭讓再三堅不許其後天鼓鳴有彗星出于尾箕長十餘丈名蚩尤旗經太微埽東井自夏及秋冬不滅太史令張孟言於堅彗起尾箕而埽東井此燕滅秦之象因勸堅誅慕容暐及其子弟堅不納更以暐爲尚書垂爲京兆尹沖爲平陽太守苻融聞之上疏於堅曰臣聞東胡在燕歷數彌久逮于石亂遂據華夏跨有六州南面稱帝陛下爰命六師大舉征討勞卒頻年勤而後獲本非慕義懷德歸化而今父子兄弟列官滿朝執權履職勢傾勞舊陛下親而幸之臣愚以爲猛獸不可養狼子野心往年星異災起於燕願少留意以思天戒臣據可言之地不容嘿已詩曰兄弟急難朋友好合昔劉向以肺腑之親尚能極言況於臣乎堅報之曰汝爲德未充而懷是非立善未稱而名過其實詩云德輶如毛人鮮克舉君子處高戒懼傾敗可不務乎今四海事曠兆庶未寧黎元應撫夷狄應和方將混六合以一家同有形於赤

子汝其息之勿懷耿介夫天道助順修德則禳災苟求諸己何懼外患焉晉梁州刺史楊亮遣子廣襲仇池與堅將楊安戰廣敗績晉沮水諸戍皆委城奔潰亮懼而退守磬險安遂進寇漢川堅遣王統朱彤率卒二萬爲前鋒寇蜀前禁將軍毛當鷹揚將軍徐成率步騎三萬入自劍閣楊亮率巴獠萬餘拒之戰于青谷王師不利亮奔固西城彤乘勝陷漢中徐成又攻二劍克之楊安進據梓潼晉奮威將軍西蠻校尉周虓降于彤揚武將軍益州刺史周仲孫勒兵距彤等于綿竹聞堅將毛當將至成都仲孫率騎五千奔于南中安當進兵遂陷益州於是西南夷邛莋夜郎等皆歸之堅以安爲右大將軍益州牧鎭成都毛當爲鎭西將軍梁州刺史鎭漢中姚萇爲寧州刺史領西蠻校尉王統爲南秦州刺史鎭仇池蜀人張育楊光等起兵與巴獠相應以叛於堅晉益州刺史竺瑤威遠將軍桓石虔率衆三萬據墊江育乃自號蜀王遣使歸順與巴獠酋帥張重尹萬等五萬餘人進圍成都尋而育與萬爭權舉兵相持堅遣鄧羌與楊安等擊敗之育光退屯綿竹安又敗張重尹萬于成都南重死之及首級二萬三

千鄧羌復擊張育楊光于緜竹皆害之桓石虔敗姚萇于墊江萇退據五城石虔與竺瑤移屯巴東時有人於堅明光殿大呼謂堅曰甲申乙酉魚羊食人悲哉無復遺堅命執之俄而不見秘書監朱彤等因請誅鮮卑堅不從遣使巡行四方觀風俗問政道明黜陟恤孤獨不能自存者以安車蒲輪徵隱士樂陵王勸爲國子祭酒及王猛卒堅置聽訟觀於未央之南禁老莊圖讖之學中外四禁二衞四軍長上將士皆令修學課後宮置典學立內司以授于掖庭選閹人及女隸有聰識者置博士以授經遣其武衞苟萇左將軍毛盛中書令梁熙步兵校尉姚萇等率騎十三萬伐張天錫于姑臧遣尚書郎閻負梁殊銜命軍前下書徵天錫堅嚴飾鹵簿親餞萇等于城西賞行將各有差又遣其秦州刺史苟池河州刺史李辯涼州刺史王統率三州之衆以繼之閻負等到涼州天錫自以晉之列藩志在保境命斬之遣將軍馬建出距萇等俄而梁熙王統等自清石津攻其將梁粲于河會城陷之苟萇濟自石城津與梁熙等會攻纏縮城又陷之馬建懼自楊川退還清塞天錫又遣將軍掌據率衆三萬與馬建陣于

洪池苟萇遣姚萇以甲卒三千挑戰諸將勸據擊之以挫其鋒據不從天錫乃
率中軍三萬次金昌萇熙聞天錫來逼急攻據建建降於萇遂攻據害之及其
軍司席仂萇進軍入清塞乘高列陣天錫又遣司兵趙充哲爲前鋒率勁勇五
萬與萇等戰于赤岸哲大敗天錫懼而奔還致牋請降萇至姑臧天錫乘素車
白馬面縛輿櫬降于軍門萇釋縛焚櫬送之于長安諸郡縣悉降堅以梁熙爲
持節西中郎將涼州刺史領護西羌校尉鎮姑臧徙豪右七千餘戶于關中五
品稅百姓金銀一萬三千斤以賞軍士餘皆安堵如故堅封天錫重光縣之東
寧鄉二百戶號歸義侯初萇等將征天錫堅爲其立第於長安至是而居之堅
既平涼州又遣其安北將軍幽州刺史苻洛爲北討大都督率幽州兵十萬討
代王涉翼犍又遣後將軍俱難與鄧羌等率步騎二十萬東出和龍西出上郡
與洛會于涉翼犍庭翼犍戰敗遁于弱水苻洛逐之勢窘迫退還陰山其子翼
圭縛父請降洛等振旅而還封賞有差堅以翼犍荒俗未參仁義令入太學習
禮以翼圭執父不孝遷之於蜀散其部落於漢鄣邊故地立尉監行事官寮領

押課之治業營生三五取丁優復三年無稅租其渠帥歲終令朝獻出入行來爲之制限堅嘗之太學召涉翼犍問曰中國以學養性而人壽考漠北啖牛羊而人不壽何也翼犍不能答又問鄉種人有堪將者可召爲國家用對曰漠北人能捕六畜善馳走逐水草而已何堪爲將又問好學否對曰若不好學陛下用教臣何爲堅善其答堅以關中水旱不時議依鄭白故事發其王侯已下及豪望富室僮隸三萬人開涇水上源鑿山起堤通渠引瀆以溉岡鹵之田及春而成百姓賴其利以涼州新附復租賦一年爲父後者賜爵一級孝弟力田爵二級孤寡高年穀帛有差女子百戶牛酒大酺三日遣其尚書令苻丕率司馬慕容暐苟萇等步騎七萬寇襄陽使楊安將樊鄧之衆爲前鋒屯騎校尉石越率精騎一萬出魯陽關慕容垂與姚萇出自南鄉苟池等與彊弩王顯將勁卒四萬從武當繼進大會漢陽師次沔北晉南中郎將朱序以丕軍無舟檝不以爲虞石越遂游馬以渡序大懼固守中城越攻陷外郭獲船百餘艘以濟軍丕率諸將進攻中城遣苟池石越毛當以衆五萬屯于江陵晉車騎將軍桓沖擁

衆七萬爲序聲援惲池等不進保據上明兗州刺史彭超遣使上言於堅曰晉沛郡太守戴逯以卒數千戍彭城臣請率精銳五萬攻之願更遣重將討淮南諸城堅於是又遣其後將軍俱難率右將軍毛當後禁毛盛陵江邵保等步騎七萬寇淮陰盱眙揚武彭超寇彭城梁州刺史韋鍾寇魏興攻太守吉挹于西城晉將軍毛武生率衆五萬距之與俱難等相持于淮南先是梁熙遣使西域稱揚堅之威德幷以綵繒賜諸國王於是朝獻者十有餘國大宛獻天馬千里駒皆汗血朱鬣五色鳳膺麟身及諸珍異五百餘種堅曰吾思漢文之返千里馬咨嗟美詠今所獻馬其悉返之庶克念前王髣髴古人矣乃命羣臣作止馬詩而遣之示無欲也其下以爲盛德之事遠同漢文於是獻詩者四百餘人是時苻丕久圍襄陽御史中丞李柔劾丕以師老無功請徵下廷尉堅曰丕等費廣無成實宜貶戮但師已淹時不可虛然中返其特原之令以功成贖罪因遣其黃門郎韋華持節切讓丕等仍賜以劍曰來春不捷者汝可自裁不足復持面見吾也初丕之寇襄陽也將急攻之苟萇諫曰今以十倍之衆積粟如山但

徙荆楚人內於許洛絕其糧運使外援不接糧盡無人不攻自潰何爲促攻以
傷將士之命丕從之及堅讓至衆咸疑懼莫知所爲征南主簿河東王施進曰
以大將軍英秀諸將勇銳以攻小城何異洪鑪燎羽毛所以緩攻欲以計制之
若決一旦之機可指日而定今破襄陽上明自遁復何所疑願請一旬之期以
展三軍之勢如其不捷施請爲戮首丕於是促圍攻之堅將親率衆助丕等使
苻融將關東甲卒會于壽春梁熙統河西之衆以繼中軍融熙並上言以爲未
可與師乃止太元四年晉兗州刺史謝玄率衆數萬次于泗汭將救彭城苻丕
陷襄陽執南中郎將朱序送于長安堅署爲度支尚書以其中壘梁成爲南中
郎將都督荆揚州諸軍事荆州刺史領護南蠻校尉配兵一萬鎭襄陽以征南
府器杖給之彭超圍彭城也置輜重于留城至是晉將謝玄遣將軍何謙之高
衡率衆萬餘聲趣留城超引軍赴之戴逯率彭城之衆奔于謝玄超留其治中
徐褒守彭城而復寇盱眙俱難旣陷淮陰留邵保戍之與超會師而南晉將毛
武生救魏興遣前鋒督護趙福將軍袁虞等將水軍一萬溯江而上堅南巴校

尉姜守遣將張紹仇生等水陸五千距之戰于南縣王師敗績尋而韋鍾攻陷魏與執太守吉挹毛當與王顯自襄陽而東會攻淮南彭超陷盱眙獲晉建威將軍高密內史毛璪之遂攻晉幽州刺史田洛于三阿去廣陵百里京都大震臨江列戍孝武帝遣征虜將軍謝石率水軍次于涂中右衞將軍毛安之游擊將軍河間王曇之次于堂邑謝玄自廣陵救三阿毛當毛盛馳襲安之王師敗績玄率衆三萬次于白馬塘俱難遣其將都顏率騎逆玄戰于塘西玄大敗之斬顏玄進兵至三阿與難超戰超等又敗退保盱眙玄進次石梁與田洛攻盱眙難超出戰復敗退屯淮陰玄遣將軍何謙之督護諸葛侃率舟師乘潮而上焚淮橋又與難等合戰謙之斬其將邵保難超退師淮北難歸罪彭超斬其司馬柳渾堅聞之大怒檻車徵超下獄超自殺難免爲庶人堅以毛當爲平南將軍徐州刺史鎮彭城毛盛爲平東將軍兗州刺史鎮胡陸王顯爲平吳校尉揚州刺史戍下邳賞堂邑之功也又以苻洛爲散騎常侍持節都督益寧西南夷諸軍事征南大將軍益州牧領護西夷校尉鎮成都命從伊闕自襄陽溯漢而

上洛健之兄子也雄勇多力而猛氣絕人堅深忌之故常爲邊牧洛有征伐之功而未賞及是還也恚怒謀於衆曰孤於帝室至親也主上不能以將相任孤常擯孤於外旣投之西裔復不聽過京師此必有伏計令梁成沉孤於漢水矣爲宜束手就命爲追晉陽之事以匡社稷邪諸君意如何其治中平顏妄陳祥瑞勸洛舉兵洛因攘袂大言曰孤計決矣沮謀者斬於是自稱大將軍大都督秦王署置官司以平顏爲輔國將軍幽州刺史爲其謀主分遣使者徵兵於鮮卑烏丸高句麗百濟及薛羅休忍等諸國並不從洛懼而欲止平顏曰且宜聲言受詔盡幽并之兵出自中山常山陽平公必郊迎於路因而執之進據冀州總關東之衆以圖秦雍可使百姓不覺易主而大業定矣洛從之乃率衆七萬發和龍將圖長安於是關中騷動盜賊並起堅遣使數之曰天下未一家兄弟匪他何爲而反可還和龍當以幽州永爲世封洛謂使者曰汝還白東海王幽州褊阨不足容萬乘須還王咸陽以承高祖之業若能候駕潼關者位爲上公爵歸本國堅大怒遣其左將軍竇衝及呂光率步騎四萬討之右將軍都貴馳

傳詣鄴率冀州兵三萬爲前鋒以苻融爲大都督授之節度使石越率騎一萬自東萊出石逕襲和龍海行四百餘里苻重亦盡薊城之衆會洛兵于中山有衆十萬衝等與洛戰于中山大敗之執洛及其將蘭殊送于長安呂光追斬苻重於幽州石越克和龍斬平顏及其黨與百餘人堅赦蘭殊署爲將軍徙洛于涼州徵苻融爲車騎大將軍領宗正錄尚書事洛既平堅以關東地廣人殷思所以鎭靜之引其羣臣于東堂議曰凡我族類支胤彌繁今欲分三原九嵕武都汧雍十五萬戶於諸方要鎭不忘舊德爲磐石之宗於諸君之意如何皆曰此有周所以祚隆八百社稷之利也於是分四帥子弟三千戶以配苻丕鎭鄴如世封諸侯爲新券主堅送丕於灞上流涕而別諸戎子弟離其父兄者皆悲號哀慟酸感行人識者以爲喪亂流離之象於是分幽州置平州以石越爲平州刺史領護鮮卑中郎將鎭龍城大鴻臚韓胤領護赤沙中郎將移烏丸府于代郡之平城中書梁讜爲安遠將軍幽州刺史鎭薊城毛興爲鎭西將軍河州刺史鎭枹罕王騰爲鷹揚將軍幷州刺史領護匈奴中郎將鎭晉陽二州各配

支戶三千苻暉爲鎮東大將軍豫州牧鎮洛陽苻叡爲安東將軍雍州刺史鎮蒲坂先是高陸人穿井得龜大三尺背有八卦文堅命大卜池養之食以粟及此而死藏其骨於太廟其夜廟丞高虜夢龜謂之曰我本出將歸江南遭時不遇隕命秦庭又有人夢中謂虜曰龜三千六百歲而終終必妖興亡國之徵也堅自平諸國之後國內殷實遂示人以侈懸珠簾于正殿以朝羣臣宮宇車乘器物服御悉以珠璣琅玕奇寶珍怪飾之尚書郎裴元略諫曰臣聞堯舜茅茨周卑宮室故致和平慶隆八百始皇窮極奢麗嗣不及孫願陛下則采椽之不琢鄙瓊室而不居敷純風於天下流休範於無窮賤金玉珍穀帛勤恤人隱勸課農桑捐無用之器棄難得之貨敦至道以厲薄俗修文德以懷遠人然後一軌九州同風天下刑措既登告成東嶽蹤軒皇以齊美哂二漢之徙封臣之願也堅大悅命去珠簾以元略爲諫議大夫鄯善王車師前部王來朝大宛獻汗血馬肅愼貢楛矢天竺獻火浣布康居于寘及海東諸國凡六十有二王皆遣使貢其方物初堅母少寡將軍李威有辟陽之寵史官載之至是堅收起居注

及著作所錄而觀之見其事慚怒乃焚其書而大檢史官將加其罪著作郎趙泉車敬等已死乃止荆州刺史都貴遣其司馬閻振中兵參軍吳仲等率衆二萬寇竟陵留輜重于管城水陸輕進桓沖遣南平太守桓石虔竟陵太守郭銓等水陸二萬距之相持月餘戰于滶水振等大敗退保管城石虔乘勝攻破之斬振及仲俘斬萬七千

晉書卷一百十三

晉書卷一百十三考證

苻堅載記上以楊統爲平遠將軍南秦州刺史〇楊十六國春秋作王下文云

堅以王統爲南秦州刺史鎮仇池未知孰是

亮懼而退守磬險〇水經注作亮以容裘谷險固難拔保而居之

荊州刺史都貴〇都貴一本作郝貴又作梁成上文有右將軍都貴未知卽其

人否

晉書卷一百十三考證

唐　太　宗　文　皇　帝　御　撰

載記第十四

苻堅下

太元七年堅饗羣臣于前殿樂奏賦詩秦州別駕天水姜平子詩有丁字直而不曲堅問其故平子曰臣丁至剛不可以屈且曲下者不正之物未足獻也堅笑曰名不虛行因擢爲上第堅兄法子東海公陽與王猛子散騎侍郎皮謀反事洩堅問反狀陽曰禮云父母之仇不同天地臣父哀公死不以罪齊襄復九世之讎而況臣也皮曰臣父丞相有佐命之勳而臣不免貧餒所以圖富也堅流涕謂陽曰哀公之薨事不在朕卿寧不知之讓皮曰丞相臨終託卿以十具牛爲田不聞爲卿求位知子莫若父何斯言之徵也皆赦不誅徙陽于高昌皮于朔方之北苻融以位忝宗正不能肅遏奸萌上疏請待罪私藩堅不許將以融爲司徒融固辭堅銳意荊揚將謀入寇乃改授融征南大將軍開府儀同三

司新平郡獻玉器初堅卽僞位新平王彫陳說圖讖堅大悅以彫爲太史令嘗言於堅曰謹按讖云古月之末亂中州洪水大起健西流惟有雄子定八州此卽三祖陛下之聖諱也又曰當有艸付臣又土滅東燕破白虜氏在中華在表按圖讖之文陛下當滅燕平六州願徙汧隴諸氏于京師三秦大戶置之於邊地以應圖讖之言堅訪之王猛猛以彫爲左道惑衆勸堅誅之彫臨刑上疏曰臣以趙建武四年從京兆劉湛學明於圖記謂臣曰新平地古顓頊之墟里名曰雞閭記云此里應出帝王寶器其名曰延壽寶鼎顓頊有云河上先生爲吾隱之于咸陽西北吾之孫有艸付臣又土應之湛又云吾嘗齋于室中夜有流星大如半月落於此地斯蓋是乎願陛下誌之平七州之後出于壬午之年至是而新平人得之以獻器銘篆書文題之法一爲天王二爲王后三爲三公四爲諸侯五爲伯子男六爲卿大夫七爲元士自此已下考載文記列帝王名臣自天子王后內外次序上應天文象紫宮布列依玉牒版辭不違帝王之數從上元人皇起至中元窮于下元天地一變盡三元而止堅以彫言有徵追贈光

祿大夫幽州蝗廣袤千里堅遣其散騎常侍劉蘭持節爲使者發青冀幽并百姓討之以苻朗爲使持節都督青徐兗三州諸軍事鎮東將軍青州刺史以諫議大夫裴元略爲陵江將軍西夷校尉巴西梓潼二郡太守密授規模令與王撫備舟師于蜀將以入寇車師前部王彌寘鄯善王休密馱朝于堅堅賜以朝服引見西堂寘等觀其宮宇壯麗儀衞嚴肅甚懼因請年年貢獻堅以西域路遙不許令三年一貢九年一朝以爲永制寘等請曰大宛諸國雖通貢獻然誠節未純請乞依漢置都護故事若王師出關請爲鄉導堅於是以驍騎呂光爲持節都督西討諸軍事與陵江將軍姜飛輕騎將軍彭晃等配兵七萬以討定西域苻融以虛耗中國投兵萬里之外得其人不可役得其地不可耕固諫以爲不可堅曰二漢力不能制匈奴猶出師西域今匈奴既平易若摧朽雖勞師遠役可傳檄而定化被昆山垂芳千載不亦美哉朝臣又屢諫皆不納晉將軍朱綽焚踐沔北屯田掠六百餘戶而還堅引羣臣會議曰吾統承大業垂二十載芟夷逋穢四方略定惟東南一隅未賓王化吾每思天下不一未嘗不臨食

輟餔今欲起天下兵以討之略計兵仗精卒可有九十七萬吾將躬先啓行薄伐南裔於諸卿意何如祕書監朱彤曰陛下應天順時恭行天罰嘯咤則五嶽摧覆呼吸則江海絶流若一舉百萬必有征無戰晉主自當銜璧輿櫬啓顙軍門若迷而弗悟必逃死江海猛將追之即可賜命南巢中州之人還之桑梓然後迴駕岱宗告成封禪起白雲於中壇受萬歲於中嶽爾則終古一時書契未有堅大悅曰吾之志也左僕射權翼進曰臣以爲晉未可伐夫以紂之無道天下離心八百諸侯不謀而至武王猶曰彼有人焉迴師止旆三仁誅放然後奮戈牧野今晉道雖微未聞喪德君臣和睦上下同心謝安桓沖江左偉才可謂晉有人焉臣謂師克在和今晉和矣未可圖也堅默然久之曰諸君各言其志太子左衞率石越對曰吳人恃險偏隅不賓王命陛下親御六師問罪衡越誠合人神四海之望但今歲鎮星守斗牛福德在吳懸象無差不可犯也且晉中宗藩王耳夷夏之情咸共推之遺愛猶在於人昌明其孫也國有長江之險朝無昏貳之釁臣愚以爲利用修德未宜動師孔子曰遠人不服修文德以來之

願保境養兵伺其虛隙堅曰吾聞武王伐紂逆歲犯星天道幽遠未可知也昔夫差威陵上國而爲勾踐所滅仲謀澤洽全吳孫皓因三代之業龍驤一呼君臣面縛雖有長江其能固乎以吾之衆旅投鞭於江足斷其流越曰臣聞紂爲無道天下患之夫差淫虐孫皓昏暴衆叛親離所以敗也今晉雖無德未有斯罪深願厲兵積粟以待天時羣臣各有異同庭議者久之堅曰所謂築室于道沮計萬端吾當內斷於心矣羣臣出後獨留苻融議之堅曰自古大事定策者一兩人而已羣議紛紜徒亂人意吾當與汝決之融曰歲鎮在斗牛吳越之福不可以伐一也晉主休明朝臣用命不可以伐二也我數戰兵疲將倦有憚敵之意不可以伐三也諸言不可者策之上也願陛下納之堅作色曰汝復如此天下之事吾當誰與言之今有衆百萬資仗如山吾雖未稱令主亦不爲闇劣以累捷之威擊垂亡之寇何不克之有乎吾終不以賊遺子孫爲宗廟社稷之憂也融泣曰吳之不可伐昭然虛勞大舉必無功而反臣之所憂非此而已陛下寵育鮮卑羌羯布諸畿甸舊人族類斥徙遐方今傾國而去如有風塵之變

者其如宗廟何監國以弱卒數萬留守京師鮮卑羌羯攢聚如林此皆國之賊也我之讎也臣恐非但徒返而已亦未必萬全臣智識愚淺誠不足采王景略一時奇士陛下每擬之孔明其臨終之言不可忘也堅不納游于東苑命沙門道安同輦權翼諫曰臣聞天子法駕侍中陪乘清道而行進止有度三代末主或虧大倫適一時之情書惡來世故班姬辭輦垂美無窮道安毀形賤士不宜參穢神輿堅作色曰安公道冥至境德爲時尊朕舉天下之重未足以易之非公與輦之榮此乃朕之顯也命翼扶安升輦顧謂安曰朕將與公南遊吳越整六師而巡狩謁虞陵于疑嶺瞻禹穴于會稽泛長江臨滄海不亦樂乎安曰陛下應天御世居中土而制四維逍遙順時以適聖躬動則鳴鑾清道止則神棲無爲端拱而化與堯舜比隆何爲勞身于馳騎口倦于經略櫛風沐雨蒙塵野次乎且東南區區地下氣癘虞舜游而不返大禹適而弗歸何足以上勞神駕下困蒼生詩云惠此中國以綏四方苟文德足以懷遠可不煩寸兵而坐賓百越堅曰非爲地不廣人不足也但思混一六合以濟蒼生天生蒸庶樹之君者

所以除煩去亂安得憚勞朕既大運所鍾將簡天心以行天罰高辛有熊泉之
役唐堯有丹水之師此皆著之前典昭之後王誠如公言帝王無省方之文乎
且朕此行也以義舉耳使流度衣冠之胄還其墟墳復其桑梓止爲靖難銓才
不欲窮兵極武安曰若鑾駕必欲親動猶不願遠涉江淮可暫幸洛陽明授勝
略馳紙檄于丹陽開其改迷之路如其不庭伐之可也堅不納先是羣臣以堅
信重道安謂安曰主上欲有事於東南公何不爲蒼生致一言也故安因此而
諫苻融及尚書原紹石越等上書面諫前後數十堅終不從堅少子中山公詵
有寵于堅又諫曰臣聞季良在隨楚人憚之宮奇在虞晉不闚兵國有人焉故
也及謀之不用而亡不淹歲前車之覆軌後車之明鑒陽平公國之謀主而陛
下違之晉有謝安桓沖而陛下伐之是行也臣竊惑焉堅曰國有元龜可以決
大謀朝有公卿可以定進否孺子言焉將爲戮也所司奏劉蘭討蝗幽州經秋
冬不滅請徵下廷尉詔獄堅曰災降自天殆非人力所能除也此自朕之政違
所致蘭何罪焉明年呂光發長安堅送于建章宮謂光曰西戎荒俗非禮義之

邦羈縻之道服而赦之示以中國之威導以王化之法勿極武窮兵過深殘掠加鄯善王休密馱使持節散騎常侍都督西域諸軍事寧西將軍車師前部王彌窴使持節平西將軍西域都護率其國兵為光鄉導是年益州西南夷海東諸國皆遣使貢其方物堅南游灞上從容謂羣臣曰軒轅大聖也其仁若天其智若神猶隨不順者從而征之居無常所以兵為衛故能日月所照風雨所至莫不率從今天下垂平惟東南未殄朕忝荷大業巨責攸歸豈敢優游卒歲不建大同之業每思桓温之寇也江東不可不滅今有勁卒百萬文武如林鼓行而摧遺晉若商風之隕秋籜朝廷內外皆言不可吾實未解所由晉武若信朝士之言而不征吳者天下何由一軌吾計決矣不復與諸卿議也太子宏進曰吳今得歲不可伐也且晉主無罪人為之用謝安桓沖兄弟皆一方之儁才君臣戮力阻險長江未可圖也但可厲兵積粟以待暴主一舉而滅之今若動而無功則威名損於外資財竭於內是故聖王之行師也內斷必誠然後用之彼若憑長江以固守徙江北百姓于江南增城清野杜門不戰我已疲矣彼未引

弓土下氣癘不可久留陛下將若之何堅曰往年車騎滅燕亦犯歲而捷之天
道幽遠非汝所知也昔始皇之滅六國其王豈皆暴乎且吾內斷於心久矣舉
必克之何爲無功吾方命蠻夷以攻其內精甲勁兵以攻其外內外如此安有
不克道安曰太子之言是也願陛下納之堅弗從冠軍慕容垂言於堅曰陛下
德侔軒唐功高湯武威澤被于八表遠夷重譯而歸司馬昌明因餘燼之資敢
距王命是而不誅法將安措孫氏跨僭江東終併於晉其勢然也臣聞小不敵
大弱不御彊況大秦之應符陛下之聖武彊兵百萬韓白盈朝而令其偷魂假
號以賊虜遺子孫哉詩云築室于道謀是用不潰于成陛下內斷神謀足矣不
煩廣訪朝臣以亂聖慮昔晉武之平吳也言可者張杜數賢而已若採羣臣之
言豈能建不世之功諺云憑天俟時時已至矣其可已乎堅大悅曰與吾定天
下者其惟卿耳賜帛五百匹彗星掃東井自堅之建元十七年四月長安有水
影遠觀若水視地則見人至是則止堅惡之上林竹死洛陽地陷晉車騎將軍
桓沖率衆十萬伐堅遂攻襄陽遣前將軍劉波冠軍桓石虔振威桓石民攻沔

北諸城輔國楊亮伐蜀攻拔伍城進攻涪城龍驤胡彬攻下蔡鷹揚郭銓攻武當沖別將攻萬歲城拔之堅大怒遣其子征南叡及冠軍慕容垂左衛毛當率步騎五萬救襄陽揚武張崇救武當後將軍張蚝步兵校尉姚萇救涪城叡次新野垂次鄧城王師敗張崇于武當掠二千餘戶而歸叡遣垂及驍騎石越爲前鋒次于沔水垂越夜命三軍人持十炬火繫炬于樹枝光照十數里中沖懼退還上明張蚝出斜谷楊亮亦引兵退歸堅下書悉發諸州公私馬人十丁遣一兵門在灼然者爲崇文義從良家子年二十已下武藝驍勇富室材雄者皆拜羽林郎下書期克捷之日以帝爲尙書左僕射謝安爲吏部尙書桓沖爲侍中並立第以待之良家子至者三萬餘騎其秦州主簿金城趙盛之爲建威將軍少年都統遣征南苻融驃騎張蚝撫軍苻方衛軍梁成平南慕容暐冠軍慕容垂率步騎二十五萬爲前鋒堅發長安戎卒六十餘萬騎二十七萬前後千里旌鼓相望堅至項城涼州之兵始達咸陽蜀漢之軍順流而下幽冀之衆至于彭城東西萬里水陸齊進運漕萬艘自河入石門達于汝潁融等攻陷壽春

執晉平虜將軍徐元喜安豐太守王先垂攻陷項城害晉將軍王太丘梁成與其揚州刺史王顯弋陽太守王詠等率衆五萬屯于洛澗柵淮以遏東軍成頻敗王師晉遣都督謝石徐州刺史謝玄豫州刺史桓伊輔國謝琰等水陸七萬相繼距融去洛澗二十五里憚成不進龍驤將軍胡彬先保硤石爲融所逼糧盡詐揚沙以示融軍潛遣使告石等曰今賊盛糧盡恐不見大將軍融軍人獲而送之融乃馳使白堅曰賊少易俘但懼其越逸宜速進衆軍擒賊帥堅大悅恐石等遁也捨大軍于項城以輕騎八千兼道赴之令軍人曰敢言吾至壽春者拔舌故石等弗知晉龍驤將軍劉牢之率勁卒五千夜襲梁成壘克之斬成及王顯王詠等十將士卒死者萬五千謝石等以既敗梁成水陸繼進堅與苻融登城而望王師見部陣齊整將士精銳又北望八公山上草木皆類人形顧謂融曰此亦勍敵也何謂少乎憮然有懼色初朝廷聞堅入寇會稽王道子以威儀鼓吹求助於鍾山之神奉以相國之號及堅之見草木狀人若有力焉堅遣其尚書朱序說石等以衆盛欲脅而降之序詭謂石曰若秦百萬之衆皆

至則莫可敵也及其衆軍未集宜在速戰若挫其前鋒可以得志石聞堅在壽春也懼謀不戰以疲之謝琰勸從序言遣使請戰許之時張蚝敗謝石于肥南謝玄謝琰勒卒數萬陣以待之蚝乃退列陣逼肥水王師不得渡遣使謂融曰君懸軍深入置陣逼水此持久之計豈欲戰者乎若小退師令將士周旋僕與君公緩轡而觀之不亦美乎融於是麾軍却陣欲因其濟水覆而取之軍遂奔退制之不可止融馳騎略陣馬倒被殺軍遂大敗王師乘勝追擊至于青岡死者相枕堅爲流矢所中單騎遁還於淮北飢甚人有進壺飧豚髀者堅食之大悅曰昔公孫豆粥何以加也命賜帛十匹綿十斤辭曰臣聞白龍厭天池之樂而見困豫且陛下目所覩也耳所聞也今蒙塵之難豈自天乎且妄施不爲惠妄受不爲忠陛下臣之父母也安有子養而求報哉弗顧而退堅大慚顧謂其夫人張氏曰朕若用朝臣之言豈見今日之事邪當何面目復臨天下乎潸然流涕而去聞風聲鶴唳皆謂晉師之至其僕射張天錫尚書朱序及徐元喜等皆歸順初諺言堅不出項羣臣勸堅停項爲六軍聲鎭堅不從故敗諸軍悉潰

惟慕容垂一軍獨全堅以千餘騎赴之垂子寶勸垂殺堅垂不從乃以兵屬堅

初慕容暐屯鄖城姜成等守漳口晉隨郡太守夏侯澄攻姜成斬之暐棄其衆奔還堅收離集散比至洛陽衆十餘萬百官威儀軍容粗備未及關而垂有貳志說堅請巡撫燕岱幷求拜墓堅許之權翼固諫以爲不可堅不從尋懼垂爲變悔之遣驍騎石越率卒三千戍鄴驃騎張蚝率羽林五千戍幷州留兵四千配鎮軍毛當戍洛陽堅至自淮南次于長安東之行宮哭苻融而後入告罪于其太廟赦殊死已下文武增位一級厲兵課農存卹孤老諸士卒不返者皆復其家終世贈融大司馬謚曰哀公衞軍從事中郎丁零翟斌反于河南長樂公苻丕遣慕容垂及苻飛龍討之垂南結丁零殺飛龍盡坑其衆豫州牧平原公苻暉遣毛當擊翟斌爲斌所敗當死之垂子農亡奔列人招集羣盜衆至萬數千丕遣石越擊之爲農所敗越死之垂引丁零烏丸之衆二十餘萬爲飛梯地道以攻鄴城慕容暐弟燕故濟北王泓先爲北地長史聞垂攻鄴亡命奔關東收諸馬牧鮮卑衆至數千還屯華陰慕容暐乃潛使諸弟及宗人起兵于外堅

遣將軍強永率騎擊之爲泓所敗泓衆遂盛自稱使持節大都督陝西諸軍事大將軍雍州牧濟北王推叔父垂爲丞相都督陝東諸軍事領大司馬冀州牧吳王堅謂權翼曰吾不從卿言鮮卑至是關東之地吾不復與之爭將若泓何翼曰寇不可長慕容垂正可據山東爲亂不暇近逼今暐及宗族種類盡在京師鮮卑之衆布於畿甸實社稷之元憂宜遣重將討之堅乃以廣平公苻熙爲使持節都督雍州雜戎諸軍事鎮東大將軍雍州刺史鎮蒲坂徵苻叡爲都督中外諸軍事衛大將軍司隸校尉錄尚書事配兵五萬以左將軍竇衝爲長史龍驤姚萇爲司馬討泓于華澤平陽太守慕容沖起兵河東有衆二萬進攻蒲坂堅命竇衝討之苻叡勇果輕敵不恤士衆泓聞其至也懼率衆將奔關東叡馳兵要之姚萇諫曰鮮卑有思歸之心宜驅出關不可遏也叡弗從戰于華澤叡敗績被殺堅大怒萇懼誅遂叛竇衝擊慕容沖于河東大破之沖率騎八千奔于泓軍泓衆至十餘萬遣使謂堅曰秦爲無道滅我社稷今天誘其衷使秦師傾敗將欲興復大燕吳王已定關東可速資備大駕奉送家兄皇帝並宗室

功臣之家泓當率關中燕人翼衞皇帝還返鄴都與秦以武牢爲界分王天下永爲鄰好不復爲秦之患也鉅鹿公輕戇銳進爲亂兵所害非泓之意堅大怒召慕容暐責之曰卿父子干紀僭亂乖逆人神朕應天行罰盡兵勢而得卿卿非改迷歸善而合宗蒙宥兄弟布列上將納言雖曰破滅其實若歸奈何因王師小敗便猖悖若此垂爲長蛇於關東泓沖稱兵內侮泓書如此卿欲去者朕當相資卿之宗族可謂人面獸心殆不可以國士期也暐叩頭流血泣涕陳謝堅久之曰書云父子兄弟無相及也卿之忠誠實簡朕心此自三豎之罪非卿之過復其位而待之如初命暐以書招諭垂及泓沖使息兵還長安恕其反叛之咎而暐密遣使者謂泓曰今秦數已終長安怪異特甚當不復能久立吾既籠中之人必無還理昔不能保守宗廟致令傾喪若斯吾罪人也不足復顧吾之存亡社稷不輕勉建大業以興復爲務可以吳王爲相國中山王爲太宰領大司馬汝可爲大將軍領司徒承制封拜聽吾死問汝便卽尊位泓於是進向長安改年曰燕興是時鬼夜哭三旬而止堅率步騎二萬討姚萇于北地次于

趙氏塢使護軍楊壁游騎三千斷其奔路右軍徐成左軍竇衝鎮軍毛盛等屢戰敗之仍斷其運水之路馮翊游欽因淮南之敗聚衆數千保據頻陽遣軍運水及粟以饋姚萇楊壁盡獲之萇軍渴甚遣其弟鎮北尹買率勁卒二萬決堰竇衝率衆敗其軍于鸛雀渠斬尹買及首級萬三千萇衆危懼人有渴死者俄而降雨於萇營營中水三尺周營百步之外寸餘而已於是萇軍大振堅方食去案怒曰天其無心何故降澤賊營萇又東引慕容泓爲援泓謀臣高蓋宿勤崇等以泓德望後沖且持法苛峻乃殺泓立沖爲皇太弟承制行事自相署置姚萇留其弟征虜緒守楊渠川大營率衆七萬來攻堅堅遣楊壁等擊之爲萇所敗獲楊壁毛盛徐成及前軍齊午等數十人皆禮而遣之苻暉率洛陽陝城之衆七萬歸于長安益州刺史王廣遣將軍王蚝率屬漢之衆來赴難堅聞慕容沖去長安二百餘里引師而歸使撫軍苻方戍驪山拜苻暉使持節散騎常侍都督中外諸軍事車騎大將軍司隸校尉錄尚書配兵五萬距沖河間公苻琳爲中軍大將軍爲暉後繼沖乃令婦人乘牛爲衆揭竿爲旗揚土爲塵督厲

其衆晨攻暉營于鄭西暉出距戰沖揚塵鼓譟暉師敗績堅又以尚書姜宇爲
前將軍與苻琳率衆三萬擊沖于灞上爲沖所敗宇死之琳中流矢沖遂據阿
房城初堅之滅燕沖姊爲清河公主年十四有殊色堅納之寵冠後庭沖年十
二亦有龍陽之姿堅又幸之姊弟專寵宮人莫進長安歌之曰一雌復一雄雙
飛入紫宮咸懼爲亂王猛切諫堅乃出沖長安又謠曰鳳皇鳳皇止阿房堅以
鳳皇非梧桐不栖非竹實不食乃植桐竹數十萬株于阿房城以待之沖小字
鳳皇至是終爲堅賊入止阿房城焉晉西中郎將桓石虔進據魯陽遣河南太
守高茂北戍洛陽晉冠軍謝玄次于下邳徐州刺史趙遷棄彭城奔還玄前鋒
張願追還及于碭山轉戰而免玄進據彭城時呂光討平西域三十六國所獲
珍寶以萬萬計堅下書以光爲使持節散騎常侍都督玉門以西諸軍事安西
將軍西域校尉進封順鄉侯增邑一千戶劉牢之伐兗州堅刺史張崇棄鄄城
奔于慕容垂牢之遣將軍劉襲追崇戰于河南斬其東平太守楊光而退牢之
遂據鄄城慕容沖進逼長安堅登城觀之歎曰此虜何從出也其彊若斯大言

責沖曰爾輩羣奴正可牧牛羊何爲送死沖曰奴則奴矣旣厭奴苦復欲取爾
見代堅遣使送錦袍一領遺沖稱詔曰古人兵交使在其閒卿遠來草創得無
勞乎今送一袍以明本懷朕於卿恩分如何而於一朝忽爲此變沖命詹事答
之亦稱皇太弟有令孤今心在天下豈顧一袍小惠苟能知命便可君臣束手
早送皇帝自當寬貸苻氏以酬曩好終不使旣往之施獨美於前堅大怒曰吾
不用王景略陽平公之言使白虜敢至於此苻丕在鄴糧竭馬無草削松木而
食之會丁零叛慕容垂垂引師去鄴始具西閒知苻叡等喪敗長安危逼乃遣
其陽平太守邵興率騎一千將北引重合侯苻謨高邑侯苻亮阜城侯苻定于
常山固安侯苻鑒中山太守王兗于中山以爲己援垂遣張崇要興獲之于襄
國南又遣其參軍封孚西引張蚝幷州刺史王騰于晉陽蚝騰以衆寡不赴丕
進退路窮乃謀於羣寮司馬楊膺唱歸順之計丕猶未從會晉遣濟北太守丁
匡據碻磝濟陽太守郭滿據滑臺將軍顏肱襲次于河北丕遣將軍桑據距之
爲王師所敗襲等進攻黎陽克之丕懼乃遣從弟就與參軍焦逵請救于謝玄

丕書稱假途求糧還赴國難須軍援旣接以鄴與之若西路不通長安陷沒請
率所領保守鄴城乃羈縻一方文降而已逵與參軍姜讓密謂楊膺曰今禍難
如此京師阻隔吉凶莫審密邇寇讎三軍罄絕傾危之甚朝不及夕觀公豪氣
不除非救世之主旣不能竭盡誠款速致糧援方設兩端必無成也今日之殆
疾於轉機不容虛設徒成反覆宜正書爲表以結殷勤若王師之至必當致身
如其不從可逼縛與之苟不義服一人力耳古人行權寧濟爲功況君侯累葉
載德顯祖初著名於晉朝今復建崇勳使功業相繼千載一時不可失也膺素
輕丕自以力能逼之乃改書而遣逵等幷遣濟南毛蜀毛鮮等分房爲任於晉
堅遣鴻臚郝稚徵處士王嘉于到獸山旣至堅每日召嘉與道安於外殿動靖
諮問之慕容暐入見東堂稽首謝曰弟沖不識義方孤背國恩臣罪應萬死陛
下垂天地之容臣蒙更生之惠臣二子昨婚明當三日愚欲暫屈鑾駕幸臣私
第堅許之暐出嘉曰椎蘆作蘧篨不成文章會天大雨不得殺羊堅與羣臣莫
之能解是夜大雨晨不果出初暐之遣諸弟起兵於外也堅防守甚嚴謀應之

而無因時鮮卑在城者猶有千餘人暐乃密結鮮卑之衆謀伏兵請堅因而殺之令其豪帥悉羅騰屈突鐵侯等潛告之曰官今使侯外鎮聽舊人悉隨可於某日會集某處鮮卑信之北部人突賢與其妹別妹爲左將軍竇衝小妻聞以告衝請留其兄衝馳入白堅堅大驚召騰問之騰具首服堅乃誅暐父子及其宗族城內鮮卑無少長及婦女皆殺之慕容垂復圍鄴城焦逵旣至朝廷果欲徵丕任子然後出師逵固陳丕款誠無貳幷宣楊膺之意乃遣劉牢之等率衆二萬水陸運漕救鄴時長安大饑人相食諸將歸而吐肉以飴妻子慕容沖僭稱尊號于阿房改年更始堅與沖戰各有勝負常爲沖軍所圍殿中上將軍鄧邁左中郎將鄧綏尙書郎鄧瓊相謂曰吾門世荷榮寵先君建殊功於國家不可不立忠效節以成先君之志且不死君難者非丈夫也於是與毛萇樂等蒙獸皮奮矛而擊沖軍沖軍潰堅獲免嘉其忠勇並拜五校加三品將軍賜爵關內侯沖又遣其尙書令高蓋率衆夜襲長安攻陷南門入于南城左將軍竇衝前禁將軍李辯等擊敗之斬首千八百級分其尸而食之堅尋敗沖于城西追

奔至于阿城諸將請乘勝入城堅懼爲沖所獲乃擊金以止軍是時劉牢之至枋頭征東參軍徐義宦人孟豐告苻丕楊膺姜讓等謀反丕收膺讓戮之牢之以丕自相屠戮盤桓不進苻暉屢爲沖所敗堅讓之曰汝吾之子也擁大衆屢爲白虜小兒所摧何用生爲暉憤恚自殺關中保壁三千餘所推平遠將軍馮翊趙敖爲統主相率結盟遣兵糧助堅左將軍苟池右將軍俱石子率騎五千與沖爭麥戰于驪山爲沖所敗池死之石子奔鄴堅大怒復遣領軍楊定率左右精騎二千五百擊沖大敗之俘掠鮮卑萬餘而還堅怒悉坑之定果勇善戰沖深憚之遂穿馬埳以自固劉牢之至鄴慕容垂北如新城鄴中饑甚丕率鄴城之衆就晉穀于枋頭牢之入屯鄴城慕容垂軍人飢甚多奔山中幽冀人相食初關東謠曰幽州䵢生當滅若不滅百姓絕䵢垂之本名與丕相持經年百姓死幾絕先是姚萇攻新平新平太守苟輔將降之郡人遼西太守馮傑蓮勺令馮羽等諫曰天下喪亂忠臣乃見昔田單守一城而存齊今秦之所有猶連州累鎮郡國百城臣子之於君父盡心焉盡力焉死而後已豈宜貳哉輔大悅

於是憑城固守萇爲土山地道輔亦爲之或戰山峯萇衆死者萬有餘人輔乃詐降萇將入覺之引衆而退輔馳出擊之斬獲萬計至是糧竭矢盡外救不至萇遣吏謂輔曰吾方以義取天下豈讎忠臣乎卿但率見衆男女還長安吾須此城置鎮輔以爲然率男女萬五千口出城萇圍而坑之男女無遺初石季龍末清河崔悅爲新平相爲郡人所殺悅子液後仕堅爲尚書郎自表父讎不同天地請還冀州堅愍之禁錮新平人缺其城角以恥之新平酋望深以爲慚故相率距萇以立忠義時有羣烏數萬翔鳴于長安城上其聲甚悲占者以爲鬬羽不終年有甲兵入城之象沖率衆登城堅身貫甲冑督戰距之飛矢滿身血流被體時雖兵寇危逼馮翊諸堡壁猶有負糧冒難而至者多爲賊所殺堅謂之曰聞來者率不善達誠是忠臣赴難之義當今寇難殷繁非一人之力所能濟也庶明靈有照禍極災返善保誠順爲國自愛蓄糧厲甲端聽師期不可徒喪無成相隨獸口三輔人爲沖所略者咸遣使告堅請放火以爲內應堅曰哀諸卿忠誠之意也何復已已但時運圮喪恐無益於國空使諸卿坐自夷滅吾

所不忍也且吾精兵若獸利器如霜而衂於烏合疲鈍之賊豈非天也宜善思
之衆固請曰臣等不愛性命投身爲國若上天有靈單誠或冀一濟沒無遺恨
矣堅遣騎七百應之而沖營放火者爲風燄所燒其能免者十有一二堅深痛
之身爲設祭而招之曰有忠有靈來就此庭歸汝先父勿爲妖形歔欷流涕悲
不自勝衆咸相謂曰至尊慈恩如此吾等有死無移沖毒暴關中人皆流散道
路斷絶千里無煙堅以甘松護軍仇騰爲馮翊太守加輔國將軍與破虜將軍
蜀人蘭犢慰勉馮翊諸縣之衆衆咸曰與陛下同死共生誓無有二每夜有人
周城大呼曰楊定健兒應屬我宮殿臺觀應坐我父子同出不共汝且尋而不
見人跡城中有書曰古苻傳賈錄載帝出五將久長得先是又謠曰堅入五將
山長得堅大信之告其太子宏曰脫如此言天或導予今留汝兼總戎政勿與
賊爭利吾當出隴收兵運糧以給汝天其或者正訓予也於是遣衞將軍楊定
擊沖于城西爲沖所禽堅彌懼付宏以後事將中山公詵張夫人率騎數百出
如五將宣告州郡期以孟冬救長安宏尋將母妻宗室男女數千騎出奔百寮

逃散慕容沖入據長安縱兵大掠死者不可勝計初秦之未亂也關中土然無火而煙氣大起方數十里中月餘不滅堅每臨聽訟觀令百姓有怨者舉煙于城北觀而錄之長安爲之語曰欲得必存當舉煙又爲謠曰長鞘馬鞭擊左股太歲南行當復虜秦人呼鮮卑爲白虜慕容垂之起於關東歲在癸未堅之分氐戶於諸鎮也趙整因侍援琴而歌曰阿得脂阿得脂博勞舊父是讎綏尾長翼短不能飛遠徙種人留鮮卑一旦緩急語阿誰堅笑而不納至是整言驗矣堅至五將山姚萇遣將軍吳忠圍之堅衆奔散獨侍御十數人而已神色自若坐而待之召宰人進食俄而忠至執堅以歸新平幽之於別室萇求傳國璽於堅曰萇次膺符歷可以爲惠堅瞋目叱之曰小羌乃敢干逼天子豈以傳國璽授汝羌也圖緯符命何所依據五胡次序無汝羌名違天不祥其能久乎璽已送晉不可得也萇又遣尹緯說堅求爲堯舜禪代之事堅責緯曰禪代者聖賢之事姚萇叛賊奈何擬之古人堅既不許萇以禪代罵而求死萇乃縊堅于新平佛寺中時年四十八中山公詵及張夫人並自殺是歲太元十年也宏之奔

也歸其南秦州刺史楊璧于下辯璧距之乃奔武都氐豪張熙假道歸順朝廷處宏于江州宏歷位輔國將軍桓玄篡位以宏爲涼州刺史義熙初以謀叛被誅初堅彊盛之時國有童謠云河水清復清苻詔死新城堅聞而惡之每征伐戒軍候云地有名新者避之時又童謠云阿堅連牽三十年若後欲敗當在江淮間堅在位二十七年因壽春之敗其國大亂後二年竟死於新平佛寺咸應謠言矣丕僭號僞追謚堅曰世祖宣昭皇帝

王猛

王猛字景略北海劇人也家于魏郡少貧賤以鬻畚爲業嘗貨畚于洛陽乃有一人貴買其畚而云無直自言家去此無遠可隨我取直猛利其貴而從之行不覺遠忽至深山見一父老鬚髮皓然踞胡床而坐左右十許人有一人引猛進拜之父老曰王公何緣拜也乃十倍償畚直遣人送之猛既出顧視乃嵩高山也猛瓌姿儁偉博學好兵書謹重嚴毅氣度雄遠細事不干其慮自不參其神契略不與交通是以浮華之士咸輕而笑之猛悠然自得不以屑意少游於

鄴都時人罕能識也惟徐統見而奇之召爲功曹遁而不應遂隱于華陰山懷佐世之志希龍顏之主斂翼待時候風雲而後動桓温入關猛被褐而詣之一面談當世之事捫蝨而言旁若無人温察而異之問曰吾奉天子之命率銳師十萬杖義討逆爲百姓除殘賊而三秦豪傑未有至者何也猛曰公不遠數千里深入寇境長安咫尺而不渡灞水百姓未見公心故也所以不至温默然無以酬之温之將還賜猛車馬拜高官督護請與俱南猛還山諮師師曰卿與桓温豈並世哉在此自可富貴何爲遠乎猛乃止苻堅將有大志聞猛名遣呂婆樓招之一見便若平生語及廢興大事異符同契若玄德之遇孔明也及堅僭位以猛爲中書侍郎時始平多枋頭西歸之人豪右縱橫劫盜充斥乃轉猛爲始平令猛下車明法峻刑澄察善惡禁勒彊豪鞭殺一吏百姓上書訟之有司劾奏檻車徵下廷尉詔獄堅親問之曰爲政之體德化爲先蒞任未幾而殺戮無數何其酷也猛曰臣聞宰寧國以禮治亂邦以法陛下不以臣不才任臣以劇邑謹爲明君翦除凶猾始殺一姦餘尚萬數若以臣不能窮殘盡暴肅清軌

法者敢不甘心鼎鑊以謝孤負酷政之刑臣實未敢受之堅謂羣臣曰王景略
固是夷吾子產之儔也於是赦之遷尚書左丞咸陽內史京兆尹未幾除吏部
尚書太子詹事又遷尚書左僕射輔國將軍司隸校尉加騎都尉居中宿衞時
猛年三十六歲中五遷權傾內外宗戚舊臣皆害其寵尚書仇騰丞相長史席
寶數譖毀之堅大怒黜騰爲甘松護軍寶白衣領長史爾後上下咸服莫有敢
言頃之遷尚書令太子太傅加散騎常侍猛頻表累讓堅竟不許又轉司徒錄
尚書事餘如故猛辭以無功不拜後率諸軍討慕容暐軍禁嚴明師無私犯猛
之未至鄴也劫盜公行及猛之至遠近帖然燕人安之軍還以功進封清河郡
侯賜以美妾五人上女妓十二人中妓三十八人馬百匹車十乘猛上疏固辭
不受時既留鎭冀州堅遣猛於六州之內聽以便宜從事簡召英儁以補關東
守宰授訖言臺除正居數月上疏曰臣前所以朝聞夕拜不顧艱虞者正以方
難未夷軍機權速庶竭命戎行甘驅馳之役敷宣皇威展筋骨之效故僶俛從
事叨據負乘可謂恭命於濟時俟太平於今日今聖德格于皇天威靈被于八

表弘化已熙六合清泰竊敢披貢丹誠請避賢路設官分職各有司存豈應孤任愚臣以速傾敗東夏之事非臣區區所能康理願徙授親賢濟臣顛墜若以臣有鷹犬微勤未忍捐棄者乞待罪一州效盡力命徐方始賓淮汝防重六州處分府選便宜輒以悉停督任弗可虛曠深願時降神規堅不許遣其侍中梁讜詔鄴喻旨猛乃視事如前俄入爲丞相中書監尚書令太子太傅司隸校尉持節常侍將軍侯如故稍加都督中外諸軍事猛表讓久之堅曰卿昔螭蟠布衣朕龍潛弱冠屬世事紛紜厲士之際顛覆厥德朕奇卿於暫見擬卿爲臥龍卿亦異朕於一言迴考槃之雅志豈不精契神交千載之會雖傅巖入夢姜公悟兆今古一時亦不殊也自卿輔政幾將二紀內釐百揆外蕩羣凶天下向定彝倫始敘朕且欲從容於上望卿勞心於下弘濟之務非卿而誰遂不許其後數年復授司徒猛復上疏曰臣聞乾象盈虛惟后則之位稱以才官非則曠鄭武翼周仍世載詠王叔昧寵政替身亡斯則取成敗之殷監爲臣之炯戒竊惟鼎宰崇重參路泰階宜妙盡時賢對揚休命魏祖以文和爲公貽笑孫后千秋

一言致相匈奴呴之臣何庸狷而應斯舉不但取嗤鄰遠實令爲虜輕秦昔東
野窮馭顏子知其將弊陛下不復料度臣之才力私懼敗亡是及且上虧憲典
臣何顏處之雖陛下私臣其如天下何願迴日月之鑒矜臣後悔使上無過授
之謗臣蒙覆燾之恩堅竟不從猛乃受命軍國內外萬幾之務事無巨細莫不
歸之猛宰政公平流放尸素拔幽滯顯賢才外修兵革內崇儒學勸課農桑教
以廉耻無罪而不刑無才而不任庶績咸熙百揆時敘於是兵彊國富垂及升
平猛之力也堅常從容謂猛曰卿夙夜匪懈憂勤萬幾若文王得太公吾將優
游以卒歲猛曰不圖陛下知臣之過臣何足以擬古人堅曰以吾觀之太公豈
能過也常勑其太子宏長樂公丕等曰汝事王公如事我也其見重如此廣平
麻思流寄關右因母亡歸葬請還冀州猛謂思曰便可速裝是暮已符卿發遣
及始出關郡縣已被符管攝其令行禁整事無流滯皆此類也性剛明清肅於
善惡尤分微時一餐之惠睚眦之忿靡不報焉時論頗以此少之其年寢疾堅
親祈南北郊宗廟社稷分遣侍臣禱河嶽諸祀靡不周備猛疾未瘳乃大赦其

境內殊死已下猛疾甚因上䟽謝恩并言時政多所弘益堅覽之流涕悲慟左右及疾篤堅親臨省病問以後事猛曰晉雖僻陋吳越乃正朔相承親仁善鄰國之寶也臣沒之後願不以晉爲圖鮮卑羌虜我之讎也終爲人患宜漸除之以便社稷言終而死時年五十一堅哭之慟比斂三臨謂太子宏曰天不欲使吾平一六合邪何奪吾景略之速也贈侍中丞相餘如故給東園溫明祕器帛三千匹穀萬石謁者僕射監護喪事葬禮一依漢大將軍故事謚曰武侯朝野巷哭三日

苻融

苻融字博休堅之季弟也少而岐嶷夙成魁偉美姿度健之世封安樂王融上疏固辭健深奇之曰且成吾兒箕山之操乃止苻生愛其器貌常侍左右未弱冠便有台輔之望長而令譽彌高爲朝野所屬堅僭號拜侍中尋除中軍將軍融聰辯明慧下筆成章至於談玄論道雖道安無以出之耳聞則誦過目不忘時人擬之王粲嘗著浮圖賦壯麗清贍世咸珍之未有升高不賦臨喪不誄朱

形趙整等推其妙速旅力雄勇騎射擊刺百夫之敵也銓綜內外刑政脩理進
才理滯王景略之流也尤善斷獄姦無所容故爲堅所委任後爲司隸校尉京
兆人董豐游學三年而返過宿妻家是夜妻爲賊所殺妻兄疑豐殺之送豐有
司豐不堪楚掠誣引殺妻融察而異之問曰汝行往還頗有怪異及卜筮以不
豐曰初將發夜夢乘馬南渡水反而北渡復自北而南馬停水中鞭策不去俯
而視之見兩日在于水下馬左白而濕右黑而燥寤而心悸竊以爲不祥還之
夜復夢如初問之筮者筮者云憂獄訟遠三枕避三沐既至妻爲具沐夜授豐
枕豐記筮者之言皆不從之妻乃自沐枕枕而寢融曰吾知之矣周易坎爲水
馬爲離夢乘馬南渡旋北而南者從坎之離三爻同變變而成離離爲中女坎
爲中男兩日二夫之象坎爲執法吏吏詰其夫婦人被流血而死坎二陰一陽
離二陽一陰相乘易位離下坎上既濟文王遇之囚羑里有禮而生無禮而死
馬左而濕濕水也左水右馬馮字也兩日昌字也其馮昌殺之乎於是推檢獲
昌而詰之昌具首服曰本與其妻謀殺董豐期以新沐枕枕爲驗是以誤中婦

人在冀州有老母遇劫於路母揚聲唱盜行人爲母逐之旣擒劫者劫者反誣行人爲盜時日垂暮母及路人莫知孰是乃具送之融見而笑曰此易知耳可二人並走先出鳳陽門者非盜旣而還入融正色謂後出者曰汝眞是盜何以誣人其發奸擿伏皆此類也所在盜賊止息路不拾遺堅及朝臣雅皆歎服州郡疑獄莫不折之於融融觀色察形無不盡其情狀雖鎭關東朝之大事靡不馳驛與融議之性至孝初居冀州遣使參問其母動止或日有再三堅以爲煩月聽一使後上疏請還侍養堅遣使慰喻不許久之徵拜侍中中書監都督中外諸軍事車騎大將軍司隸校尉太子太傅領宗正錄尚書事俄轉司徒融苦讓不受融爲將善謀略好施愛士專方征伐必有殊功堅旣有意荆揚時慕容垂姚萇等常說堅以平吳封禪之事堅謂江東可平寢不暇旦融每諫曰知足不辱知止不殆窮兵極武未有不亡且國家戎族也正朔會不歸人江東雖不絶如綖然天之所相終不可滅堅曰帝王歷數豈有常哉惟德之所授耳汝所以不如吾者正病此不達變通大運劉禪可非漢之遺祚然終爲中國之所幷

吾將任汝以天下之事奈何事事折吾沮壞大謀汝尚如此況於衆乎堅之將入寇也融又切諫曰陛下聽信鮮卑羌虜諂諛之言採納良家少年利口之說臣恐非但無成亦大事去矣垂萇皆我之讎敵思聞風塵之變冀因之以逞其凶德少年等皆富足子弟希關軍旅苟說佞諂之言以會陛下之意不足採也堅弗納及淮南之敗垂萇之叛堅悼恨彌深

符朗

符朗字元達堅之從兄子也性宏達神氣爽邁幼懷遠操不屑時榮堅嘗目之曰吾家千里駒也徵拜鎮東將軍青州刺史封樂安男不得已起而就官及爲方伯有若素士耽翫經籍手不釋卷每談虛語玄不覺日之將夕登涉山水不知老之將至在任甚有稱績後晉遣淮陰太守高素伐青州朗遣使詣謝玄於彭城求降玄表朗許之詔加員外散騎侍郎既至揚州風流邁於一時超然自得志淩萬物所與晤言不過一二人而已驃騎長史王忱江東之儁秀聞而詣之朗稱疾不見沙門釋法汰問朗曰見王吏部兄弟未朗曰吏部爲誰非人面

而狗心狗面而人心者乎王忱醜而才慧國寶美貌而才劣於弟故朗云然汰
悵然自失其忤物侮人皆此類也謝安常設讌請之朝士盈坐並机禱壺席朗
每事欲誇之唾則令小兒跪而張口既唾而含出頃復如之坐者以爲不及之
遠也又善識味鹹酢及肉皆別所由會稽王司馬道子爲朗設盛饌極江左精
餚食訖問曰關中之味孰若此答曰皆好惟鹽味小生耳既問宰夫皆如其言
或人殺雞以食之既進朗曰此雞栖恆半露檢之皆驗又食鵝肉知黑白之處
人不信記而試之無毫釐之差時人咸以爲知味後數年王國寶譖而殺之王
忱將爲荊州刺史待殺朗而後發臨刑志色自若爲詩曰四大起何因聚散無
窮已既適一生中又入一死理冥心乘和暢未覺有終始如何箕山夫奄焉處
東市曠此百年期遠同嵇叔子命也歸自天委化任冥紀著苻子數十篇行於
世亦老莊之流也

晉書卷一百十四考證

苻堅載記下以十具牛爲田○風俗通北俗三牛爲一具以荷一犂

益州刺史王廣遣將軍王蚝率屬漢之衆來赴難○十六國春秋蚝作虬屬作蜀

將軍顔肱襲次于河北○綱目作顔肱劉襲軍于河北下文云襲等進攻黎陽則此脫去劉字也

遂穿馬埳以自固○埳監本誤陷音義埳與坎同今改正

晉書卷一百十四考證

晉書卷一百十五

唐　太　宗　文　皇　帝　御　撰

載記第十五

苻丕　苻登　索泮　徐嵩

苻丕字永叔堅之長庶子也少而聰慧好學博綜經史堅與言將略嘉之命鄧羌教以兵法文武才幹亞于苻融爲將善收士卒情出鎮于鄴東夏安之堅敗歸長安丕爲慕容垂所逼自鄴奔枋頭堅之死也丕復入鄴城將收兵趙魏西赴長安會幽州刺史王永平州刺史苻沖頻爲垂將平規等所敗乃遣昌黎太守宋敞焚燒和龍薊城宮室率衆三萬進屯壺關遣使招丕丕乃去鄴率男女六萬餘口進如潞川驃騎張蚝幷州刺史王騰迎之入據晉陽始知堅死問舉哀于晉陽三軍縞素王永留苻沖守壺關率騎一萬會丕勸稱尊號丕從之乃以太元十年僭卽皇帝位于晉陽南立堅行廟大赦境內改元曰太安置百官以張蚝爲侍中司空封上黨郡公王永爲使持節侍中都督中外諸軍事車騎

大將軍尚書令進封清河公王騰爲散騎常侍中軍大將軍司隸校尉陽平郡公苻沖爲左光祿大夫尚書左僕射西平王俱石子爲衞將軍濮陽公楊輔爲尚書右僕射濟陽公王亮爲護軍將軍彭城公強益耳梁暢爲侍中徐義爲吏部尚書並封縣公自餘封授各有差是時安西呂光自西域還師至于宜禾堅涼州刺史梁熙謀閉境距之高昌太守楊翰言於熙曰呂光新定西國兵強氣銳其鋒不可當也度其事意必有異圖且今關中擾亂京師存亡未知自河已西迄于流沙地方萬里帶甲十萬鼎峙之勢實在今日若光出流沙其勢難測高梧谷口水險之要宜先守之而奪其水彼既窮渴自然投戈如其以遠不守伊吾之關亦可距也若度此二要雖有子房之策難爲計矣地有所必爭真此機也熙弗從美水令犍爲張統說熙曰主上傾國南討覆敗而還慕容垂擅兵河北泓沖寇逼京師丁零雜虜跋扈關洛州郡姦豪所在風扇王綱弛絕人懷利己今呂光回師將軍何以抗也熙曰誠深憂之未知計之所出統曰光雄果勇毅明略絕人今以蕩西域之威擁歸師之銳鋒若猛火之盛於原弗可敵也

將軍世受殊恩忠誠夙著立勳王室宜在於今行唐公洛上之從弟勇冠一時
爲將軍計者莫若奉爲盟主以攝衆望推忠義以總率羣豪則光無異心也資
其精銳東兼毛興連王統楊壁集四州之衆掃凶逆於諸夏寧帝室於關中此
桓文之舉也熙又不從殺洛于西海以子胤爲鷹揚將軍率衆五萬距光于酒
泉敦煌太守姚靜晉昌太守李純以郡降光胤及光戰于安彌爲光所敗武威
太守彭濟執熙迎光光殺之建威西郡太守索泮奮威督洪池已南諸軍事酒
泉太守宋皓等並爲光所殺堅尚書令魏昌公苻纂自關中來奔拜太尉進封
東海王以中山太守王兗爲平東將軍平州刺史阜城侯苻定爲征東將軍冀
州牧高城侯苻紹爲鎮東將軍督冀州諸軍事重合侯苻謨爲征西將軍幽州
牧高邑侯苻亮爲鎮北大將軍督幽幷二州諸軍事並進爵郡公定紹據信都
謨亮先據常山慕容垂之圍鄴城也並降于垂聞丕稱尊號遣使謝罪王兗固
守博陵與垂相持左將軍竇衝秦州刺史王統河州刺史毛興益州刺史王廣
南秦州刺史楊壁衞將軍楊定並據隴右遣使招丕請討姚萇丕大悅以定爲

驃騎大將軍雍州牧衡爲征西大將軍梁州牧統鎮西大將軍輿車騎大將軍璧征南大將軍並開府儀同三司加散騎常侍廣安西將軍皆進位州牧於是王永宣檄州郡曰大行皇帝棄背萬國四海無主征東大將軍長樂公先帝元子聖武自天受命荆南威振衡海分陝東都道被夷夏仁澤光于宇宙德聲侔于下武永與司空蚝等謹順天人之望以季秋吉辰奉公紹承大統銜哀卽事栖谷總戎枕戈待旦志雪大恥慕容垂爲封豕于關東泓沖繼凶于京邑致乘輿播越宗社淪傾羌賊姚萇我之牧士乘釁滔天親行大逆有生之巨賊也永累葉受恩世荷將相不與驪山之戎滎澤之狄共戴皇天同履厚土諸牧伯公侯或宛沛宗臣或四七勳舊豈忍捨破國之醜豎縱殺君之逆賊乎主上飛龍九五實協天心靈祥休瑞史不輟書投戈效義之士三十餘萬少康光武之功可旬朔而成今以衞將軍俱石子爲前軍師司空張蚝爲中軍都督武將猛士風烈雷震志殄元兇義無他顧永謹奉乘輿恭行天罰君臣始終之義在三忘軀之誠勠力同之以建晉鄭之美先是慕容驎攻王兗于博陵至是糧竭矢盡

郡功曹張猗踰城聚衆應麟兗臨城數之曰卿秦之人也吾卿之君也起衆應賊號稱義兵何名實相違之甚卿兄往合鄉宗親逐城主天地不容爲世大戮身滅未幾卿復續之卿見爲吾吏親尋干戈競爲戎首爲爾君者不亦難乎今人何取卿一切之功寧能忘卿不忠不孝之事古人有云求忠臣必出孝子之門卿母在城不能顧之何忠義之可望惡不絕世卿之謂也不圖中州禮義之邦而卿門風若斯卿去老母如脫屣吾復何論哉既而城陷兗及固安侯苻鑒並爲麟所殺丕復以王永爲司徒錄尚書事徐義爲尚書令加右光祿大夫初王廣還自成都也奔其兄秦州刺史統及長安不守廣攻河州牧毛興于枹罕興遣建節將軍臨清伯衛平率其宗人千七百夜襲廣軍大敗之王統復遣兵助廣興於是嬰城固守既而襲王廣敗之廣亡奔秦州爲隴西鮮卑匹蘭所執送詣姚萇興既敗王廣謀伐王統平上邽枹罕諸氐皆窘於兵革而疲不堪命乃殺興推衛平爲使持節安西將軍河州刺史遣使請命刁雲殺慕容忠乃推慕容永爲使持節大都督中外諸軍事大將軍大單于雍秦梁涼四州牧錄尚

書事河東王稱藩于垂征東苻定鎮東苻紹征北苻謨鎮北苻亮皆降于慕容
垂丕又進王永爲左丞相苻纂爲大司馬張蚝爲太尉王騰爲驃騎大將軍儀
同三司徐義爲司空苻沖爲車騎大將軍尚書令儀同三司俱石子爲衞大將
軍尚書左僕射領官皆如故永又檄州郡曰昔夏有窮夷之難少康起焉王莽
毒殺平帝世祖重光漢道百六之運何代無之天降喪亂羌胡猾夏先帝晏駕
賊庭京師鞠爲戎穴神州蕭條生靈塗炭天未亡秦社稷有奉主上聖德恢弘
道侔光武所在宅心天人歸屬必當隆中興之功復配天之美姚萇殘虐慕容
垂凶暴所過滅戶夷烟毀發丘墓毒徧存亡痛纏幽顯雖黃巾之害於九州赤
眉之暴于四海方之未爲甚也今素秋將及行師令辰公侯牧守壘主鄉豪或
勠力國家乃心王室各率所統以孟冬上旬會大駕于臨晉於是天水姜延馮
翊寇明河東王昭新平張晏京兆杜敏扶風馬郎建忠高平牧官都尉王敏等
咸承檄起兵各有衆數萬遣使應丕皆就拜將軍郡守封列侯冠軍鄧景擁衆
五千據彭池與竇衝爲首尾擊萇平涼太守金熙安定北部都尉鮮卑沒弈于

率鄯善王胡員吒護羌中郎將梁苟奴等與萇左將軍姚方成鎮遠強京戰于孫丘谷大敗之枹罕諸氐以衞平年老不可以成事業議廢之而憚其宗彊連日不決氐有啖青者謂諸將曰大事宜定東討姚萇不可沈吟猶豫一旦事發反爲人害諸軍但請衞公會集衆將青爲諸軍決之衆以爲然於是大饗諸將青抽劍而前曰今天下大亂豺狼塞路吾曹今日可謂休戚是同非賢明之主莫可濟艱難也衞公朽耄不足以成大事宜反初服以避賢路狄道長苻登雖王室疎屬而志略雄明請共立之以赴大駕諸軍若有不同者便下異議乃奮劍攘袂將斬貳己者衆皆從之莫敢仰視於是推登爲帥遣使於丕請命丕以登爲征西大將軍開府儀同三司南安王持節及州郡督因其所稱而授之又以徐義爲右丞相丕留王騰守晉陽楊輔戍壺關率衆四萬進據平陽王統以秦州降姚萇慕容永以丕至平陽恐不自固乃遣使求假道還東丕弗許遣王永及苻纂攻之以俱石子爲前鋒都督與慕容永戰于襄陵王永大敗永及石子皆死之初苻纂之奔丕也部下壯士三千餘人丕猜而忌之及永之敗懼爲

纂所殺率騎數千南奔東垣晉揚威將軍馮該自陝要擊敗之斬丕首執其太子寧長樂王壽送于京師朝廷赦而不誅歸之於苻宏徐義爲慕容永所獲械埋其足將殺之義誦觀世音經至夜中土開械脫於重禁之中若有人導之者遂奔楊佺期佺期以爲洛陽令苻纂及弟師奴率丕餘衆數萬奔據杏城苻登稱尊號僞謚丕爲哀平皇帝丕之臣佐皆沒慕容永永乃進據上黨之長子僭稱大號改元曰中興丕在位二年而敗

登字文高堅之族孫也父敞健之世爲太尉司馬隴東太守建節將軍後爲苻生所殺堅卽僞位追贈右將軍涼州刺史以登兄同成嗣毛興之鎭上邽以爲長史登少而雄勇有壯氣麤險不脩細行故堅弗之奇也長而折節謹厚頗覽書傳拜殿上將軍稍遷羽林監揚武將軍長安令坐事黜爲狄道長及關中亂去縣歸毛興與同成言於興請以登爲司馬常在營部登度量不羣好爲奇略同成常謂之曰汝聞不在其位不謀其政無數干時將爲博識者不許吾非疾汝恐或不喜人妄豫耳自是可止汝後得意自可專意時人聞同成言多以爲疾

登而抑蔽之登乃屏迹不妄交游與有事則召之戲謂之曰小司馬可坐評事登出言輒析理中與內服焉然敬憚而不能委任姚萇作亂遣其弟碩德率衆伐毛興相持久之興將死告同成曰與卿累年共擊逆羌事終不克何恨之深可以後事付卿小弟司馬殄碩德者必此人也卿可換攝司馬事登既代衛平遂專統征伐是時歲旱衆飢道殣相望登每戰殺賊名爲熟食謂軍人曰汝等朝戰暮便飽肉何憂於飢士衆從之噉死人肉輒飽健能鬭姚萇聞之急召碩德曰汝不來必爲苻登所食盡碩德於是下隴奔萇及丕敗丕尚書寇遺奉丕子渤海王懿濟北王昶自杏城奔登登乃具丕死問於是爲丕發喪行服三軍縞素登請立懿爲主衆咸曰渤海王雖先帝之子然年在幼沖未堪多難國亂而立長君春秋之義也三虜跨僭寇旅殷彊豺狼梟獍舉目而是自古厄運之極莫甚於斯大王挺劍西州鳳翔秦隴偏師暫接姚萇奔潰一戰之功可謂光格天地宜龍驤武奮拯拔舊京以社稷宗廟爲先不可顧曹臧吳札一介微節以失圖運之機不建中與之業也登於是以太元十一年僭即皇帝位大赦境

內改元曰太初立堅神主于軍中載以輜軿羽葆青蓋車建黃旗武賁之士三百人以衞之將戰必告凡欲所爲啓主而後行繕甲纂兵將引師而東乃告堅神主曰維曾孫皇帝臣登以太皇帝之靈恭踐寶位昔五將之難賊羌肆害于聖躬實登之罪也今合義旅衆餘五萬精甲勁兵足以立功年穀豐穰足以資贍卽日星言電邁直造賊庭奮不顧命隕越爲期庶上報皇帝酷寃下雪臣子大恥惟帝之靈降監厥誠因歔欷流涕將士莫不悲慟皆刻鉾鎧爲死休字示以戰死爲志每戰以長矟鉤刃爲方圓大陣知有厚薄從中分配故人自爲戰所向無前初長安之將敗也堅中壘將軍徐嵩屯騎校尉胡空各聚衆五千據險築堡以自固而受姚萇官爵及萇之害堅嵩等以王禮葬堅于二堡之閒至是各率衆降登拜嵩鎮軍將軍雍州刺史空輔國將軍京兆尹登復改葬堅以天子之禮又僭立其妻毛氏爲皇后弟懿爲皇太弟遣使拜苻纂爲使持節侍中都督中外諸軍事太師領大司馬進封魯王纂弟師奴爲撫軍大將軍幷州牧朔方公纂怒謂使者曰渤海王世祖之孫先帝之子南安王何由不立而自

尊乎纂長史王旅諫曰南安已立理無中改賊虜未平不可宗室之中自爲仇敵願大王遠蹤光武推聖公之義梟二虜之後徐更圖之纂乃受命於是二縣虜帥彭沛穀屠各董成張龍世新平羌雷惡地等盡應之有衆十餘萬纂遣師奴攻上郡羌酋金大黑金洛生大黑等逆戰大敗之斬首五千八百登以竇衝爲車騎大將軍南秦州牧楊定爲大將軍益州牧楊壁爲司空梁州牧苻纂敗姚碩德于涇陽姚萇自陰密距纂纂退屯敷陸竇衝攻萇汧雍二城克之斬其將軍姚元平張略等又與萇戰于汧東爲萇所敗登次于瓦亭萇攻彭沛穀堡陷之沛穀奔杏城萇遷陰密登征虜馮翊太守蘭犢率衆二萬自頻陽入于和寧與苻纂首尾將圖長安師奴勸其兄纂稱尊號纂不從乃殺纂自立爲秦公蘭犢絕之皆爲姚萇所敗登進據胡空堡戎夏歸之者十有餘萬姚萇遣其將軍姚方成攻陷徐嵩堡嵩被殺悉坑戎士登率衆下隴入朝那姚萇據武都相持累戰互有勝負登軍中大飢收葚以供兵士立其子崇爲皇太子弁爲南安王尙爲北海王姚萇退還安定登就食新平留其大軍于胡空堡率騎萬餘圍

萇營四面大哭哀聲動人萇惡之乃命三軍哭以應登登乃引退萇以登頻戰輒勝謂堅有神驗亦於軍中立堅神主請曰往年新平之禍非萇之罪臣兄襄從陝北渡假路求西狐死首丘欲暫見鄉里陛下與苻眉要路距擊不遂而沒襄勑臣行殺非臣之罪苻登陛下末族尚欲復讎臣爲兄報恥於情理何負昔陛下假臣龍驤之號謂臣曰朕以龍驤建業卿其勉之明詔昭然言猶在耳陛下雖過世爲神豈假手于苻登而圖臣忘前征時言邪今爲陛下立神象可歸休於此勿計臣過聽臣至誠登進師攻萇既而升樓謂萇曰自古及今安有殺君而反立神象請福望有益乎大呼曰殺君賊姚萇出來吾與汝決之何爲枉害無辜萇憚而不應萇自立堅神象戰未有利軍中每夜驚恐乃嚴鼓斬象首以送登登將軍竇洛竇于等謀反發覺出奔于萇登進討彭池不剋攻彌姐營及繁川諸堡皆剋之萇連戰屢敗乃遣其中軍姚崇襲大界登引師要之大敗崇于安丘俘斬二萬五千進攻萇將吳忠唐匡于平涼剋之以尚書苻碩原爲前禁將軍滅羌校尉戍平涼登進據苟頭原以逼安定萇率騎三萬夜襲大界

營陷之殺登妻毛氏及其子弁尙擒名將數十人驅掠男女五萬餘口而去登收合餘兵退據胡空堡遣使齎書加竇衝大司馬驃騎將軍前鋒大都督都督隴東諸軍事楊定左丞相上大將軍都督中外諸軍事楊璧大將軍都督隴右諸軍事遣衝率見衆爲先驅自繁川趣長安登率衆從新平逕據新豐之千戶固使定率隴上諸軍爲其後繼璧留守仇池又命其并州刺史楊政冀州刺史楊楷率所統大會長安萇遣其將軍王破虜略地秦州楊定及破虜戰於清水之格奴坂大敗之登攻張龍世于鶖泉堡姚萇救之登引退萇密遣其將任瓫宗度詐爲內應遣使招登許開門納之登以爲然雷惡地馳謂登曰姚萇多計略善御人必爲姦變願深宜詳思登乃止萇聞惡地之詣登也謂諸將曰此羌多姦智今其詣登事必無成登聞萇懸門以待之大驚謂左右曰雷征東其殆聖乎微此公朕幾爲豎子所誤萇攻陷新羅堡萇扶風太守齊益男奔登登將軍路柴強武等並以衆降於萇登攻萇將張業生于隴東萇救之不剋而退登將軍魏褐飛攻姚當成于杏城爲萇所殺馮翊郭質起兵廣鄉以應登宣檄三

輔曰義感君子利動小人吾等生逢先帝堯舜之化累世受恩非常伯納言之
子卽卿校牧守之胤而可坐視豺狼忍害君父裸尸薦棘痛結幽泉山陵無松
隧之兆靈主無淸廟之頌賊臣莫大之甚自古所未聞雖茹荼之苦銜蓼之辛
何以諭之姚萇窮凶肆害毒被人神於圖讖歷數萬無一分而敢妄竊重名厚
顏瞬息日月固所不照二儀實亦不育皇天雖欲絕之亦將假手于忠節凡百
君子皆夙漸神化有懷義方含恥而存孰若蹈道而沒乎衆咸然之唯鄭縣人
苟曜不從聚衆數千應姚萇登以曜爲東平將軍馮翊太守質遣部將伐曜大
敗而歸質乃東引楊楷以爲聲援又與曜戰于鄭東爲曜所敗遂歸于萇萇以
爲將軍質衆皆潰散登自雍攻萇將金溫于范氏堡尅之遂渡渭水攻萇京兆
太守韋范于段氏堡不尅進據曲牢苟曜有衆一萬據逆方堡密應登登去曲
牢繁川次于馬頭原萇率騎來距大戰敗之斬其尚書吳忠進攻新平萇率衆
救之登引退復攻安定爲萇所敗據路承堡是時萇疾病見苻堅爲祟登聞之
秣馬厲兵告堅神主曰曾孫登自受任執戈幾將一紀未嘗不上天錫祐皇鑒

垂矜所在必剋賊旅冰摧今太皇帝之靈降災疢于逆羌以形類推之醜虜必將不振登當因其隕斃順行天誅拯復梓宮謝罪清廟於是大赦境內百寮進位二等與萇將姚崇爭麥于清水累爲崇所敗進逼安定去城九十餘里萇疾小瘳率衆距登登去營逆萇萇遣其將姚熙隆別攻登營登懼退還萇夜引軍過登營三十餘里以躡登後旦而候人告曰賊諸營已空不知所向登驚曰此爲何人去令我不知來令我不覺謂其將死忽然復來朕與此羌同世何其厄哉遂罷師還雍以竇衝爲右丞相尋而衝叛自稱秦王建年號登攻之于野人堡衝請救於姚萇萇遣其太子興攻胡空堡以救之登引兵還赴胡空堡衝遂與萇連和至是萇死登聞之喜曰姚興小兒吾將折杖以笞之於是大赦盡衆而東攻屠各姚奴帛蒲二堡剋之自甘泉向關中興追登不及數十里登從六陌趣廢橋興將尹緯據橋以待之登爭水不得衆渴死者十二三與緯大戰爲緯所敗其夜衆潰登單馬奔雍初登之東也留其弟司徒廣守雍太子崇守胡空堡廣崇聞登敗出奔衆散登至無所歸遂奔平涼收集遺衆入馬毛山興率

衆攻之登遣子汝陰王宗質于隴西鮮卑乞伏乾歸結婚請援乾歸遣騎二萬救登登引軍出迎與興戰于山南爲興所敗登被殺在位九年時年五十二崇奔于湟中僭稱尊號改元延初僞謚登曰高皇帝廟號太宗崇爲乾歸所逐崇定皆死始健以穆帝永和七年僭立至登五世凡四十有四歲以孝武帝太元十九年滅

索泮字德林敦煌人也世爲冠族泮少時游俠及長變節好學有佐世才器張天錫輔政以泮爲冠軍記室參軍天錫卽位拜司兵歷位禁中錄事執法御掾州府肅然郡縣改迹遷羽林左監有勤幹之稱出爲中壘將軍西郡武威太守典戎校尉政務寬和戎夏懷其惠天錫甚敬之苻堅見而歎曰涼州信多君子旣而以泮河西德望拜別駕呂光旣剋姑臧泮固郡不降光攻而獲之光曰孤旣平西域將赴難京師梁熙無狀絶孤歸路此朝廷之罪人卿何意阻郡固迷自同元惡泮厲色責光曰將軍受詔討叛胡可受詔亂涼州邪寡君何罪而將軍害之泮但苦力寡不能固守以報君父之讎豈如逆氏彭濟望風反叛主滅

臣死禮之常也乃就刑于市神色不變弟萋有儁才仕張天錫爲執法中郎冗
從右監苻堅世至伏波將軍典農都尉與泮俱被害
徐嵩字元高盛之子也少以清白著稱苻堅時舉賢良爲郎中稍遷長安令貴
戚子弟犯法者嵩一皆考竟請託路絶堅甚奇之謂其叔父成曰人爲長吏故
當應耳此年少落落有端貳之才還守始平郡甚有威惠及壘陷姚方成執而
數之嵩厲色謂方成曰汝姚萇罪應萬死主上止黄眉之斬而宥之叨據內外
位爲列將無犬馬識養之誠首爲大逆汝曹羌輩豈可以人理期也何不速殺
我早見先帝取姚萇於地下方成怒三斬嵩漆其首爲便器登哭之哀慟贈車
騎大將軍儀同三司諡曰忠武
史臣曰自兩京殄覆九土分崩赤縣成虵豕之墟紫宸遷鼃黽之穴干戈日用
戰爭方興猶逐鹿之並驅若瞻烏之靡定苻洪擅蠻陬之桀黠乘羯虜之危亡
乃附款江東而志圖關右禍生釁毒未逞狠心健既承家克隆凶緒率思歸之
衆投山西之隙據億丈之巖險總三秦之果鋭敢窺大寶遂竊鴻名狡數姦雄

有可言矣長生慘虐稟自率由覩辰象之災謂法星之夜飲忍生靈之命疑猛
虎之朝飢但肆毒於刑殘曾無心於戒懼招亂速禍不亦宜乎永固雅量瓌姿
變夷從夏叶魚龍之謠詠挺草付之休徵剋翦姦回纂承僞歷遵明王之德教
闡先聖之儒風撫育黎元憂勤庶政王猛以宏材緯軍國苻融以懿戚贊經綸
權薛以諒直進規謨鄧張以忠勇恢威略儁賢效足杞梓呈才文武兼施德刑
具舉乃平燕定蜀擒代吞涼跨三分之二居九州之七遐荒慕義幽險宅心因
止馬而獻歌託栖鸞以成頌因以功侔曩烈豈直化洽當年雖五胡之盛莫之
比也既而足已夸世愎諫違謀輕敵怒鄰窮兵黷武懟三正之未叶恥五運之
猶乖傾率土之師起滔天之寇負其犬羊之力肆其吞噬之能自謂戰必勝攻
必取便欲鳴鑾禹穴駐蹕疑山疏爵以侯楚材築館以須歸命曾弗知人道助
順神理害盈雖矜涿野之彊終致昆陽之敗遂使凶渠候隙狡寇伺間步搖啓
其禍先燒當乘其亂極宗社遷於他族身首罄於賊臣貽戒將來取笑天下豈
不哀哉豈不謬哉苻丕承亂僭竊尋及傾敗斯可謂天人所廢人不能支苻登

集離散之兵厲死休之志雖衆寡不敵難以立功而義烈慷慨有足稱矣

贊曰洪惟壯勇威稜氏種健藉世資遂雄關隴長生昏虐敗不旋踵永固禎祥肇自龍驤垂旒負扆竊帝圖王患生縱敵亂起矜彊丕登僭假淪胥以亡

晉書卷一百十五

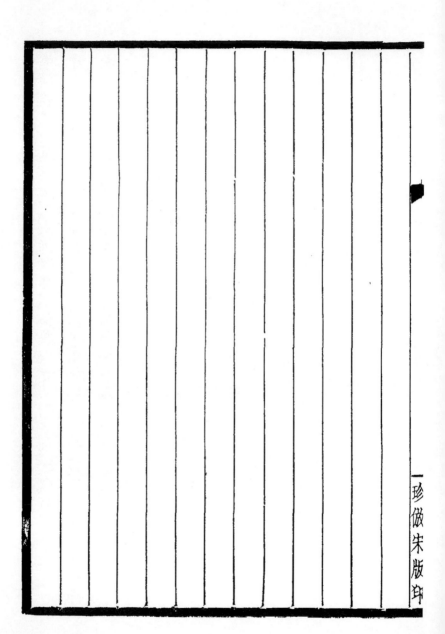

晉書卷一百十五考證

苻丕載記謀伐王統平上邽○平十六國春秋作于

扶風馬郎○郎十六國春秋作朗

苻登載記拜殿上將軍○上十六國春秋作中

晉書卷一百十五考證

晉書卷一百十六

唐　太　宗　文　皇　帝　御　撰

載記第十六

姚弋仲　姚襄　姚萇

姚弋仲南安赤亭羌人也其先有虞氏之苗裔禹封舜少子于西戎世爲羌酋其後燒當雄於洮罕之閒七世孫塡虞漢中元末寇擾西州爲楊虛侯馬武所敗徙出塞虞九世孫遷那率種人內附漢朝嘉之假冠軍將軍西羌校尉歸順王處之于南安之赤亭那玄孫柯迴爲魏鎭西將軍綏戎校尉西羌都督迴生弋仲少英毅不營產業唯以收恤爲務衆皆畏而親之永嘉之亂東徙榆眉戎夏繈負隨之者數萬自稱護西羌校尉雍州刺史扶風公劉曜之平陳安也以弋仲爲平西將軍封平襄公邑之于隴上及石季龍剋上邽弋仲說之曰明公握兵十萬功高一時正是行權立策之日隴上多豪秦風猛勁道隆後服道洿先叛宜徙隴上豪強虛其心腹以實畿甸季龍納之啓勒以弋仲行安西將軍

六夷左都督後晉豫州刺史祖約奔于勒勒禮待之弋仲上疏曰祖約殘賊晉朝逼殺太后不忠於主而陛下寵之臣恐姦亂之萌此其始矣勒善之後竟誅約勒既死季龍執權思弋仲之言遂徙秦雍豪傑于關東弋仲率步衆數萬遷于清河拜奮武將軍西羌大都督封襄平縣公及季龍廢石弘自立弋仲稱疾不賀季龍累召之乃赴正色謂季龍曰奈何把臂受託而反奪之乎季龍憚其強正而不之責遷持節十郡六夷大都督冠軍大將軍性清儉鯁直不修威儀屢獻讜言無所迴避季龍甚重之朝之大議靡不參決公卿亦憚而推下之武城左尉季龍寵姬之弟也曾擾其部弋仲執尉數以迫脅之狀命左右斬之尉叩頭流血左右諫乃止其剛直不回皆此類也季龍末梁犢敗李農於滎陽季龍大懼馳召弋仲弋仲率其步衆八千餘人屯于南郊輕騎至鄴時季龍病不時見弋仲引入領軍省賜其所食之食弋仲怒不食曰召我擊賊豈來覓食邪我不知上存亡若一見雖死無恨左右言之乃引見弋仲數季龍曰兒死來愁邪乃至于疾兒小時不能使好人輔相至令相殺兒自有過責其下人太甚故

珍倣宋版印

反耳汝病久所立兒小若不差天下必亂當宜憂此不煩憂賊也犢等因思歸之心共爲姦盜所行殘賊此成擒耳老羌請效死前鋒使一舉而了弋仲性狷且俗無尊卑皆汝之季龍恕而不責於坐授使持節侍中征西大將軍賜以鎧馬弋仲曰汝看老羌堪破賊以不於是貫鉀跨馬于庭中策馬南馳不辭而出遂滅梁犢以功加劍履上殿入朝不趨進封西平郡公冉閔之亂弋仲率衆討閔次于混橋石祗僭號于襄國以弋仲爲右丞相待以殊禮祗與閔相攻弋仲遣其子襄救祗戒襄曰汝才十倍於閔若不梟擒不須復見我也襄擊閔於常盧澤大破之而歸弋仲怒襄之不擒閔也杖之一百弋仲部曲馬何羅博學有文才張豺之輔石世也背弋仲歸豺豺以爲尙書郎豺敗復歸咸勸殺之弋仲曰今正是招才納奇之日當收其力用不足害也以爲參軍其寬恕如此弋仲有子四十二人常戒諸子曰吾本以晉室大亂石氏待吾厚故欲討其賊臣以報其德今石氏已滅中原無主自古以來未有戎狄作天子者我死汝便歸晉當竭盡臣節無爲不義之事乃遣使請降永和七年拜弋仲使持節六夷大都

督都督江淮諸軍事車騎大將軍儀同三司大單于封高陵郡公八年卒時年七十三子襄之入關也爲苻生所敗弋仲之柩爲生所得生以王禮葬之于天水冀縣萇僭位追諡曰景元皇帝廟號始祖墓曰高陵置園邑五百家

姚襄

襄字景國弋仲之第五子也年十七身長八尺五寸臂垂過膝雄武多才藝明察善撫納士衆愛敬之咸請爲嗣弋仲弗許百姓固請者日有千數乃授之以兵石祗僭號以襄爲使持節驃騎將軍護烏丸校尉豫州刺史新昌公晉遣使拜襄持節平北將軍幷州刺史卽丘縣公弋仲死襄祕不發喪率戶六萬南攻陽平元城發干皆破之殺掠三千餘家屯于碻磝津以太原王亮爲長史天水尹赤爲司馬略陽伏子成爲左部帥南安斂歧爲右部帥略陽王黑那爲前部帥強白爲後部帥太原薛讚略陽權翼爲參軍南至滎陽始發喪行服與高昌李歷戰于麻田馬中流矢死賴其弟萇以免晉處襄于譙城遣五弟爲任單騎度淮見豫州刺史謝尚于壽春尚命去仗衞幅巾以待之一面交款便若平生

襄少有高名雄武冠世好學博通雅善談論英濟之稱著于南夏中軍將軍揚州刺史殷浩憚其威名乃因襄諸弟頻遣刺客殺襄刺客皆推誠告實襄待之若舊浩潛遣將軍魏憬率五千餘人襲襄襄乃斬憬而幷其衆浩愈惡之乃使將軍劉啓守譙遷襄于梁國蠡臺表授梁國內史襄遣權翼詣浩浩曰姚平北每舉動自由豈所望也翼曰將軍輕納姦言自生疑貳愚謂猜嫌之由不在於彼浩曰姚君縱放小人盜竊吾馬王臣之體固若是乎翼曰將軍謂姚平北以威武自強終爲難保校兵練衆將懲不恪取馬者欲以自衞耳浩曰何至是也浩遣謝萬討襄襄逆擊破之浩甚怒會聞關中有變浩率衆北伐襄乃要擊浩於山桑大敗之斬獲萬計收其資仗使兄益守山桑壘復如淮南浩遣劉啓王彬之伐山桑襄自淮南擊滅之鼓行濟淮屯于盱眙招掠流人衆至七萬分置守宰勸課農桑遣使建鄴罪狀殷浩幷自陳謝流人郭斁等千餘人執晉堂邑內史劉仕降于襄朝廷大震以吏部尚書周閔爲中軍將軍緣江備守襄將佐部衆皆北人咸勸襄北還襄方軌北引自稱大將軍大單于進攻外黃爲晉邊

將所敗襄收散卒而勤撫恤之於是復振乃據許昌將如河東以圖關右自許
遂攻洛陽踰月不剋其長史王亮諫襄曰公英略蓋天下士衆思效力命不可
損威勞衆守此孤城宜還河北以弘遠略襄曰洛陽雖小山河四塞之固亦是
用武之地吾欲先據洛陽然後開建大業俄而亮卒襄哭之甚慟曰天將不欲
成吾事乎王亮捨我去也晉征西大將軍桓溫自江陵伐襄戰于伊水北爲溫
所敗率麾下數千騎奔于北山其夜百姓棄妻子隨襄者五千餘人屯據陽鄉
赴者又四千餘戶襄前後敗喪數矣衆知襄所在輒扶老攜幼奔馳而赴之時
或傳襄創重不濟溫軍所得士女莫不北望揮涕其得物情如此先是弘農楊
亮歸襄襄待以客禮後奔桓溫溫問襄於亮亮曰神明器宇孫策之儔而雄武
過之其見重如是襄尋徙北屈將圖關中進屯杏城遣其從兄輔國姚蘭略地
鄜城使其兄益及將軍王欽盧招集北地戎夏歸附者五萬餘戶苻生遣其將
苻飛拒戰蘭敗爲飛所執襄率衆西引生又遣苻堅鄧羌等要之襄將戰沙門
智通固諫襄宜厲兵收衆更思後舉襄曰二雄不俱立冀天不棄德以濟黎元

吾計決矣會羌師來逼襄怒遂長驅而進戰于三原襄敗爲堅所殺時年二十七是歲晉升平元年也苻生以公禮葬之萇僭號追諡魏武王封襄孫延定爲東城侯

姚萇

萇字景茂弋仲第二十四子也少聰哲多權略廓落任率不修行業諸兄皆奇之隨襄征伐每參大謀襄之寇洛陽也夢萇服袞衣升御坐諸酋長皆侍立旦謂將佐曰吾夢如此此兒志度不恆或能大起吾族襄之敗于麻田也馬中流矢死萇下馬以授襄襄曰汝何以自免萇曰但令兄濟豎子安敢害萇會救至俱免及襄死萇率諸弟降于苻生苻堅以萇爲揚武將軍歷左衞將軍隴東汲郡河東武都武威巴西扶風太守寧幽兗三州刺史復爲揚武將軍步兵校尉封益都侯爲堅將累有大功初萇隨楊安伐蜀嘗晝寢水旁上有神光煥然左右咸異之及苻堅寇晉以萇爲龍驤將軍督益梁州諸軍事謂萇曰朕本以龍驤建業龍驤之號未曾假人今特以相授山南之事一以委卿堅左將軍竇衝

進曰王者無戲言此將不祥之徵也惟陛下察之堅默然堅既敗于淮南歸長安慕容泓起兵叛堅堅遣子叡討之以萇爲司馬爲泓所敗叡死之萇遣龍驤長史趙都詣堅謝罪堅怒殺之萇懼奔于渭北遂如馬牧西州豪族尹詳趙曜王欽盧牛雙狄廣張乾等率五萬餘家咸推萇爲盟主萇將距之天水尹緯說萇曰今百六之數既臻秦亡之兆已見以將軍威靈命世必能匡濟時艱故豪傑驅馳咸同推仰明公宜降心從議以副羣望不可坐觀沈溺而不拯救之萇乃從緯謀以太元九年自稱大將軍大單于萬年秦王大赦境內年號白雀稱制行事以天水尹詳南安龐演爲左右長史南安姚晃尹緯爲左右司馬天水狄伯支焦虔梁希龐魏任謙爲從事中郎姜訓閻遵爲掾屬王據焦世蔣秀尹延年牛雙張乾爲參軍王欽盧姚方成王破虜楊難尹嵩裴騎趙曜狄廣党刪等爲帥時慕容沖與苻堅相攻衆甚盛萇將西上恐沖遏之乃遣使通和以子崇爲質於沖進屯北地厲兵積粟以觀時變苻堅先徙晉人李祥等數千戶于敷陸至是降于萇北地新平安定羌胡降者十餘萬戶堅率諸將攻之不能剋

萇聞慕容沖攻長安議進趨之計羣下咸曰宜先據咸陽以制天下萇曰燕因懷舊之士而起兵若功成事捷咸有東歸之思安能久固秦川吾欲移兵嶺北廣收資實須秦弊燕迴然後垂拱取之兵不血刃坐定天下此卞莊得貳之義也堅寧朔將軍宋方率騎三千從雲中將赴長安萇自貳縣要破之方單馬奔免其司馬田晃率衆降萇萇遣諸將攻新平尅之因略地至安定嶺北諸城盡降之時苻堅爲慕容沖所逼走入五將山沖入長安堅司隸校尉權翼尚書趙遷大鴻臚皇甫覆光祿大夫薛讚扶風太守段鏗等文武數百人奔于萇萇遣驍騎將軍吳忠率騎圍堅萇如新平俄而忠執堅送之慕容沖遣其車騎大將軍高蓋率衆五萬來伐戰于新平南大破之蓋率麾下數千人來降拜散騎常侍沖既率衆東下長安空虛盧水郝奴稱帝于長安渭北盡應之扶風王驎有衆數千保據馬嵬奴遣弟多攻驎萇伐驎破之驎走漢中執多而進攻奴降之以太元十一年萇僭卽皇帝位于長安大赦改元曰建初國號大秦改長安曰常安立妻虵氏爲皇后子興爲皇太子置百官自謂以火德承苻氏木行服色

如漢氏承周故事徙安定五千餘戶于長安以弟征虜緒爲司隸校尉鎮長安萇如安定擊平涼胡金熙鮮卑沒奕干大破之遂如秦州與苻堅秦州刺史王統相持天水屠各略陽羌胡應萇者二萬餘戶統懼乃降因饗將士于上邽南安人古成詵進曰臣州人殷地險儁傑如林用武之國也王秦州不能收拔賢才三分鼎足而坐玩珠玉以至于此陛下宜散秦州金帛以施六軍旌賢表善以副鄙州之望萇善之擢爲尚書郎拜弟碩德都督隴右諸軍事征西將軍秦州刺史領護東羌校尉鎮上邽萇還安定修德政布惠化省非急之費以救時弊閭閻之士有豪介之善者皆顯異之萇復如秦州爲苻登所敗語在登傳以其太子興鎮長安而與登相距登馮翊太守蘭犢與苻師奴離貳慕容永攻之犢遣使請救萇將赴救尚書令姚旻左僕射尹緯等言於萇曰苻登近在瓦亭陛下未宜輕舉萇曰登遲重少決每失時機聞吾自行正當廣集兵資必不能輕軍深入兩月之間足可剋此三豎吾事必矣遂師次于涇源師奴率衆來距大戰敗之盡俘其衆又擒蘭犢收其士馬萇乃掘苻堅尸鞭撻無數裸剝衣裳

葬之以棘坎土而埋之慕容永征西將軍王宣率衆降萇初關西雄傑以苻氏
既終萇雄略命世天下之事可一旦而定萇既與苻登相持積年數爲登所敗
遠近咸懷去就之計唯征虜齊難冠軍徐洛生輔國劉郭單冠威彌姐婆觸龍
驃趙惡地鎮北梁國兒等守忠不貳並留子弟守營供繼軍糧身將精卒隨萇
征伐時諸營既多故號萇軍爲大營大營之號自此始也時天大雪萇下書深
自責罰散後宮文綺珍寶以供戎事身食一味妻不重綵將帥死王事者加秩
二等士卒戰沒皆有褒贈立太學禮先賢之後敦煌索盧曜請刺苻登萇曰卿
以身殉難將爲誰乎曜曰臣死之後深以友人隴西辛暹仰託萇遣之事發爲
登所殺萇以暹爲騎都尉登進逼安定諸將勸萇決戰萇曰與窮寇競勝兵家
之下吾將以計取之於是留其尚書令姚旻守安定夜襲登輜重于大界剋之
諸將或欲因登駭亂欲擊之萇曰登衆雖亂怒氣猶盛未可輕也遂止萇以安
定地狹且逼苻登使姚碩德鎮安定徙安定千餘家于陰密遣弟征南靖鎮之
立社稷于長安百姓年七十有德行者拜爲中大夫歲賜牛酒尹緯姚晃謂古

成詵曰苻登窮寇歷年未滅姦雄鴟峙所在糾扇夷夏皆貳將若之何詵曰主
上權略無方信賞必罰賢能之士咸懷樂推豈慮大業不成氐賊不滅乎緯曰
登窮寇未滅姦雄所在扇合吾等寧無懼乎詵曰三秦天府之國主上十分已
有其八今所在可慮者苻登楊定雷惡地耳自餘瑣瑣焉足論哉然惡地地狹
衆寡不足爲憂苻登藉烏合犬羊偷存假息料其智勇非至尊之匹霸王之起
必有驅除欲後剋定大業昔漢魏之興也皆十有餘年乃能一同於海內五六
年間未爲久也主上神略內明英武外發可謂無敵於天下耳取登有餘力願
布德行仁招賢納士厲兵秣馬以候天機如其鴻業不成者詵請腰斬以謝明
公緯言之於萇萇大悅賜詵爵關內侯雷惡地率衆降萇拜爲鎮東將軍魏褐
飛自稱大將軍衝天王率氐胡數萬人攻安北姚當成於杏城雷惡地應之攻
鎮東姚漢得於李潤萇議將討之羣臣咸曰陛下不憂六十里苻登乃憂六百
里褐飛萇曰登非可卒殄吾城亦非登所能卒圖惡地多智非常人也南引褐
飛東結董成甘言美說以成姦謀若得杏城李潤惡地據之控制遠近相爲羽

翼長安東北非復吾有於是潛軍赴之萇時衆不滿二千褐飛惡地衆至數萬氏胡赴之者首尾不絶萇每見一軍至輒有喜色羣下怪而問之萇曰今同惡相濟皆來會集吾得乘勝席卷一舉而覆其巢穴東北無復餘也褐飛等以萇兵少盡衆來攻萇固壘不戰示之以弱潛遣子崇率騎數百出其不意以乘其後褐飛兵擾亂萇遣鎮遠王超平遠譚亮率步騎擊之褐飛衆大潰斬褐飛及首級萬餘惡地請降萇待之如初惡地每謂人曰吾自言智勇所施足爲一時之傑較數諸雄如吾之徒皆應跨據一方獸嘯千里遇姚公智力摧屈是吾分也惡地猛毅清肅不可干以非義嶺北諸豪皆敬憚之萇命其將當城於營處一柵孔中蒔樹一根以旌戰功歲餘問之城曰營所至小已廣之矣萇曰少來鬬戰無如此快以千六百人破三萬衆國之事業由此剋舉小乃爲奇大何足貴貳城胡曹寅王達獻馬三千匹以寅爲鎮北將軍幷州刺史達鎮遠將軍金城太守萇性簡率羣下有過或面加罵辱太常權翼言於萇曰陛下弘達自任不修小節駕御羣雄包羅儁異棄嫌錄善有高祖之量然輕慢之風所宜除也

萇曰吾之性也吾於舜之美未有片焉漢祖之短已收其一若不聞讜言安知過也南羌竇鴦率戶五千來降拜安西將軍萇下書有復私仇者皆誅之將吏亡滅者各隨所親以立後振給長育之鎮東苟曜據逆萬堡密引苻登萇與登戰敗於馬頭原收衆復戰姚碩德謂諸將曰上慎於輕戰每欲以計取之今戰既失利而更逼賊者必有由也萇聞而謂碩德曰登用兵遲緩不識虛實今輕兵直進逕據吾東必苟曜豎子與之連結也事久變成其禍難測所以速戰者欲使豎子謀之未就好之未深散敗其事耳進戰大敗之登退屯于郿登將金槌以新平降萇萇輕將數百騎入槌營羣下諫之萇曰槌既去苻登復欲圖我將安所歸且懷德初附推款委質吾復以不信待之何以御物乎羣氏果有異謀槌不從而止萇如陰密攻登勅其太子興曰苟曜好姦變將為國害聞吾還北必來見汝汝便執之苟曜果見興於長安興遣尹緯讓而誅之萇大敗登于安定東置酒高會諸將咸曰若值魏武王不令此賊至今陛下將牢太過耳萇笑曰吾不如亡兄有四身長八尺五寸臂垂過膝人望而畏之一也當十萬之

衆與天下爭衡望麾而進前無橫陣二也談古知今講論道藝駕馭英雄收羅
儁異三也董率大衆履險若夷上下咸允人盡死力四也所以得建立功業策
任羣賢者正望筭略中一片耳羣臣咸稱萬歲萇下書令留臺諸鎮各置學官
勿有所廢考試優劣隨才擢敘苻登驃騎將軍沒奕干率戶六千降拜使持節
車騎將軍高平公萇寢疾遣姚碩德鎮李潤尹緯守長安召其太子興詣行營
征南姚方成言於興曰今寇賊未滅上復寢疾王統苻胤等皆有部曲終為人
害宜盡除之興於是誅苻胤王統王廣徐成毛盛乃赴召興至萇怒曰王統兄
弟是吾州里無他遠志徐成等昔在秦朝並為名將天下小定吾方任之柰何
輒便誅害令人喪氣萇下書兵吏從征伐戶在大營者世世復其家無所豫苻
登與竇衝相持萇議擊之尹緯言於萇曰太子純厚之稱著於遐邇將領英略
未為遠近所知宜遣太子親行可以漸廣威武防闚翩之原萇從之戒興曰賊
徒知汝轉近必相驅入堡聚而掩之無不剋矣比至胡空堡衝圍自解登聞興
向胡空堡引還與因襲平涼大獲而歸咸如萇策使與還鎮長安萇下書除妖

謗之言及姦穢有相劾舉者皆以其罪罪之晉平遠將軍護氏校尉楊佛嵩率
胡蜀三千餘戶降于萇晉將楊佺期趙睦追之遣姚崇赴救大敗晉師斬趙睦
以佛嵩爲鎮東將軍萇如長安至於新支堡疾篤輿疾而進夢苻堅將天官使
者鬼兵數百突入營中萇懼走入宮宮人迎萇刺鬼誤中萇陰鬼相謂曰正中
死處拔矛出血石餘寤而驚悸遂患陰腫醫刺之出血如夢萇遂狂言或稱臣
萇殺陛下者兄襄非臣之罪願不枉臣至長安召太尉姚旻尚書左僕射尹緯
右僕射姚晃尚書狄伯支等入受遺輔政萇謂興曰有毀此諸人者慎勿受之
汝撫骨肉以仁接大臣以禮待物以信遇黔首以恩四者旣備吾無憂矣以大
元十八年死時年六十四在位八年僞諡武昭皇帝廟號大祖墓稱原陵

晉書卷一百十六考證

姚弋仲載記弋仲率步衆數萬遷於清河○十六國春秋此句下有之灄頭三字

姚萇載記所以得建立功業策任羣賢者正望算略中一片耳○正望算略中一片耳綱目作正望算略中有片長

晉書卷一百十六考證

晉書卷一百十七

唐　太　宗　文　皇　帝　御　撰

載記第十七

姚興上

姚興字子略萇之長子也苻堅時爲太子舍人萇之在馬牧興自長安冒難奔萇萇立爲皇太子萇出征討常留統後事及鎮長安甚有威惠與其中舍人梁喜洗馬范勗等講論經籍不以兵難廢業時人咸化之萇死興祕不發喪以其叔父緒鎮安定碩德鎮陰密弟崇守長安碩德將佐言於碩德曰公威名宿重部曲最強今喪代之際朝廷必相猜忌非永安之道也宜奔秦州觀望事勢碩德曰太子志度寬明必無疑阻今苻登未滅而自尋干戈所謂追二袁之蹤授首與人吾死而已終不若斯及至興優禮而遣之興自稱大將軍以尹緯爲長史狄伯支爲司馬率衆伐苻登咸陽太守劉忌奴據避世堡以叛興襲忌奴擒之苻登自六陌向廢橋始平太守姚詳據馬嵬堡以距登登衆甚盛興慮詳不

能遏乃自將精騎以追登遣尹緯領步卒赴詳緯用詳計據廢橋以抗登登因
急攻緯緯將出戰與馳遣狄伯支謂緯曰兵法不戰而制人者蓋爲此也苻登
窮寇宜持重不可輕戰緯曰先帝登遐人情擾懼今不因思奮之力梟殄逆豎
大事去矣緯敢以死爭遂與登戰大破之登衆渴死者十二三其夜大潰登奔
雍興乃發喪行服太元十九年僭即帝位于槐里大赦境內改元曰皇初遂如
安定先是苻登使弟廣守雍子崇屯胡空堡聞登敗各棄守走登無所投據遂
奔平涼率其餘衆入馬毛山興自安定如涇陽與登戰于山南斬登散其部衆
歸復農業徙陰密三萬戶於長安分大營戶爲四置四軍以領之安南強熙鎮
遠楊多叛推竇衝爲盟主所在擾亂興率諸將討之軍次武功多兄子良國殺
多而降衝弟彰武與衝離貳衝奔強熙熙聞興將至率戶二千奔秦州竇衝走
汧川汧川氐仇高執送之衝從弟統率其衆降于興封征虜緒爲晉王征西碩
德爲隴西王征南靖等及功臣尹緯齊難楊佛嵩等並爲公侯其餘封爵各有
差鮮卑薛勃於貳城爲魏軍所伐遣使請救使姚崇赴救魏師既還薛勃復叛

崇伐而執之大收其士馬而還興追尊其庶母孫氏爲皇太后配饗太廟楊盛
保仇池遣使請命拜使持節鎭南將軍仇池公鮮卑越質詰歸率戶三萬叛乞
伏乾歸降于興興處之于成紀拜使持節鎭西將軍平襄公姚碩德討平涼胡
金豹于洛城剋之初上邽姜乳據本縣以叛自稱秦州刺史碩德進討之乳率
衆降以碩德爲秦州牧領護東羌校尉鎭上邽徵乳爲尙書強熙及略陽豪族
權千城率衆三萬圍上邽碩德擊破之熙南奔仇池遂假道歸晉碩德西討千
城千城降興令郡國各歲貢清行孝廉一人慕容永既爲慕容垂所滅河東太
守柳恭等各阻兵自守興遣姚緒討之恭等依河距守緒不得濟鎭東薛強先
據楊氏壁引緒從龍門濟河遂入蒲坂恭勢屈請降徙新平安定新戶六千于
蒲坂興母虵氏死興哀毀過禮不親庶政羣臣議請依漢魏故事既葬卽吉與
尙書郎李嵩上疏曰三王異制五帝殊禮孝治天下先王之高事也宜遵聖性
以光道訓既葬之後應素服臨朝率先天下仁孝之舉也尹緯駮曰帝王喪制
漢魏爲準嵩矯常越禮愆于軌度請付有司以專擅論既葬卽吉乞依前議與

曰蒿忠臣孝子有何咎乎尹僕射棄先王之典而欲遵漢魏之權制豈所望於
朝賢哉其一依蒿議鮮卑薛勃叛奔嶺北上郡貳川雜胡皆應之遂圍安遠將
軍姚詳於金城遣姚崇尹緯討之勃自三交趣金城崇列營揣之而租運不繼
三軍大飢緯言於崇曰輔國彌姐高地建節杜成等皆諸部之豪位班三品督
運稽留令三軍乏絕宜明寘刑書以懲不肅遂斬之諸部大震租入者五十餘
萬與率步騎二萬親討之勃懼棄其衆奔于高平公沒奕于于執而送之泫氏
男姚買得欲因與葬母蚳氏殺與會有告之者與未之信遣李嵩詐往買得具
以告蒿蒿還以聞與乃賜買得死誅其黨與與下書禁百姓造錦繡及淫祀與
率衆寇湖城晉弘農太守陶仲山華山太守董邁皆降于與遂如陝城進寇上
洛陷之遣姚崇寇洛陽晉河南太守夏侯宗之固守金墉崇攻之不剋乃陷柏
谷徙流人西河嚴彥河東裴岐韓襲等二萬餘戶而還與下書令士卒戰亡者
守宰所在埋藏之求其近親爲之立後武都氏屠飛啖鐵等殺隴東太守姚迥
略三千餘家據方山以叛與遣姚紹等討之斬飛鐵遣狄伯支迎流人曹會牛

壽萬餘戸于漢中與留心政事包容廣納一言之善咸見禮異京兆杜瑾馮翊吉默始平周寶等上陳時事皆擢處美官天水姜龕東平淳于岐馮翊郭高等皆耆儒碩德經明行修各門徒數百教授長安諸生自遠而至者萬數千人與每於聽政之暇引龕等于東堂講論道藝錯綜名理涼州胡辯苻堅之末東徙洛陽講授弟子千有餘人關中後進多赴之請業與勑關尉曰諸生諮訪道藝修己厲身往來出入勿拘常限於是學者咸勸儒風盛焉給事黃門侍郎古成詵中書侍郎王尙尙書郎馬岱等以文章雅正參管機密詵風韻秀舉確然不羣每以天下是非爲己任時京兆韋高慕阮籍之爲人居母喪彈琴飲酒詵聞而泣曰吾當私刃斬之以崇風教遂持劍求高高懼逃匿終身不敢見詵與遣將鎭東楊佛嵩攻陷洛陽班命郡國百姓因荒自賣爲奴婢者悉免爲良人與以日月薄蝕災眚屢見降號稱王下書令羣公卿士將牧守宰各降一等於是其太尉趙旻公等五十三人上疏諫曰伏惟陛下勳格皇天功濟四海威靈振於殊域聲教暨于遐方雖成湯之隆殷基武王之崇周業未足比諭方當廓靖

江吳告成中岳豈宜過垂沖損違皇天之眷命乎興曰殷湯夏禹德冠百王然猶順守謙沖未居崇極況朕寡昧安可以處之哉乃遣旻告于社稷宗廟大赦改元弘始賜孤獨鰥寡粟帛有差年七十已上加衣杖始平太守周班槐里令李彭皆以贖貨誅於是郡國肅然矣洛陽既陷自淮漢已北諸城多請降送任興下書聽祖父母昆弟得相容隱姚緒姚碩德以興降號固讓王爵興弗許京兆韋華譙郡夏侯軌始平龐眺等率襄陽流人一萬叛晉奔于興興引見東堂謂華曰晉自南遷承平已久今政化風俗何如華曰晉主雖有南面之尊無總御之實宰輔執政政出多門權去公家遂成習俗刑綱峻急風俗奢宕自桓溫謝安已後未見寬猛之中興大悅拜華中書令興如河東時姚緒鎮河東興待以家人之禮下書封其先朝舊臣姚驢碢趙惡地王平馬萬載黃世等子為五等子男命百僚舉殊才異行之士刑政有不便於時者皆除之兵部郎金城邊熙上陳軍令煩苛宜遵簡約興覽而善之乃依孫吳誓衆之法以損益之興立律學于長安召郡縣散吏以授之其通明者還之郡縣論決刑獄若州郡縣所

不能決者讞之廷尉與常臨諮議堂聽決疑獄于時號無寃滯姚緒姚碩德固
讓王爵許之緒碩德威權日盛與恐姦佞小人沮惑之乃簡清正君子爲之輔
佐與以司隸校尉郭撫扶風太守強超長安令魚佩槐里令彭明倉部郎王年
等清勤貞白下書褒美增撫邑一百戶賜超爵關內侯佩等進位一級使碩德
率隴右諸軍伐乞伏乾歸與潛軍赴之乾歸敗走降其部衆三萬六千收鎧馬
六萬匹軍無私掠百姓懷之與進如枹罕班賜王公已下徧于卒伍與之西也
沒奕于密欲乘虛襲安定長史皇甫序切諫乃止于自恨失言陰欲殺序乞伏
乾歸以窮蹙來降拜鎮遠將軍河州刺史歸義侯復以其部衆配之與下書將
帥遭大喪非在疆埸嶮要之所皆聽奔赴及朞乃從王役臨戎遭喪聽假百日
若身爲邊將家有大變交代未至敢輒去者以擅去官罪罪之遣晉將軍劉嵩
等二百三十七人歸于建鄴魏人襲沒奕于于棄其部衆率數千騎與赫連勃
勃奔于秦州魏軍進次瓦亭長安大震諸城閉門固守魏平陽太守貳塵入侵
河東與於是練兵講武大閱于城西幹勇壯異者召入殿中引見羣臣于東堂

大議伐魏羣臣咸諫以爲不可與不從司隸姚顯進曰陛下天下之鎮不宜親行可使諸將分討授以廟勝之策與曰王者正以廓土靖亂爲務吾焉得而辭之與立其子泓爲皇太子大赦境内賜男子爲父後者爵一級遣姚平狄伯支等率步騎四萬伐魏姚碩德姚穆率步騎六萬伐呂隆平等軍次河東興遣其光遠党娥立節雷星建忠王多等率杏城及嶺北突騎自和寧赴援越騎校尉唐方積弩姚良國率關中勁卒爲平後繼姚緒統河東見兵爲前軍節度姚紹率洛東之兵姚詳率朔方見騎並集平望以會于興使沒奕于權鎮上邽中軍廣陵公斂權鎮洛陽姚顯及尚書令姚晃輔其太子泓入直西宮碩德至姑臧大敗呂隆之衆俘斬一萬隆將呂他等率衆二萬五千以東苑來降先是禿髮利鹿孤據西平沮渠蒙遜據張掖李玄盛據敦煌與呂隆相持至是皆遣使降興率戎卒四萬七千自長安赴姚平平攻魏乾城陷之遂據柴壁魏軍大至攻平截汾水以守之與至蒲坂憚而不進時碩德攻呂隆撫納夷夏分置守宰節糧積粟爲持久之計隆懼遂降碩德軍令齊整秋毫無犯祭先賢禮儒哲西土

悅之姚平糧竭矢盡將麾下三十騎赴汾水而死狄伯支等率將四萬餘人皆爲魏所擒興下書軍士戰沒者皆厚加褒贈魏軍乘勝進攻蒲坂姚緒固守不戰魏乃引還與徙河西豪右萬餘戶于長安晉輔國將軍袁虔之寧朔將軍劉壽冠軍將軍高長慶龍驤將軍郭恭等貳于桓玄懼而奔與興臨東堂引見謂虔之等曰桓玄雖名晉臣其實晉賊其才度定何如父也能辦成大事以不虔之曰玄藉世資雄據荊楚屬晉朝失政遂偷竊宰衡安忍無親多忌好殺位不才授爵以愛加無公平之度不如其父遠矣今既握朝權必行篡奪既非命世之才正可爲他人驅除耳此天以機便授之陛下願速加經略廓清吳楚與大悅以虔之爲大司農餘皆有拜授虔之固讓請疆埸自效改授假節寧南將軍廣州刺史與立其昭儀張氏爲皇后封子懿弼洸宣諶愔璞質逵裕國兒皆爲公遣其兼大鴻臚梁裴以新平張構爲副拜禿髮傉檀車騎將軍廣武公沮渠蒙遜鎭西將軍沙州刺史西海侯李玄盛安西將軍高昌侯與遣鎭遠趙曜率衆二萬西屯金城建節王松忩率騎助呂隆等守姑臧松忩至魏安爲傉檀弟

文真所圍衆潰執松悆送于傉檀傉檀大怒送松悆還長安歸罪文真深自陳
謝興下書錄馬嵬戰時將吏盡擢敘之其堡戶給復二十年興性儉約車馬無
金玉之飾自下化之莫不敦尚清素然好游田頗損農要京兆杜挻以僕射齊
難無匡輔之益著豐草詩以箴之馮翊相雲作德獵賦以諷焉興皆覽而善之
賜以金帛然終弗能改晉順陽太守彭泉以郡降興興遣楊佛嵩率騎五千與
其荊州刺史趙曜迎之遂寇陷南鄉擒建威將軍劉嵩略地至于梁國而歸又
遣其兼散騎常侍席確詣涼州徵呂隆弟超入侍隆遣之呂隆懼秃髮傉檀之
逼表請內徙興遣齊難及鎮西姚詰鎮遠乞伏乾歸鎮遠趙曜等步騎四萬迎
隆于河西難至姑臧以其司馬王尚行涼州刺史配兵三千鎮姑臧以將軍閻
松爲倉松太守郭將爲番禾太守分戍二城徙隆及其宗室僚屬于長安沮渠
蒙遜遣弟如子貢其方物王尚綏撫遺黎導以信義百姓懷其惠化翕然歸之
北部鮮卑並遣使貢欵桓玄遣使來聘請辛恭靖何澹之興留恭靖而遣澹之
謂曰桓玄不推計歷運將圖篡逆天未忘晉必將有義舉以吾觀之終當傾覆

卿今馳往必逢其敗相見之期遲不云遠初恭靖至長安引見興而不拜興曰
朕將任卿以東南之事靖曰我寧爲國家鬼不爲羌賊臣興怒幽之别室至是
恭靖亦踰墻遁歸興遣其將姚碩德姚斂成姚壽都等率衆三萬伐楊盛于仇
池壽都等入自宕昌斂成從下辯而進盛遣其弟壽距成從子斌距都都逆擊
擒之盡俘其衆楊壽等懼率衆請降碩德還師晉汝南太守趙策委守奔于興
興如逍遙園引諸沙門于澄玄堂聽鳩摩羅什演說佛經羅什通辯夏言尋覽
舊經多有乖謬不與胡本相應興與羅什及沙門僧略僧遷道樹僧叡道坦僧
肇曇順等八百餘人更出大品羅什持胡本興執舊經以相考校其新文異舊
者皆會於理義續出諸經幷諸論三百餘卷今之新經皆羅什所譯興既託意
於佛道公卿已下莫不欽附沙門自遠而至者五千餘人起浮圖于永貴里立
波若臺于中宮沙門坐禪者恆有千數州郡化之事佛者十室而九矣使姚碩
德及冠軍徐洛生等伐仇池又遣建武趙琨自宕昌而進遣其將斂俱寇漢中
時劉裕誅桓玄迎復安帝玄衞將軍新安王桓謙臨原王桓怡雍州刺史桓蔚

左衛將軍桓謐中書令桓胤將軍何澹之等奔于興劉裕遣大參軍衡凱之詣姚顯請通和顯遣吉默報之自是聘使不絕晉求南鄉諸郡興許之羣臣咸諫以爲不可興曰天下之善一也劉裕拔萃起微匡輔晉室吾何惜數郡而不成其美乎遂割南鄉順陽新野舞陰等十二郡歸于晉姚碩德等頻敗楊盛盛懼請降遣子難當及僚佐子弟數十人爲質碩德等引還署盛爲使持節散騎常侍都督益寧州諸軍事征南大將軍開府益州牧武都侯斂俱陷城固徙漢中流人郭陶等三千餘家於關中與班告境內及在朝文武立名不得犯叔父緒及碩德之名以彰殊禮興謙恭孝友每見緒及碩德如家人之禮整服傾悚言則稱字車馬服玩必先二叔然後服其次者朝之大政必諮之而後行太史令郭麐言於興曰戌亥之歲當有孤寇起於西北宜慎其鋒起兵如流沙死者如亂麻戎馬悠悠會隴頭鮮卑烏丸居不安國朝疲於奔命矣時所在有泉水涌出傳云飲則愈病後多無驗屢有妖人自稱神女戮之乃止興大閱自杜郵至于羊牧興以姚碩德來朝大赦其境內及碩德歸于秦州興送之及雍乃還秃

髮傉檀獻與馬三千匹羊三萬頭興以爲忠於己乃署傉檀爲涼州刺史徵涼州刺史王尚還長安涼州人申屠英等二百餘人遣主簿胡威詣興請留尚興弗許引威見之威流涕謂興曰臣州奉國五年王威不接銜膽棲冰孤城獨守者仰恃陛下威靈俯杖良牧惠化忽違天人之心以華土資狄若傉檀才望應代臣豈敢言竊聞乃以臣等貿馬三千匹羊三萬口如所傳實者是爲棄人貴畜苟以馬供軍國直煩尚書一符三千餘家戶輸一匹朝下夕辦何故以一方委此姦胡昔漢武傾天下之資開建河西隔絕諸戎斷匈奴右臂所以終能屠大宛王母寡今陛下方布政玉門流化西域奈何以五郡之地資之獷犾忠誠華族棄之虐虜非但臣州里塗炭懼方爲聖朝旰食之憂興乃遣西平人車普馳止王尚又遣使喻傉檀會傉檀已至姑臧普以狀先告之傉檀懼脅遣王尚遂入姑臧尚既至長安坐匿呂氏宮人擅殺逃人薄禾等禁止南臺涼州別駕宗敞治中張穆主簿邊憲胡威等上疏理尚曰臣州荒裔鄰帶寇讎居泰無垂拱之安運否離傾覆之難自張氏頹基德風絕而莫扇呂數將終梟鴞以之翻

翔羣生嬰罔極之痛西夏有焚如之禍幸皇覽降春純風遠被刺史王尙受任垂滅之州策成難全之際輕身率下躬儉節用勞逸豐約與衆同之勸課農桑時無廢業然後振王威以掃不庭迴天波以蕩氛穢則羣逆冰摧不俟朱陽之曜若秋霜隕籜豈待勁風之威何定遠之足高營平之獨美經始甫爾會朝算改授使希世之功不終於必成易失之幾踐之而莫展當其時而明其事者誰不慨然既遠役遐方劬勞于外雖效未酬恩而在公無闕自至京師二旬于今出車之命莫逮萋斐之責惟深以取呂氏宮人裴氏及殺逃人薄禾等爲南臺所禁天鑒玄鏡蹔免囹圄譏繩之文未離簡墨裴氏年垂知命首髮二毛發居本家不在尙室年邁姿陋何用送爲邊藩要捍衆力是寄禾等私逃罪應憲墨以殺止殺安邊之義也假若以不送裴氏爲罪者正闕奚官之一女子耳論勳則功重言瑕則過微而執憲吹毛求疵忘勞記過斯先哲所以泣血於當年微臣所以仰天而洒淚且尙之奉國歷事二朝能否效於既往優劣簡在聖心就有微過功足相補宜弘罔極之施以彰覆載之恩臣等生自西州無翰飛之翼

久沈僞政絕進趣之途及皇化旣沾投竿之心冥發遂策名委質位忝吏端主辱臣憂故重繭披欵惟陛下亮之興覽之大悅謂其黃門侍郎姚文祖曰卿知宗敞乎文祖曰與臣州里西方之英儁興曰有表理王尙文義甚佳當王尙研思耳文祖曰尙在南臺禁止不與賓客交通敞寓於楊桓非尙明矣興曰若爾桓爲措思乎文祖曰西方評敞甚重優於楊桓敞昔與呂超周旋陛下試可問之興因謂超曰宗敞文才何如可是誰輩超曰敞在西土時論甚美方敞魏之陳徐晉之潘陸卽以表示超曰涼州小地寧有此才乎超曰臣以敞餘文比之未足稱多琳琅出于崐嶺明珠生于海濱若必以地求人則文命大夏之棄夫姬昌東夷之擯士但當問其文彩何如不可以區宇格物興悅赦尙之罪以爲尙書

晉書卷一百十七

晉書卷一百十七考證

姚興載記上京兆韋華譙郡夏侯軌始平龐眺等率襄陽流人○韋華本書安帝紀作韋禮

狄伯支等卒將四萬餘人皆爲魏所擒○卒閣本作十

沮渠蒙遜遣弟如子貢其方物○如子一本作挐

晉書卷一百十七考證

晉書卷一百十八

唐　太　宗　文　皇　帝　御　撰

載記第十八

姚興下　尹緯

晉義熙二年平北將軍梁州督護苻宣入漢中與梁州別駕呂營漢中徐逸席
難起兵應宣求救於楊盛盛遣軍臨濜口南梁州刺史王敏退守武興楊盛復
通于晉興以太子泓錄尚書事慕容超司徒北地王鍾右僕射濟陽王凝高都
公始皆來奔華山郡地涌沸廣袤百餘步燒生物皆熟歷五月乃止赫連勃勃
殺高平公沒奕于收其衆以叛先是魏主拓跋珪送馬千匹求婚于興興許之
以魏別立后遂絕婚故有柴壁之戰至是復與魏通和魏放狄伯支姚伯禽唐
小方姚良國康宦還長安皆復其爵位時禿髮傉檀沮渠蒙遜迭相攻擊傉檀
遂東招河州刺史西羌彭奚念奚念阻河以叛蜀譙縱遣使稱藩請桓謙欲令
順流東伐劉裕興以問謙謙請行遂許之使中軍姚弼後軍斂成鎮遠乞伏乾

歸等率步騎三萬伐傉檀左僕射齊難等率騎二萬討勃勃吏部尚書尹昭諫曰傉檀恃遠輕敢違逆宜詔蒙遜及李玄盛使自相攻擊待其斃也然後取之此卞莊之舉也興不從勃勃退保河曲弼濟自金城弼部將姜紀言於弼曰今王師聲討勃勃傉檀猶豫未爲嚴防請給輕騎五千掩其城門則山澤之人皆爲吾有孤城獨立坐可剋也弼不從進拔昌松長驅至姑臧傉檀嬰城固守出其兵擊弼弼敗退據西苑興又遣衞大將軍姚顯率騎二萬爲諸軍節度至高平聞弼敗績兼道赴之撫慰河外率衆而還傉檀遣使人徐宿詣興謝罪齊難爲勃勃所擒興遣平北姚沖征虜狄伯支輔國斂曼嵬鎮東楊佛嵩率騎四萬討勃勃沖次于嶺北欲回師襲長安伯支不從乃止懼其謀泄遂鴆殺伯支時王師伐譙縱大敗之縱遣使乞師於興興遣平西姚賞南梁州刺史王敏率衆二萬救之王師引還縱遣使拜師仍貢其方物興遣其兼司徒韋華持節策拜縱爲大都督相國蜀王加九錫備物典策一如魏晉故事承制封拜悉如王者之儀興自平涼如朝那聞沖謀逆以其弟中最少雄武絕人猶欲隱忍容之斂

成泣謂興曰沖凶險不仁每侍左右臣常寢不安席願早爲之所興曰沖何能爲也但輕害名將吾欲明其罪於四海乃下書賜沖死葬以庶人之禮晉河間王子國璠章武王子叔道來奔興謂之曰劉裕匡復晉室卿等何故來也國璠等曰裕與不逞之徒削弱王室宗門能自修立者莫不害之是避之來實非誠款所以避死耳興嘉之以國璠爲建義將軍揚州刺史叔道爲平南將軍兗州刺史賜以甲第興如貳城將討赫連勃勃遣安遠姚詳及斂曼嵬鎮軍彭白狼分督租運諸軍未集而勃勃騎大至興欲留步軍輕如嵬營衆咸惶懼羣臣固以爲不可興弗納尚書郎韋宗希旨勸興行蘭臺侍御史姜楞越次而進曰韋宗傾險不忠沮敗國計宜先腰斬以謝天下脫車駕動軫六軍駭懼人無守志取危之道也宜遣單使以徵詳等興默然右僕射韋華等諫曰若車騎輕動必不戰自潰嵬營亦未必可至惟陛下圖之興乃遣左將軍姚文宗率禁兵距戰中壘齊莫統氐兵以繼之文宗與莫皆勇果兼人以死力戰勃勃乃退留禁兵五千配姚詳守貳城興還長安譙縱遣其侍中譙良太常楊軌朝於興請大舉

以寇江東遣其荊州刺史桓謙梁州刺史譙道福率衆二萬東寇江陵興乃遣前將軍苟林率騎會之謙屯支江林屯江津謙江左貴族部曲徧於荊楚晉之將士皆有叛心荊州刺史劉道規大懼嬰城固守雍州刺史魯宗之率襄陽之衆救之道規乃留宗之守江陵率軍逆戰謙等舟師大盛兼列步騎以待之大戰支江謙敗績乘輕舸奔就苟林晉人獲而斬之苟林懼而引歸興以國用不足增關津之稅鹽竹山木皆有賦焉羣臣咸諫以爲天殖品物以養羣生王者子育萬邦不宜節約以奪其利興曰能踰關梁通利於山水者皆豪富之家吾損有餘以裨不足有何不可乃遂行之興從朝門游於文武苑及昏而還將自平朔門入前驅既至城門校尉王滿聰被甲持杖閉門距之曰今已昏闇姦良不辨有死而已門不可開興乃迴從朝門而入旦而召滿聰進位二等乞伏乾歸以衆叛攻陷金城執太守任蘭蘭厲色責乾歸以背恩違義乾歸怒而囚之蘭遂不食而死赫連勃勃遣其將胡金纂將萬餘騎攻平涼興如貳城因救平涼纂衆大潰生擒纂勃勃遣兄子提攻陷定陽執北中郎將姚廣都興將曹熾

曹雲王肆佛等各將數千戶避勃勃內徙與處佛于湟山澤熾雲于陳倉勃勃
寇隴右攻白涯堡破之遂趣清水略陽太守姚壽都委守奔秦州勃勃又收其
衆而歸與自安定追之至壽渠川不及而還初天水人姜紀呂氏之叛臣阿諂
姦詐好間人之親戚與子弼有寵於興紀遂傾心附之弼時爲雍州刺史鎭安
定與密謀還朝令傾心事常山公顯樹黨左右至是與以弼爲尙書令侍中大
將軍旣居將相虛襟引納收結朝士勢傾東宮遂有奪嫡之謀矣與以勃勃乾
歸作亂西北傉檀蒙遜擅兵河右疇咨將帥之臣欲鎭撫二方隴東太守郭播
言於與曰嶺北二州鎭戶皆數萬若得文武之才以綏撫之足以靖塞姦略與
曰吾每思得廉頗李牧鎭撫四方使便宜行事然任非其人恆致負敗卿試舉
之播曰清潔善撫邊則平陸子王元始雄武多奇略則建威王煥賞罰必行臨
敵不顧則奮武彭蚝與曰蚝令行禁止則有之非綏邊之才也始煥年少吾未
知其爲人播曰廣平公弼才兼文武宜鎭督一方願陛下遠覽前車近悟後轍
與不從以其太常索稜爲太尉領隴西內史綏誘乾歸政績旣美乾歸感而歸

之太史令任猗言於興曰白氣出於北方東西竟天五百里當有破軍流血乞
伏乾歸遣使送所掠守宰謝罪請降興以勃勃之難權宜許之假乾歸及其子
熾磐官爵姚詳時鎮杏城爲赫連勃勃所逼糧盡委守南奔大蘇勃勃要之兵
散爲勃勃所執時遣衞大將軍顯迎詳詳敗遂屯杏城因令顯都督安定嶺北
二鎮事頴川太守姚平都自許昌來朝言於興曰劉裕敢懷奸計屯聚芍陂有
擾邊之志宜遣燒之以散其衆謀興曰裕之輕弱安敢闚吾疆埸苟有奸心其
在子孫乎召其尚書楊佛嵩謂之曰吳兒不自知乃有非分之意待至孟冬當
遣卿率精騎三萬焚其積聚嵩曰陛下若任臣以此役者當從肥口濟淮直趣
壽春舉大衆以屯城縱輕騎以掠野使淮南蕭條兵粟俱了足令吳兒俯仰回
惶神爽飛越興大悅時西胡梁國兒於平涼作壽冢每將妻妾入冢飲讌酒酣
升靈牀而歌時人或譏之國兒不以爲意前後征伐屢有大功興以爲鎮北將
軍封平輿男年八十餘乃死時客星入東井所在地震前後一百五十六興公
卿抗表請罪興曰災譴之來咎在元首近代或歸罪三公甚無謂也公等其悉

冠履復位仇池公楊盛叛侵擾祁山遣建威趙琨率騎五千爲前鋒立節楊伯壽統步卒繼之前將軍姚恢左將軍姚文宗入自鷩陜鎮西秦州刺史姚嵩入羊頭陜右衞胡翼度從陰密出自汧城討盛興將輕騎五千自雍赴之與諸將軍會于隴口天水太守王松怱言於嵩曰先皇神略無方威武冠世冠軍徐洛生猛毅兼人佐命英輔再入仇池無功而還非楊盛智勇能全直是地勢然也今以趙琨之衆使君之威準之先朝實未見成功使君具悉形便何不表聞嵩不從盛率衆與琨相持伯壽畏愞弗進琨衆寡不敵爲盛所敗與斬伯壽而還嵩乃具陳松怱之言與興之乾歸爲其下人所殺子熾磐新立羣下咸勸興取之興曰乾歸先已返善吾方當懷撫因喪伐之非朕本志也以楊佛嵩都督嶺北討虜諸軍事安遠將軍雍州刺史率嶺北見兵以討赫連勃勃嵩發數日興謂羣臣曰佛嵩驍勇果銳每臨敵對寇不可制抑吾常節之配兵不過五千今衆旅既多遇賊必敗今去已遠追之無及吾深憂之其下咸以爲不然佛嵩果爲勃勃所執絕亢而死興立昭儀齊氏爲皇后又下書以其故丞相姚緒太宰

姚碩德太傅姚旻大司馬姚崇司徒尹緯等二十四人配饗於萇廟興以大臣
屢喪令所司更詳臨赴之制所司白興依故事東堂發哀與不從每大臣死皆
親臨之姚文宗有寵於姚泓姚弼深疾之誣文宗有怨言以侍御史廉桃生爲
證與怒賜文宗死是後羣臣累足莫敢言弼之短時貳縣羌叛與遣後將軍
斂成鎮軍彭白狼北中郎將姚洛都討之斂成爲羌所敗甚懼詣趙與太守姚
穆歸罪穆欲送殺之成怒奔赫連勃勃與遣姚紹與姚弼率禁衞諸軍鎮撫嶺
北遼東侯彌姐亭地率其部人南居陰密劫掠百姓弼收亭地送之殺其衆七
百餘人徙二千餘戸于鄭城弼寵愛方隆所欲施行無不信納乃以嬖人尹沖
爲給事黃門侍郎唐盛爲治書侍御史左右機要皆其黨人漸欲廣樹爪牙彌
縫其闕右僕射梁喜侍中任謙京兆尹尹昭承閒言於與曰父子之際人罕得
而言然君臣亦猶父子臣等理不容默並后匹嫡未始不傾國亂家廣平公弼
奸凶無狀潛有陵奪之志陛下寵之不道假其威權傾險無賴之徒莫不鱗湊
其側市巷諷議皆言陛下欲有廢立之志誠如此者臣等有死而已不敢奉詔

與曰安有此乎昭等曰若無廢立之事陛下愛弼適所以禍之願去其左右減其威權非但弼有泰山之安宗廟社稷亦有磐石之固矣興默然興寢疾妖賊李弘反于貳原貳原氏仇常起兵應弘興輿疾討之斬常執弘而還徙常部人五百餘戶于許昌興疾篤其太子泓屯兵于東華門侍疾於諮議堂姚弼潛謀爲亂招集數千人被甲伏於其第撫軍姚紹及侍中任謙右僕射梁喜冠軍姚讚京兆尹尹昭輔國斂曼嵬並典禁兵宿衞于內姚裕遣使告姚懿于蒲坂弃密信諸藩論弼逆狀懿流涕以告將士曰上今寢疾臣子所宜冠履不整而廣平公弼擁兵私第不以忠於儲宮正是孤徇義忘身之日諸君皆忠烈之士亦當同孤徇斯舉也將士無不奮怒攘袂曰惟殿下所爲死生不敢貳於是盡赦囚徒散布帛數萬匹以賜其將士建牙誓衆將赴長安鎮東豫州牧姚洸起兵洛陽平西姚諶起兵於雍將以赴泓之難與疾瘳朝其羣臣征虜劉羌泣謂與曰陛下寢疾數旬柰何忽有斯事與曰朕過庭無訓使諸子不穆愧于四海卿等各陳所懷以安社稷尹昭曰廣平公弼恃寵不虔阻兵懷貳自宜寘之刑書

以明典憲陛下若含忍未便加法者且可削奪威權使散居藩國以紓闚覦之
禍全天性之恩興謂梁喜曰卿以為何如喜曰臣之愚見如昭所陳興以弼才
兼文武未忍致法免其尚書令以將軍公就第懿等聞興疾瘳各罷兵還鎮懿
恢及弟諶等皆抗表罪弼請致之刑法興弗許時魏遣使聘于興且請婚會平
陽太守姚成都來朝興謂之曰卿久處東藩與魏鄰接應悉彼事形今來求婚
吾已許之終能分災共患遠相接援以不成都曰魏自柴壁剋捷已來戎甲未
曾損失士馬桓桓師旅充盛今修和親兼婚姻之好豈但分災共患而已實亦
永安之福也興大悅遣其吏部郎嚴康報聘并致方物時姚懿姚洸姚宣姚諶
來朝使姚裕言於興曰懿等今悉在外欲有所陳興曰汝等正欲道弼事耳吾
已知之裕曰弼苟有可論陛下所宜垂聽若懿等言違大義便當肆之刑辟柰
何距之於是引見諮議堂宣流涕曰先帝以大聖起基陛下以神武定業方隆
七百之祚為萬世之美安可使弼謀傾社稷宜委之有司肅明刑憲臣等敢以
死請興曰吾自處之非汝等所憂先是大司農竇溫司徒左長史王弼皆有密

表勸與廢立與雖不從亦不以爲責撫軍東曹屬姜虬上疏曰廣平公弼懷姦積年謀禍有歲傾陷羣賢爲之畫足釁成逆著取嗤戎裔文武之化刑于寡妻聖朝之亂起自愛子今雖欲含忍其瑕掩蔽其罪而逆黨猶繁扇惑不已弼之亂心其可革邪宜斥散凶徒以絕禍始興以虬表示梁喜曰天下之人莫不以吾兒爲口實將何以處之喜曰信如虬言陛下宜早裁決興默然太子詹事王周亦虛襟引士樹黨東宮弼惡之每規陷害周周抗志確然不爲之屈興嘉其守正以周爲中書監興如三原顧謂羣臣曰古人有言關東出相關西出將三秦饒儁異汝頴多奇士吾應天明命跨據中原自流沙已東淮漢已北未嘗不傾己招求冀匡不逮然明不照下弗感懸魚至於智效一官行著一善吾歷級而進之不使有後門之歎卿等宜明揚仄陋助吾舉之梁喜對曰奉旨求賢弗曾休倦未見儒亮大才王佐之器可謂世之乏賢興曰自古霸王之起也莫不將則韓吳相兼蕭鄧終不採將於往賢求相於後哲卿自識拔不明求之不至柰何厚誣四海乎羣臣咸悅晉荊州刺史司馬休之據江陵雍州刺史魯宗之

據襄陽與劉裕相攻遣使求援與遣姚成王司馬國璠率騎八千赴之弼恨姚宣之毀己遂譖宣於與會宣司馬權丕至長安與責丕以無匡輔之益將戮之丕性傾巧因誣宣罪狀與大怒遂收宣于杏城下獄而使弼將三萬人鎮秦州尹昭言於與曰廣平公與皇太子不平握彊兵于外陛下一旦不諱恐社稷必危小不忍以致大亂者陛下之謂也與弗納赫連勃勃攻杏城與又遣弼救之至冠泉而杏城陷與如北地弼次于三樹遣弼及斂曼嵬向新平與還長安姚成王至于南陽司馬休之等爲劉裕所敗引歸休之宗之等遂與譙王文思新蔡王道賜寧朔將軍梁州刺史馬敬輔國將軍竟陵太守魯軌寧朔將軍南陽太守魯範奔于與勃勃遣其將赫連建率衆寇貳縣數千騎入平涼姚恢與建戰于五井平涼太守姚周都爲建所獲遂入新平姚弼討之戰于龍尾堡大破之擒建送于長安初勃勃攻彭雙方于石堡方力戰距守積年不能剋至是聞建敗引歸休之等至長安與謂之曰劉裕崇奉晉帝豈便有闕乎休之曰臣前下都琅邪王德文泣謂臣曰劉裕供御主上克薄奇深以事勢推之社稷之憂

方未可測與將以休之爲荊州刺史任以東南之事休之固辭請與會宗之等
擾動襄陽淮漢乃以休之爲鎮南將軍揚州刺史宗之等並有拜授休之將行
侍御史唐盛言於興曰符命所記司馬氏應復河洛休之既得濯鱗南翔恐非
復池中之物可以崇禮不宜放之興曰司馬氏脫如所記留之適足爲患遂遣
之揚武安鄉侯康宦驅略白鹿原氐胡數百家奔上洛太守宋林距之商洛人
黃金等起義兵以擠宦宦乃率衆歸罪興赦之復其爵位時白虹貫日有術人
言於興曰將有不祥之事終當自消時與藥動姚弼稱疾不朝集兵於第興聞
之怒甚收其黨殿中侍御史唐盛孫玄等殺之泓言於興曰臣誠不肖不能訓
諧於弟致弼構造是非仰慚天日陛下若以臣爲社稷之憂除臣而國寧亦家
之福也若垂天性之恩不忍加臣刑戮者乞聽臣守藩興慘然改容召姚讚梁
喜尹昭斂曼嵬於諮議堂密謀收弼時姚紹屯兵雍城馳遣告之數日不決弼
黨兇懼與慮其爲變乃收弼因之中曹窮責黨與將殺之泓流涕固請之乃止
與謂梁喜曰泓天心平和性少猜忌必能容養羣賢保全吾子於是皆赦弼黨

靈臺令張泉又言於興曰熒惑入東井旬紀而返未餘月復來守心王者惡之宜修仁虛己以答天譴興納之正旦興朝羣臣于太極前殿沙門賀僧慟泣不能自勝衆咸怪焉賀僧者莫知其所從來也言事皆有效驗興甚神禮之常與隱士數人預於讌會興如華陰以泓監國入居西宮因疾篤還長安泓欲出迎其宮臣曰今主上疾篤姦臣在側廣平公每希覬非常變故難測今殿下若出進則不得見主上退則有弼等之禍安所歸乎自宜深抑情禮以寧宗社泓從之乃拜迎於黃龍門樽下弼黨見興升輿咸懷危懼尹沖等先謀欲因泓出迎害之尚書姚沙彌曰若太子有備不來迎侍當奉乘輿直趣公第宿衛者聞上在此自當來奔誰與太子守乎吾等以廣平公之故陷身逆節今以乘輿南幸自當是仗義之理匪但救廣平之禍足可以申雪前愆沖等不從欲隨興入殿中作亂復未知興之存亡疑而不發興命泓錄尚書事使姚紹胡翼度典兵禁中防制內外遣斂曼嵬收弼第中甲杖內之武庫興疾轉篤興妹僞南安長公主問疾不應興少子耕兒出告其兄愔曰上已崩矣宜速決計於是愔與其屬

率甲士攻端門殿中上將軍斂曼嵬勒兵距戰右衞胡翼度率禁兵閉四門愔等遣壯士登門緣屋而入及于馬道泓時侍疾于諮議堂遣斂曼嵬率殿中兵登武庫距戰太子右衞率姚和都率東宮兵入屯馬道南愔等既不得進遂燒端門與力疾臨前殿賜弼死禁兵見與喜躍貫甲赴賊賊衆駭擾和都勒東宮兵自後擊之愔等奔潰逃于驪山愔黨呂隆奔雍尹沖等奔于京師與引紹及讚粱喜尹昭斂曼嵬入內寢受遺輔政義熙十二年與死時年五十一在位二十二年僞諡文桓皇帝廟號高祖墓曰偶陵

尹緯

尹緯字景亮天水人也少有大志不營產業身長八尺腰帶十圍魁梧有爽氣每覽書傳至宰相立勳之際常輟書而歎苻堅以尹赤之降姚襄諸尹皆禁錮不仕緯晚乃爲吏部令史風志豪邁郎皆憚之堅末年祆星見于東井緯知堅將滅喜甚向天再拜既而流涕長歎友人略陽桓識怪而問之緯曰天時如此正是霸王龍飛之秋吾徒杖策之日然知己難遭恐不得展吾才志是以欣懼

交懷及姚萇奔馬牧緯與尹詳龐演等扇動羣豪推萇爲盟主遂爲佐命元功萇既敗苻堅遣緯說堅求禪代之事堅問緯曰卿於朕何官緯曰尚書令史堅歎曰宰相之才也王景略之儔而朕不知卿亡也不亦宜乎緯性剛簡清亮慕張子布之爲人馮翊段鏗性傾巧萇愛其博識引爲侍中緯固諫以爲不可萇不從緯屢衆中辱鏗鏗心不平之萇聞而謂緯曰卿性不好學何爲憎學者緯曰臣不憎學憎鏗不正耳萇因曰卿好不自知每比蕭何真何如也緯曰漢祖與蕭何俱起布衣是以相貴陛下起貴中是以賤臣萇曰卿實不及胡爲不也緯曰陛下何如漢祖萇曰朕實不如漢祖卿遠蕭何故不如甚也緯曰漢祖所以勝陛下者以能遠段鏗之徒故耳萇默然乃出鏗爲北地太守萇死緯與姚興滅苻登成興之業皆緯之力也歷輔國將軍司隸校尉尚書左右僕射清河侯緯友人隴西牛壽率漢中流人歸興謂緯曰足下平生自謂時明也才足以立功立事道消也則追二疏朱雲發其狂直不能如胡廣之徒洿隆隨俗今遇其時矣正是垂名竹素之日可不勉歟緯曰吾之所庶幾如是但未能委宰衡

於夷吾識韓信於羈旅以斯爲愧耳立功立事竊謂未負昔言與聞而謂緯曰

君之與壽言也何其誕哉立功立事自謂何如古人緯曰臣實未愧古人何則

遇時來之運則輔翼太祖建八百之基及陛下龍飛之始翦滅苻登盪清秦雍

生極端右死饗廟庭古之君子正當爾耳與大悅及死興甚悼之贈司徒謚曰

忠成侯

晉書卷一百十八

晉書卷一百十八考證

姚興載記下猶不從進拔昌松長驅至姑臧○本書地理志武威郡統縣七有姑臧倉松則昌當作倉

傉檀嬰城固守出其兵擊猶○其十六國春秋作奇

遼東侯彌姐亭地率其部人南居陰密○姐監本訛妲前漢馮奉世傳注姐音紫羌複姓如後秦彌姐亭地與彌姐婆觸之類是彌姐其姓亭地其名也今改正

晉書卷一百十八考證

晉書卷一百十九

唐　太　宗　文　皇　帝　御　撰

載記第十九

姚泓

姚泓字元子興之長子也孝友寬和而無經世之用又多疾病興將以爲嗣而疑焉久之乃立爲太子興每征伐巡游常留總後事博學善談論尤好詩詠尚書王尚黃門郎段章尚書郎富允文以儒術侍講胡義周夏侯稚以文章游集時尚書王敏右丞郭播以刑政過寬議欲峻制泓曰人情挫辱則壯厲之心生政教煩苛則茍免之行立上之化下如風靡草君等參讚朝化弘昭政軌不務仁恕之道惟欲嚴法酷刑豈是安上馭下之理乎敏等遂止泓受經於博士淳于岐岐病泓親詣省疾拜于牀下自是公侯見師傅皆拜焉與之如平涼也馮翊人劉厥聚衆數千據萬年以叛泓遣鎮軍彭白狼率東宮禁兵討之斬厥赦其餘黨諸將咸勸泓曰殿下神算電發蕩平醜逆宜露布表言廣其首級以慰

遠近之情泓曰主上委吾後事使式遏寇逆吾綏御失和以長姦寇方當引咎責躬歸罪行間安敢過自矜誕以重罪責乎其右僕射韋華聞而謂河南太守慕容筑曰皇太子實有恭惠之德社稷之福也其弟弼有奪嫡之謀泓恩撫如初未嘗見于色姚紹每為弼羽翼泓亦推心宗事弗以為嫌及僭位任紹以兵權紹亦感而歸誠卒守其忠烈其明識寬裕皆此類也興既死祕不發喪南陽公姚愔及大將軍尹元等謀為亂泓皆誅之命其齊公姚恢殺安定太守呂超恢久乃誅之泓疑恢有陰謀恢自是懷貳陰聚兵甲焉泓發喪以義熙十二年紹卽帝位大赦殊死已下改元永和廬于諮議堂既葬乃親庶政內外百僚增位一等僭文武各盡直言政有不便於時事有光益宗廟者極言勿有所諱初興徙李閏羌三千家於安定尋徙新支至是羌酋党容率所部叛還遣撫軍姚讚討之容降徙其豪右數百戶于長安餘遣還李閏北地太守毛雍據趙氏塢以叛于泓姚紹討擒之姚宣時鎮李閏未知雍敗遣部將姚佛生等來衛長安衆既發宣參軍韋宗姦謟好亂說宣曰主上初立威化未著勃勃彊盛侵害必

深本朝之難未可弭也殿下居維城之任宜深慮之邢望地形險固總三方之
要若能據之虛心撫禦非但克固維城亦霸王之業也宣乃率戶三萬八千棄
李閏南保邢望宣既南移諸羌據李閏以叛紹進討破之宣詣紹歸罪紹怒殺
之初宣在邢望泓遣姚佛生諭宣佛生遂讚成宣計紹數其罪又戮之泓下書
士卒死王事贈以爵位永復其家將封宮臣十六人五等子男姚讚諫曰東宮
文武自當有守忠之誠未有赫然之效何受封之多乎泓曰懸爵於朝所以懲
勸來效標明盛德元子遭家不造與宮臣同此百憂獨享其福得不愧於心乎
讚默然姚紹進曰陛下不忘報德封之是也古者敬其事命之以始可須來春
然後議之乃止并州定陽二城胡數萬落叛泓入于平陽攻立義姚成都于匈
奴堡推匈奴曹弘爲大單于所在殘掠征東姚懿自蒲坂討弘戰于平陽大破
之執弘送于長安徙其豪右萬五千落于雍州仇池公楊盛攻陷祁山執建節
王總遂逼秦州泓遣後將軍姚平救之盛引退姚嵩與平追盛及于竹嶺姚讚
率隴西太守姚秦都略陽太守王煥以禁兵赴之讚至清水嵩爲盛所敗嵩及

秦都王煥皆戰死讚至秦州退還仇池先是天水冀縣石鼓鳴聲聞數百里野雉皆雊秦州地震者三十二殷殷有聲者八山崩舍壞咸以爲不祥及嵩將出羣僚固諫止之嵩曰若有不祥此乃命也安所逃乎遂及於難識者以爲秦州泓之故鄉將滅之徵也赫連勃勃攻陷陰密執秦州刺史姚軍都坑將士五千餘人軍都瞋目厲聲數勃勃殘忍之罪不爲之屈勃勃怒而殺之勃勃既剋陰密進兵侵雍嶺北雜戶悉奔五將山征北姚恢棄安定率戶五千奔新平安定人胡儼華韜等率衆距恢恢單騎歸長安立節彌姐成建武裴岐爲儼所殺鎮西姚諶委鎮東走勃勃遂據雍抄掠郿城姚紹及征虜尹昭鎮軍姚洽等率步騎五萬討勃勃姚恢以精騎一萬繼之軍次橫水勃勃退保安定胡儼閉門距之殺鮮卑數千人據安定以降紹進兵躡勃勃戰于馬鞍坂敗之追至朝那不及而還楊盛遣兄子倦入寇長蚍平陽氏苟渴聚衆千餘據五丈原以叛遣鎮遠姚萬恢武姚難討之爲渴所敗姚諶討渴擒之泓使輔國斂曼嵬前將軍姚光兒討楊倦于陳倉倦奔于散關勃勃遣兄子提南侵池陽車騎姚裕前將軍

彭白狼建義蚍玄距却之尋而晉太尉劉裕總大軍伐泓汝于彭城遣冠軍將
軍檀道濟龍驤將軍王鎮惡入自淮肥攻漆丘項城將軍沈林子自汴入河攻
倉垣泓將王苟生以漆丘降鎮惡徐州刺史姚掌以項城降道濟王師遂入潁
口所至多降服惟新蔡太守董遵固守不降道濟攻破之縛遵而致諸軍門遵
厲色曰古之王者伐國待士以禮君柰何以不義行師待國士以非禮乎道濟
怒殺之姚紹聞王師之至還長安言於泓曰晉師已過許昌豫州安定孤遠卒
難救衞宜遷諸鎮戸內實京畿可得精兵十萬足以橫行天下假使二寇交侵
無深害也如其不爾晉侵豫州勃勃寇安定者將若之何事機已至宜在速決
其左僕射梁喜曰齊公恢雄勇有威名爲嶺北所憚鎮人已與勃勃深仇理應
守死無二勃勃終不能棄安定遠寇京畿若無安定虜馬必及於郿雍今關中
兵馬足距晉師豈可未有憂危先自削損也泓從之吏部郎懿橫密言於泓曰
齊公恢於廣平之難有忠勳於陛下自陛下龍飛紹統未有殊賞以答其意今
外則致之死地內則不豫朝權安定人自以孤危逼寇欲思南遷者十室而九

若擁精兵四萬鼓行而向京師得不爲社稷之累乎宜徵還朝廷以慰其心泓曰恢若懷不逞之心徵之適所以速禍耳又不從王師至城皐征南姚洸時鎮洛陽馳使請救泓遣越騎校尉閻生率騎三千以赴之武衛姚益男將步卒一萬助守洛陽又遣征東并州牧姚懿南屯陝津爲之聲援洸部將趙玄說洸曰今寇逼已深百姓駭懼衆寡勢殊難以應敵宜攝諸戍兵士固守金墉以待京師之援不可出戰如脫不捷大事去矣金墉既固師無損敗吳寇終不敢越金墉而西困之於堅城之下可以坐制其弊時洸司馬姚禹潛通于道濟主簿閻恢楊虔等皆禹之黨嫉玄忠誠咸共毀之固勸洸出戰洸從之乃遣玄率精兵千餘南守柏谷塢廣武石無諱東戍鞏城以距王師玄泣謂洸曰玄受三帝重恩所守正死耳但明公不用忠臣之言爲姦孽所誤後必悔之但無及耳會陽城及城皐滎陽武牢諸城悉降道濟等長驅而至無諱至石關奔還玄與晉將毛德祖戰于柏谷以衆寡而敗被瘡十餘據地大呼玄司馬蹇鑒冒刃抱玄而泣玄曰吾瘡已重君宜速去鑒曰若將軍不濟當與俱死去將安之皆死於陣

姚禹踰城奔于王師道濟進至洛陽洸懼遂降時閻生至新安益男至湖城會
洛陽已沒遂留屯不進姚懿險薄惑於信受其司馬孫暢姦巧傾佞好亂樂禍
勸懿襲長安誅姚紹廢泓自立懿納之乃引兵至陝津散穀以賜河北夷夏欲
虛損國儲招引和戎諸羌樹己私惠懿左常侍張敞侍郎左雅固諫懿曰殿下
以母弟之親居分陝之重安危休戚與國共之漢有七國之難實賴梁王今吳
寇內侵四州傾沒西虜擾邊秦涼覆敗朝廷之危有同累卵正是諸侯勤王之
日穀者國之本也而今散之若朝廷問殿下者將何辭以報懿怒笞而殺之泓
聞之召姚紹等密謀於朝堂紹曰懿性識鄙近從物推移造成此事惟當孫暢
耳但馳使徵暢遣撫軍讚據陝城臣向潼關爲諸軍節度若暢奉詔而至者臣
當遣懿率河東見兵共平吳寇如其逆釁已成違距詔勑者當明其罪於天下
聲皷以擊之泓曰叔父之言社稷之計也於是遣姚讚及冠軍司馬國璠建義
虵玄屯陝津武衞姚驢屯潼關懿遂舉兵僭號傳檄州郡欲運匈奴堡穀以給
鎮人寧東姚成都距之懿乃卑辭招誘深自結託送佩刀爲誓成都送以呈泓

懿又遣驍騎王國率甲士數百攻成都成都擒國因之遣讓懿曰明公以母弟
之親受推轂之寄今社稷之危若綴旒然宜恭恪憂勤匡輔王室而更包藏奸
宄謀危宗廟三祖之靈豈安公乎此鎮之糧一方所寄鎮人何功而欲給之王
國爲蚍畫足國之罪人已就囚執聽詔而戮之成都方糾合義衆以懲明公之
罪復須大兵悉集當與明公會於河上乃宣告諸城勉以忠義厲兵秣馬徵發
義租河東之兵無詣懿者懿深患之臨晉數千戶叛應懿姚紹濟自蒲津擊臨
晉叛戶大破之懿等震懼鎮人安定郭純王奴等率衆圍懿紹入于蒲坂執懿
囚之誅孫暢等泓以內外離叛王師漸逼歲旦朝羣臣于其前殿悽然流涕羣
臣皆泣時征北姚恢率安定鎮戶三萬八千焚燒室宇以車爲方陣自北雍州
趣長安自稱大都督建義大將軍移檄州郡欲除君側之惡揚威姜紀率衆奔
之建節彭完都聞恢將至棄陰密奔還長安恢至新支姜紀說恢曰國家重將
在東京師空虛公可輕兵徑襲事必尅矣恢不從乃南攻郿城鎮西姚諶爲恢
所敗恢軍勢彌盛長安大震泓馳使徵紹遣姚裕及輔國胡翼度屯于灃西扶

風太守姚儁安夷護軍姚墨蠡建威姚娥都揚威彭蚝皆懼而降恢恢舅苟和
時爲立節將軍守忠不二泓召而謂之曰衆人咸懷去就卿何能自安邪和曰
若天縱妖賊得肆其逆節者舅甥之理不待奔馳而加親如其罪極逆鎖天盈
其罰者守忠執志臣之體也違親叛君臣之所恥泓善其忠恕加金章紫綬姚
紹率輕騎先赴難使姚洽司馬國璠將步卒三萬赴長安恢從曲牢進屯杜成
紹與恢相持于靈臺姚讚聞恢漸逼留寧朔尹雅爲弘農太守守潼關率諸軍
還長安泓謝讚曰元子不能崇明德義導率羣下致禍起蕭墻變自同氣既上
負祖宗亦無顏見諸父懿始構逆滅亡恢復擁衆內叛將若之何讚曰懿等所
以敢稱兵內侮者諒由臣等輕弱無防遏之方故也因攘袂大泣曰臣與大將
軍不滅此賊終不持面復見陛下泓於是班賜軍士而遣之恢衆見諸軍悉集
咸懼而思善其將齊黃等棄恢而降恢進軍逼紹讚自後要擊大破之殺恢及
其三弟泓哭之悲慟葬以公禮至是王鎮惡至宜陽毛德祖攻弘農太守尹雅
于蠡吾城衆潰德祖使騎追獲之既而殺晉守者奔固潼關檀道濟沈林子攻

拔襄邑堡建威薛帛奔河東道濟自陝北渡攻蒲坂使將軍苟卓攻匈奴堡爲泓寧東姚成都所敗泓遣姚驢救蒲坂胡翼度據潼關泓進紹太宰大將軍大都督都督中外諸軍事假黄鉞改封魯公侍中司隸宗正節錄並如故朝之大政皆往決焉紹固辭弗許於是遣紹率武衞姚鸞等步騎五萬距王師于潼關姚驢與并州刺史尹昭爲表裏之勢夾攻道濟道濟深壁不戰沈林子說道濟曰今蒲坂城堅池濬非可卒剋攻之傷衆守之引日不如棄之先事潼關潼關天限形勝之地鎭惡孤軍勢危力寡若使姚紹據之則難圖矣如剋潼關紹可不戰而服道濟從之乃棄蒲坂南向潼關姚讚率禁兵七千自渭北而東進據蒲津劉裕使沈田子及傅弘之率衆萬餘人入上洛所在多委城鎭奔長安田子等進及青泥姚紹方陣而前以距道濟道濟固壘不戰紹乃攻其西營不剋遂以大衆逼之道濟率王敬沈林子等逆衝紹軍將士驚散引還定城紹留姚鸞守嶮絕道濟糧道時裕別將姚珍入自子午竇霸入自洛谷衆各數千人泓遣姚萬距霸姚彊距珍姚鸞遣將尹雅與道濟司馬徐琰戰于潼關南爲琰所

獲送之劉裕裕以雅前叛欲殺之雅曰前活本在望外今死寧不甘心明公將以大義平天下豈可使秦無守信之臣乎裕嘉而勉之泓遣給事黃門侍郎姚和都屯于堯柳以備田子姚紹謂諸將曰道濟等遠來送死衆旅不多嬰壘自固者正欲曠日持久以待繼援耳吾欲分軍逕據閿鄉以絕其糧運不至一月道濟之首可懸之麾下矣濟等既沒裕計自沮諸將咸以爲然其將胡翼度曰軍勢宜集不可以分若偏師不利人心駭懼胡可以戰紹乃止薛帛據河曲以叛紹分道置諸軍爲掎角之勢遣輔國胡翼度據東原武衞姚鸞營于大路與晉軍相接沈林子簡精銳銜枚夜襲之鸞衆潰戰死士卒死者九千餘人姚讚屯于河上遣恢武姚難運蒲坂穀以給其軍至香城爲王師所敗時泓遣姚諶守堯柳姚和都討薛帛于河東聞王師要難乃兼道赴救未至而難敗因破裕裨將于河曲遂屯蒲坂姚讚爲林子所敗單馬奔定城紹遣左長史姚洽及姚墨蠡等率騎三千屯于河北之九原欲絕道濟諸縣租輸洽辭曰夫小敵之堅大敵之擒今兵衆單弱而遠在河外雖明公神武然鞭短勢殊恐無所及紹不

聽沈林子率衆八千要洽于河上洽戰死衆皆沒紹聞洽等敗忿恚發病託姚讚以後事使姚難屯關西紹嘔血而死泓以晉師之逼遣使乞師于魏魏遣司徒南平公拓拔嵩正直將軍安平公乙旃眷進據河內游擊將軍王洛生屯于河東爲泓聲援劉裕次于陝城遣沈林子率精兵萬餘越山開道會沈田子等于青泥將攻堯柳泓使姚裕率步騎八千距之泓躬將大衆繼發裕爲田子所敗泓退次于灞上關中郡縣多潛通于王師劉裕至潼關遣將軍朱超石徐猗之會薛帛于河北以攻蒲坂姚讚距裕于關西姚難屯于香城裕遣王鎮惡王敬自秋社西渡渭以逼難軍鎮東姚璞及姚和都擊敗猗之等於蒲坂猗之遇害超石棄其衆奔于潼關姚讚遣司馬休之及司馬國璠自軹關向河內引魏軍以躡裕後姚難既爲鎮惡所逼引師而西時大霖雨渭水泛溢讚等不得北渡鎮惡水陸兼進追及姚難泓自灞上還軍次于石橋以援之讚退屯鄭城鎮北姚彊率郡人數千與姚難陣于涇上以距鎮惡鎮惡遣毛德祖擊彊大敗彊戰死難遁還長安劉裕進據鄭城泓使姚裕尚書龐統屯兵宮中姚洸屯于灃

西尚書姚白瓜徙四軍雜戶入長安姚丕守渭橋胡翼度屯石積姚讚屯霸東
泓軍于逍遙園鎮惡夾渭進兵破姚丕于渭橋泓自逍遙園赴之逼水地狹因
丕之敗遂相踐而退姚諶及前軍姚烈左衞姚寶安散騎王帛建武姚進揚威
姚蚝尚書右丞孫玄等皆死於陣泓單馬還宮鎮惡入自平朔門泓與姚裕等
數百騎出奔于石橋讚聞泓之敗也召將士告之衆皆以刀擊地攘袂大泣胡
翼度先與劉裕陰通是日棄衆奔裕讚夜率諸軍將會泓于石橋王師已固諸
門讚軍不得入衆皆驚散泓計無所出謀欲降于裕其子佛念年十二謂泓曰
晉人將逞其欲終必不全願自裁決泓憮然不答佛念遂登宮牆自投而死泓
將妻子詣壘門而降讚率宗室子弟百餘人亦降于裕裕盡殺之餘宗遷于江
南送泓于建康市斬之時年三十在位二年建康百里之外草木皆燋死焉姚
萇以孝武太元九年僭立至泓三世以安帝義熙十三年而滅凡三十二年
史臣曰自長江徙御化龍創業巨寇乘機而未寧戎馬交馳而不息晦重氛於
六漢鼓洪流於八際天未猒亂凶旅寔繁弋仲越自金方言歸石氏抗直詞於

暴主闡忠訓於危朝貽厥之謀在乎歸順鳴哀之義有足稱焉景國弱歲英奇見方孫策詳其幹識無忝斯言遽踐迷途良可悲矣景茂因仲襄之緒躡苻亡之會嘯命羣豪恢弘霸業假容沖之銳俯定函秦挫雷惡之鋒載寧東北在茲姦略實冠凶徒列樹而表新營雖云效績薦棘而陵舊主何其不仁安枕而終斯爲幸也子略尅摧勍敵荷成先構虛襟訪道側席求賢敦友悌以睦其親明賞罰以臨其下英髦盡節爪牙畢命取汾絳陷許洛款僭燕而藩僞蜀夷隴右而靜河西俗阜年豐遠安邇輯雖楚莊秦穆何以加焉既而逞志矜功弗虞後患委涼都於禿髮授朔方於赫連專己生災邊城繼陷距諫招禍蕭牆屢發戰無寧歲人有危心豈宜騁彼雄圖破深恩於介士飜崇詭說加殊禮於桑門當有爲之時隸無爲之業麗衣腴食殆將萬數析實談空靡然成俗夫以漢朝殷廣猶鄙鴻都之費況乎僞境日侵寧堪永貴之役儲用殫竭山林有稅政荒威挫職是之由坐致淪胥非天喪也元子以庸懦之質屬傾擾之餘內難方殷外禦斯輟王師杖順弭節而下長安凶嗣失圖繫組而降軹道物極則反抑斯之

謂歟

贊曰弋仲剛烈終表奇節襄實英果萇惟姦桀興始崇構泓遂摧滅貽誡將來

無踐危轍

晉書卷一百十九

珍做宋版却

唐　太　宗　文　皇　帝　御　撰

載記第二十

李特　李流　李庠

李特字玄休巴西宕渠人其先廩君之苗裔也昔武落鍾離山崩有石穴二所其一赤如丹一黑如漆有人出於赤穴者名曰務相姓巴氏有出於黑穴者凡四姓曰曎氏樊氏柏氏鄭氏五姓俱出皆爭爲神於是相與以劍刺穴屋能著者以爲廩君四姓莫著而務相之劍懸焉又以土爲船彫畫之而浮水中曰若其船浮存者以爲廩君務相船又獨浮於是遂稱廩君乘其土船將其徒卒當夷水而下至於鹽陽鹽陽水神女子止廩君曰此魚鹽所有地又廣大與君俱生可止無行廩君曰我當爲君求廩地不能止也鹽神夜從廩君宿旦輒去爲飛蟲諸神皆從其飛蔽日晝昏廩君欲殺之不可別又不知天地東西如此者十日廩君乃以青縷遺鹽神曰嬰此卽宜之與汝俱生弗宜將去汝鹽神受而

嬰之廩君立碭石之上望膺有青縷者跪而射之中鹽神鹽神死羣神與俱飛者皆去天乃開朗廩君復乘土船下及夷城夷城石岸曲泉水亦曲廩君望如穴狀歎曰我新從穴中出今又入此奈何岸卽爲崩廣三丈餘而階陛相乘廩君登之岸上有平石方一丈長五尺廩君休其上投策計算皆著石焉因立城其旁而居之其後種類遂繁秦幷天下以爲黔中郡薄賦斂之口歲出錢四十巴人呼賦爲賨因謂之賨人焉及漢高祖爲漢王募賨人平定三秦旣而求還鄉里高祖以其功復同豐沛不供賦稅更名其地爲巴郡土有鹽鐵丹漆之饒俗性剽勇又善歌舞高祖愛其舞詔樂府習之今巴渝舞是也漢末張魯居漢中以鬼道教百姓賨人敬信巫覡多往奉之值天下大亂自巴西之宕渠遷于漢中楊車坂抄掠行旅百姓患之號爲楊車巴魏武帝剋漢中特祖將五百餘家歸之魏武帝拜爲將軍遷于略陽北土復號之爲巴氐特父慕爲東羌獵將特少仕州郡見異當時身長八尺雄武善騎射沈毅有大度元康中氐齊萬年反關西擾亂頻歲大饑百姓乃流移就穀相與入漢川者數萬家特隨流人將

入于蜀至劍閣箕踞太息顧盼險阻曰劉禪有如此之地而面縛於人豈非庸
才邪同移者閻式趙肅李遠任回等咸歎異之初流人既至漢中上書求寄食
巴蜀朝議不許遣侍御史李苾持節慰勞且監察之不令入劍閣苾至漢中受
流人貨賂反爲表曰流人十萬餘口非漢中一郡所能振贍東下荆州水湍迅
險又無舟船蜀有倉儲人復豐稔宜令就食朝廷從之由是散在益梁不可禁
止永康元年詔徵益州刺史趙廞爲大長秋以成都內史耿滕代廞廞遂謀叛
潛有劉氏割據之志乃傾倉廩振施流人以收衆心特之黨類皆巴西人與廞
同郡率多勇壯廞厚遇之以爲爪牙故特等聚衆專爲寇盜蜀人患之滕密上
表以爲流人剛剽而蜀人愞弱客主不能相制必爲亂階宜使移還其本若致
之險地將恐秦雍之禍萃於梁益必貽聖朝西顧之憂廞聞而惡之時益州文
武千餘人已往迎滕滕率衆入州廞遣衆逆滕戰于西門滕敗死之廞自稱大
都督大將軍益州牧特弟庠與兄弟及妹夫李含任回上官惇扶風李攀始平
費佗氐苻成隗伯等以四千騎歸廞廞以庠爲威寇將軍使斷北道庠素東羌

艮將曉軍法不用麾幟舉矛爲行伍斬部下不用命者三人部陣肅然廞惡其
齊整欲殺之而未言長史杜淑司馬張粲言於廞曰傳云五大不在邊將軍起
兵始爾便遣李庠握彊兵於外愚竊惑焉且非我族類其心必異倒戈授人竊
以爲不可願將軍圖之廞斂容曰卿言正當吾意可謂起予者商此天使卿等
成吾事也會庠在門請見廞廞大悅引庠見之庠欲觀廞意旨再拜進曰今中
國大亂無復綱維晉室當不可復興也明公道格天地德被區宇湯武之事實
在于今宜應天時順人心拯百姓於塗炭使物情知所歸則天下可定非但庸
蜀而已廞怒曰此豈人臣所宜言令淑等議之於是淑等上庠大逆不道廞乃
殺之及其子姪宗族三十餘人廞慮特等爲難遣人喻之曰庠非所宜言罪應
至死不及兄弟以庠尸還特復以特兄弟爲督將以安其衆牙門將許弇求爲
巴東監軍杜淑張粲固執不許弇怒於廞閤下手刃殺淑粲左右又殺弇皆廞
腹心也特兄弟既以怨廞引兵歸緜竹廞恐朝廷討己遣長史費遠犍爲太守
李苾督護常俊督萬餘人斷北道次緜竹之石亭特密收合得七千餘人夜襲

遠軍遠大潰因放火燒之死者十八九進攻成都歆聞兵至驚懼不知所爲李
苾張徵等夜斬關走出文武盡散歆獨與妻子乘小船走至廣都爲下人朱竺
所殺特至成都縱兵大掠害西夷護軍姜發殺歆長史袁治及歆所置守長遣
其牙門王角李基詣洛陽陳歆之罪狀先是惠帝以涼州刺史羅尚爲平西將
軍領護西夷校尉益州刺史督牙門將王敦上庸都尉義歆蜀郡太守徐儉廣
漢太守辛冉等凡七千餘人入蜀特等聞尚來甚懼使其弟驤於道奉迎并貢
寶物尚甚悅以驤爲騎督特及弟流復以牛酒勞尚於緜竹王敦辛冉並說尚
曰特等流人專爲盜賊急宜梟除可因會斬之尚不納冉先與特有舊因謂特
曰故人相逢不吉當凶矣特深自猜懼尋有符下秦雍州凡流人入漢川者皆
下所在召還特兄輔素留鄉里託言迎家既至蜀謂特曰中國方亂不足復還
特以爲然乃有雄據巴蜀之意朝廷以討趙歆功拜特宣威將軍封長樂鄉侯
流爲奮威將軍武陽侯璽書下益州條列六郡流人與特協同討歆者將加封
賞會辛冉以非次見徵不願應召又欲以滅歆爲己功乃寢朝命不以實上衆

咸怨之羅尚遣從事催遣流人限七月上道辛冉性貪暴欲殺流人首領取其資貨乃移檄發遣又令梓潼太守張演於諸要施關搜索寶貨特等固請求至秋收流人布在梁益爲人傭力及聞州郡逼遣人人愁怨不知所爲又知特兄弟頻請求停皆感而恃之且水雨將降年穀未登流人無以爲行資遂相與詣特特乃結大營於緜竹以處流人移冉求自寬冉大怒遣人分牓通逵購募特兄弟許以重賞特見大懼悉取以歸與驤改其購云能送六郡之豪李任閻趙楊上官及氐叟侯王一首賞百匹流人既不樂移咸往歸特特騁馬屬鞬同聲雲集旬月閒衆過二萬流亦聚衆數千特乃分爲二營特居北營流居東營特遣閻式詣羅尚求申期式既至見冉營柵衝要謀揜流人歎曰無寇而城讎必保焉今而速之亂將作矣又知冉及李苾意不可迴乃辭尚還緜竹尚謂式曰子且以吾意告諸流人今聽寬矣式曰明公惑於姦說恐無寬理弱而不可輕者百姓也今促之不以理衆怒難犯恐爲禍不淺尚曰然吾不欺子子其行矣式至緜竹言於特曰尚雖云爾然未可必信也何者尚威刑不立冉等各擁彊兵

一旦爲變亦非尚所能制深宜爲備特納之冉苾相與謀曰羅侯貪而無斷日復一日流人得展姦計李特兄弟並有雄才吾屬將爲豎子虜矣宜爲決計不足復問之乃遣廣漢都尉曾元牙門張顯劉並等潛率步騎三萬襲特營羅尚聞之亦遣督護田佐助元特素知之乃繕甲厲兵戒嚴以待之元等至特安臥不動待其衆半入發伏擊之殺傷者甚衆害田佐曾元張顯傳首以示尚冉尚謂將佐曰此虜成去矣而廣漢不用吾言以張賊勢今將若之何於是六郡流人推特爲主特命六郡人部曲督李含上邽令任臧始昌令閻式諫議大夫李攀陳倉令李武陰平令李遠將兵都尉楊褒等上書請依梁統奉竇融故事推特行鎮北大將軍承制封拜其弟流行鎮東將軍以相鎮統於是進兵攻冉於廣漢冉衆出戰特每破之尚遣李苾及費遠率衆救冉懼特不敢進冉智力既窘出奔江陽特入據廣漢以李超爲太守進兵攻尚於成都閻式遺尚書責其信用讒構欲討流人又陳特兄弟立功王室以寧益土尚覽書知特等將有大志嬰城固守求救於梁寧二州於是特自稱使持節大都督鎮北大將軍承制

封拜一依竇融在河西故事兄輔爲驃騎將軍弟驤爲驍騎將軍長子始爲武
威將軍次子蕩爲鎮軍將軍少子雄爲前將軍李含爲西夷校尉含子國離任
回李恭上官晶李攀費佗等爲將帥任臧上官惇楊褒楊珪王達麴歆等爲爪
牙李遠李博夕斌嚴檉上官琦李濤王懷等爲僚屬閻式爲謀主何巨趙肅爲
腹心時羅尚貪殘爲百姓患而特與蜀人約法三章施捨振貸禮賢拔滯軍政
肅然百姓爲之謠曰李特尚可羅尚殺我尚頻爲特所敗乃阻長圍緣水作營
自都安至犍爲七百里與特相距河間王顒遣督護衙博廣漢太守張徵討特
南夷校尉李毅又遣兵五千助尚尚遣督護張龜軍繁城三道攻特特命蕩雄
襲博特躬擊張龜龜衆大敗蕩又與博接戰連日博亦敗績死者大半蕩追博
至漢德博走葭萌蕩進寇巴西巴西郡丞毛植五官襄珍以郡降蕩蕩撫恤初
附百姓安之蕩進攻葭萌博又遠遁其衆盡降于蕩太安元年特自稱益州牧
都督梁益二州諸軍事大將軍大都督改年建初赦其境內於是進攻張徵徵
依高據險與特相持連日時特與蕩分爲二營徵候特營空虛遣步兵循山攻

之特逆戰不利山險窘逼衆不知所爲羅準任道皆勸引退特量蕩必來故不許徵衆至稍多山道至狹唯可一二人行蕩軍不得前謂其司馬王辛曰父在深寇之中是我死日也乃衣重鎧持長矛大呼直前推鋒必死殺十餘人徵衆來相救蕩軍皆殊死戰徵軍遂潰特議欲釋徵還涪蕩與王辛進曰徵軍連戰士卒傷殘智勇俱竭宜因其弊遂擒之若舍而寬之徵養病收亡餘衆更合圖之未易也特從之復進攻徵徵潰圍走蕩水陸追之遂害徵生擒徵子存以徵喪還之以騫碩爲德陽太守碩略地至巴郡之墊江特之攻張徵也使李驤與李攀任回李恭屯軍毗橋以備羅尚尚遣軍挑戰驤等破之尚又遣數千人出戰驤又陷破之大獲器甲攻燒其門流進次成都之北尚遣將張興僞降於驤以觀虛實時驤軍不過二千人興夜歸白尚尚遣精勇萬人銜枚隨興夜襲驤營李攀逆戰死驤及將士奔于流栅與流并力迴攻尚軍尚軍亂敗還者十一二晉梁州刺史許雄遣軍攻特特陷破之進擊破尚水上軍遂寇成都蜀郡太守徐儉以小城降特以李瑾爲蜀郡太守以撫之羅尚據大城自守流進屯江

西尙懼遣使求和是時蜀人危懼並結村堡請命于特特遣人安撫之益州從事任明說尙曰特旣凶逆侵暴百姓又分人散衆在諸村堡驕怠無備是天亡之也可告諸村密剋期日內外擊之破之必矣尙從之明先僞降特特問城中虛實明曰米穀皆欲盡但有貨帛耳因求省家特許之明潛說諸村諸村悉聽命還報尙尙許如期出軍諸村亦許一時赴會二年惠帝遣荊州刺史宋岱建平太守孫阜救尙阜已次德陽特遣蕩督李璜助任臧距阜尙遣大衆掩襲特營連戰二日衆少不敵特軍大敗收合餘卒引趣新繁尙軍引還特復追之轉戰三十餘里尙出大軍逆戰特軍敗績斬特及李輔李遠皆焚尸傳首洛陽在位二年其子雄僭稱王追諡特景王及僭號追尊曰景皇帝廟號始祖

李流字玄通特第四弟也少好學便弓馬東羌校尉何攀稱流有賁育之勇舉爲東羌督及避地益州刺史趙廞器異之廞之使庠合部衆多流亦招鄉里子弟得數千人庠爲廞所殺流從特安慰流人破常俊於緜竹平趙廞於成都朝廷論功拜奮威將軍封武陽侯特之承制也以流爲鎭東將軍居東營號爲東

督護特常使流督銳衆與羅尙相持特之陷成都小城使六郡流人分口入城
壯勇督領村堡流言於特曰殿下神武已剋小城然山藪未集糧仗不多宜錄
州郡大姓子弟以爲質任送付廣漢縶之二營收集猛銳嚴爲防衛又書與特
司馬上官惇深陳納降若待敵之義特不納特旣死蜀人多叛流人大懼流與
兄子蕩雄收遺衆還赤祖流保東營蕩雄保北營流自稱大將軍大都督益州
牧時宋岱水軍三萬次于墊江前鋒孫阜破德陽獲特所置守將騫碩太守任
臧等退屯涪陵縣羅尙遣督護常深軍毗橋牙門左氾黃訇何沖三道攻北營
流身率蕩雄攻深柵剋之深士衆星散追至成都尙閉門自守蕩馳馬追擊皐
倚矛被傷死流以特蕩並死而岱阜又至甚懼太守李含又勸流降流將從之
雄與李驤迭諫不納流遣子世及含子胡質於阜軍胡兄含子離聞父欲降自
梓潼馳還欲諫不及退與雄謀襲阜軍曰若功成事濟約與君三年迭爲主雄
曰今計可定二翁不從將若之何離曰今當制之若不可制便行大事翁雖是
君叔勢不得已老父在君夫復何言雄大喜乃攻尙軍尙保大城雄渡江害汶

山太守陳圖遂入郫城流移營據之三蜀百姓並保險結塢城邑皆空流野無所略士衆飢困涪陵人范長生率千餘家依青城山尚參軍涪陵徐轝求爲汶山太守欲要結長生等與尚犄角討流尚不許轝怨之求使江西遂降于流說長生等使資給流軍糧長生從之故流軍復振流素重雄有長者之德每云興吾家者必此人也勑諸子尊奉之流疾篤謂諸將曰驍騎高明仁愛識斷多奇固足以濟大事然前軍英武殆天所相可共受事於前軍以爲成都王遂死時年五十六諸將共立雄爲王雄僭號追謚流秦文王

李庠字玄序特第三弟也少以烈氣聞仕郡督郵主簿皆有當官之稱元康四年察孝廉不就後以善騎射舉良將亦不就州以庠才兼文武舉秀異固以疾辭州郡不聽以其名上聞中護軍切徵不得已而應之拜中軍騎督弓馬便捷膂力過人時論方之文鴦以洛陽方亂稱疾去官性在任俠好濟人之難州黨爭附之與六郡流人避難梁益道路有飢病者庠常營護隱恤振施窮乏大收衆心至蜀趙廞深器之與論兵法無不稱善每謂所親曰李玄序蓋亦一時之

關張也及將有異志委以心膂之任乃表庠爲部曲督使招合六郡壯勇至萬餘人以討叛羌功表庠爲威寇將軍假赤幢曲蓋封陽泉亭侯賜錢百萬馬五十匹被誅之日六郡士庶莫不流涕時年五十五

晉書卷一百二十

晉書卷一百二十考證

李特載記魏武剋漢中特祖將五百餘家歸之○三國志作巴七姓夷王朴胡賨邑侯杜濩舉巴夷賨民來附後蜀錄作特祖虎與杜朴胡約楊車李黑等將五百餘家歸魏與此小異

同移者閻式趙肅李遠任回等○移監本誤夷今從後蜀錄及上文流移就穀句改正又閻式式字一本作或又一本作郁

牙門將許弇求為巴東監軍杜淑張粲固執不許弇怒於𢌿閤下手刃殺淑粲左右又殺弇皆𢌿腹心也○監本弇怒訛作𢌿怒又皆𢌿腹心也句皆誤者今改從閣本

何臣趙肅為腹心○臣後蜀錄作巨

益州從事任明○明華陽國志作督後蜀錄作任叡

李流載記牙門左汜黃訇何沖三道攻北營○訇一本作闇今從音義

晉書卷一百二十考證

晉書卷一百二十一

唐　太　宗　文　皇　帝　御　撰

載記第二十一

李雄　李班　李期　李壽　李勢

李雄字仲儁特第三子也母羅氏夢雙虹自門升天一虹中斷既而生蕩後羅氏因汲水忽然如寐又夢大蛇繞其身遂有孕十四月而生雄常言吾二子若有先亡在者必大貴蕩竟前死雄身長八尺三寸美容貌少以烈氣聞每周旋鄉里識達之士皆器重之有劉化者道術士也每謂人曰關隴之士皆當南移李氏子中惟仲儁有奇表終爲人主特起兵爲蜀承制以雄爲前將軍流死雄自稱大都督大將軍益州牧都於郫城羅尚遣將攻雄雄擊走之李驤攻犍爲斷尚運道尚軍大餒攻之又急遂留牙門羅特固守尚委城夜遁特開門內雄遂剋成都于時雄軍飢甚乃率衆就穀於郪掘野芋而食之蜀人流散東下江陽南入七郡雄以西山范長生巖居穴處求道養志欲迎立爲君而臣之長生

固辭雄乃深自挹損不敢稱制事無巨細皆決于李國李離兄弟國等事雄彌謹諸將固請雄即尊位以永興元年僭稱成都王赦其境內建元爲建興除晉法約法七章以其叔父驤爲太傅兄始爲太保折衝李離爲太尉建威李雲爲司徒翊軍李璜爲司空材官李國爲太宰其餘拜授各有差追尊其曾祖武曰巴郡桓公祖慕隴西襄王父特成都景王母羅氏曰王太后范長生自山西乘素輿詣成都雄迎之于門執版延坐拜丞相尊曰范賢長生勸雄稱尊號雄於是僭即帝位赦其境內改年曰太武追尊父特曰景帝廟號始祖母羅氏爲太后加范長生爲天地太師封西山侯復其部曲不豫軍征租稅一入其家雄時建國草創素無法式諸將恃恩各爭班位其尚書令閻式上疏曰夫爲國制法勳尚仍舊漢晉故事惟太尉大司馬執兵太傅太保父兄之官論道之職司徒司空掌五教九土之差秦置丞相總領萬機漢武之末越以大將軍統政令國業初建凡百未備諸公大將班位有差降而競請施置不與典故相應宜立制度以爲楷式雄從之遣李國李雲等率衆二萬寇漢中梁州刺史張殷奔于長

安國等陷南鄭盡徙漢中人於蜀先是南土頻歲饑疫死者十萬計南夷校尉
李毅固守不降雄誘建寧夷使討之毅病卒城陷殺壯士三千餘人送婦女千
口於成都時李離據梓潼其部將羅羕張金苟等殺離及閻式以梓潼歸于羅
尚尚遣其將向奮屯安漢之宜福以逼雄雄率衆攻奮不剋時李國鎭巴西其
帳下文碩又殺國以巴西降尚雄乃引還遣其將張寶襲梓潼陷之會羅尚卒
巴郡亂李驤攻涪又陷之執梓潼太守譙登遂乘勝進軍討文碩害之雄大悅
赦其境內改元曰玉衡雄母羅氏死雄信巫覡者之言多有忌諱至欲不葬其
司空趙肅諫雄乃從之雄欲申三年之禮羣臣固諫雄不許李驤謂司空上官
惇曰今方難未弭吾欲固諫不聽主上終諒闇君以為何如惇曰三年之喪自
天子達於庶人故孔子曰何必高宗古之人皆然但漢魏以來天下多難宗廟
至重不可久曠故釋縗絰至哀而已驤曰任回方至此人決於行事且上常難
違其言待其至當與俱請及回至驤與回俱見雄驤免冠流涕固請公除雄號
泣不許回跪而進曰今王業初建凡百草創一日無主天下惶惶昔武王素甲

觀兵晉襄墨絰從戎豈所願哉爲天下屈己故也願陛下割情從權永隆天保
遂彊扶雄起釋服親政是時南得漢嘉涪陵遠人繼至雄於是下寬大之令降
附者皆假復除虛己愛人授用皆得其才益州遂定僞立其妻任氏爲皇后氐
王楊難敵兄弟爲劉曜所破奔葭萌遣子入質隴西賊帥陳安又附之遣李驤
征越嶲太守李釗降驤進軍由小會攻寧州刺史王遜遜使其將姚岳悉衆距
戰驤軍不利又遇霖雨驤引軍還爭濟瀘水士衆多死釗到成都雄待遇甚厚
朝廷儀式喪紀之禮皆決於釗楊難敵之奔葭萌也雄安北李稚厚撫之縱其
兄弟還武都難敵遂恃險多爲不法稚請討之雄遣中領軍琀及將軍樂次費
佗李乾等由白水橋攻下辯征東李壽督琀弟玝攻陰平難敵遣軍距之壽不
得進而琀稚長驅至武街難敵遣兵斷其歸道四面攻之獲琀稚死者數千人
琀稚雄兄蕩之子也雄深悼之不食者數日言則流涕深自咎責焉其後將立
蕩子班爲太子雄有子十餘人羣臣咸欲立雄所生雄曰起兵之初舉手扞頭
本不希帝王之業也值天下喪亂晉氏播蕩羣情義舉志濟塗炭而諸君遂見

推逼處王公之上本之基業切由先帝吾兄適統丕祚所歸恢懿明叡殆天所命大事垂剋薨于戎戰班姿性仁孝好學夙成必爲名器李驤與司徒王達諫曰先王樹冢適者所以防篡奪之萌不可不慎吳子捨其子而立其弟所以有專諸之禍宋宣不立與夷而立穆公卒有宋督之變猶子之言豈若子也深願陛下思之雄不從竟立班驤退而流涕曰亂自此始矣張駿遣使遺雄書勸去尊號稱藩於晉雄復書曰吾過爲士大夫所推然本無心於帝王也進思爲晉室元功之臣退思共爲守藩之將掃除氛埃以康帝宇而晉室淩遲德聲不振引領東望有年月矣會獲來貺情在闇室有何已已知欲遠尊楚漢尊崇義帝春秋之義於斯莫大駿重其言使聘相繼巴郡嘗告急云有東軍雄曰吾嘗慮石勒跋扈侵逼琅邪以爲耿耿不圖乃能舉兵使人欣然雄之雅譚多如此類雄以中原喪亂乃頻遣使朝貢與晉穆帝分天下張駿領秦梁先是遣傅穎假道于蜀通表京師雄弗許駿又遣治中從事張淳稱藩于蜀託以假道雄大悅謂淳曰貴主英名蓋世土險兵彊何不自稱帝一方淳曰寡君以乃祖世濟忠

良未能雪天下之恥解衆人之倒懸日昃忘食枕戈待旦以琅邪中興江東故萬里翼戴將成桓文之事何言自取邪雄有慚色曰我乃祖乃父亦是晉臣往與六郡避難此地爲同盟所推遂有今日琅邪若能中興大晉於中夏亦當率衆輔之淳還通表京師天子嘉之時李驤死以其子壽爲大將軍西夷校尉督征南費黑征東任回攻陷巴東太守楊謙退保建平壽別遣費黑寇建平晉巴東監軍毋丘奧退保宜都雄遣李壽攻朱提以費黑卬攀爲前鋒又遣鎮南任回征木落分寧州之援寧州刺史尹奉降遂有南中之地雄於是赦其境內使班討平寧州夷以班爲撫軍咸和八年雄生瘍於頭六日死時年六十一在位三十年僞諡武帝廟曰太宗墓號安都陵雄性寬厚簡刑約法甚有名稱氐苻成文隗既降復叛手傷雄母及其來也咸釋其罪厚加待納由是夷夏安之威震西土時海內大亂而蜀獨無事故歸之者相尋雄乃興學校置史官聽覽之暇手不釋卷其賦男子歲穀三斛女丁半之戸調絹不過數丈綿數兩事少役稀百姓富實閭門不閉無相侵盜然雄意在招致遠方國用不足故諸將每進

金銀珍寶多有以得官者丞相楊褒諫曰陛下爲天下主當網羅四海何有以官買金邪雄遜辭謝之後雄嘗酒醉而推中書令杖大官令褒進曰天子穆穆諸侯皇皇安有天子而爲酗也雄卽捨之雄無事小出褒於後持矛馳馬過雄雄怪問之對曰夫統天下之重如臣乘惡馬而持矛也急之則慮自傷緩之則懼其失是以馬馳而不制也雄寤卽還雄爲國無威儀官無祿秩班序不別君子小人服章不殊行軍無號令用兵無部對戰勝不相讓敗不相救攻城破邑動以虜獲爲先此其所以失也

班字世文初署平南將軍後立爲太子班謙虛博納敬愛儒賢自何點李釗班皆師之又引名士王嘏及隴西董融天水文夔等以爲賓友每謂融等曰觀周景王太子晉魏太子丕吳太子孫登文章鑒識超然卓絕未嘗不有慚色何古賢之高朗後人之莫逮也爲性汎愛動脩軌度時諸李子弟皆尚奢靡而班常戒厲之每朝有大議雄輒令豫之班以古者墾田均平貧富獲所今貴者廣占荒田貧者種殖無地富者以己所餘而賣之此豈王者大均之義乎雄納之及

雄寢疾班晝夜侍側雄少數攻戰多被傷夷至是疾甚瘡皆膿潰雄子越等惡而遠之班爲吮膿殊無難色每嘗藥流涕不脫衣冠其孝誠如此雄死嗣僞位以李壽錄尙書事輔政班居中執喪禮政事皆委壽及司徒何點尙書令王瓌等越時鎭江陽以班非雄所生意甚不平至此奔喪與其弟期密計圖之李玝勸班遣越還江陽以期爲梁州刺史鎭葭萌班以未葬不忍遣推誠居厚心無纖介時有白氣二道帶天太史令韓豹奏宮中有陰謀兵氣戒在親戚班不悟咸和九年班因夜哭越殺班於殯宮時年四十七在位一年遂立雄之子期嗣位焉

期字世運雄第四子也聰慧好學弱冠能屬文輕財好施虛心招納初爲建威將軍雄令諸子及宗室子弟以恩信合衆多者不至數百而期獨致千餘人其所表薦雄多納之故長史列署頗出其門既殺班欲立越爲主越以期雄妻任氏所養又多才藝乃讓位於期於是僭卽皇帝位大赦境內改元玉恆誅班弟都使李壽伐都弟玝於涪玝棄城降晉封壽漢王拜梁州刺史東羌校尉中護

軍錄尚書事封兄越建寧王拜相國大將軍錄尚書事立妻閻氏爲皇后以其衞將軍尹奉爲右丞相驃騎將軍尚書令王瓌爲司徒期自以謀大事旣果輕諸舊臣外則信任尚書令景騫尚書姚華田褒褒無他才藝雄時勸立期故寵待甚厚內則信宦豎許涪等國之刑政希復關之卿相慶賞威刑皆決數人而已於是綱維紊矣乃誣其尚書僕射武陵公李載謀反下獄死先是晉建威將軍司馬勳屯漢中期遣李壽攻而陷之遂置守宰戍南鄭雄子霸保並不病而死皆云期鴆殺之於是大臣懷懼人不自安天雨大魚於宮中其色黃又宮中豕犬交期多所誅夷籍沒婦女資財以實後庭內外兇兇道路以目諫者獲罪人懷苟免期又鴆殺其安北李攸攸壽之養弟也於是與越及景騫田褒姚華謀襲壽等欲因燒市橋而發兵期又累遣中常侍許涪至壽所伺其動靜及殺攸壽大懼又疑許涪往來之數也乃率步騎一萬自涪回成都表稱景騫田褒亂政興晉陽之甲以除君側之惡以李弈爲先登壽到成都期越不虞其至素不備設壽遂取其城屯兵至門期遣侍中勞壽壽奏相國建寧王越尚書令河

南公景騫尚書田褒姚華中常侍許涪征西將軍李遐及將軍李西等皆懷姦
亂政謀傾社稷大逆不道罪合夷滅期從之於是殺越騫等壽矯任氏令廢期
爲邛都縣公幽之別宮期歎曰天下主乃當於小縣公不如死也咸康三年自
縊而死時年二十五在位三年諡曰幽公及葬賜鸞輅九旒餘如王禮雄之子
皆爲壽所殺
壽字武考驤之子也敏而好學雅量豁然少尙禮容異於李氏諸子雄奇其才
以爲足荷重任拜前將軍督巴西軍事遷征東將軍時年十九聘處士譙秀以
爲賓客盡其讜言在巴西威惠甚著驤死遷大將軍大都督侍中封扶風公錄
尙書事征寧州攻圍百餘日悉平諸郡雄大悅封建寧王雄死受遺輔政期立
改封漢王食梁州五郡領梁州刺史壽威名遠振深爲李越景騫等所憚壽深
憂之代李玝屯涪每應期朝覲常自陳邊疆寇警不可曠鎭故得不朝壽又見
期越兄弟十餘人年方壯大而並有彊兵懼不自全乃數聘禮巴西龔壯壯雖
不應聘數往見壽時岷山崩江水竭壽惡之每問壯以自安之術壯以特殺其

父及叔欲假手報仇未有其由因說壽曰節下若能捨小從大以危易安則開國裂土長爲諸侯名高桓文勳流百代矣壽從之陰與長史略陽羅恆巴西解思明共謀據成都稱藩歸順乃誓文武得數千人襲成都剋之縱兵虜掠至乃姦略雄女及李氏諸婦多所殘害數日乃定恆與思明及李弈王利等勸壽稱鎭西將軍益州牧成都王稱藩於晉而任調與司馬蔡興侍中李豔及張烈等勸壽自立壽命筮之占者曰可數年天子調喜曰一日尚爲足而況數年乎思明曰數年天子孰與百世諸侯壽曰朝聞道夕死可矣任侯之言策之上也遂以咸康四年僭卽僞位赦其境內改元爲漢興以董皎爲相國羅恆馬當爲股肱李弈任調李閎爲爪牙解思明爲謀主以安車束帛聘龔壯爲太師壯固辭特聽縞巾素帶居師友之位拔擢幽滯處之顯列追尊父驤爲獻帝母昝氏爲太后立妻閻氏爲皇后世子勢爲太子有告廣漢太守李乾與大臣通謀欲廢壽者壽令其子廣與大臣盟于前殿徙乾漢嘉太守大風暴雨震其端門壽倏自悔責命羣臣極盡忠言勿拘忌諱遣其散騎常侍王嘏中常侍王廣聘於石

季龍先是季龍遺壽書欲連橫入寇約分天下壽大悅乃大修船艦嚴兵繕甲
吏卒皆備糇糧以其尚書令馬當爲六軍都督假節鉞營東場大閱軍士七萬
餘人舟師泝江而上過成都鼓譟盈江壽登城觀之其羣臣咸曰我國小衆寡
吳會險遠圖之未易解思明又竊諫懇至壽於是命羣臣陳其利害龔壯諫曰
陛下與胡通孰如與晉通胡豺狼國也晉旣滅不得不北面事之若與之爭天
下則彊弱勢異此虞虢之成範已然之明戒願陛下熟慮之羣臣以壯之言爲
然叩頭泣諫壽乃止士衆咸稱萬歲遣其鎮東大將軍李弈征牂牁太守謝恕
保城距守者積日不拔會弈糧盡引還壽以其太子勢領大將軍錄尚書事壽
承雄寬儉新行篡奪因循雄政未逞其志欲會李閎王嘏從鄴還盛稱季龍威
強宮觀美麗鄴中殷實壽又聞季龍虐用刑法王遜亦以殺罰御下並能控制
邦域壽心欣慕人有小過輒殺以立威又以郊甸未實都邑空虛工匠械器事
未充盈乃徙傍郡戶三丁已上以實成都興尚方御府發州郡工巧以充之廣
修宮室引水入城務於奢侈又廣太學起讌殿百姓疲於使役呼嗟滿道思亂

者十室而九矣其左僕射蔡興切諫壽以爲誹謗誅之右僕射李嶷數以直言忤旨壽積忿非一託以他罪下獄殺之壽疾篤常見李期蔡興爲祟八年壽死時年四十四在位五年僞諡昭文帝廟曰中宗墓曰安昌陵壽初爲王好學愛士庶幾善道每覽良將賢相建功立事者未嘗不反覆誦之故能征伐四剋闢國千里雄既垂心於上壽亦盡誠於下號爲賢相及即僞位之後改立宗廟以父驤爲漢始祖廟特雄爲大成廟又下書言與期越別族凡諸制度皆有改易公卿以下率用己之僚佐雄時舊臣及六郡士人皆見廢黜壽初病思明等復議奉王室壽不從李演自越巂上書勸壽歸正返本釋帝稱王壽怒殺之以威龔壯思明等壯作詩七篇託言應璩以諷壽壽報曰省詩知意若今人所作賢哲之話言也古人所作死鬼之常辭耳動慕漢武魏明之所爲恥聞父兄時事上書者不得言先世政化自以己勝之也

勢字子仁壽之長子也初壽妻閻氏無子驤殺李鳳爲壽納鳳女生勢期愛勢姿貌拜翊軍將軍漢王世子勢身長七尺九寸腰帶十四圍善於俯仰時人異

之壽死勢嗣僞位赦其境內改元曰太和尊母閻氏爲太后妻李氏爲皇后太史令韓皓奏熒惑守心以宗廟禮廢勢命羣臣議之其相國董皎侍中王嘏等以爲景武昌業獻文承基至親不遠無宜疏絕勢更令祭特雄同號曰漢王勢弟大將軍漢王廣以勢無子求爲太弟勢弗許馬當解思明以勢兄弟不多若有所廢則益孤危固勸許之勢疑當等與廣有謀遣其太保李奕襲廣於涪城命董皎收馬當思明斬之夷其三族貶廣爲臨邛侯廣自殺思明有計謀彊諫諍馬當甚得人心自此之後無復紀綱及諫諍者李奕自晉壽舉兵反之蜀人多有從奕者衆至數萬勢登城距戰奕單騎突門門者射而殺之衆乃潰散勢既誅奕大赦境內改年嘉寧初蜀土無獠至此始從山而出北至犍爲梓潼布在山谷十餘萬落不可禁制大爲百姓之患勢既驕吝而性愛財色常殺人而取其妻荒淫不恤國事夷獠叛亂軍守離缺境宇日蹙加之荒儉性多忌害誅殘大臣刑獄濫加人懷危懼斥外父祖臣佐親任左右小人羣小因行威福又常居內少見公卿史官屢陳災譴乃加董皎太師以名位優之實欲與分災眚

大司馬桓温率水軍伐勢温次青衣勢大發軍距守又遣李福與昝堅等數千人從山陽趣合水距温謂温從步道而上諸將皆欲設伏於江南以待王師昝堅不從率諸軍從江北鴛鴦碕渡向犍爲而温從山陽出江南昝堅到犍爲方知與温異道乃迴從沙頭津北渡及堅至温已造成都之十里陌昝堅衆自潰温至城下縱火燒其大城諸門勢衆惶懼無復固志其中書監王嘏散騎常侍常璩等勸勢降勢以問侍中馮孚孚言昔吳漢征蜀盡誅公孫氏今晉下書不赦諸李雖降恐無全理勢乃夜出東門與昝堅走至晉壽然後送降文於温曰僞嘉寧二年三月十七日略陽李勢叩頭死罪伏惟大將軍節下先人播流恃險因釁竊有汶蜀勢以闇弱復統末緒偷安荏苒未能改圖猥煩朱軒踐冒險阻將士狂愚干犯天威仰慚俯愧精魂飛散甘受斧鑕以釁軍鼓伏惟大晉天綱恢弘澤及四海恩過陽日逼迫倉卒自投草野即日到白水城謹遣私署散騎常侍王幼奉牋以聞并敕州郡投戈釋杖窮池之魚待命漏刻勢尋輿櫬面縛軍門温解其縛焚其櫬遷勢及弟福從兄權親族十餘人于建康封勢歸義

矦升平五年死于建康在位五年而敗始李特以惠帝太安元年起兵至此六世凡四十六年以穆帝永和三年滅

史臣曰昔周德方隆古公切踰梁之患漢祚斯永宣后與渡湟之師是知戎狄亂華釁深自古況乎巴濮雜種厥類實繁資剽竊以全生習獷悍而成俗李特世傳兇狡早擅梟雄太息劍門志呑井絡屬晉綱之落紐乘羅矦之無斷騁馬屬犍同聲雲集殲殄蜀漢荐食巴梁沃野無半菽之資華陽有析骸之釁蓋上失其道覆敗之至於斯仲儁天挺英姿見稱奇偉摧鋒累載克隆霸業蹈玄德之前基掩子陽之故地薄賦而綏弊俗約法而悅新邦擬於其倫實孫權之亞也若夫立子以嫡往哲通訓繼體承基前脩茂範而雄闇經國之遠圖蹈匹夫之小節傳大統於猶子託彊兵於厥胤遺骸莫斂尋戈之釁巳深星紀未周傾巢之釁便及雖云天道抑亦人謀班以寬愛罹災期以暴戾速禍殊塗並失異術同亡武考憑藉世資窮兵竊位罪百周帶毒甚楚圍獲保歸全何其幸也子仁承緒繼傳昏虐驅率餘燼敢距大邦授甲晨征則理均於困獸斬關宵遁則

義殊於前禽宜其懸首國門以明大戮遂得禮同劉禪不亦優乎

贊曰晉圖弛馭百六斯鍾天垂伏鼈野戰羣龍李特窺釁盜我巴庸世歷五朝年將四紀篡殺移國昏狂繼軌德之不脩險亦難恃

晉書卷一百二十一

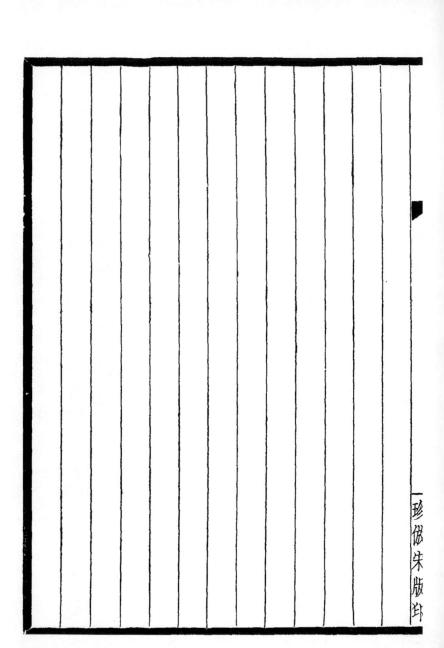

晉書卷一百二十一考證

李雄載記改年曰太武○太武華陽國志同後蜀錄作大成

是時南得漢嘉涪陵遠人繼至○得後蜀錄作陽

吳子捨其子而立其弟所以有專諸之禍○禍監本誤厲字書不載厲字今改從宋本

李班載記政事皆委壽及司徒何點尚書令王瓌等○王瓌監本誤越瓌今從尚書令王瓌及後蜀錄改正

李壽載記壽從之陰與長史略陽羅恆巴西解思明共謀據成都○恒監本誤桓今從下文及後蜀錄改正

晉書卷一百二十一考證

晉書卷一百二十二

唐　太　宗　文　皇　帝　御　撰

載記第二十二

呂光　呂纂　呂隆

呂光字世明略陽氐人也其先呂文和漢文帝初自沛避難徙焉世爲酋豪父婆樓佐命苻堅官至太尉光生于枋頭夜有神光之異故以光爲名年十歲與諸童兒游戲邑里爲戰陣之法儔類咸推爲主部分詳平羣童歎服不樂讀書唯好鷹馬及長身長八尺四寸目重瞳子左肘有肉印沉毅凝重寬簡有大量喜怒不形于色時人莫之識也唯王猛異之曰此非常人言之苻堅舉賢良除美陽令夷夏愛服遷鷹揚將軍從堅征張平戰于銅壁刺平養子蚝中之自是威名大著苻雙反于秦州堅將楊成世爲雙將苟興所敗光與王鑒討之鑒欲速戰光曰興初破成世姦氣漸張宜持重以待其弊興乘勝輕來糧竭必退退而擊之可以破也二旬而興退諸將不知所爲光曰揆其姦計必攻榆眉若得

榆眉據城斷路資儲復贍非國之利也宜速進師若與攻城尤須赴救如其奔
也彼糧既盡可以滅之鑒從焉果敗與軍從王猛滅慕容暐封都亭侯苻重之
鎭洛陽以光爲長史及重謀反苻堅聞之曰呂光忠孝方正必不同也馳使命
光檻重送之尋入爲太子右率甚見敬重蜀人李焉聚衆二萬攻逼益州堅以
光爲破虜將軍率兵討滅之遷步兵校尉苻洛反光又擊平之拜驃騎將軍堅
既平山東士馬強盛遂有圖西域之志乃授光使持節都督西討諸軍事率將
軍姜飛彭晃杜進康盛等總兵七萬鐵騎五千以討西域以隴西董方馮翊郭
抱武威賈虔弘農楊穎爲四府佐將堅太子宏執光手曰君器相非常必有大
福宜深保愛行至高昌聞堅寇晉光欲更須後命部將杜進曰節下受任金方
赴機宜速有何不了而更留乎光乃進及流沙三百餘里無水將士失色光曰
吾聞李廣利精誠玄感飛泉湧出吾等豈獨無感致乎皇天必將有濟諸君不
足憂也俄而大雨平地三尺進兵至焉耆其王泥流率其旁國請降龜兹王帛
純距光光軍其城南五里爲一營深溝高壘廣設疑兵以木爲人被之以甲羅

之壘上帛純驅徙城外人入于城中附庸侯王各嬰城自守至是光左臂肉脈起成字文曰巨霸營外夜有一黑物大如斷堤搖動有頭角目光若電及明而雲霧四周遂不復見旦視其處南北五里東西三十餘步鱗甲隱地之所昭然猶在光笑曰黑龍也俄而雲起西北暴雨滅其跡杜進言於光曰龍者神獸人君利見之象易曰見龍在田德施普也斯誠明將軍道合靈和德符幽顯願將軍勉之以成大慶光有喜色又進攻龜茲城夜夢金象飛越城外光曰此謂佛神去之胡必亡矣光攻城既急帛純乃傾國財寶請救獪胡獪胡弟吶龍侯將馗率騎二十餘萬并引溫宿尉須等國王合七十餘萬以救之胡便弓馬善矛矟鎧如連鎖射不可入以革索爲羂策馬擲人多有中者衆甚憚之諸將咸欲每營結陣案兵以距之光曰彼衆我寡營又相遠勢分力散非良策也於是遷營相接陣爲勾鏁之法精騎爲游軍彌縫其闕戰于城西大敗之斬萬餘級帛純收其珍寶而走王侯降者三十餘國光入其城大饗將士賦詩言志見其宮室壯麗命參軍京兆段業著龜茲宮賦以譏之胡人奢侈厚於養生家有蒲桃

酒或至千斛經十年不敗士卒淪沒酒藏者相繼矣諸國憚光威名貢款屬路
乃立帛純弟震爲王以安之光撫寧西域威恩甚著桀黠胡王昔所未賓者不
遠萬里皆來歸附上漢所賜節傳光皆表而易之堅聞光平西域以爲使持節
散騎常侍都督玉門已西諸軍事安西將軍西域校尉道絕不通光既平龜玆
有留焉之志時始獲鳩摩羅什羅什勸之東還語在西夷傳光於是大饗文武
博議進止衆咸請還光從之以駝二萬餘頭致外國珍寶及奇伎異戲殊禽怪
獸千有餘品駿馬萬餘匹而苻堅高昌太守楊翰說其涼州刺史梁熙距守高
桐伊吾二關熙不從光至高昌翰以郡迎降初光聞翰之說惡之又聞苻堅喪
敗長安危逼謀欲停師杜進諫曰梁熙文雅有餘機鑒不足終不能納善從說
也願不足憂之聞其上下未同宜在速進進而不捷請受過言之誅光從之及
至玉門梁熙傳檄責光擅命還師遣子胤與振威姚皓別駕衞翰率衆五萬距
光于酒泉光報檄涼州責熙無赴難之誠數其遏歸師之罪遣彭晃杜進姜飛
等爲前鋒擊胤大敗之胤輕將麾下數百騎東奔杜進追擒之於是西山胡夷

皆來款附武威太守彭濟執熙請降光入姑臧自領涼州刺史護羌校尉表杜進爲輔國將軍武威太守封武始侯自餘封拜各有差光主簿尉祐姦佞傾薄人也見棄前朝與彭濟同謀執梁熙光深見寵任乃譖誅南安姚皓天水尹景等名士十餘人遠近頗以此離貳光尋擢祐爲寧遠將軍金城太守祐次允吾襲據外城以叛祐從弟隨據鸇陰以應之光遣其將魏真討隨隨敗奔祐光將姜飛又擊敗祐衆祐奔據興城扇動百姓夷夏多從之飛司馬張象參軍郭雅謀殺飛應祐發覺逃奔初苻堅之敗張天錫南奔其世子大豫爲長水校尉王穆所匿及堅還長安穆將大豫奔禿髮思復鞬思復鞬送之魏安是月魏安人焦松齊肅張濟等起兵數千迎大豫於揖次陷昌松郡光遣其將杜進討之爲大豫所敗大豫遂進逼姑臧求決勝負王穆諫曰呂光糧豐城固甲兵精銳逼之非利不如席卷嶺西厲兵積粟東向而爭不及期年可以平也大豫不從乃遣穆求救於嶺西諸郡建康太守李隰祁連都尉嚴純及閻襲起兵應之大豫進屯城西王穆率衆三萬及思復鞬子奚于等陣于城南光出擊破之斬奚于

等二萬餘級光謂諸將曰大豫若用王穆之言恐未可平也諸將曰大豫豈不及此耶皇天欲贊成明公八百之業故令大豫迷於良算耳光大悅賜金帛有差大豫自西郡詣臨洮驅略百姓五千餘戶保據俱城光將彭晃徐炅攻破之大豫奔廣武穆奔建康廣武人執大豫送之斬于姑臧市光至是始聞苻堅爲姚萇所害奮怒哀號三軍縞素大臨于城南僞諡堅曰文昭皇帝長吏百石已上服斬縗三月庶人哭泣三日光於是大赦境內建元曰太安自稱使持節侍中中外大都督督隴右河西諸軍事大將軍領護匈奴中郎將涼州牧酒泉公王穆襲據酒泉自稱大將軍涼州牧時穀價踊貴斗直五百人相食死者大半光西平太守康寧自稱匈奴王阻兵以叛光屢遣討之不捷初光之定河西也杜進有力焉以爲輔國將軍武威太守既居都尹權高一時出入羽儀與光相亞光甥石聰至自關中光曰中州人言吾政化何如聰曰止知有杜進耳實不聞有舅光默然因此誅進光後讌羣寮酒酣語及政事時刑法峻重參軍段業進曰嚴刑重憲非明王之義也光曰商鞅之法至峻而兼諸侯吳起之術無親

而荊蠻以霸何也業曰明公受天睠命方君臨四海景行堯舜猶懼有弊奈何欲以商申之末法臨道義之神州豈此州士女所望於明公哉光改容謝之於是下令責躬乃崇寬簡之政其將徐炅與張掖太守彭晃謀叛光遣師討炅炅奔晃晃東結康寧西通王穆光議將討之諸將咸曰今康寧在南阻兵伺隙若大駕西行寧必乘虛出于嶺左晃穆未平康寧復至進退狼狽勢必大危光曰事勢實如卿言今而不往當坐待其來晃穆共相脣齒寧又同惡相救東西交至城外非吾之有若是大事去矣今晃叛逆始爾寧穆與之情契未密及其倉卒取之爲易且隆替命也卿勿復言光於是自率步騎三萬倍道兼行既至攻之二旬晃將寇顗斬關納光於是誅彭晃王穆以其黨索嘏爲敦煌太守既而忌其威名率衆攻嘏光聞之謂諸將曰二虜相攻此成擒也光將攻之衆咸以爲不可光曰取亂侮亡武之善經不可以累征之勞而失永逸之舉率步騎二萬攻酒泉剋之進次涼興穆引師東還路中衆散穆單騎奔騂馬騂馬令郭文斬首送之是時麟見金澤縣百獸從之光以爲己瑞以孝武太元十四年僭卽

三河王位置百官自丞郎已下赦其境內年號麟嘉光妻石氏子紹弟德世至
自仇池光迎于城東大饗羣臣遣其子左將軍他武賁中郎將纂討北虜匹勤
于三巖山大破之立妻石氏爲王妃子紹爲世子讌其羣臣于內苑新堂太廟
新成追尊其高祖爲敬公曾祖爲恭公祖爲宣公父爲景昭王母曰昭烈妃其
中書侍郎楊穎上疏請依三代故事追尊呂望爲始祖永爲不遷之廟光從之
是歲張掖督郵傅曜考覈屬縣而丘池令尹興殺之投諸空井曜見夢於光曰
臣張掖郡小吏案校諸縣而丘池令尹興贓狀狼藉懼臣言之殺臣投於南亭
空井中臣衣服形狀如是光寤而猶見久之乃滅遣使覆之如夢光怒殺興著
作郎段業以光未能揚清激濁使賢愚殊貫因療疾于天梯山作表志詩九歎
七諷十六篇以諷焉光覽而悅之南羌彭奚念入攻白土都尉孫峙退奔興城
光遣其南中郎將呂方及其弟右將軍呂寶振威楊範強弩竇苟討乞伏乾歸
于金城方屯河北寶進師濟河爲乾歸所敗寶死之武賁呂纂強弩竇苟率步
騎五千南討彭奚念戰于盤夷大敗而歸光親討乾歸奚念遣纂及揚武楊軌

建忠沮渠羅仇建武梁恭軍于左南奚念大懼於白土津累石爲堤以水自固

遣精兵一萬距守河津光遣將軍王寶潛趣上津夜度湟河光濟自石堤攻剋

枹罕奚念單騎奔甘松光振旅而旋初光徙西海郡人於諸郡至是謠曰朔馬

心何悲念舊中心勞燕雀何徘徊意欲還故巢頃之遂相扇動復徙之於西河

樂部羣議以高昌雖在西垂地居形勝外接胡虜易生翻覆宜遣子弟鎮之光

以子覆爲使持節鎮西將軍都督玉門已西諸軍事西域大都護鎮高昌命大

臣子弟隨之光於是以太元二十一年僭卽天王位大赦境內改年龍飛立世

子紹爲太子諸子弟爲公侯者二十人中書令王詳爲尙書左僕射段業等五

人爲尙書乾歸從弟軻彈來奔光下書曰乾歸狼子野心前後反覆朕方東清

秦趙勒銘會稽豈令豎子鴟峙洮南且其兄弟內相離閻可乘之機勿過今也

其勑中外戒嚴朕當親討光於是次于長最使呂纂率楊軌竇苟等步騎三萬

攻金城乾歸率衆二萬救之光遣其將王寶徐炅率騎五千邀之乾歸懼而不

進光又遣其將梁恭金石生以甲卒萬餘出陽武下峽與秦州刺史沒奕于攻

其東光弟天水公延以枹罕之衆攻臨洮武始河關皆剋之呂纂剋金城擒乾歸金城太守衞鞬鞬瞋目謂光曰我寧守節斷頭不爲降虜也光義而免之乾歸因大震泣歎曰死中求生正在今日也乃縱反閒稱乾歸衆潰東奔成紀呂延信之引師輕進延司馬耿稚諫曰乾歸雄勇過人權略難測破王廣剋楊定皆羸師以誘之雖蕞爾小國亦不可輕也困獸猶鬬況乾歸而可望風自散乎且告者視高而色動必爲姦計而今宜部陣而前步騎相接徐待諸軍大集可一舉滅之延不從與乾歸相遇戰敗死之耿稚及將軍姜顯收集散卒屯于枹罕光還于姑臧光荒耄信讒殺尚書沮渠羅仇三河太守沮渠麴粥羅仇弟子蒙遜叛光殺中田護軍馬邃攻陷臨松郡屯兵金山大爲百姓之患蒙遜從兄男成先爲將軍守晉昌聞蒙遜起兵逃奔貲虜扇動諸夷衆至數千進攻福祿建安寧戎護軍趙策擊敗之男成退屯樂涫呂纂敗蒙遜于忽谷酒泉太守壘澄率將軍趙策趙陵步騎萬餘討男成于樂涫戰敗澄策死之男成進攻建康說太守段業曰呂氏政衰權臣擅命刑罰失中人不堪役一州之地叛者連城

瓦解之勢昭然在目百姓嗷然無所宗附府君豈可以蓋世之才而立忠於垂
亡之世男成等既倡大義欲屈府君撫臨鄜州使塗炭之餘蒙來蘇之惠業不
從相持二旬而外救不至郡人高逵史惠等言於業曰今孤城獨立臺無救援
府君雖心過田單而地非卽墨宜思高算轉禍爲福業先與光侍中房晷僕射
王詳不平慮不自容乃許之男成等推業爲大都督龍驤大將軍涼州牧建康
公光命呂纂討業沮渠蒙遜進屯臨洮爲業聲勢戰于合離纂師大敗光散騎
常侍太常郭黁明天文善占候謂王詳曰於天文涼之分野將有大兵主上老
病太子沖闇纂等凶武一旦不諱必有難作以吾二人久居內要常有不善之
言恐禍及人深宜慮之田胡王氣乞機部衆最彊二苑之人多其故衆吾今與
公唱義推機爲主則二苑之衆盡我有也剋城之後徐更圖之詳以爲然夜燒
光洪範門二苑之衆皆附之詳爲內應事發光誅之黁遂據東苑以叛光馳使
召纂諸將勸纂曰業聞師迴必躡軍後若潛師夜還庶無後患矣纂曰業雖憑
城阻衆無雄略之才若夜潛還張其姦志乃遣使告業曰郭黁作亂吾今還都

卿能決者可出戰於是引還業不敢出纂司馬楊統謂其從兄桓曰郭麐明善天文起兵其當有以京城之外非復朝廷之有纂今還都復何所補統請除纂勒兵推兄爲盟主西襲呂弘據張掖以號令諸郡亦千載一時也桓怒曰吾聞臣子之事君親有隕無二吾未有包胥存救之效豈可安榮其祿亂增其難乎呂宗若敗吾爲弘演矣統懼至番禾遂奔郭麐麐遣軍邀纂于白石纂大敗光西安太守石元良率步騎五千赴難與纂共擊麐軍破之遂入于姑臧麐之叛也得光孫八人于東苑及軍敗恚甚悉投之于鋒刃之上枝分節解飲血盟衆衆皆掩目不忍視之麐悠然自若麐推後將軍楊軌爲盟主軌自稱大將軍涼州牧西平公呂纂擊麐將王斐于城西大破之自是麐勢漸衰光遺楊軌書曰自羌胡不靖郭麐叛逆南藩安否音問兩絕行人風傳云卿擁逼百姓爲麐脣齒卿雅志忠貞有史魚之操鑒察成敗遠侔古人豈宜聽納姦邪以虧大美陵霜不彫者松柏也臨難不移者君子也何圖松柏彫於微霜而雞鳴已於風雨郭麐巫卜小數時或誤中考之大理率多虛謬朕宰化寡方澤不逮遠致世事

紛紜百城離叛勠力一心同濟巨海者望之於卿也今中倉積粟數百千萬東人戰士一當百餘入則言笑晏晏出則武步涼州吞麐咀業綽有餘暇但與卿形雖君臣心過父子欲全卿名節不使貽笑將來軌不答率步騎二萬北赴郭麐至姑臧壘于城北軌以士馬之盛議欲大決成敗麐每以天文裁之呂弘爲段業所逼光遣呂纂迎之軌謀於衆曰呂弘精兵一萬若與光合則敵彊我弱養獸不討將爲後患遂率兵邀纂纂擊敗之郭麐聞軌敗東走魏安遂奔于乞伏乾歸楊軌聞麐走南奔廉川光病甚立其太子紹爲天王自號太上皇帝以呂纂爲太尉呂弘爲司徒謂紹曰吾疾病唯增恐將不濟三寇闚闟迭伺國隙吾終之後使纂統六軍弘管朝政汝恭己無爲委重二兄庶可以濟若內相猜貳釁起蕭牆則晉趙之變旦夕至矣又謂纂弘曰永業才非撥亂直以正嫡有常猥居元首今外有彊寇人心未寧汝兄弟輯穆則貽厥萬世若內自相圖則禍不旋踵纂弘泣曰不敢有二心光以安帝隆安三年死時年六十三在位十年僞諡懿武皇帝廟號太祖墓號高陵

纂字永緒光之庶長子也少便弓馬好鷹犬苻堅時入太學不好讀書唯以交結公侯聲樂爲務及堅亂西奔上邽轉至姑臧拜武賁中郎將封太原公光死呂紹祕不發喪纂排閤入哭盡哀而出紹懼爲纂所害以位讓之曰兄功高年長宜承大統願兄勿疑纂曰臣雖年長陛下國家之冢嫡不可以私愛而亂大倫紹固以讓纂纂不許之及紹嗣僞位呂超言於紹曰纂統戎積年威震內外臨喪不哀步高視遠觀其舉止亂常恐成大變宜早除之以安社稷紹曰先帝顧命音猶在耳兄弟至親豈有此乎吾弱年而荷大任方賴二兄以寧家國縱其圖我我視死如歸終不忍有此意也卿愼勿過言超曰纂威名素盛安忍無親今不圖之後必噬臍矣紹曰吾每念袁尚兄弟未曾不痛心忘寢食寧坐而死豈忍行之超曰聖人稱知幾其神陛下臨幾不斷臣見大事去矣既而纂見紹於湛露堂超執刀侍紹目纂請收之紹弗許初光欲立弘爲世子會聞紹在仇池乃止弘由是有憾於紹遣尚書姜紀密告纂曰先帝登遐主上闇弱兄總攝內外威恩被于遐邇輒欲遠追廢昌邑之義以兄爲中宗何如纂於是夜率

壯士數百踰北城攻廣夏門弘率東苑之衆斫洪範門左衞齊從守融明觀逆問之曰誰也衆曰太原公從曰國有大故主上新立太原公行不由道夜入禁城將爲亂邪因抽劍直前斫纂中額纂左右擒之纂曰義士也勿殺紹遣武賁中郎將呂開率其禁兵距戰於端門驍騎呂超率卒二千赴之衆素憚纂悉皆潰散纂入自青角門升于謙光殿紹登紫閣自殺呂超出奔廣武纂憚弘兵強勸弘卽位弘曰自以紹弟也而承大統衆心不順是以違先帝遺勑慚負黃泉今復越兄而立何面目以視息世閒大兄長且賢威名振于二賊宜速卽大位以安國家纂以隆安四年遂僭卽天王位大赦境內改元爲咸寧謚紹爲隱王以弘爲使持節侍中大都督都督中外諸軍事大司馬車騎大將軍司隸校尉錄尚書事改封番禾郡公其餘封拜各有差纂謂齊從曰卿前斫我一何甚也從泣曰隱王先帝所立陛下雖應天順時而微心未達唯恐陛下不死何謂甚也纂嘉其忠善遇之纂遣使謂征東呂方曰超實忠臣義勇可嘉但不識經國大體權變之宜方賴其忠節誕濟世難可以此意諭之超上疏陳謝纂復其爵

位呂弘自以功名崇重恐不爲纂所容纂亦深忌之弘遂起兵東苑劫尹文楊桓以爲謀主請宗燮俱行燮曰老臣受先帝大恩位爲列棘不能殞身授命死有餘罪而復從殿下親爲戎首者豈天地所容乎且智不能謀衆不足恃將焉用之弘曰君爲義士我爲亂臣乃率兵攻纂纂遣其將焦辨擊弘弘衆潰出奔廣武纂縱兵大掠以東苑婦女賞軍弘之妻子亦爲士卒所辱纂笑謂羣臣曰今日之戰何如其侍中房晷對曰天禍涼室釁起戚藩先帝始崩隱王幽逼山陵甫訖大司馬驚疑肆逆京邑交兵友于接刃雖弘自取夷滅亦由陛下無棠棣之義宜考己責躬以謝百姓而反縱兵大掠幽辱士女釁自由弘百姓何罪且弘妻陛下之弟婦也弘女陛下之姪女也奈何使無賴小人辱爲婢妾天地神明豈忍見此遂歔欷悲泣纂改容謝之召弘妻及男女于東宮厚撫之呂方執弘繫獄馳使告纂纂遣力士康龍拉殺之是月立其妻楊氏爲皇后以楊氏父桓爲散騎常侍尚書左僕射涼都尹封金城侯纂將伐禿髮利鹿孤中書令楊穎諫曰夫起師動衆必參之天人苟非其時聖賢所不爲禿髮利鹿孤上下

用命國未有釁不可以伐宜繕甲養鋭勸課農殖待可乘之機然後一舉蕩滅比年多事公私罄竭不深根固本恐爲患將來願抑赫斯之怒思萬全之算纂不從度浩亹河爲鹿孤弟傉檀所敗遂西襲張掖姜紀諫曰方今盛夏百姓廢農所利既少所喪者多若師至嶺西虜必乘虛寇掠都下宜且迴師以爲後圖纂曰虜無大志聞朕西征正可自固耳今速襲之可以得志遂圍張掖略地建康聞傉檀寇姑臧乃還郎序胡安據盜發張駿墓見駿貌如生得真珠簏琉璃榼白玉樽赤玉簫紫玉笛珊瑚鞭馬腦鍾水陸奇珍不可勝紀纂誅安據黨五十餘家遣使弔祭駿并繕脩其墓道士句摩羅耆婆言於纂曰潛龍屢出豕犬見妖將有下人謀上之禍宜增脩德政以答天戒纂納之耆婆卽羅什之别名也纂游田無度荒耽酒色其太常楊穎諫曰臣聞皇天降鑒惟德是與德由人弘天應以福故勃焉之美奄在聖躬大業已爾宜以道守之廓靈基於日新邀洪福於萬祀自陛下龍飛疆宇未闢崎嶇二嶺之内綱維未振於九州當兢兢夕惕經略四方成先帝之遺志拯蒼生於荼蓼而更飲酒過度出入無恆宴安

游盤之樂沉湎樽酒之間不以寇讎爲慮竊爲陛下危之糟丘酒池洛汭不返
皆陛下之殷鑒臣蒙先帝夷險之恩故不敢避干將之戮纂曰朕之罪也不有
貞亮之士誰匡邪僻之君然昏虐自任終不能改常與左右因醉馳獵於坑澗
之間殿中侍御史王回中書侍郎王儒扣馬諫曰千金之子坐不垂堂萬乘之
主清道而行奈何去輿輦之安冒奔騎之危銜槩之變動有不測之禍愚臣竊
所不安敢以死爭願陛下遠思袁盎攬轡之言不令臣等受譏千載纂不納纂
番禾太守呂超擅伐鮮卑思盤思盤遣弟乞珍訴超於纂纂召超將盤入朝超
至姑臧大懼自結於殿中監杜尚纂見超怒曰卿恃兄弟桓桓欲欺吾也要當
斬卿然後天下可定超頓首不敢纂因引超及其諸臣讌于內殿呂隆屢勸纂
酒已至昏醉乘輓車將超等游于內至琨華堂東閤車不得過纂親將竇川駱
騰倚劍於壁推車過閤超取劍擊纂纂下車擒超超刺纂洞胸奔于宣德堂川
騰與超格戰超殺之纂妻楊氏命禁兵討超杜尚約兵舍杖將軍魏益多入斬
纂首以徇曰纂違先帝之命殺害太子荒耽酒獵昵近小人輕害忠良以百姓

爲草芥番禾太守超以骨肉之親懼社稷顚覆已除之矣上以安宗廟下爲太
子報仇凡我士庶同茲休慶僞巴西公呂他隴西公呂緯時在北城或說緯曰
超陵天逆上士衆不附明公以懿弟之親投戈而起姜紀焦辨在南城楊桓田
誠在東苑皆我之黨也何慮不濟緯乃嚴兵謂他曰隆超弑逆所宜擊之昔田
恆之亂孔子鄰國之臣猶抗言於哀公況今蕭牆有難而可坐觀乎他將從之
他妻梁氏止之曰緯超俱兄弟之子何爲舍超助緯而爲禍首乎他謂緯曰超
事已立據武庫擁精兵圖之爲難且吾老矣無能爲也超聞登城告他曰纂信
讒言將滅超兄弟超以身命之切且懼社稷覆亡故出萬死之計爲國家唱義
叔父當有以亮之超弟邈有寵於緯說緯曰纂殘國破家誅戮兄弟隆超此舉
應天人之心正欲尊立明公耳先帝之子明公爲長四海顒顒人無異議隆超
雖不達臧否終不以孽代宗更圖異望也願公勿疑緯信之與隆超結盟單馬
入城超執而殺之初纂嘗與鳩摩羅什棊殺羅什子曰斫胡奴頭羅什曰不斫
胡奴頭胡奴斫人頭超小字胡奴竟以殺纂纂在位三年以元與元年死隆旣

纂位僞諡纂靈皇帝墓號白石陵

隆字永基光弟寶之子也美姿貌善騎射光末拜北部護軍稍歷顯位有聲稱超既殺纂讓位於隆隆有難色超曰今猶乘龍上天豈可中下隆以安帝元興元年遂僭卽天王位超先以番禾得小鼎以爲神瑞大赦改元爲神鼎追尊父寶爲文皇帝母衛氏爲皇太后妻楊氏爲皇后以弟超有佐命之勳拜使持節侍中都督中外諸軍事輔國大將軍司隸校尉錄尚書事封安定公隆多殺豪望以立威名內外囂然人不自固魏安人焦朗遣使說姚興將姚碩德曰呂氏因秦之亂制命此州自武皇棄世諸子競尋干戈德刑不恤殘暴是先饑饉流亡死者大半唯泣訴昊天而精誠無感伏惟明公道邁前賢任尊分陝宜兼弱攻昧經略此方救生靈之沈溺布徽政于玉門纂奪之際爲功不難遣妻子爲質碩德遂率衆至姑臧其部將姚國方言於碩德曰今懸師三千後無繼援師之難也宜曜勁鋒示其威武彼以我遠來必決死距戰可一舉而平碩德從之呂超出戰大敗遁還隆收集離散嬰城固守時熒惑犯帝坐有羣雀鬬于太廟

死者數萬東人多謀外叛將軍魏益多又唱動羣心乃謀殺隆超事發誅之死者三百餘家於是羣臣表求與姚興通好隆弗許呂超諫曰通塞有時艱泰相襲孫權屈身於魏譙周勸主迎降豈非大丈夫哉勢屈故也天錫承七世之資樹恩百載武旅十萬盈朝秦師臨境識者導以見機而愎諫自專社稷爲墟前鑒不遠我之元龜也何惜尺書單使不以危易安且令卑辭以退敵然後內脩德政廢興由人未損大略隆曰吾雖常人屬當家國之重不能嗣守成基保安社稷以太祖之業委之於人何面目見先帝於地下超曰應龍以屈伸爲靈大人以知幾爲美今連兵積歲資儲內盡強寇外逼百姓嗷然無糊口之寄假使張陳韓白亦無如之何陛下宜思權變大綱割區區常慮苟卜世有期不在和好若天命去矣宗族可全隆從之乃請降碩德表隆爲使持節鎮西大將軍涼州刺史建康公於是遣母弟愛子文武舊臣慕容筑楊穎史難閻松等五十餘家質于長安碩德乃還姚興謀臣皆曰隆藉伯父餘資制命河外今雖飢窘尚能自支若將來豐贍終非國有涼州險絕世難先違道清後順不如因其飢弊

而取之與乃遣使來觀虛實沮渠蒙遜又伐隆隆擊敗之蒙遜請和結盟留穀萬餘斛以振飢人姑臧穀價踊貴斗值錢五千文人相食餓死者十餘萬口城門晝閉樵採路絕百姓請出城乞爲夷虜奴婢者日有數百隆懼沮動人情盡坑之於是積尸盈于衢路禿髮傉檀及蒙遜頻來伐之隆以二寇之逼也遣超率騎二百多齎珍寶請迎于姚興興乃遣其將齊難等步騎四萬迎之難至姑臧隆素車白馬迎于道旁使呂胤告光廟曰陛下往運神略開建西夏德被蒼生威振遐裔枝嗣不臧迭相簒弒二虜交逼將歸東京謹與陛下奉訣於此歔欷慟泣酸感興軍隆率戶一萬隨難東還至長安興以隆爲散騎常侍公如故超爲安定太守文武三十餘人皆擢敘之其後隆坐與子弼謀反爲興所誅呂光以孝武太元十二年定涼州十五年僭立至隆凡十有三載以安帝元興三年滅

史臣曰自晉室不綱中原蕩析苻氏乘釁竊號神州世明委質僞朝位居上將爰以心膂受脤遐征鐵騎如雲出玉門而長騖琱戈耀景捐金丘而一息叢爾

夷阪承風霧卷宏圖壯節亦足稱焉屬永固運銷羣雄競起班師右地便有覬覦於是要結六戎潛窺鴈鼎幷吞五郡遂假鴻名控黃河以設險負玄漠而爲固自謂克昌霸業貽厥孫謀尋而耄及政昏親離衆叛瞑目甫爾釁發蕭牆紹纂凡才負乘致寇弘超兇狡職爲亂階永基庸庸面縛姚氏昔竇融歸順榮煥累葉隗囂干紀靡終身世而光棄玆勝躅遵彼覆車十數年間終致殘滅向使矯邪歸正革僞爲忠鳴檄而蕃晉朝仗義而誅醜虜則燕秦之地可定桓文之功可立郭麐段業豈得肆其姦蒙遜烏孤無所窺其隙矣而猥竊非據何其謬哉夫天地之大德曰生聖人之大寶曰位非其人而處其位者其禍必速在其位而忘其德者其殃必至天鑒非遠庸可濫乎

贊曰金行不競寶業斯屯瓜分九寓沴聚三秦呂氏伺隙敢我人神天命難假終亦傾淪

晉書卷一百二十二

晉書卷一百二十二考證

呂光載記大饗羣臣遣其子左將軍他武賁中郎將纂討北虜匹勒於三巖山○下文他妻梁氏止之曰緯超俱兄弟之子是他爲光弟非光子也後涼錄作遣弟左將軍他子武賁中郎將纂可證其誤

時年六十三在位十年○後涼錄光生於咸康四年歲在戊戌則距隆安三年歲在己亥當爲六十二歲綱目晉孝武帝太元十一年丙戌十二月呂光自稱酒泉公十四年己丑二月呂光自稱三河王至是年己亥亦爲十四年此云在位十年蓋以稱王之年言之也

呂纂載記卽序胡安據盜發張駿墓○後涼錄云涼州人胡據注云一作卽序不知何解又一本作胡安枚令今存以俟考

晉書卷一百二十二考證

晉書卷一百二十三

唐　太　宗　文　皇　帝　御　撰

載記第二十三

慕容垂

慕容垂字道明皝之第五子也少岐嶷有器度身長七尺四寸手垂過膝皝甚寵之常目而謂諸弟曰此兒闊達好奇終能破人家或能成人家故名霸字道業恩遇踰于世子儁故儁不能平之以滅宇文之功封都鄉侯石季龍來伐既還猶有兼幷之志遣將鄧恆率衆數萬屯于樂安營攻取之備垂戍徒河與恆相持恆憚而不敢侵垂少好畋游因獵墜馬折齒慕容儁僭即王位改名𢀖外以慕卻𢀖爲名內實惡而改之尋以讖記之文乃去夬以垂爲名焉石季龍之死也趙魏亂垂謂儁曰時來易失赴機在速兼弱攻昧今其時矣儁以新遭大喪不許慕輿根言於儁曰王子之言千載一時不可失也儁乃從之以垂爲前鋒都督儁既剋幽州將坑降卒垂諫曰弔伐之義先代常典今方平中原宜綏

懷以德坑戮之刑不可爲王師之先聲傳從之及儁僭稱尊號封垂吳王徙鎮信都以侍中右禁將軍錄留臺事大收東北之利又爲征南將軍荊兗二州牧有聲于梁楚之南再爲司隸僞王公已下莫不累迹時慕容暐嗣僞位慕容恪爲太宰恪甚重垂常謂暐曰吳王將相之才十倍於臣先帝以長幼之次以臣先之臣死之後願陛下委政吳王可謂親賢兼舉及敗桓溫于枋頭威名大振慕容評深忌惡之乃謀誅垂垂懼禍及己與世子全奔于苻堅自恪卒後堅密有圖暐之謀憚垂威名而未發及聞其至堅大悅郊迎執手禮之甚重堅相王猛惡垂雄略勸堅殺之堅不從以爲冠軍將軍封賓都侯食華陰之五百戶王猛伐洛引全爲參軍猛乃令人詭傳垂語於全曰吾已東還汝可爲計也全信之乃奔暐猛表全叛狀垂懼而東奔及藍田爲追騎所獲堅引見東堂慰勉之曰卿家國失和委身投朕賢子志不忘本猶懷首丘書不云乎父父子子無相及也卿何爲過懼而狼狽若斯也於是復垂爵位恩待如初及堅擒暐垂隨堅入鄴收集諸子對之悲慟見其故吏有不悅之色前郎中令高弼私於垂曰大

王以命世之姿遭無妄之運迍邅棲伏艱亦至矣天啓嘉會靈命蹔遷此乃鴻漸之始龍變之初深願仁慈有以慰之且夫高世之略必懷遺俗之規方當網漏吞舟以弘苞養之義收納舊臣之胄以成爲山之功奈何以一怒捐之竊爲大王不取垂深納之垂在堅朝歷位京兆尹進封泉州侯所在征伐皆有大功堅之敗於淮南也垂軍獨全堅以千餘騎奔垂垂世子寶言於垂曰家國傾喪皇綱廢弛至尊明命著之圖籙當隆中興之業建少康之功但時來之運未至故韜光俟奮耳今天厭亂德凶眾土崩可謂乾啓神機授之于我千載一時今其會也今恭承皇天之意因而取之且夫立大功者不顧小節行大仁者不念小惠秦既蕩覆二京竊辱神器仇恥之深莫甚於此願不以意氣微恩而忘社稷之重五木之祥今其至矣垂曰汝言是也然彼以赤心投命若何害之苟天所棄圖之多便且縱令北還更待其釁既不負宿心可以義取天下垂弟德進曰夫鄰國相吞有自來矣秦強而幷燕秦弱而圖之此爲報仇雪辱豈所謂負宿心也昔鄧祁侯不納三甥之言終爲楚所滅吳王夫差違子胥之諫取禍句

踐前事之不忘後事之師表也願不棄湯武之成蹤追韓信之敗迹乘彼土崩
恭行天罰斬逆氏復宗祀建中興繼洪烈天下大機弗宜失也若釋數萬之衆
授干將之柄是却天時而待後害非至計也語曰當斷不斷反受其亂願兄無
疑垂曰吾昔爲太傅所不容投身於秦主又爲王猛所譖復見昭亮國士之禮
每深報德之分未一如使秦運必窮歷數歸我者授首之便何慮無之關西之
地會非吾有自當有擾之者吾可端拱而定關東君子不怙亂不爲禍先且可
觀之乃以兵屬堅初寶在長安與韓黃李根等因讌樗蒱寶危坐整容誓之曰
世云樗蒱有神豈虛也哉若富貴可期頻得三盧於是三擲盡盧寶拜而受賜
故云五木之祥堅至澠池垂請至鄴展拜陵墓因張國威刑以安戎狄堅許之
權翼諫曰垂爪牙名將所謂今之韓白世豪東夏志不爲人用頃以避禍歸誠
非慕德而至列土干城未可以滿其志冠軍之號豈足以稱其心且垂猶鷹也
飢則附人飽便高颺遇風塵之會必有凌霄之志惟宜急其羈靽不可任其所
欲堅不從遣其將李蠻閔亮尹國率衆三千送垂又遣石越戍鄴張蚝戍并州

時堅子丕先在鄴及垂至丕館之于鄴西垂具說淮南敗狀會堅將苻暉告丁零翟斌聚衆謀逼洛陽丕謂垂曰翟斌兄弟因王師小失敢肆凶勃子母之軍殆難爲敵非冠軍英略莫可以滅也欲相煩一行可乎垂曰下官殿下之鷹犬敢不惟命是聽於是大賜金帛一無所受惟請舊田園丕許之配垂兵二千遣其將苻飛龍率氐騎一千爲垂之副丕戒飛龍曰卿王室肺腑年秩雖卑其實帥也垂爲三軍之統卿爲謀垂之主用兵制勝之權防微杜貳之略委之於卿卿其勉之垂請入鄴城拜廟丕不許乃潛服而入亭吏禁之垂怒斬吏燒亭而去石越言於丕曰垂之在燕破國亂家及投命聖朝蒙超常之遇忽敢輕侮方鎭殺吏焚亭反形已露終爲亂階將老兵疲可襲而取之矣丕曰淮南之敗衆散親離而垂侍衞聖躬誠不可忘越曰垂旣不忠於燕其肯盡忠於我乎且其亡虜也主上寵同功舊不能銘澤誓忠而首謀爲亂今不擊之必爲後害丕不從越退而告人曰公父子好存小仁不顧天下大計吾屬終當爲鮮卑虜矣垂至河內殺飛龍悉誅氐兵召募遠近衆至三萬濟河焚橋令曰吾本外假秦聲

內規與復亂法者軍有常刑奉命者賞不踰日天下既定封爵有差不相負也翟斌聞垂之將濟河也遣使推垂爲盟主垂距之曰吾父子寄命秦朝危而獲濟荷主上不世之恩蒙更生之惠雖曰君臣義深父子豈可因其小隙便懷二三吾本救豫州不赴君等何爲斯議而及於我垂進欲襲據洛陽故見苻暉以臣節退又未審斌之誠款故以此言距之垂至洛陽暉閉門距守不與垂通斌又遣長史河南郭通說垂乃許之斌率衆會垂勸稱尊號垂曰新興侯國之正統孤之君也若以諸君之力得平關東當以大義喻秦奉迎反正無上自尊非孤心也謀于衆曰洛陽四面受敵北阻大河至於控馭燕趙非形勝之便不如北取鄴都據之以制天下衆咸以爲然乃引師而東遣建威將軍王騰起浮橋于石門初垂之發鄴中子農及兄子楷紹弟子宙爲苻丕所留及誅飛龍遣田生密告農等使起兵趙魏以相應於是農宙奔列人楷紹奔辟陽衆咸應之農西招庫辱官偉于上黨東引乞特歸于東阿各率衆數萬赴之衆至十餘萬丕遣石越討農爲農所敗斬越于陣垂引兵至滎陽以太元八年自稱大將軍大

都督燕王承制行事建元曰燕元令稱統府府置四佐王公已下稱臣凡所封
拜一如王者以翟斌爲建義大將軍封河南王翟檀爲柱國大將軍弘農王弟
德爲車騎大將軍范陽王兄子楷征西大將軍太原王衆至二十餘萬濟自石
門長驅攻鄴農楷紹宙等率衆會垂立子寶爲燕王太子封功臣爲公侯伯子
男者百餘人苻丕乃遣侍郎姜讓謂垂曰往歲大駕失據君保衞鑾輿勤王誠
義邁蹤前烈宜述修前規終忠貞之節奈何棄崇山之功爲此過舉過貴能改
先賢之嘉事也深宜詳思悟猶未晚垂謂讓曰孤受主上不世之恩故欲安全
長樂公使盡衆赴京師然後脩復國家之業與秦永爲鄰好何故闇於機運不
以鄴見歸也大義滅親況於意氣之顧公若迷而不返者孤亦欲窮兵勢耳今
事已然恐單馬乞命不可得也讓厲色責垂曰將軍不容於家國投命於聖朝
燕之尺土將軍豈有分乎主上與將軍風殊類別臭味不同奇將軍於一見託
將軍以斷金寵踰宗舊任齊懿藩自古君臣冥契之重豈甚此邪方付將軍以
六尺之孤萬里之命奈何王師小敗便有二圖夫師起無名終則弗成天之所

廢人不能支將軍起無名之師而欲與天所廢竊未見其可長樂公主上之元
子聲德邁於唐衛居陝東之任爲朝廷維城其可束手輸將軍以百城之地大
夫死王事國君死社稷將軍欲裂冠毀冕拔本塞源者自可任將軍兵勢何復
多云但念將軍以七十之年懸首白旗高世之忠忽爲逆鬼竊爲將軍痛之垂
默然左右勸垂殺之垂曰古者兵交使在其間犬各吠非其主何所問也乃遣
讓歸垂上表於苻堅曰臣才非古人致禍起蕭牆身嬰時難歸命聖朝陛下恩
深周漢猥叨微顧之遇位爲列將爵忝通侯誓在戮力輸誠常懼不及去夏桓
冲送死一擬雲消迴討鄖城俘馘萬計斯誠陛下神算之奇頗亦愚臣忘死之
效方將飲馬桂洲懸旍閩會不圖天助亂德大駕班師陛下單馬奔臣臣奉衛
匪貳豈陛下聖明鑒臣單心皇天后土實亦知之臣舉詔北巡受制長樂然丕
外失衆心內多猜忌令臣野次外庭不聽謁廟丁零逆豎寇逼豫州丕迫臣單
赴限以師程惟給弊卒二千盡無兵杖復令飛龍潛爲刺客及至洛陽平原公
暉復不信納臣竊惟進無淮陰功高之慮退無李廣失利之愆懼有青蠅交亂

白黑丁零夷夏以臣忠而見疑乃推臣爲盟主臣受託豈始不遂令終泣望西京揮涕卽邁軍次石門所在雲赴雖復周武之會於孟津漢祖之集於垓下不期之衆實有甚焉欲令長樂公盡衆赴難以禮發遣而丕固守匹夫之志不達變通之理臣息農收集故營以備不虞而石越傾鄴城之衆輕相掩襲兵陣未交越已隕首臣既單車懸軫歸者如雲斯實天符非臣之力且鄴者臣國舊都應卽惠及然後西面受制永守東藩上成陛下遇臣之意下全愚臣感報之誠今進師圍鄴幷喻丕以天時人事而丕不察機運杜門自守時出挑戰鋒戈屢交恆恐飛矢誤中以傷陛下天性之念臣之此誠未簡神聽輒遏兵止銳不敢窮攻夫運有推移去來常事惟陛下察之堅報曰朕以不德忝承靈命君臨萬邦三十年矣遐方幽裔莫不來庭惟東南一隅敢違王命朕爰奮六師恭行天罰而玄機不弔王師敗績賴卿忠誠之至輔翼朕躬社稷之不隕卿之力也詩云中心藏之何日忘之方任卿以元相爵卿以郡侯庶弘濟艱難敬酬勳烈何圖伯夷忽毁冰操柳惠倏爲淫夫覽表惋然有慚朝士卿既不容於本朝匹馬

而投命朕則寵卿以將位禮卿以上賓任同舊臣爵齊勳輔歃血斷金披心相付謂卿食椹懷音保之偕老豈意畜水覆舟養獸反害悔之噬臍將何所及誕言駭衆誇擬非常周武之事豈卿庸人所可論哉失籠之鳥非羅所羈脫網之鯨豈罟所制翹陸任懷何煩聞也念卿垂老老而爲賊生爲叛臣死爲逆鬼侏張幽顯布毒存亡中原士女何痛如之朕之歷運興喪豈復由卿但長樂平原以未立之年遇卿於兩都慮其經略未稱朕心所恨者此焉而已垂攻拔鄴郭丕固守中城垂塹而圍之分遣老弱於魏郡肥鄉築新興城以置輜重擁漳水以灌之翟斌潛諷丁零及西人請斌爲尚書令垂訪之羣僚其安東將軍封衡厲色曰馬能千里不免羈絆明畜生不可以人御也斌戎狄小人遭時際會兄弟封王自驩兜已來未有此福忽履盈忘止復有斯求魂爽錯亂必死不出年也垂猶隱忍容之令曰翟王之功宜居上輔但臺既未建此官不可便置待六合廓清更當議之斌怒密應苻丕潛使丁零決防潰水事洩垂誅之斌兄子真率其部衆北走邯鄲引兵向鄴欲與丕爲內外之勢垂令其太子寶冠軍慕容

隆擊破之真自邯鄲北走又使慕容楷率騎追之戰于下邑爲真所敗真遂屯
于承營垂謂諸將曰苻丕窮寇必死守不降丁零叛擾乃我心腹之患吾欲還
師新城開其逸路進以謝秦王疇昔之恩退以嚴擊真之備於是引師去鄴北
屯新城慕容農進攻翟嵩于黄泥破之垂謂其范陽王德曰苻丕吾縱之不能
去方引晉師規固鄴都不可置也進師又攻鄴開其西奔之路垂將有北都中
山之意農率衆數萬迎之羣僚聞慕容暐爲苻堅所殺勸垂僭位垂以慕容沖
稱號關中不許晉龍驤將軍劉牢之率衆救苻丕至鄴垂逆戰敗績遂徹鄴圍
退屯新城垂自新城北走牢之追垂連戰皆敗又戰于五橋澤王師敗績德及
隆引兵要之于五丈橋牢之馳馬跳五丈澗會苻丕救至而免翟真去承營徙
屯行唐真司馬鮮于乞殺真盡誅翟氏自立爲趙王營人攻殺乞迎立真從弟
成爲主真子遼奔黎陽高句驪寇遼東垂平北慕容佐遣司馬郝景率衆救之
爲高句驪所敗遼東玄菟遂沒建節將軍徐巖叛于武邑驅掠四千餘人北走
幽州垂馳敕其將平規曰但固守勿戰比破丁零吾當自討之規違命距戰爲

巖所敗巖乘勝入薊掠千餘戶而去所過寇暴遂據令支翟成長史鮮于得斬
成而降垂入行唐悉坑其衆苻丕棄鄴城奔于并州慕容農攻剋令支斬徐巖
兄弟進伐高句驪復遼東玄菟二郡還屯龍城垂定都中山羣僚勸即尊號具
典儀修郊燎之禮垂從之以太元十一年僭即位赦其境內改元曰建興置百
官繕宗廟社稷立寶爲太子以其左長史庫辱官偉右長史段崇龍驤張崇中
山尹封衡爲吏部尚書慕容德爲侍中都督中外諸軍事領司隸校尉撫軍慕
容麟爲衛大將軍其餘拜授有差追尊母蘭氏爲文昭皇后遷段后段氏以蘭
氏配饗博士劉詳董謐議以堯母妃位第三不以貴陵姜嫄明聖王之道以至
公爲先垂不從遣其征西慕容楷衞軍慕容麟鎮南慕容紹征虜慕容宙等攻
苻堅冀州牧苻定鎮東苻紹幽州牧苻謨鎮北苻亮楷與定等書喻以禍福定
等悉降垂留其太子寶守中山率諸將南攻翟遼以楷爲前鋒都督遼之部衆
皆燕趙人也咸曰太原王之子吾之父母相率歸附遼懼遣使請降垂至黎陽
遼肉袒謝罪垂厚撫之爲其太子寶起承華觀以寶錄尚書政事巨細皆委之

垂總大綱而已立其夫人段氏爲皇后又以寶領侍中大單于驃騎大將軍幽州牧建留臺于龍城以高陽王慕容隆錄留臺尚書事時慕容暐及諸宗室爲苻堅所害者並招魂葬之清河太守賀耕聚衆定陵以叛南應翟遼慕容農討斬之毁定陵城進師入鄴以鄴城廣難固築鳳陽門大道之東爲隔城其尚書郎婁會上疏曰三年之喪天下之達制兵荒殺禮遂以一切取士人心奔競苟求榮進至乃身冒縗絰以赴時役豈必殉忠於國家亦昧利於其間也聖王設教不以顛沛而虧其道不以喪亂而變其化故能杜豪競之門塞奔波之路陛下鍾百王之季廓中興之業天下漸平兵革方偃誠宜蠲蕩瑕穢率由舊章吏遭大喪聽終三年之禮則四方知化人斯服禮垂不從翟遼死子釗代立攻逼鄴城慕容農擊走之垂引師伐釗于滑臺次于黎陽津釗於南岸距守諸將惡其兵精咸諫不宜濟河垂笑曰豎子何能爲吾今爲卿等殺之遂徙營就西津爲牛皮船百餘艘載疑兵列杖溯流而上釗先以大衆備黎陽見垂向西津乃棄營西距垂潛遣其桂林王慕容鎮驃騎慕容國於黎陽津夜濟壁于河南釗

聞而奔還士衆疲渴走歸滑臺釗攜妻子率數百騎北趣白鹿山農追擊盡擒其衆釗單騎奔長子釗所統七郡戶三萬八千皆安堵如故徙徐州流人七千餘戶于黎陽於是議征長子諸將咸諫以慕容永未有釁連歲征役士卒疲怠請俟他年垂將從之及聞慕容德之策笑曰吾計決矣且吾投老扣囊底智足以尅之不復留逆賊以累子孫也乃發步騎七萬遣其丹陽王慕容瓚龍驤張崇攻永弟支于晉陽永遣其將刁雲慕容鍾率衆五萬屯潞川垂遣慕容楷出自滏口慕容農入自壺關垂頓于鄴之西南月餘不進永謂垂詭道伐之乃攝諸軍還杜太行軹關垂進師入自天井關至于壺壁永率精兵五萬來距阻河曲以自固馳使請戰垂列陣于壺壁之南農楷分二爲翼慕容國伏千兵于深澗與永大戰垂引軍僞退永追奔數里國發伏兵馳斷其後楷農夾擊之永師大敗斬首八千餘級永奔還長子慕容瓚攻尅晉陽垂進圍長子永將賈韜等潛爲內應垂進軍入城永奔北門爲前驅所獲於是數而戮之并其所署公卿刁雲等三十餘人永所統新舊八郡戶七萬六千八百及乘輿服御伎樂珍寶

悉獲之於是品物具矣使慕容農略地河內攻廩丘陽城皆尅之太山琅邪諸郡皆委城奔潰農進師臨海置守宰而還垂告捷于龍城之廟遣其太子寶及農與慕容麟等率衆八萬伐魏慕容德慕容紹以步騎一萬八千爲寶後繼魏聞寶將至徙往河西寶進師臨河懼不敢濟還次參合忽有大風黑氣狀若隄防或高或下臨覆軍上沙門支曇猛言於寶曰風氣暴迅魏軍將至之候宜遣兵禦之寶笑而不納曇猛固以爲言乃遣麟率騎三萬爲後殿以禦非常麟以曇猛言爲虛縱騎遊獵俄而黃霧四塞日月晦明是夜魏師大至三軍奔潰寶與德等數千騎奔免士衆還者十一二紹死之初寶至幽州所乘車軸無故自折術士靳安以爲大凶固勸寶還寶怒不從故及於敗寶恨參合之敗屢言魏有可乘之機慕容德亦曰魏人狃于參合之役有陵太子之心宜及聖略摧其銳志垂從之留德守中山自率大衆出參合鑿山開道次于獵嶺遣寶與農出天門征北慕容隆征西慕容盛踰青山襲魏陳留公泥于平城陷之收其衆三萬餘人而還垂至參合見往年戰處積骸如山設弔祭之禮死者父兄一時號

哭軍中皆慟垂慚憤歐血因而寢疾乘馬輿而進過平城北三十里疾篤築燕昌城而還寶等至雲中聞垂疾皆引歸及垂至于平城或有叛者奔告魏曰垂病已亡輿尸在軍魏又聞參合大哭以爲信然乃進兵追之知平城已陷而退還館陰山垂至上谷之沮陽以太元二十一年死時年七十一凡在位十三年遺令曰方今禍難尚殷喪禮一從簡易朝終夕殯事訖成服三日之後釋服從政彊寇伺隙祕勿發喪至京然後舉哀行服寶等遵行之僞謚成武皇帝廟號世祖墓曰宣平陵

晉書卷一百二十三

晉書卷一百二十三考證

慕容垂載記慕容垂字道明○一本作字叔仁小字阿六敦

以太元八年自稱大將軍大都督燕王○綱目作晉孝武帝太元九年

晉書卷一百二十三考證

晉書卷一百二十四

唐　太　宗　文　皇　帝　御　撰

載記第二十四

慕容寶　慕容盛　慕容熙　慕容雲

慕容寶字道祐垂之第四子也少輕果無志操好人佞己苻堅時爲太子洗馬萬年令堅淮肥之役以寶爲陵江將軍及爲太子砥礪自脩敦崇儒學工談論善屬文曲事垂左右小臣以求美譽垂之朝士翕然稱之垂亦以爲克保家業甚賢之垂死其年寶嗣僞位大赦境內改元爲永康以其太尉庫辱官偉爲太師左光祿大夫段崇爲太保其餘拜授各有差遵垂遺令校閱戶口罷諸軍營分屬郡縣定士族舊籍明其官儀而法峻政嚴上下離德百姓思亂者十室而九焉初垂以寶冢嗣未建每憂之寶庶子清河公會多才藝有雄略垂深奇之及寶之北伐使會代攝宮事總錄禮遇一同太子所以見定旨也垂之伐魏以龍城舊都宗廟所在復使會鎮幽州委以東北之重高選僚屬以崇威望臨死

顧命以會爲寶嗣而寶寵愛少子濮陽公策意不在會寶庶長子長樂公盛自
以同生年長恥會先之乃盛稱策宜爲儲貳而非毀會焉寶大悅乃訪其趙王
麟高陽王隆麟等咸希旨贊成之寶遂與麟等定計立策母段氏爲皇后策爲
皇太子盛會進爵爲王策字道符年十一美姿貌而惷弱不慧魏伐幷州驃騎
李農逆戰敗績還于晉陽司馬慕容蕳閉門距之農率騎數千奔歸中山行及
潞川爲魏追軍所及餘騎盡沒單馬遁還寶引羣臣于東堂議之中山尹苻謨
曰魏軍強盛千里轉鬬乘勝而來勇氣兼倍若逸騎平原形勢彌盛殆難爲敵
宜杜險距之中書令眭邃曰魏軍多騎師行剽銳馬上齎糧不過旬日宜令郡
縣聚千家爲一堡深溝高壘清野待之至無所掠資食無出不過六旬自然窮
退尚書封懿曰今魏師十萬天下之勍敵也百姓雖欲營聚不足自固是則聚
糧集兵以資強寇且動衆心示之以弱阻關距戰計之上也慕容麟曰魏今乘
勝氣銳其鋒不可當宜自完守設備待其弊而乘之於是脩城積粟爲持久之
備魏攻中山不剋進據博陵魯口諸將望風奔退郡縣悉降于魏寶聞魏有內

難乃盡衆出距步卒十二萬騎三萬七千次于曲陽柏津魏軍進至新梁寶憚
魏師之銳乃遣征北隆夜襲魏師敗績而還魏軍方軌而至對營相持上下兇
懼三軍奪氣農麟勸寶還中山乃引歸魏軍追擊之寶農等棄大軍率騎三萬
奔還時大風雪凍死者相枕於道寶恐爲魏軍所及命去袍杖戎器寸刃無返
魏軍進攻中山屯于芳林園其夜尚書慕容皓謀殺寶立慕容麟皓妻兄蘇泥
告之寶使慕容隆收皓皓與同謀數十人斬關奔魏麟懼不自安以兵劫左衛
將軍北地王精謀率禁旅弒寶精以義距之麟怒殺精出奔丁零初寶聞魏之
來伐也使慕容會率幽幷之衆赴中山麟既叛寶恐其逆奪會軍將遣兵迎之
麟侍郎段平子自丁零奔還說麟招集丁零軍衆甚盛謀襲會軍東據龍城寶
與其太子策及農隆等萬餘騎迎會于薊以開封公慕容詳守中山會傾身誘
納繕甲厲兵步騎二萬列陣而進迎寶薊南寶分其兵給農隆遣西河公庫辱
官驥率衆三千助守中山會以策爲太子有恨色寶以告農隆俱曰會一年少
專任方事習驕所致豈有他也臣當以禮責之幽平之士皆懷會威德不樂去

之咸請曰清河王天資神武權略過人臣等與之誓同生死感王恩澤皆勇氣
百倍願陛下與皇太子諸王止駕薊宮使王統臣等進解京師之圍然後奉迎
車駕寶左右皆害其勇略譖而不許衆咸有怨言左右勸寶殺會侍御史仇尼
歸聞而告會曰左右密謀如是主上將從之大王所恃唯父母也父已異圖所
杖者兵也兵已去手進退路窮恐無自全之理盍誅二王廢太子大王自處東
宮兼領將相以匡社稷會不從寶謂農隆曰觀會爲變事當必然宜早殺之不
爾恐成大禍農曰寇賊內侮中州分亂會鎮撫舊都安衆寧境及京師有難萬
里星赴威名之重可以振服戎狄又逆跡未彰宜且隱忍今社稷之危若綴旒
然復內相誅戮有損威望寶曰會逆心已成而王等仁慈不欲去之恐一旦釁
發必先害諸父然後及吾事敗之後當思朕言農等固諫乃止會聞之彌懼奔
于廣都黃榆谷會遣仇尼歸等率壯士二千餘人分襲農隆隆是夜見殺農中
重創既而會歸于寶寶意在誅會誘而安之潛使左衛慕容騰斬會不能傷會
復奔其衆於是勒兵攻寶寶率數百騎馳如龍城會率衆追之遣使請誅左右

佞臣弃求太子寶弗許會圍龍城侍御郎高雲夜率敢死士百餘人襲會敗之衆悉逃散單馬奔還中山乃踰圍而入爲慕容詳所殺詳僭稱尊號置百官改年號荒酒奢淫殺戮無度誅其王公以下五百餘人內外震局莫敢忤視城中大飢公卿餓死者數十人麟率丁零之衆入中山斬詳及其親黨三百餘人復僭稱尊號中山飢甚麟出據新市與魏師戰于義臺麟軍敗績魏師遂入中山麟乃奔鄴慕容德遣侍郎李延勸寶南伐寶大悅慕容盛切諫以爲兵疲師老魏新平中原宜養兵觀釁更俟他年寶將從之撫軍慕輿騰進曰今衆旅已集宜乘新定之機以成進取之功人可使由之而難與圖始惟當獨決聖慮不足廣採異同以沮亂軍議也寶曰吾計決矣敢諫者斬寶發龍城以慕輿騰爲前軍大司馬慕容農爲中軍寶爲後軍步騎三萬次于乙連長上段速骨宋赤眉因衆軍之憚役也殺司空樂浪王宙逼立高陽王崇寶單騎奔農仍引軍討速骨衆咸憚征幸亂投杖奔之騰衆亦潰寶農馳還龍城蘭汗潛與速骨通謀速骨進師攻城農爲蘭汗所譎潛出赴賊爲速骨所殺衆皆奔散寶與慕容盛慕

容騰等南奔蘭汗奉太子策承制遣使迎寶及于薊城寶欲還北盛等咸以汗之忠款虛實未明今單馬而還汗有貳志者悔之無及寶從之乃自薊而南至黎陽聞慕容德稱制懼而退遣慕容騰招集散兵于鉅鹿慕容盛結豪桀于冀州段儀段温收部曲于內黃衆皆響會剋期將集會蘭汗遣左將軍蘇超迎寶寶以汗垂之季舅盛又汗之壻也必謂忠款無貳乃還至龍城汗引寶入于外邸弒之時年四十四在位三年卽隆安二年也汗又殺其太子策及王公卿士百餘人汗自稱大都督大將軍大單于昌黎王盛僭位僞謚寶惠愍皇帝廟號烈宗皝之遷于龍城也植松爲社主及秦滅燕大風吹拔之後數年社處忽有桑二根生焉先是遼川無桑及廆通于晉求種江南平州桑悉由吳來廆終而垂以吳王中興寶之將敗大風又拔其一

盛字道運寶之庶長子也少沈敏多謀略苻堅誅慕容氏盛潛奔于沖及沖稱尊號有自得之志賞罰不均政令不明盛年十二謂叔父柔曰今中山王智不先衆才不出下恩未施人先自驕大以盛觀之鮮不覆敗俄而沖爲段木延所

殺盛隨慕容永東如長子謂柔曰今崎嶇於鋒刃之間在疑忌之際愚則爲人所猜智則危甚巢幕當如鴻鵠高飛一舉萬里不可坐待罟網也於是與柔及弟會閒行東歸于慕容垂遇盜陝中盛曰我六尺之軀入水不溺在火不焦汝欲當吾鋒乎試豎爾手中箭百步我若中之宜慎爾命如其不中當束手相授盜乃豎箭盛一發中之盜曰郎貴人之子故相試耳資而遣之歲餘永誅儁垂之子孫男女無遺盛既至垂問以西事畫地成圖垂笑曰昔魏武撫明帝之首遂乃侯之祖之愛孫有自來矣於是封長樂公驍勇剛毅有伯父全之風烈寶即僞位進爵爲王寶自龍城南伐盛留統後事及段速骨作亂馳出迎衞寶幾爲速骨所獲賴盛以免盛屢進奇策於寶寶不能從是以屢敗寶既如龍城盛留在後寶爲蘭汗所殺盛馳進赴哀將軍張真固諫以爲不可盛曰我今投命告以哀窮汗性愚近必顧念婚姻不忍害我旬月之閒足展吾志遂入赴喪汗妻乙氏泣涕請盛汗亦哀之遣其子穆迎盛舍之宮內親敬如舊汗兄提弟難勸汗殺盛汗不從慕容奇汗之外孫也汗亦宥之奇入見盛遂相與謀盛遣奇

起兵于外衆至數千汗遣蘭提討奇提驕佷淫荒事汗無禮盛因間之於汗曰奇小兒也未能辦此必內有應之者提素驕不可委以大衆汗因發怒收提誅之遣其撫軍仇尼慕率衆討奇汗兄弟見提之誅莫不危懼皆沮兵背汗襲敗慕軍汗大懼遣其子穆率衆討之穆謂汗曰慕容盛我之仇也奇今起逆盛必應之兼內有蕭牆之難不宜養心腹之疾汗將誅盛引見察之盛妻以告於是僞稱疾篤不復出入汗乃止有李旱衞雙劉志張豪張真者皆盛之舊暱蘭穆引爲腹心旱等屢入見盛潛結大謀會穆討蘭難等斬之大饗將士汗穆皆醉盛夜因如廁袒而踰牆入于東宮與李旱等誅穆衆皆踴呼進攻汗斬之汗二子魯公和陳公楊分屯令支白狼遣李旱張真襲誅之於是內外怗然士女咸悅盛謙揖自卑不稱尊號其年以長樂王稱制赦其境內改元曰建平諸王降爵爲公文武各復舊位初慕容奇聚衆于建安將討蘭汗百姓翕然從之汗遣兄子全討奇奇擊滅之進屯乙連盛既誅汗命奇罷兵奇遂與丁零嚴生烏丸王龍之阻兵叛盛引軍至横溝去龍城十里盛出兵擊敗之執奇而還斬龍生

等百餘人盛於是僭即尊位大赦殊死已下追尊伯考獻莊太子全爲獻莊皇帝尊寶后段氏爲皇太后全妃丁氏爲獻莊皇后諡太子策爲獻哀太子盛幽州刺史慕容豪尚書左僕射張通昌黎尹張順謀叛盛皆誅之改年爲長樂有犯罪者十日一自決之無撾捶之罰而獄情多實高句驪王安遣使貢方物有雀素身綠首集于端門棲翔東園二旬而去改東園爲白雀園盛聽詩歌及周公之事顧謂羣臣曰周公之輔成王不能以至誠感上下誅兄弟以杜流言猶擅美於經傳歌德於管絃至於我之太宰桓王承百王之季主在可奪之年二寇闚闟難過往日臨朝輔政羣情緝穆經略外敷闢境千里以禮讓維宗親德刑制羣后敦睦雍熙時無二論勳道之茂豈可與周公同日而言乎而燕詠闕而不論盛德掩而不述非所謂也乃命中書更爲燕頌以述恪之功焉又引中書令常忠尚書陽璆祕書監郎敷于東堂問曰古來君子皆謂周公忠聖豈不謬哉璆曰周公居攝政之重而能達君臣之名及流言之謗致烈風以悟主道契神靈義光萬代故累葉稱其高後王無以奪其美盛曰常令以爲何如忠曰

昔武王疾篤周公有請命之誠流言之際義感天地楚撻伯禽以訓就王德周
公爲臣之忠聖達之美詩書已來未之有也臧曰異哉二君之言朕見周公之
詐未見其忠聖也昔武王得九齡之夢白文王文王曰我百爾九十吾與爾三
焉及文王之終已驗武王之壽矣武王之算未盡而求代其死是非詐乎若惑
於天命是不聖也據攝天位而丹誠不見致兄弟之閒有干戈之事夫文王之
化自近及遠故曰刑于寡妻至于兄弟周公親違聖父之典而蹈嫌疑之蹤戮
罰同氣以逞私忿何忠之有乎但時無直筆之史後儒承其謬談故也忠曰啓
金縢而返風亦足以明其不詐遭二叔流言之變而能大義滅親終安宗國復
子明辟輔成大業以致太平制禮作樂流慶無窮亦不可謂非至德也臧曰鄉
徒因成文而未原大理朕今相爲論之昔周自后稷積德累仁至于文武文武
以大聖應期遂有天下生靈仰其德四海歸其仁成王雖幼統洪業而卜世脩
長加呂召毛畢爲之師傅若無周公攝政王道足以成也周公無故以安危爲
己任專臨朝之權闕北面之禮管蔡忠存王室以爲周公代主非人臣之道故

言公將不利於孺子周公當明大順之節陳誠義以曉羣疑而乃阻兵都邑擅行誅戮不臣之罪彰于海內方貽王鴟鴞之詩歸非於主是何謂乎又周公舉事稱告二公二公足明周公之無罪而坐觀成王之疑此則二公之心亦有猜於周公也但以疎不間親故寄言於管蔡可謂忠不見於當時仁不及于兄弟知羣望之有歸天命之不在己然後返政成王以爲忠耳大風拔木之徵乃皇天祐存周道不忘文武之德是以赦周公之始愆欲成周室之大美考周公之心原周公之行乃天下之罪人何至德之謂也周公復位二公所以杜口不言其本心者以明管蔡之忠也又謂常忠曰伊尹周公孰賢忠曰伊尹非有周公之親而功濟一代太甲亂德放於桐宮思愆改善然後復之使主無怨言臣無流謗道存社稷美溢古今臣謂伊尹之勳有高周旦盛曰伊尹以舊臣之重顯阿衡之任太甲嗣位君道未洽不能竭忠輔導而放黜桐宮事同夷羿何周公之可擬乎郎敷曰伊尹處人臣之位不能匡制其君恐成湯之道墜而莫就是以居之桐宮與小人從事使知稼穡之艱難然後返之天位此其忠也盛曰伊

尹能廢而立之何不能輔之以至於善乎若太甲性同桀紂則三載之間未應便成賢后如其性本休明義心易發當務盡匡規之理以弼成君德安有人臣幽主而據其位哉且臣之事君惟力是視奈何挾智藏仁以成君惡夫太甲之事朕已鑒之矣太甲至賢之主也以伊尹歷奉三朝績無異稱將失顯祖委授之功故匿其日月之明受伊尹之黜所以濟其忠貞之美夫非常之人然後能立非常之事非常人之所見也亦猶太伯之三讓人無德而稱焉歟曰太伯三以天下讓至仲尼而後顯其至德太甲受謗於天下遭陛下乃申其美因而談讌賦詩賜金帛各有差遼西太守李朗在郡十年威制境內盛疑之累徵不赴以母在龍城未敢顯叛乃陰引魏軍將爲自安之計因表請發兵以距寇盛曰此必詐也召其使而詰之果驗盡滅其族遣輔國將軍李旱率騎討之師次建安召旱旋師朗聞其家被誅也擁二千餘戶以自固及聞旱中路而還謂有內變不復爲備留其子養守令支躬迎魏師于北平旱候知之襲剋令支遣廣威孟廣平率騎迎朗及于無終斬之初盛之追旱還也羣臣莫知其故旱既斬朗

盛謂羣臣曰前以追皐還者正爲此耳朗新爲叛逆必忌官威一則鳩合同類劫害良善二則亡竄山澤未可卒平故非意而還以盈怠其志卒然掩之必剋之理也羣臣皆曰非所及也李皐自遼而還聞盛殺其將衞雙懼棄軍奔走既而歸罪復其爵位盛謂侍中孫勍曰皐總三軍之任荷專征之重不能杖節死綏無故逃亡考之軍正不赦之罪也然當先帝之避難衆情離貳骨肉忘其親股肱失忠節皐以刑餘之體效力盡命忠款之至精貫白日朕故錄其忘身之功免其丘山之罪耳盛去皇帝之號稱庶人大王魏襲幽州執刺史盧溥而去遣孟廣平援之無及盛率衆三萬伐高句驪襲其新城南蘇皆剋之散其積聚徙其五千餘戶于遼西盛引見百僚于東堂考詳器藝超拔者十有二人命百司舉文武之士才堪佐世者各一人立其子遼西公定爲太子大赦殊死已下讌其羣臣于新昌殿盛曰諸卿各言其志朕將覽之七兵尚書丁信年十五盛之舅子也進曰在上不驕高而不危臣之願也盛笑曰丁尚書年少安得長者之言乎盛以威嚴馭下驕暴少親多所猜疑故信言及之盛討庫莫奚大虜獲

而還左將軍慕容國與殿中將軍秦興段讚等謀率禁兵襲盛事覺誅之死者
五百餘人前將軍思悔侯段璣與子興讚子泰等因衆心動搖夜於禁中鼓譟
大呼盛聞變率左右出戰衆皆披潰俄而有一賊從闇中擊傷盛遂輦升前殿
申約禁衞召叔父河間公熙屬以後事熙未至而盛死時年二十九在位三年
僞諡昭武皇帝墓號與平陵廟號中宗盛幼而羇賤流漂長則遭家多難夷險
安危備嘗之矣懲寶闇而不斷遂峻極威刑纖介之嫌莫不裁之於未萌防之
於未兆於是上下振局人不自安雖忠誠親戚亦皆離貳舊臣靡不夷滅安忍
無親所以卒於不免是歲隆安五年也

熙字道文垂之少子也初封河間王段速骨之難諸王多被害熙素爲高陽王
崇所親愛故得免焉蘭汗之篡也以熙爲遼東公備宗祀之義盛初即位降爵
爲公拜都督中外諸軍事驃騎大將軍尚書左僕射領中領軍從征高句驪契
丹皆勇冠諸將盛曰叔父雄果英壯有世祖之風但弘略不如耳及盛死其太
后丁氏以國多難宜立長君羣望皆在平原公元而丁氏意在於熙遂廢太子

定迎熙入宮羣臣勸進熙以讓元元固以讓熙熙遂僭卽尊位誅其大臣段璣秦興等並夷三族元以嫌疑賜死元字道光寶之第四子也赦殊死已下改元曰光始改北燕臺爲大單于臺置左右輔位次尚書初熙烝于丁氏故爲所立及寵幸苻貴人丁氏怨恚呪詛與兄子七兵尚書信謀廢熙熙聞之大怒逼丁氏令自殺葬以后禮誅丁信熙狩于北原石城令高和殺司隸校尉張顯閉門距熙熙率騎馳返和衆皆投杖熙入誅之於是引見州郡及單于八部耆舊于東宮問以疾苦大築龍騰苑廣袤十餘里役徒二萬人起景雲山於苑內基廣五百步峯高十七丈又起逍遙宮甘露殿連房數百觀閣相交鑿天河渠引水入宮又爲其昭儀苻氏鑿曲光海清涼池季夏盛暑士卒不得休息暍死者太半熙游于城南止大柳樹下若有人呼曰大王且止熙惡之伐其樹乃有蛇長丈餘從樹中而出立其貴嬪苻氏爲皇后赦殊死已下熙北襲契丹大破之昭儀苻氏死僞諡愍皇后贈苻謨太宰諡文獻公二苻並美而豔好微行游讌熙弗之禁也請謁必從刑賞大政無不由之初昭儀有疾龍城人王温稱能療之

未幾而卒熙忿其妄也立於公車門支解温而焚之其后好游田熙從之北登白鹿山東過青嶺南臨滄海百姓苦之士卒爲豺狼所害及凍死者五千餘人矣會高句驪寇燕郡殺略百餘人熙伐高句驪以苻氏從爲衝車地道以攻遼東熙曰待剷平寇城朕當與后乘輦而入不聽將士先登於是城内嚴備攻之不能下會大雨雪士卒多死乃引歸擬鄴之鳳陽門作弘光門累級三層熙與苻氏襲契丹憚其衆盛將還苻氏弗聽遂棄其輜重輕襲高句驪周行三千餘里士馬疲凍死者屬路攻木底城不剋而還盡殺寶諸子大城肥如及宿軍以仇尼倪爲鎮東大將軍營州刺史鎮宿軍上庸公懿爲鎮西將軍幽州刺史鎮令支尚書劉木爲鎮南大將軍冀州刺史鎮肥如爲苻氏起承華殿高承光一倍負土於北門土與穀同價典軍杜靜載棺詣闕上書極諫熙大怒斬之苻氏嘗季夏思凍魚膾仲冬須生地黃皆下有司切責不得加以大辟其虐也如此苻氏死熙悲號擗踴若喪考妣擁其尸而撫之曰體已就冷命遂斷矣於是僵仆氣絶久而乃蘇大斂既訖復啓其棺而與交接服斬縗食粥制百寮於宮内

哭臨令沙門素服使有司案檢哭者有淚以爲忠孝無則罪之於是羣臣震懼莫不含辛以爲淚焉慕容隆妻張氏熙之嫂也美姿容有巧思熙將以爲苻氏之殉欲以罪殺之乃毀其襚韡中有弊氈遂賜死三女叩頭求哀熙不許制公卿已下至於百姓率戶營墓費殫府藏下錮三泉周輪數里內則圖畫尚書八坐之象熙曰善爲之朕將隨后入此陵識者以爲不祥其右僕射韋璆等並懼爲殉沐浴而待死焉號苻氏墓曰徽平陵熙被髮徒跣步從苻氏喪轜車高大毀北門而出長老竊相謂曰慕容氏自毀其門將不久也衛中將軍馮跋左衛將軍張興先皆坐事亡奔以熙政之虐也與跋從兄萬泥等二十二人結盟推慕容雲爲主發尚方徒五千餘人閉門距守中黃門趙洛生奔告之熙曰此鼠盜耳朕還當誅之乃收髮貫甲馳還赴難夜至龍城攻北門不剋遂敗走入龍騰苑微服隱于林中爲人所執雲得而弒之及其諸子同殯城北時年二十三在位六年雲葬之于苻氏墓僞諡昭文皇帝垂以孝武帝太元八年僭立至熙四世凡二十四年以安帝義熙二年滅初童謠曰一束稾兩頭然禿頭小兒來

滅燕藁字上有草下有禾兩頭然則禾草俱盡而成高字雲父名拔小字禿頭三子而雲季也熙竟爲雲所滅如謠言焉

慕容雲字子雨寶之養子也祖父和高句驪之支庶自云高陽氏之苗裔故以高爲氏焉雲深沈有局量厚重希言時人咸以爲愚唯馮跋奇其志度而友之寶之爲太子雲以武藝給事侍東宮拜侍御郎襲敗慕容會軍寶子之賜姓慕容氏封夕陽公熙之葬苻氏也馮跋詰雲告之以謀雲懼曰吾嬰疾歷年卿等所知願更圖之跋逼曰慕容氏世衰河間虐暴惑妖淫之女而逆亂天常百姓不堪其害思亂者十室九焉此天亡之時也公自高氏名家何能爲他養子機運難邀千歲一時公焉得辭也扶之而出雲曰吾疾苦日久廢絕世務卿今與建大事謬見推逼所以徘徊非爲身也實惟否德不足以濟元元故耳跋等彊之雲遂即天王位復姓高氏大赦境內殊死以下改元曰正始國號大燕署馮跋侍中都督中外諸軍事征北大將軍開府儀同三司錄尚書事武邑公封伯子男鄉亭侯者五十餘人士卒賜穀帛有差熙之羣官復其爵位立妻李氏爲

天王后子彭爲太子越騎校尉慕輿良謀叛雲誅之雲臨東堂幸臣離班桃仁懷劍執紙而入稱有所啓拔劍擊雲雲以几距班桃仁進而弑之馮跋遷雲尸于東宮僞諡惠懿皇帝雲自以無功德而爲豪桀所推常内懷懼故寵養壯士以爲腹心離班桃仁等並專典禁衞委之以爪牙之任賞賜月至數千萬衣食臥起皆與之同終以此致敗云

史臣曰四星東聚金陵之氣已分五馬南浮玉塞之雄方擾市朝屢改鄴虞靡息慕容垂天資英傑威震本朝以雄略見猜而庇身寬政永固受之而以禮道明事之而畢力然而隼質難羈狼心自野淮南失律三甥之謀已構河朔分麾五木之祥云啓斬飛龍而返舉踰石門而長邁遂使翟氏景從鄴師宵逸收羅趙魏驅駕英雄扣囊餘奇摧五萬於河曲浮船祕策招七郡於黎陽返遼陰之舊物創中山之新社類帝禋宗僭擬斯備夫以重耳歸晉賴五臣之功句踐紿吳資五千之卒惡有業殊二霸衆微一旅掎拔而傾山嶽騰嘯而御風雲雖衞人忘亡復傳於東國任好餘裕伊媿於西鄰信苻氏之姦回非晉室之鯨鯢矣

寶以浮譽獲升峻文御俗蕭牆內憤勍敵外陵雖毒不被物而惡足自勦盛則孝友冥符文武不墜韜光而夷讎賊罪己而遜高危翩翩然濁世之佳虜矣熙乃地非奧主舉因淫德驪戎之態取悅於匡牀玄妻之貣見奇於鬒髮蕩輕舟於曲光之海望朝涉於景雲之山飾土木於驕心窮怨嗟於蕞壤宗祀夷滅爲馮氏之驅除焉

贊曰戎狄憑陵山川沸騰天未悔禍人非與能疾走而捷先鳴則興道明烈烈鞭笞豪桀掃燕夷魏釗屠丞滅大盜潛移鴻名遂竊寶心生亂盛清家難熙極驕淫人懷憤惋孽貽身咎災無以逭

晉書卷一百二十四

晉書卷一百二十四考證

慕容寶載記在位三年卽隆安三年也○綱目寶永康二年卽晉安帝隆安二年兩三字俱誤

慕容盛載記在位三年○綱目晉安帝隆安二年歲在戊戌冬十月稱皇帝至隆安五年辛丑爲段璣所殺則是在位四年也後燕錄亦作在位四年

晉書卷一百二十四考證

晉書卷一百二十五

唐　太　宗　文　皇　帝　御　撰

載記第二十五

乞伏國仁　乞伏乾歸　乞伏熾磐　馮跋　馮素弗

乞伏國仁隴西鮮卑人也在昔有如弗斯出連叱盧三部自漠北南出大陰山遇一巨蟲於路狀若神龜大如陵阜乃殺馬而祭之祝曰若善神也便開路惡神也遂塞不通俄而不見乃有一小兒在焉時又有乞伏部有老父無子者請養爲子衆咸許之老父欣然自以有所依憑字之曰紇干紇干者夏言依倚也年十歲驍勇善騎射彎弓五百斤四部服其雄武推爲統主號之曰乞伏可汗託鐸莫何託鐸者言非神非人之稱也其後有祐鄰者卽國仁五世祖也泰始初率戶五千遷于夏緣部衆稍盛鮮卑鹿結七萬餘落屯于高平川與祐鄰迭相攻擊鹿結敗南奔略陽祐鄰盡幷其衆因居高平川祐鄰死子結權立徙于牽屯結權死子利那立擊鮮卑吐賴于烏樹山討尉遲渴權于大非川收衆三

萬餘落利那死弟祁遲立祁遲死利那子述延立討鮮卑莫侯于苑川大破之
降其衆二萬餘落因居苑川以叔父軻遲爲師傅委以國政斯引烏遲爲左輔
將軍鎮蔡園川出連高胡爲右輔將軍鎮至便川叱盧那胡爲率義將軍鎮牽
屯山述延死子傉大寒立會石勒滅劉曜懼而遷于麥田元孤山大寒死子司
繁立始遷于度堅山尋爲苻堅將王統所襲部衆叛降于統司繁歎謂左右曰
智不距敵德不撫衆劍騎未交而本根已敗見衆分散勢亦難全若奔諸部必
不我容吾將爲呼韓邪之計矣乃詣統降于堅堅大悅署爲南單于留之長安
以司繁叔父吐雷爲勇士護軍撫其部衆俄而鮮卑勃寒侵斥隴右堅以司繁
爲使持節都督討西胡諸軍事鎮西將軍以討之勃寒懼而請降司繁遂鎮勇
士川甚有威惠司繁卒國仁代鎮及堅與壽春之役徵爲前將軍領先鋒騎會
國仁叔父步頹叛於隴西堅遣國仁還討之步頹聞而大悅迎國仁於路國仁
置酒高會攘袂大言曰苻氏往因趙石之亂遂妄竊名號窮兵極武跨僭八州
疆宇既寧宜綏以德方虛廣威聲勤心遠略騷動蒼生疲弊中國違天怒人將

何以濟且物窮則虧禍盈而覆者天之道也以吾量之是役也難以免矣當與諸君成一方之業及堅敗歸乃招集諸部有不附者討而幷之衆至十餘萬及堅爲姚萇所殺國仁謂其豪帥曰苻氏以高世之姿而困於烏合之衆可謂天也夫守常迷運先達恥之見幾而作英豪之舉吾雖薄德藉累世之資豈可覩時來之運而不作乎以孝武太元十年自稱大都督大將軍大單于領秦河二州牧建元曰建義以其將乙旃音遲爲左相屋引出支爲右相獨孤匹蹄爲左輔武羣勇士爲右輔弟乾歸爲上將軍自餘拜授各有差置武城武陽安固武始漢陽天水略陽漒川甘松匡明白馬苑川十二郡築勇士城以居之鮮卑匹蘭率衆五千降明年南安祕宜及諸羌虜來擊國仁四面而至國仁謂諸將曰先人有奪人之心不可坐待其至宜抑威餌敵羸師以張之軍法所謂怒我而怠寇也於是勒衆五千襲其不意大敗之祕宜奔還南安尋與其弟莫侯悌率衆三萬餘戶降於國仁各拜將軍刺史苻登遣使者署國仁使持節大都督都督雜夷諸軍事大將軍大單于苑川王國仁率騎三萬襲鮮卑大人密貴裕苟

提倫等三部於六泉高平鮮卑沒奕干東胡金熙連兵來襲相遇于渴渾川大戰敗之斬級三千獲馬五千匹沒奕干及熙奔還三部震懼率衆迎降署密貴建義將軍六泉侯裕苟建忠將軍蘭泉侯提倫建節將軍鳴泉侯國仁建威將軍叱盧烏孤跋擁衆叛保牽屯山國仁率騎七千討之斬其部將叱羅侯降者千餘戶跋大懼遂降復其官位因討鮮卑越質叱黎于平襄大破之獲其子詰歸弟子復半及部落五千餘人而還太元十三年國仁死在位四年僞謚宣烈王廟號烈祖

乾歸國仁弟也雄武英傑沉雅有度量國仁之死也其羣臣咸以國仁之子公府沖幼宜立長君乃推乾歸爲大都督大將軍大單于河南王赦其境內改元曰太初立其妻邊氏爲王后以出連乞都爲丞相鎮南將軍南梁州刺史悌眷爲御史大夫自餘封拜各有差遂還于金城太元十四年苻登遣使署乾歸大將軍大單于金城王南羌獨如率衆七千降之休官阿敦侯年二部各擁五千餘落據牽屯山爲其邊害乾歸討破之悉降其衆於是聲振邊服吐谷渾大人

視連遣使貢方物鮮卑豆留鞨叱豆渾及南丘鹿結并休官曷呼奴盧水尉地拔並率衆降于乾歸皆署其官爵隴西太守越質詰歸以平襄叛自稱建國將軍右賢王乾歸擊敗之詰歸東奔隴山旣而擁衆來降乾歸妻以宗女署立義將軍苻登將沒奕于遣使結好以二子爲質請討鮮卑大兜國乾歸乃與沒弈于攻大兜於安陽城大兜退固鳴蟬堡乾歸攻陷之遂還金城爲呂光弟寶所攻敗於鳴雀峽退屯青岸寶進追乾歸乾歸使其將彭奚念斷其歸路躬貫甲冑連戰敗之寶及將士投河死者萬餘人苻登遣使署乾歸假黃鉞大都督隴右河西諸軍事左丞相大將軍河南王領秦梁益涼沙五州牧加九錫之禮時登爲姚興所逼遣使請兵進封乾歸梁王命置官司納其妹東平長公主爲梁王后乾歸遣其前將軍乞伏益州冠軍翟瑥率騎二萬救之會登爲興所殺乃還師氐王楊定率步騎四萬伐之乾歸謂諸將曰楊定以勇虐聚衆窮兵逞欲兵猶火也不戢將自焚定之此役殆天以之資我也於是遣其涼州牧乞伏軻殫秦州牧乞伏益州立義將軍詰歸距之定敗益州於平川軻殫詰歸引衆而

退翟瑥奮劍諫曰吾王以神武之姿開基隴右東征西討靡不席卷威振秦梁聲光巴漢將軍以維城之重受閫外之寄宜宣力致命輔寧家國秦州雖敗二軍猶全奈何不思赴救便逆奔散何面目以見王乎昔項羽斬慶子以寧楚胡建戮監軍以成功將軍之所聞也瑥誠才非古人敢忘項氏之義乎軻殫曰向所以未赴秦州者未知衆心何如耳敗不相救軍罰所先敢自寧乎乃率騎赴之益州詰歸亦勒衆而進大敗定斬定及首虜萬七千級於是盡有隴西巴西之地太元十七年赦其境內殊死已下署其長子熾磐領尚書令左長史邊芮爲尚書左僕射右長史祕宜爲右僕射翟瑥爲吏部尚書翟勍爲主客尚書杜宣爲兵部尚書王松壽爲民部尚書樊謙爲三公尚書方弘麴景爲侍中自餘拜授一如魏武晉文故事猶稱大單于大將軍楊定之死也天水姜乳襲據上邽於是遣乞伏益州討之邊芮王松壽言於乾歸曰益州以懿弟之親屢有戰功狃於累勝常有驕色若其遇寇必將易之且未宜專任示有所先乾歸曰益州驍勇善御衆諸將莫有及之者但恐其專擅耳若以重佐輔之當無慮也於

是以北平韋乾爲長史散騎常侍務和爲司馬至大寒嶺益州特勝自矜不爲
部陣命將士解甲游畋縱飲令曰敢言軍事者斬乾等諫曰王以將軍親重故
委以專征之任庶能摧彼凶醜以副具瞻賊已垂逼奈何解甲自寬宴安酖毒
竊爲將軍危之益州曰乳以烏合之衆聞吾至理應遠竄今乃與吾決戰者斯
成擒也吾自揣之有方卿等不足慮也乳率衆距戰益州果敗乾歸曰孤違蹇
叔以至於此將士何爲孤之罪也皆赦之索虜禿髮如苟率戶二萬降之乾歸
妻以宗女呂光率衆十萬將伐乾歸左輔密貴周左衛莫者羖羝言於乾歸曰
光旦夕將至陛下以命世雄姿開業洮罕剋翦羣凶威振遐邇將鼓淳風於東
夏建八百之鴻慶不忍小屈與姦豎競於一時若機事不捷非國家利也宜遣
愛子以退之乾歸乃稱藩於光遣子勅勃爲質既而悔之遂誅周等乞伏軻殫
與乞伏益州不平奔于呂光光又伐之咸勸其東奔成紀乾歸不從謂諸將曰
昔曹孟德敗袁本初於官渡陸伯言摧劉玄德於白帝皆以權略取之豈在衆
乎光雖舉全州之軍而無經遠之算不足憚也且其精卒盡在呂延延雖勇而

愚易以奇策制之延軍若敗光亦遁還乘勝追奔可以得志衆咸曰非所及也
隆安元年光遣其子纂伐乾歸使呂延爲前鋒乾歸泣謂曰今事勢窮蹙逃命
無所死中求生正在今日涼軍雖四面而至然相去遼遠山河既阻力不周接
敗其一軍而衆軍自退乃縱反間稱秦王乾歸衆潰東奔成紀延信之引師輕
進果爲乾歸所敗遂斬之秃髮烏孤遣使來結和親使乞伏益州攻剋支陽鸇
武允吾三城俘獲萬餘人而還又遣益州與武衛慕容允冠軍翟瑥率騎二萬
伐吐谷渾視羆至于度周川大破之視羆遁保白蘭山遣使謝罪貢其方物以
子宕豈爲質鮮卑疊掘河內率戶五千自魏降乾歸乾歸所居南景門崩惡之
遂還于菀川姚興將姚碩德率衆五萬伐之入自南安峽乾歸次于隴西以距
碩德與潛師繼發乾歸聞興將至謂諸將曰吾自開建以來屢摧勍敵乘機藉
算舉無遺策今姚與盡中國之師軍勢甚盛山川阻狹無縱騎之地宜引師平
川伺其殆而擊之存亡之機在斯一舉卿等戮力勉之若梟翦姚興關中之地
盡吾有也於是遣其衛軍慕容允率中軍二萬還于柏陽鎮軍羅敦將外軍四

萬還于侯辰谷乾歸自率輕騎數千候興軍勢俄而大風昏霧遂與中軍相失爲興追軍所逼入于外軍旦而交戰爲興所敗乾歸遁還菀川遂走金城謂諸豪帥曰吾才非命世謬爲諸君所推心存撥亂而德非時雄叨竊名器年踰一紀負乘致寇傾喪若斯今人衆已散勢不得安吾欲西保允吾以避其鋒若方軌西邁理難俱濟卿等宜安土降秦保全妻子羣下咸曰昔古公杖策豳人歸懷玄德南奔荊楚襁負分岐之感古人所悲況臣等義深父子而有心離背請死生與陛下俱乾歸曰自古無不亡之國廢興命也苟天未亡我冀與復有期德之不建何爲俱死公等自愛吾將寄食以終餘年於是大哭而别乃率騎數百馳至允吾禿髮利鹿孤遣弟傉檀迎乾歸處之於晉興南羌梁弋等遣使招之乾歸將叛謀洩利鹿孤遣弟吐雷屯于捫天嶺乾歸懼爲利鹿孤所害謂其子熾磐曰吾不能負荷大業致茲顛覆以利鹿孤義兼姻好冀存脣齒之援方乃忘義背親謀人父子忌吾威名勢不全立姚興方盛吾將歸之若其俱去必爲追騎所及今送汝兄弟及汝母爲質彼必不疑吾既在秦終不害汝於是送

熾磐兄弟於西平乾歸遂奔長安姚興見而大悅署乾歸持節都督河南諸軍事鎮遠將軍河州刺史歸義侯遣乾歸還鎮菀川盡以部衆配之乾歸既至菀川以邊芮爲長史王松壽爲司馬公卿大將已下悉降號爲偏裨元興元年熾磐自西平奔長安姚興以爲振忠將軍興晉太守尋遣使者加乾歸散騎常侍左賢王遣隨與將齊難迎呂隆于河西討叛羌黨龍頭于滋川攻楊盛將苻帛于皮氏堡並剋之又破吐谷渾將大孩俘獲萬餘人而還尋復率衆攻楊盛將楊玉于西陽堡剋之既而菀川地震裂生毛狐雉入于寢內乾歸甚惡之姚興慮乾歸終爲西州之患因其朝也與留爲主客尚書以熾磐爲建武將軍行西夷校尉監撫其衆熾磐以長安兵亂將始乃招結諸部一萬七千築城于嵻峎山以據之熾磐攻剋枹罕遣使告之乾歸奔還菀川鮮卑悅大堅有衆五千自龍馬苑降乾歸乾歸遂如枹罕留熾磐鎮之乾歸收衆三萬遷于度堅山羣下勸乾歸稱王乾歸以寡弱弗許固請曰夫道應符歷雖廢必興圖籙所棄雖成必敗本初之衆非不多也魏武運籌四州瓦解尋邑之兵非不盛也世祖龍申

亡新烏散固天命不可虛邀符籙不可妄冀姚數將終否極斯泰乘機撫運實繫聖人今見衆三萬足可以疆理秦隴清蕩洮河陛下應運再興四海鵠望豈宜固守謙沖不以社稷爲本願時卽大位允副羣心乾歸從之義熙三年僭稱秦王赦其境內改元更始置百官公卿已下皆復本位遣熾磐討諭薄地延師次煩于地延率衆出降署爲尚書徙其部落于苑川又遣隴西羌昌何攻剋姚興金城郡以其驍騎乞伏務和爲東金城太守乾歸復都苑川又攻剋興略陽南安隴西諸郡徙二萬五千戶於苑川枹罕姚興力未能西討恐更爲邊害遣使署乾歸持節散騎常侍都督隴西嶺北匈奴雜胡諸軍事征西大將軍河州牧大單于河南王乾歸方圖河右權宜受之遂稱藩於興遣熾磐與其次子中軍審虔率步騎一萬伐禿髮傉檀師濟河敗傉檀太子武臺于嶺南獲牛馬十餘萬而還又攻剋興別將姚龍于伯陽堡王憬于永洛城徙四千餘戶於苑川三千餘戶于譚郊乾歸率步騎三萬征西羌彭利髮于枹罕師次于奴葵谷利髮棄其部衆南奔乾歸遣其將公府追及于清水斬之乾歸入枹罕收羌戶一

萬三千因率騎二萬討吐谷渾支統阿若干于赤水大破降之乾歸畋于五溪
有梟集于其手甚惡之六年爲兄子公府所弒并其諸子十餘人公府奔固大
夏熾磐與乾歸弟廣武智達陽武木弈于討之公府走達等追擒于嵻峎南山
并其四子轘之於譚郊葬乾歸于枹罕僞謚武元王在位二十四年
熾磐乾歸長子也性勇果英毅臨機能斷權略過人初乾歸爲姚興所敗熾磐
質於秃髮利鹿孤後自南平逃而降與興以爲振忠將軍與晉太守又拜建武
將軍行西夷校尉留其衆鎭苑川及乾歸返政復立熾磐爲太子領冠軍大將
軍都督中外諸軍錄尚書事後乾歸稱藩于姚興興遣使署熾磐假節鎭西將
軍左賢王平昌公尋進號撫軍大將軍乾歸死義熙六年熾磐襲僞位大赦改
元曰永康署翟勍爲相國麴景爲御史大夫段暉爲中尉弟延祚爲禁中錄事
樊謙爲司直罷尚書令僕射尚書六卿侍中散騎常侍黃門郎官置中左右常
侍侍郎各三人義熙九年遣其龍驤乞伏智達平東王松壽討吐谷渾樹洛干
於澆河大破之獲其將呼那烏提虜三千餘戶而還又遣其鎭東曇達與松壽

率騎一萬東討破休官權小郎呂破胡于白石川虜其男女萬餘口進據白石城休官降者萬餘人後顯親休官權小成呂奴迦等叛保白坑曇達謂將士曰昔伯珪憑嶮卒有滅宗之禍韓約肆暴終受覆族之誅今小成等逆命白坑宜在除滅王者之師有征無戰粵爾與人戮力勉之衆咸拔劍大呼於是進攻白坑斬小成奴迦及首級四千七百隴右休官悉降遣安北烏地延冠軍翟紹討吐谷渾別統句旁于泣勤川大破之俘獲甚衆熾磐率諸將討吐谷渾別統支旁于長柳川掘達于渴渾川皆破之前後俘獲男女二萬八千僭立十年有雲五色起于南山熾磐以爲己瑞大悅謂羣臣曰吾今年應有所定王業成矣於是繕甲整兵以待四方之隙聞禿髮傉檀西征乙弗投劍而起曰可以行矣率步騎二萬襲樂都禿髮武臺憑城距守熾磐攻之一旬而剋遂入樂都論功行賞各有差遣平遠犍虔率騎五千追傉檀徙武臺與其文武及百姓萬餘戶于枹罕傉檀遂降署爲驃騎大將軍左南公隨傉檀文武依才銓擢之熾磐既兼傉檀兵強地廣置百官立其妻禿髮氏爲王后十一年熾磐攻剋沮渠蒙遜河

湟太守沮渠漢平以其左衛匹逵爲河湟太守因討降乙弗窟乾而還遣其將曇達王松壽等討南羌彌姐康薄于赤水降之熾磐攻漒川師次沓中沮渠蒙遜率衆攻石泉以救之熾磐聞而引還遣曇達與其將出連虔率騎五千赴之蒙遜聞曇達至引歸遣使聘于熾磐遂結和親又遣曇達王松壽等率騎一萬伐姚艾于上邽曇達進據蒲水艾距戰大敗之艾奔上邽曇達進屯大利破黃石大羌二戍徙五千餘戶于枹罕令其安東木弈于率騎七千討吐谷渾樹洛干于塞上破其弟阿柴於堯杆川俘獲五千餘口而還洛干奔保白蘭山而死熾磐聞而喜曰此虜矯矯所謂有豕白蹢往歲曇達東征姚艾敗走今木弈于西討黠虜遠逃境宇稍清姦凶方殄股肱惟良吾無患矣於是以曇達爲左丞相其子元基爲右丞相麴景爲尚書令翟紹爲左僕射遣曇達元基東討姚艾降之至是乙弗鮮卑烏地延率戶三萬降于熾磐署爲建義將軍地延尋死弟他子立以子軻蘭質于西平他子從弟提孤等率戶五千以西還叛于熾磐涼州刺史出連虔遣使喻之提孤等歸降熾磐以提孤姦猾終爲邊患稅其部中

戎馬六萬匹後二歲而提孤等扇動部落西奔出塞他子率戶五千入居西平先是姚艾叛降蒙遜蒙遜率衆迎之艾叔父儁言於衆曰秦王寬仁有雅度自可安土事之何爲從涼王西遷衆咸以爲然相率逐艾推儁爲主遣使請降熾磐大悅徵儁爲侍中中書監征南將軍封隴西公邑一千戶使征西他子討吐谷渾覓地于弱水南大破之覓地率衆六千降於熾磐署爲弱水護軍遣其左衞匹逵建威梯君等討彭利和于溵川大破之利和單騎奔仇池獲其妻子徙羌豪三千戶于枹罕溵川羌三萬餘戶皆安堵如故元熙元年立其第二子慕末爲太子領撫軍大將軍都督中外諸軍事大赦境內改元曰建弘其臣佐等多所封授熾磐在位七年而宋氏受禪以宋元嘉四年死子慕末嗣僞位在位三年爲赫連定所殺始國仁以孝武太元十年僭位至慕末四世凡四十有六載而滅

史臣曰夫天地閉大祲生雲雷屯釁凶作自晉室遘孽胡兵肆禍封域無紀干戈是務國仁陰山遺噍難以義服伺我阽危長其陵暴向使偶欽明之運遭雄

略之主已當虔魂沙漠請命藁街豈暇竊據近郊經綸王業者也乾歸智不及遠而以力詐自矜陷呂延之師姦謀潛斷俘覘羆之衆威策遐舉便欲誓汧隴之餘卒窺崤函之奧區秣疲馬而宵征翦勍敵而朝食既而控弦鳴鏑厥志未逞沮岸崩山其功已喪履重氛於外難幸以計全貽巨釁於蕭牆終成凶禍宜哉熾磐叱咤風雲見幾而動牢籠儁傑決勝多奇故能命將掩澆河之酋臨戎襲樂都之地不盈數載遂隆僞業覽其遺業盜亦有道乎

馮跋

馮跋字文起長樂信都人也小字乞直伐其先畢萬之後也萬之子孫有食采馮鄉者因以氏焉永嘉之亂跋祖父和避地上黨父安雄武有器量慕容永時爲將軍永滅跋東徙和龍家于長谷幼而懿重少言寬仁有大度飲酒一石不亂三弟皆任俠不脩行業惟跋恭慎勤於家產父母器之所居上每有雲氣若樓閣時咸異之嘗夜見天門開神光赫然燭於庭內及慕容寶僭號署中衞將軍初跋弟素弗與從兄萬泥及諸少年游于水濱有一金龍浮水而下素弗謂

萬泥曰頗有見否萬泥等皆曰無所見也乃取龍而示之咸以爲非常之瑞慕容熙聞而求焉素弗祕之熙怒及卽僞位密欲誅跋兄弟其後跋又犯熙禁懼禍乃與其諸弟逃于山澤每夜獨行猛獸常爲避路時賦役繁數人不堪命跋兄弟謀曰熙今昏虐兼忌吾兄弟既還首無路不可坐受誅滅當及時而起立公侯之業事若不成死其晚乎遂與萬泥等二十二人結謀跋與二弟乘車使婦人御潛入龍城匿于北部司馬孫護之室遂殺熙立高雲爲主雲署跋爲使持節侍中都督中外諸軍事征北大將軍開府儀同三司錄尚書事武邑公跋讌羣寮忽有血流其左臂跋惡之從事中郎王垂因說符命之應跋戒其勿言雲爲其幸臣離班桃仁所殺跋升洪光門以觀變帳下督張泰李桑謂跋曰此豎勢何所至請爲公斬之於是奮劍而下桑斬班于西門泰殺仁于庭中衆推跋爲主跋曰范陽公素弗才略不恆志於靖亂掃清凶桀皆公勳也素弗辭曰臣聞父兄之有天下傳之於子弟未聞子弟藉父兄之業而先之今鴻基未建危甚綴旒天工無曠業繫大兄願上順皇天之命下副元元之心羣臣固請乃

許之於是以太元二十年乃僭稱天王于昌黎而不徙舊號即國曰燕赦其境內建元曰太平分遣使者巡行郡國觀察風俗追尊祖和爲元皇帝父安爲宣皇帝尊母張氏爲太后立妻孫氏爲王后子永爲太子署弟素弗爲侍中車騎大將軍錄尚書事弘爲侍中征東大將軍尚書右僕射汲郡公從兄萬泥爲驃騎大將軍幽平二州牧務銀提爲上大將軍遼東太守孫護爲侍中尚書令陽平公張興爲衞將軍尚書左僕射永寧公郭生爲鎭東大將軍領右衞將軍陳留公從兄子乳陳爲征西大將軍幷青二州牧上谷公姚昭爲鎭南大將軍司隸校尉上黨公馬弗勤爲吏部尚書廣宗公王難爲侍中撫軍將軍潁川公自餘拜授文武進位各有差尋而萬泥抗表請代跋曰猥以不德謬爲羣賢所推思與兄弟同茲休戚今方難未寧維城任重非明德懿親孰克居也且折衝禦侮爲國藩屏雖有他人不如我弟兄豈得如所陳也於是加開府儀同三司義熙六年跋下書曰昔高祖爲義帝舉哀天下歸其仁吾與高雲義則君臣恩踰兄弟其以禮葬雲及其妻子立雲廟於韮町置園邑二十家四時供薦初跋之

立也萬泥乳陳自以親而有大功謂當入爲公輔跋以二藩任重因而弗徵並有憾焉乳陳性麤獷勇氣過人密遣告萬泥曰乳陳有至謀願與叔父圖之萬泥遂奔白狼阻兵以叛跋遣馮弘與將軍張興將步騎二萬討之弘遣使諭之曰昔者兄弟乘風雲之運撫翼而起羣公以天地所鍾人望攸繫推逼主上光踐寶位裂土疏爵當與兄弟共之奈何欲尋干戈於蕭牆棄友于而爲閼伯過貴能改善莫大焉宜舍茲嫌同獎王室萬泥欲降乳陳按劍怒曰大丈夫死生有命決之于今何謂降也遂剋期出戰興謂弘曰賊明日出戰今夜必來驚我營宜命三軍以備不虞弘乃密嚴人課草十束畜火伏兵以待之是夜乳陳果遣壯士千餘人來斫營衆火俱起伏兵邀擊俘斬無遺乳陳等懼而出降弘皆斬之署素弗爲大司馬改封遼西公馮弘爲驃騎大將軍改封中山公跋下書曰自頃多故事難相尋賦役繁苦百姓困窮宜加寬宥務從簡易前朝苛政悉皆除之守宰當垂仁惠無得侵害百姓蘭臺都官明加澄察初慕容熙之敗也工人李訓竊寶而逃貲至巨萬行貨於馬弗勤弗勤以訓爲方略令既而失志

之士書之於闕下碑馮素弗言之於跋請免弗勤官仍推罪之跋曰大臣無忠清之節貨財公行於朝雖由吾不明所致弗勤宜肆諸市朝以正刑憲但大業草創彝倫未敘弗勤拔自寒微未有君子之志其特原之李訓小人汙辱朝士可東市考竟於是上下肅然請賕路絕蠕蠕勇斛律遣使求跋女僞樂浪公主獻馬三千匹跋命其羣下議之素弗等議曰前代舊事皆以宗女妻六夷宜許以妃嬪之女樂浪公主不宜下降非類跋曰女生從夫千里豈遠朕方崇信殊俗奈何欺之乃許焉遣其游擊秦都率騎二千送其女歸于蠕蠕庫莫奚虞出庫真率三千餘落請交市獻馬千匹許之處之於營丘分遣使者巡行郡國孤老久病不能自存者賑穀帛有差孝悌力田閨門和順者皆褒顯之昌黎郝越營丘張買成周刁溫建德何纂以賢良皆擢敘之遣其太常丞劉軒徙北部人五百戶于長谷爲祖父園邑以其太子永領大單于置四輔跋勵意農桑勤心政事乃下書省徭薄賦墮農者戮之力田者褒賞命尚書紀達爲之條制每遣守宰必親見東堂問爲政事之要令極言無隱以觀其志於是朝野競勸焉先

是河間人褚匡言於跋曰陛下至德應期龍飛東夏舊邦宗族傾首朝陽以日
爲歲若聽臣往迎致之不遠跋曰隔絕殊域阻迴數千將何可致也匡曰章武
郡臨海船路甚通出於遼西臨渝不爲難也跋許之署匡游擊將軍中書侍郎
厚加資遣匡尋與跋從兄買從弟睹自長樂率五千餘戶來奔署買爲衞尉封
城陽伯睹爲太常高城伯契丹庫莫奚降署其大人爲歸善王跋又下書曰今
疆宇無虞百姓寧業而田畝荒穢有司不隨時督察欲令家給人足不亦難乎
桑柘之益有生之本此土少桑人未見其利可令百姓人殖桑一百根柘二十
根又下書曰聖人制禮送終有度重其衣衾厚其棺椁將何用乎人之亡也精
魂上歸於天骨肉下歸於地朝終夕壞無寒暖之期衣以錦繡服以羅紈寧有
知哉厚於送終貴而改葬皆無益亡者有損於生是以祖考因舊立廟皆不改
營陵寢申下境內自今皆令奉之魏使耿貳至其國跋遣其黃門郎常陋迎之
於道跋爲不稱臣怒而不見及至跋又遣陋勞之貳忿而不謝跋散騎常侍申
秀言於跋曰陛下接貳以禮而敢驕蹇若斯不可容也申給事馮懿以傾佞有

幸又盛稱貳之陵懱以激跋跋曰亦各其志也匹夫尚不可屈況一方之主乎請幽而降之跋乃留貳不遣是時井竭三日而復其尚書令孫護里有犬與豕交護見而惡之召太史令閔尚筮之尚曰犬豕異類而交違性失本其於洪範爲犬禍將勃亂失衆以至敗亡明公位極冢宰退邇具瞻諸弟並封列侯貴傾王室妖見里庭不爲他也願公戒滿盈之失脩尚恭儉則妖怪可消永享元吉護默然不悅昌黎尹孫伯仁護弟叱支叱支弟乙拔等俱有才力以驍勇聞跋之立也並冀開府而跋未之許由是有怨言每於朝饗之際常拔劍擊柱曰與建大業有功力焉而滯於散將豈是漢祖河山之義乎跋怒誅之進護左光祿大夫開府儀同三司錄尚書事以慰之護自三弟誅後常怏怏有不悅之色跋怒酖之尋而遼東太守務銀提自以功在孫護張興之右而出爲邊郡抗表有恨言密謀外叛跋怒殺之跋下書曰武以平亂文以經務寧國濟俗實所憑焉自頃喪難禮崩樂壞閭閻絶諷誦之音後生無庠序之教子衿之歎復興于今豈所以穆章風化崇闡斯文可營建太學以長樂劉軒營丘張熾成周翟崇爲

博士郎中領二千石已下子弟年十三已上教之跋弟丕先是因亂投於高句驪跋迎致之至龍城以爲左僕射常山公蝚蠕斛律爲其弟大但所逐盡室奔跋乃館之於遼東郡待之以客禮跋納其女爲昭儀時三月不雨至于夏五月斛律上書請還塞北跋曰棄國萬里又無內應若以彊兵相送糧運難繼少也勢不能固且千里襲國古人爲難況數千里乎斛律固請曰不煩大衆願給騎三百足矣得達勑勤國人必欣而來迎乃許之遣單于前輔萬陵率騎三百送之陵憚遠役至黑山殺斛律而還晉青州刺史申永遣使浮海來聘跋乃使其中書郎李扶報之蝚蠕大但遣使獻馬三千匹羊萬口有赤氣四塞太史令張穆言於跋曰兵氣也今大魏威制六合而聘使斷絕自古未有鄰國接境不通和好違義怒鄰取亡之道宜還前使修和結盟跋曰吾當思之尋而魏軍大至遣單于右輔古泥率騎候之去城十五里遇軍奔還又遣其將姚昭皇甫軌等距戰軌中流矢死魏以有備引還跋境地震山崩洪光門鸛雀折又地震右寢壞跋問閔尙曰比年屢有地動之變卿可明言其故尙曰地陰也主百姓震有

左右比震皆尙右臣懼百姓將西移跋曰吾亦甚慮之分遣使者巡行郡國問
所疾苦孤老不能自存者賜以穀帛有差跋立十一年至是元熙元年也此後
事入于宋至元嘉七年死弟弘殺跋子翼自立後爲魏所伐東奔高句驪居二
年高句驪殺之始跋以孝武太元二十年僭號至弘二世凡二十有八載
馮素弗跋之長弟也慷慨有大志姿貌魁偉雄傑不羣任俠放蕩不修小節故
時人未之奇惟王齊異焉曰撥亂才也惟交結時豪爲務不以產業經懷弱冠
自詣慕容熙尙書左丞韓業請婚業怒而距之復求尙書郎高邵女邵亦弗許
南宮令成藻豪俊有高名素弗造焉藻命門者勿納素弗逕入與藻對坐旁若
無人談飲連日藻始奇之曰吾遠求騏驥不知近在東鄰何識子之晚也當世
俠士莫不歸之及熙僭號爲侍御郎小帳下督跋之僭業素弗所建也及爲宰
輔謙虛恭慎非禮不動雖廝養之賤皆與之抗禮車服屋宇服於儉約脩己率
下百僚憚之初爲京尹及鎮營丘百姓歌之嘗謂韓業曰君前既不顧今將自
取何如業拜而陳謝素弗曰既往之事豈復與君計之然待業彌厚好存亡繼

絕申拔舊門問侍中陽哲曰秦趙勳臣子弟今何在乎哲曰皆在中州惟桃豹孫鮮在焉素弗召爲左常侍論者歸其有宰衡之度跋之七年死跋哭之哀慟比葬七臨之

史臣曰自五胡縱慝九域淪胥帝里神州遂混之於荒裔鴻名寶位咸假之於雜種嘗謂戎狄凶嚚未窺道德欺天擅命抑乃其常而馮跋出自中州有殊醜類因鮮卑之昏虐亦盜名於海隅然其遷徙之餘少非雄傑幸以寬厚爲衆所推初雖砥礪終罕成德舊史稱其信惑妖祀斥黜諫臣無開馭之才異經決之士信矣速禍致寇艮謂在茲猶能育黎萌保守疆宇發號施令二十餘年豈天意乎非人事也

贊曰國仁驍武乾歸勇悍矯矯熾磐臨機能斷孰謂獯虜亦懷沉算文起常才憑時叛換咸竊大寶爲我多難

晉書卷一百二十五

晉書卷一百二十五考證

乞伏乾歸載記太元十四年苻登遣使署乾歸大將軍大單于○十四年綱目作十三年

隆安元年光遣其子纂伐乾歸○隆安各本誤建安今從西秦錄改正

義熙三年僭稱秦王赦其境內改元更始○綱目晉安帝義熙三年歲在丁未春正月秦以乞伏乾歸爲主客尚書五年乞伏乾歸自秦逃歸秋七月西秦復稱王與此互異

乞伏熾磐載記以其左衞匹逵爲河湟太守○匹監本訛四今從下文遣其左衞匹逵改正

馮跋載記凡二十有八載○上文謂跋以孝武太元二十年乙未僭號則距丙子爲三十九年豈止二十有八載哉北燕錄跋僭號太平元年歲在己酉至亡之歲歲在丙子計其年數爲二十八載與歷代甲子圖合

晉書卷一百二十五考證

晉書卷一百二十六

唐　太　宗　文　皇　帝　御　撰

載記第二十六

禿髮烏孤　禿髮利鹿孤　禿髮傉檀

禿髮烏孤河西鮮卑人也其先與後魏同出八世祖匹孤率其部自塞北遷于河西其地東至麥田牽屯西至濕羅南至澆河北接大漠匹孤卒子壽闐立初壽闐之在孕母胡掖氏因寢而產於被中鮮卑謂被爲禿髮因而氏焉壽闐卒孫樹機能立壯果多謀略泰始中殺秦州刺史胡烈於萬斛堆敗涼州刺史蘇愉于金山盡有涼州之地武帝爲之旰食後爲馬隆所敗部下殺之以降從弟務丸立死孫推斤立死子思復鞬立部衆稍盛烏孤卽思復鞬之子也及嗣位務農桑修鄰好呂光遣使署爲假節冠軍大將軍河西鮮卑大都統廣武縣侯烏孤謂諸將曰呂氏遠來假授當可受不衆咸曰吾士衆不少何故屬人烏孤將從之其將石真若留曰今本根未固理宜隨時光德刑修明境內無虞若致

死於我者大小不敵後雖悔之無所及也不如受而遵養之以待其釁耳烏孤乃受之烏孤討乙弗折掘二部大破之遣其將石亦干築廉川堡以都之烏孤登廉川大山泣而不言石亦干進曰臣聞主憂臣辱主辱臣死大王所爲不樂者將非呂光乎光年已衰老師徒屢敗今我以士馬之盛保據大川乃可以一擊百光何足懼也烏孤曰光之衰老亦吾所知但我祖宗以德懷遠殊俗憚威盧陵契汗萬里委順及吾承業諸部背叛邇既乖違遠何以附所以泣耳其將苻渾曰大王何不振旅誓衆以討其罪烏孤從之大破諸部呂光封烏孤廣武郡公又討意云鮮卑大破之光又遣使署烏孤征南大將軍益州牧左賢王烏孤謂使者曰呂王昔以專征之威遂有此州不能以德柔遠惠安黎庶諸子貪淫三甥肆暴郡縣土崩下無生賴吾安可違天下之心受不義之爵帝王之起豈有常哉無道則滅有德則昌吾將順天人之望爲天下主留其鼓吹羽儀謝其使而遣之隆安元年自稱大都督大將軍大單于西平王赦其境內年號太初曜兵廣武攻剋金城光遣將軍竇苟來伐戰于街亭大敗之降光樂都湟河

澆河三郡嶺南羌胡數萬落皆附之光將楊軌王乞基率戶數千來奔烏孤更稱武威王後三歲徙于樂都署弟利鹿孤爲驃騎大將軍西平公鎮安夷傉檀爲車騎大將軍廣武公鎮西平以楊軌爲賓客金石生時連珍四夷之豪儁陰順郭倖西川之德望楊統楊貞衞殷麴丞明郭黃郭奮史暠鹿嵩文武之秀傑梁昶韓疋張昶郭韶中州之才令金樹薛翹趙振王忠趙晁蘇霸秦雍之世門皆內居顯位外宰郡縣官方授才咸得其所烏孤從容謂其羣下曰隴右區區數郡地耳因其兵亂分裂遂至十餘乾歸擅命河南段業阻兵張掖虐氐假息偷據姑臧吾藉父兄遺烈思廓清西夏兼弱攻昧三者何先楊統進曰乾歸本我所部終必歸服段業儒生才非經世權臣擅命制不由己千里伐人糧運懸絕且與我隣好許以分災共患乘其危弊非義舉也呂光衰老嗣紹沖闇二子纂弘雖頗有文武而內相猜忌若天威臨之必應鋒瓦解宜遣車騎鎮浩亹鎮北據廉川乘虛迭出多方以誤之救右則擊其左救左則擊其右使纂疲於奔命人不得安其農業兼弱攻昧於是乎在不出二年可以坐定姑臧姑臧既拔

二寇不待兵戈自然服矣烏孤然之遂陰有吞幷之志段業爲呂纂所侵遣利鹿孤救之纂懼燒氏池張掖穀麥而還以利鹿孤爲涼州牧鎮西平遣傉檀入錄府國事是歲烏孤因酒墜馬傷脅笑曰幾使呂光父子大喜俄而患甚顧謂羣下曰方難未靜宜立長君言終而死在王位三年僞謚武王廟號烈祖弟利鹿孤立

利鹿孤以隆安三年卽僞位赦其境內殊死已下又徙居于西平使記室監麴梁明聘于段業業曰貴主先王創業啓運功高先世宜爲國之太祖有子何爲不立梁明曰有子羌奴先王之命也業曰昔成王弱齡周召作宰漢昭八歲金霍夾輔雖嗣子沖幼而二叔休明左提右挈不亦可乎明曰宋宣能以國讓春秋美之孫伯符委事仲謀終開有吳之業且兄終弟及殷湯之制也亦聖人之格言萬代之通式何必胤己爲是紹兄爲非業曰美哉使乎之義也利鹿孤聞呂光死遣其將金樹蘇翹率騎五千屯于昌松漠口既逾年赦其境內改元曰建和二千石長吏清高有惠化者皆封亭侯關內侯呂纂來伐使傉檀距之纂

士卒精銳進度三堆三軍擾懼傉檀下馬據胡床而坐士衆心乃始安與纂戰
敗之斬二千餘級纂西擊段業傉檀率騎一萬乘虛襲姑臧纂弟緯守南北城
以自固傉檀置酒于朱明門上鳴鐘鼓以饗將士耀兵于青陽門虜八千餘戶
而歸乞伏乾歸爲姚興所敗率騎數百來奔處之晉興待以上賓之禮乾歸遣
子謙等質于西平鎭北將軍俱延言於利鹿孤曰乾歸本我之屬國妄自尊立
理窮歸命非有款誠若奔東秦必引師西侵非我利也宜徙於乙弗之間防其
越逸之路利鹿孤曰吾方弘信義以收天下之心乾歸投誠而徙之四海將謂
我不可以誠信託也俄而乾歸果奔于姚興利鹿孤謂延曰不用卿言乾歸果
叛卿爲吾行也延追乾歸至河不及而還利鹿孤立二年龍見于長寧麒麟游
于綏羌於是羣臣勸進以隆安五年僭稱河西王其將鍮勿崙進曰昔我先君
肇自幽朔被髮左袵無冠冕之儀遷徙不常無城邑之制用能中分天下威振
殊境今建大號誠順天心然寧居樂土非貽厥之規倉府粟帛生敵人之志且
首兵始號事必無成陳勝項籍前鑒不遠宜署晉人於諸城勸課農桑以供軍

國之用我則習戰法以誅未賓若東西有變長算以縻之如其敵強於我徙而以避其鋒不亦善乎利鹿孤然其言於是率師伐呂隆大敗之獲其右僕射楊桓傉檀謂之曰安寢危邦不思擇木老爲囚虜豈曰智也桓曰受呂氏厚恩位忝端貳雖洪水滔天猶欲濟彼俱溺實恥爲叛臣以見明主傉檀曰卿忠臣也以爲左司馬利鹿孤謂其羣下曰吾無經濟之才忝承業統自負乘在位三載于茲雖夙夜惟寅思弘道化而刑政未能允中風俗尚多凋弊戎車屢駕無闢境之功務進賢彥而下猶蓄滯豈所任非才將吾不明所致也二三君子其極言無諱吾將覽焉祠部郎中史暠對曰古之王者行師以全軍爲上破國次之拯溺救焚東征西怨今不以綏寧爲先惟以徙戶爲務安土重遷故有離叛所以斬將剋城土不加廣今取士拔才必先弓馬文章學藝爲無用之條非所以來遠人垂不朽也孔子曰不學禮無以立宜建學校開庠序選耆德碩儒以訓胄子利鹿孤善之於是以田玄沖趙誕爲博士祭酒以教胄子時利鹿孤雖僭位尚臣姚興楊桓兄經佐命姚萇早死興聞桓有德望徵之利鹿孤餞桓于城

東謂之曰本期與卿共成大業事乖本圖分岐之感實情深古人但鯤非溟海無以運其軀鳳非脩梧無以晞其翼卿有佐時之器夜光之寶當振纓雲閣耀價連城區區河右未足以逞卿才力善勖日新以成大美桓泣曰臣往事呂氏情節不建陛下宥臣於俘虜之中顯同賢舊每希攀龍附鳳立尺寸之功龍門既開而臣違離公衡之戀豈曰忘之利鹿孤為之流涕遣傉檀又攻呂隆昌松太守孟禕于顯美克之傉檀執禕而數之曰見幾而作賞之所先守迷不變刑之所及吾方耀威玉門掃平秦隴卿固守窮城稽淹王憲國有常刑於分甘乎禕曰明公開翦河右聲播宇內文德以綏遠人威武以懲不恪況禕蕞爾敢距天命釁鼓之刑禕之分也但忠於彼者亦忠於此荷呂氏厚恩受藩屏之任明公至而歸命恐獲罪於執事惟公圖之傉檀大悅釋其縛待以客禮徙顯美麗靬二千餘戶而歸嘉禕忠烈拜左司馬禕請曰呂氏將亡聖朝之并河右昭然已定但為人守而不全復忝顯任竊所未安明公之恩聽禕就戮於姑臧死且不朽傉檀義而許之呂隆為沮渠蒙遜所伐遣使乞師利鹿孤引羣下議之尚

書左丞婆衍崙曰今姑臧饑荒殘弊穀石萬錢野無青草資食無取蒙遜千里行師糧運不屬使二寇相殘以乘其釁若蒙遜拔姑臧亦不能守適可爲吾取之不宜救也傉檀曰崙知其一未知其二姑臧今雖虛弊地居形勝河西一都之會不可使蒙遜據之宜在速救利鹿孤曰車騎之言吾之心也遂遣傉檀率騎一萬救之至昌松而蒙遜已退傉檀徙涼澤段冢五百餘家而歸利鹿孤寢疾令曰內外多虞國機務廣其令車騎嗣業以成先王之志在位三年而死葬于西平之東南僞謚曰康王弟傉檀嗣

傉檀少機警有才略其父奇之謂諸子曰傉檀明識幹藝非汝等輩也是以諸兄不以授子欲傳之於傉檀及利鹿孤即位垂拱而已軍國大事皆以委之以元興元年僭號涼王遷于樂都改元曰弘昌初乞伏乾歸之在晉興也以世子熾磐爲質後熾磐逃歸爲追騎所執利鹿孤命殺之傉檀曰臣子逃歸君父振古通義故魏武善關羽之奔秦昭恕頃襄之逝熾磐雖逃叛孝心可嘉宜垂全宥以弘海岳之量乃赦之至是熾磐又奔允街傉檀歸其妻子姚興遣使拜傉

檀車騎將軍廣武公傉檀大城樂都姚興遣將齊難率衆迎呂隆于姑臧傉檀攝昌松魏安二戍以避之與涼州刺史王尙遣主簿宗敞來聘敞父燮呂光時自湟河太守入爲尙書郎見傉檀于廣武執其手曰君神爽宏拔逸氣淩雲命世之傑也必當剋清世難恨吾年老不及見耳以敞兄弟託君至是傉檀謂敞曰孤以常才謬爲尊先君所見稱每自恐有累大人水鏡之明及忝家業竊有懷君子詩云中心藏之何日忘之不圖今日得見卿也敞曰大王仁侔魏祖存念先人雖朱暉眄張堪之孤叔向撫汝齊之子無以加也酒酣語及平生傉檀曰卿魯子敬之儔恨不與卿共成大業耳傉檀以姚興之盛又密圖姑臧乃去其年號罷尙書丞郎官遣參軍關尙聘于興興謂尙曰車騎投誠獻款爲國藩屛擅興兵衆輒造大城爲臣之道固若是乎尙曰王侯設險以自固先王之制也所以安人衞衆預備不虞車騎僻在遐藩密邇勍寇南則逆羌未賓西則蒙遜跋扈蓋爲國家重門之防不圖陛下忽以爲嫌興笑曰卿言是也傉檀遣其將文支討南羌西虜大破之上表姚興求涼州不許加傉檀散騎常侍增邑二

千戶傉檀於是率師伐沮渠蒙遜次于氐池蒙遜嬰城固守芟其禾苗至於赤
泉而還獻與馬三千匹羊三萬頭與乃署傉檀為使持節都督河右諸軍事車
騎大將軍領護匈奴中郎將涼州刺史常侍公如故鎮姑臧傉檀率步騎三萬
次于五澗與涼州刺史王尚遣辛晁孟禕彭敏出迎尚出自清陽門鎮南文支
入自涼風門宗敞以別駕送尚還長安傉檀曰吾得涼州三千餘家情之所寄
唯卿一人奈何捨我去乎敞曰今送舊君所以忠於殿下傉檀曰吾今新牧貴
州懷遠安邇之略為之若何敞曰涼土雖弊形勝之地道由人弘實在殿下段
懿孟禕武威之宿望辛晁彭敏秦隴之冠冕裴敏馬輔中州之令族張昶涼國
之舊胤張穆邊憲文齊楊班梁崧趙昌武同飛羽以大王之神略撫之以威信
農戰並脩文教兼設可以從橫於天下河右豈足定乎傉檀大悅賜敞馬二十
匹於是大饗文武於謙光殿班賜金馬各有差遣西曹從事史暠聘于姚與與
謂暠曰車騎坐定涼州衣錦本國其德我乎暠曰車騎積德河西少播英問王
威未接投誠萬里陛下官方任才量功受職彝倫之常何德之有與曰朕不以

州授車騎者車騎何從得之辱曰使河西雲擾呂氏顛狽者實由車騎傾其根本陛下雖鴻羅遐被涼州猶在天網之外故征西以周召之重力屈姑臧齊難以王旅之威勢挫張掖王尚孤城獨守外逼羣狄陛下不連兵十年殫竭中國涼州未易取也今以虛名假人內收大利乃知妙算自天聖與道合雖云遷授蓋亦時宜興悅其言拜騎都尉傉檀讌羣僚于宣德堂仰視而歎曰古人言作者不居居者不作信矣孟禕進曰張文王築城苑繕宮廟爲貽厥之資萬世之業秦師濟河漼然瓦解梁熙據全州之地擁十萬之衆軍敗於酒泉身死於彭濟呂氏以排山之勢王有西夏率土崩離銜璧秦雍寬饒有言富貴無常忽輒易人此堂之建年垂百載十有二主唯信順可以久安仁義可以永固願大王勉之傉檀曰非君無以聞讜言也傉檀雖受制於姚興然車服禮章一如王者以宗敞爲太府主簿錄記室事傉檀僞游澆河襲徙西平湟河諸羌三萬餘戶于武興番禾武威昌松四郡徵集戎夏之兵五萬餘人大閱于方亭遂伐沮渠蒙遜入西陝蒙遜率衆來距戰于均石爲蒙遜所敗傉檀率騎二萬運穀四萬

石以給西郡蒙遜攻西郡陷之其後傉檀又與赫連勃勃戰于陽武爲勃勃所敗將佐死者十餘人傉檀與數騎奔南山幾爲追騎所得傉檀懼東西寇至徙三百里內百姓入于姑臧國中駭怨屠各成七兒因百姓之擾也率其屬三百人叛傉檀於北城推梁貴爲盟主貴閉門不應一夜衆至數千殿中都尉張猛大言於衆曰主上陽武之敗蓋恃衆故也責躬悔過明君之義諸君何故從此小人作不義之事殿內武旅正爾相尋目前之危悔將無及衆聞之咸散七兒奔晏然殿中騎將白路等追斬之軍諮祭酒梁裒輔國司馬邊憲等七人謀反傉檀悉誅之姚興以傉檀外有陽武之敗內有邊梁之亂遣其尚書郎韋宗來觀釁傉檀與宗論六國從橫之規三家戰爭之略遠言天命廢興近陳人事成敗機變無窮辭致清辨宗出而歎曰命世大才經綸名教者不必華宗夏士撥煩理亂澄氛濟世者亦未必八索九丘五經之外冠冕之表復自有人車騎神機秀發信一代之偉人由余日磾豈足爲多也宗還長安言於興曰涼州雖殘弊之後風化未穎傉檀權詐多方憑山河之固未可圖也興曰勃勃以烏合之

衆尚能破之吾以天下之兵何足剋也宗曰形移勢變終始殊途陵人者易敗自守者難攻陽武之役傉檀以輕勃勃致敗今以大軍臨之必自固求全臣竊料羣臣無傉檀匹也雖以天威臨之未見其利與不從乃遣其將姚弼及斂成等率步騎三萬來伐又使其將姚顯爲弼等後繼遺傉檀書云遣尚書左僕射齊難討勃勃懼其西逸故令弼等於河西邀之傉檀以爲然遂不設備弼衆至漠口昌松太守蘇霸嬰城固守弼喻霸令降霸曰汝違負盟誓伐委順之藩天地有靈將不祐汝吾寧爲涼鬼何降之有城陷斬霸弼至姑臧屯于西苑州人王鍾宋鍾王娥等密爲內應候人執其使送之傉檀欲誅其元首前軍伊力延侯曰今強敵在外內有姦豎兵交勢蹙禍難不輕宜悉坑之以安內外傉檀從之殺五千餘人以婦女爲軍賞命諸郡縣悉驅牛羊於野斂成縱兵虜掠傉檀遣其鎮北俱延鎮軍敬歸等十將率騎分擊大敗之斬首七千餘級姚弼固壘不出傉檀攻之未剋乃斷水上流欲以持久斃之會雨甚堰壞弼軍乃振姚顯聞弼敗兼道赴之軍勢甚盛遣射將孟欽等五人挑戰于涼風門弦未及發材

官將軍宋益等馳擊斬之顯乃委罪斂成遣使謝傉檀引師而歸傉檀於是僭
卽涼王位赦其境內改年爲嘉平置百官立夫人折掘氏爲王后世子武臺爲
太子錄尙書事左長史趙晁右長史郭倖爲尙書左右僕射鎭北俱延爲太尉
鎭軍敬歸爲司隸校尉自餘封署各有差遣其左將軍枯木駙馬都尉胡康伐
沮渠蒙遜掠臨松人千餘戶而還蒙遜大怒率騎五千至于顯美方亭破車蓋
鮮卑而還俱延又伐蒙遜大敗而歸傉檀將親率衆伐蒙遜趙晁及太史令景
保諫曰今太白未出歲星在西宜以自守難以伐人比年天文錯亂風霧不時
惟修德責躬可以寧吉傉檀曰蒙遜往年無狀入我封畿掠我邊疆殘我禾稼
吾蓄力待時將報東門之恥今大軍已集卿欲沮衆邪保曰陛下不以臣不肖
使臣主察乾象若見事不言非爲臣之體天文顯然動必無利傉檀曰吾以輕
騎五萬伐之蒙遜若以騎兵距我則衆寡不敵兼步而來則舒疾不同救右則
擊其左赴前則攻其後終不與之交兵接戰卿何懼乎保曰天文不虛必將有
變傉檀怒鏁保而行曰有功當殺汝以徇無功封汝百戶侯旣而蒙遜率衆來

距戰于窮泉傉檀大敗單馬奔還景保爲蒙遜所擒讓之曰卿明於天文爲彼國所任違天犯順智安在乎保曰臣匪爲無智但言而不從蒙遜曰昔漢高祖困于平城以婁敬爲功袁紹敗于官渡而田豐爲戮卿策同二子貴主未可量也卿必有婁敬之賞者吾今放卿但恐有田豐之禍耳保曰寡君雖才非漢祖猶不同本初正可不得封侯豈慮禍也蒙遜乃免之至姑臧傉檀謝之曰卿孤之蓍龜也而不能從之孤之深罪封保安亭侯蒙遜進圍姑臧百姓懲東苑之戮悉皆驚散疊掘麥田車蓋諸部盡降于蒙遜傉檀遣使請和蒙遜許之乃遣司隸校尉敬歸及子他爲質歸至胡坑逃還他爲追兵所執蒙遜徙其衆八千餘戶而歸右衛折掘奇鎮據石驢山以叛傉檀懼爲蒙遜所滅又慮奇鎮剋嶺南乃遷于樂都留大司農成公緒守姑臧傉檀始出城焦諶王侯等閉門作難收合三千餘家保據南城諶推焦朗爲大都督龍驤大將軍諶爲涼州刺史降于蒙遜鎮軍敬歸討奇鎮於石驢山戰敗死之蒙遜因剋姑臧之威來伐傉檀遣其安北段苟左將軍雲連乘虛出番禾以襲其後徙三千餘家於西平蒙遜

圍樂都三旬不剋遣使謂傉檀曰若以寵子爲質我當還師傉檀曰去否任卿兵勢卿違盟無信何質以供蒙遜怒築室返耕爲持久之計羣臣固請乃以子安周爲質蒙遜引歸吐谷渾樹洛于率衆來伐傉檀遣其太子武臺距之爲洛于所敗傉檀又將伐蒙遜邯川護軍孟愷諫曰蒙遜初幷姑臧凶勢甚盛宜固守伺隙不可妄動不從五道俱進至番和苕藋掠五千餘戶其將屈右進曰陛下轉戰千里前無完陣徙戶資財盈溢衢路宜倍道旋師早度峻險蒙遜善於用兵士衆習戰若輕軍卒至出吾慮表大敵外逼徙戶內攻危之道也衛尉伊力延曰我軍勢方盛將士勇氣自倍彼徒我騎勢不相及若倍道旋師必捐棄資財示人以弱非計也屈右出而告其諸弟曰吾言不用天命也此吾兄弟死地俄而昏霧風雨蒙遜軍大至傉檀敗績而還蒙遜進圍樂都傉檀嬰城固守以子染干爲質蒙遜乃歸久之遣安西紇勃耀兵西境蒙遜侵西平徙戶掠牛馬而還邯川護軍孟愷表鎮南湟河太守文支荒酒愎諫不卹政事傉檀謂伊力延曰今州土傾覆所杖者文支而已將若之何延曰宜召而訓之使改往脩

來傉檀乃召文支既到讓之曰二兄英姿早世吾以不才嗣統不能負荷大業顛狽如是胡顏視世雖存若隕庶憑子鮮存衞耤文種復吳卿之謂也聞卿唯酒是耽荒廢署事吾年已老卿復若斯祖宗之業將誰寄也文支頓首陳謝邯川人衞章等謀殺孟愷南啓乞伏熾磐郭越止之曰孟君寬以惠下何罪而殺之吾寧違衆而死不負君以生乃密告之愷誘章等飲酒殺四十餘人愷懼熾磐軍之至馳告文支文支遣將軍匹珍赴之熾磐軍到城聞珍將至引歸蒙遜又攻樂都二旬不剋而還鎮南文支以湟河降蒙遜徙五千餘戶于姑臧蒙遜又來伐傉檀以太尉俱延爲質蒙遜乃引還傉檀議欲西征乙弗孟愷諫曰連年不收上下飢弊南逼熾磐北迫蒙遜百姓騷動下不安業今遠征雖剋後患必深不如結盟熾磐通糴濟難慰喻雜部以廣軍資畜力繕兵相時而動易曰其亡其亡繫于苞桑惟陛下圖之傉檀曰孤將略地卿無沮衆謂其太子武臺曰今不種多年內外俱窘事宜西行以拯此弊蒙遜近去不能卒來旦夕所慮唯在熾磐彼名微衆寡易以討禦吾不過一月自足周旋汝謹守樂都無使失

墜傉檀乃率騎七千襲乙弗大破之獲牛馬羊四十餘萬熾磐乘虛來襲撫軍從事中郎尉肅言於武臺曰今外城廣大難以固守宜聚國人於內城肅等率諸晉人距戰於外如或不捷猶有萬全武臺曰小賊蕞爾旦夕當走卿何慮之過也武臺懼晉人有二心也乃召豪望有勇謀者閉之於內孟愷泣曰熾磐不道人神同憤愷等進則荷恩重遷退顧妻子之累豈有二乎今事已急矣人思自效有何猜邪武臺曰吾豈不知子忠實懼餘人脫生慮變以君等安之耳一旬而城潰安西樊尼自西平奔告傉檀傉檀謂衆曰今樂都爲熾磐所陷男夫盡殺女婦賞軍雖欲歸還無所赴也卿等能與吾籍乙弗之資取契汗以贖妻子是所望也不爾卽歸熾磐便爲奴僕矣豈忍見妻子在他人抱中遂引師而西衆多逃返遣鎮北段苟追之苟亦不還於是將士皆散惟中軍紇勃後軍洛肱安西樊尼散騎侍郎陰利鹿在焉傉檀曰蒙遜熾磐昔皆委質於吾今而歸之不亦鄙哉四海之廣匹夫無所容其身何其痛也蒙遜與吾名齊年比熾磐姻好少年俱其所忌勢皆不濟與其聚而同死不如分而或全樊尼長兄之子

宗部所寄吾衆在北者戶垂二萬蒙遜方招懷遐邇存亡繼絕汝其西也紇勃洛肱亦與尼俱吾年老矣所適不容寧見妻子而死遂歸熾磐惟隂利鹿隨之傉檀謂利鹿曰去危就安人之常也吾親屬皆散卿何獨留利鹿曰臣老母在家方寸實亂但忠孝之義勢不俱全雖不能西哭沮渠申包胥之誠東感秦援展毛遂之操負羈靮而侍陛下者臣之分也惟願開弘遠猷審進止之算傉檀歎曰知人固未易人亦未易知大臣親戚皆棄我去終始不虧者惟卿一人歲寒不凋見之於卿傉檀至西平熾磐遣使郊迎待以上賓之禮初樂都之潰也諸城皆降于熾磐傉檀將尉賢政固守浩亹不下熾磐呼之曰樂都已潰卿妻子皆在吾門孤城獨守何所爲也賢政曰受涼王厚恩爲國家藩屏雖知樂都已陷妻子爲擒先歸獲賞後順受誅然不知主上存亡未敢歸命妻子小事豈足動懷昔羅憲待命晉文亮之文聘後來魏武不責邀一時之榮忘委付之重竊用恥焉大王亦安用之哉熾磐乃遣武臺手書喻政政曰汝爲國儲不能盡節面縛於人棄父負君虧萬世之業賢政義士豈如汝乎既而聞傉檀至左南

乃降熾磐以傉檀爲驃騎大將軍封左南公歲餘爲熾磐所鴆左右勸傉檀解藥傉檀曰吾病豈宜療邪遂死時年五十一在位十三年僞謚景王武臺後亦爲熾磐所殺傉檀少子保周臘于破羌俱延子覆龍鹿孤孫副周烏孤孫承鉢皆奔沮渠蒙遜久之歸魏魏以保周爲張掖王覆龍酒泉公破羌西平公副周永平公承鉢昌松公烏孤以安帝隆安元年僭立至傉檀三世凡十九年以安帝義熙十年滅

史臣曰禿髮累葉酋豪擅強邊服控弦玉塞躍馬金山候滿月而窺兵乘折膠而縱鏑禮容弗被聲教斯阻烏孤納苻渾之策治兵以討不賓鹿孤從史暠之言建學而延胄子遂能開疆河右抗衡彊國道由人弘抑此之謂傉檀承累捷之銳藉二昆之資摧呂氏算無遺策取姑臧兵不血刃武略雄圖比蹤前烈既而叨竊重位盈滿易期窮兵以逞其心縱慝自貽其弊地奪於蒙遜勢屈於赫連覆國喪身猶爲幸也昔宋殤好戰致災於華督楚靈黷武取殺於乾谿異代同亡其於傉檀見之矣

贊曰禿髮弟兄擅雄羣虜開疆河外淸氛西土傉檀傑出騰駕時英窮兵黷武
喪國頹聲

晉書卷一百二十六

晉書卷一百二十六考證

禿髮傉檀載記爲孤以安帝隆安元年僭立至傉檀三世凡十九年以安帝義熙十年滅○歷代甲子圖隆安元年歲在丁酉距十九年當爲義熙十一年乙卯不應稱義熙十年也綱目南涼亡於義熙十年是所云十九年應爲十八年

晉書卷一百二十六考證

珍做宋版邳

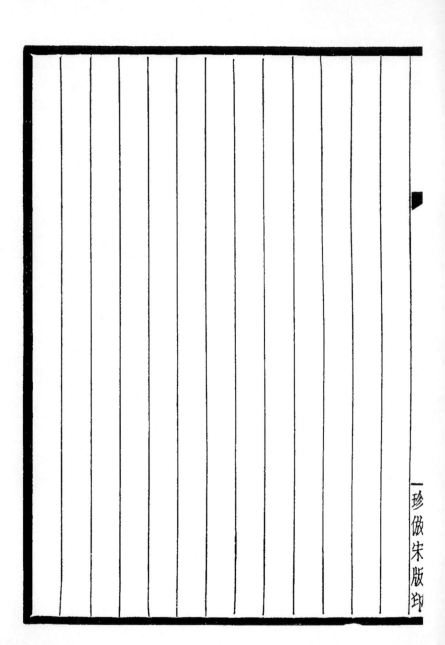

晉書卷一百二十七

唐　太　宗　文　皇　帝　御　撰

載記第二十七

慕容德

慕容德字玄明皝之少子也母公孫氏夢日入臍中晝寢而生德年未弱冠身長八尺二寸姿貌雄偉額有日角偃月重文博觀羣書性清愼多才藝慕容儁之僭立也封爲梁公歷幽州刺史左衞將軍及暐嗣位改封范陽王稍遷魏尹加散騎常侍俄而苻堅將苻雙據陝以叛堅將苻柳起兵枹罕將應之德勸暐乘釁討堅辭旨慷慨識者言其有遠略暐竟不能用德兄垂甚壯之因共論軍國大謀言必切至垂謂之曰汝器識長進非復吳下阿蒙也枋頭之役德以征南將軍與垂擊敗晉師及垂奔苻堅德坐免職後遇暐敗徙于長安苻堅以爲張掖太守數歲免歸及堅以兵臨江拜德爲奮威將軍堅之敗也堅與張夫人相失慕容暐將護致之德正色謂暐曰昔楚莊滅陳納巫臣之諫而棄夏姬此

不祥之人惑亂人主戎事不邇女器秦之敗師當由於此宜掩目而過奈何將
衛之也暐不從德馳馬而去之還次滎陽言於暐曰昔句踐棲於會稽終獲吳
國聖人相時而動百舉百全天將悔禍故使秦師喪敗宜乘其弊以復社稷暐
不納乃從垂如鄴及垂稱燕王以德爲車騎大將軍復封范陽王居中鎮衛參
斷政事久之遷司徒于時慕容永據長子有衆十萬垂議討之羣臣咸以爲疑
德進曰昔三祖積德遺訓在耳故陛下龍飛不謀而會雖由聖武亦緣舊愛燕
趙之士樂爲燕臣也今永既建僞號扇動華戎致令羣豎從横逐鹿不息宜先
除之以一衆聽昔光武馳蘇茂之難不顧百官之疲夫豈不仁機急故也兵法
有不得已而用之陛下容得已乎垂笑謂其黨曰司徒議與吾同二人同心其
利斷金吾計決矣遂從之垂臨終勅其子寶以鄴城委德寶既嗣位以德爲使
持節都督冀兗青徐荆豫六州諸軍事特進車騎大將軍冀州牧領南蠻校尉
鎮鄴罷留臺以都督專總南夏魏將拓拔章攻鄴德遣南安王慕容青等夜擊
敗之魏師退次新城青等請擊之别駕韓諄進曰古人先決勝廟堂然後攻戰

今魏不可擊者四燕不宜動者三魏懸軍遠入利在野戰一不可擊也深入近
畿頓兵死地二不可擊也前鋒既敗後陣方固三不可擊也彼衆我寡四不可
擊也官軍自戰其地一不宜動動而不勝衆心難固二不宜動城隍未修敵來
無備三不宜動此皆兵家所忌不如深溝高壘以逸待勞彼千里饋糧野無所
掠久則三軍靡資攻則衆旅多斃師老釁生詳而圖之可以捷矣德曰韓別駕
之言良平之策也於是召青還師魏又遣遼西公賀賴盧率騎與章圍鄴德遣
其參軍劉藻請救於姚興且參母兄之問而興師不至衆大懼德於是親饗戰
士厚加撫接人感其恩皆樂爲致死會章盧內相乖爭各引軍潛遁章司馬丁
建率衆來降言章師老可以敗之德遣將追破章軍人心始固時魏師入中山
慕容寶出奔于薊慕容詳又僭號會劉藻自姚興而至與太史令高魯遣其甥
王景暉隨藻送玉璽一紐幷圖讖祕文曰有德者昌無德者亡德受天命柔而
復剛又有謠曰大風蓬勃揚塵埃八井三刀卒起來四海鼎沸中山頽惟有德
人據三臺於是德之羣臣議以慕容詳僭號中山魏師盛于冀州未審寶之存

亡因勸德卽尊號德不從會慕容達自龍城奔鄴稱寶猶存羣議乃止尋而寶
以德爲丞相領冀州牧承制南夏德兄子麟自義臺奔鄴因說德曰中山旣沒
魏必乘勝攻鄴雖糧儲素積而城大難固且人情沮動不可以戰及魏軍未至
擁衆南渡就魯陽王和據滑臺而聚兵積穀伺隙而動計之上也魏雖拔中山
勢不久留不過驅掠而返人不樂徙理自生變然後振威以援之魏則內外受
敵使戀舊之士有所依憑廣開恩信招集遺黎可一舉而取之先是慕容和亦
勸德南徙於是許之隆安二年乃率戸四萬車二萬七千乘自鄴將徙于滑臺
遇風船沒魏軍垂至衆懼議欲退保黎陽其夕流澌凍合是夜濟師旦魏師至
而冰泮若有神焉遂改黎陽津爲天橋津及至滑臺景星見于尾箕漳水得白
玉狀若璽於是德依燕元故事稱元年大赦境內殊死已下置百官以慕容麟
爲司空領尙書令慕容法爲中軍將軍慕輿拔爲尙書左僕射丁通爲尙書右
僕射自餘封授各有差初河間有麟見慕容麟以爲己瑞及此潛謀爲亂事覺
賜死其夏魏將賀賴盧率衆附之至是慕容寶自龍城南奔至黎陽遣其中黃

門令趙思召慕容鍾來迎鍾本首議勸德稱尊號聞而惡之執思付獄馳使白狀德謂其下曰卿等前以社稷大計勸吾攝政吾亦以嗣帝奔亡人神曠主故權順羣議以繫衆望今天方悔禍嗣帝得還吾將具駕奉迎謝罪行闕然後角巾私第卿等以為何如其黃門侍郎張華進曰夫爭奪之世非雄才不振從橫之時豈懦夫能濟陛下若蹈匹婦之仁捨天授之業威權一去則身首不保何退讓之有乎德曰吾以古人逆取順守其道未足所以中路徘徊悵然未決耳慕輿護請馳問寶虛實德流涕而遣之乃率壯士數百隨思而北因謀殺寶初寶遣思之後知德攝位懼而北奔護至無所見執思而還德以思閑習典故將任之思曰昔關羽見重曹公猶不忘先主之恩思雖刑餘賤隸荷國寵靈犬馬有心而況人乎乞還就上以明微節德固留之思怒曰周室衰微晉鄭夾輔漢有七國之難實賴梁王殿下親則叔父位則上台不能率先羣后以匡王室而幸根本之傾為趙倫之事思雖無申胥哭秦之效猶慕君賓不生莽世德怒斬之晉南陽太守閭丘羨寧朔將軍鄧啓方率衆二萬來伐師次管城德遣其中

軍慕容法撫軍慕容和等拒之王師敗績德怒法不窮追晉師斬其撫軍司馬靳瓌初苻登既爲姚興所滅登弟廣率部落降於德拜冠軍將軍處之乞活堡會熒惑守東井或言秦當復興者廣乃自稱秦王敗德將慕容鍾時德始都滑臺介于晉魏之間地無十城衆不過數萬及鍾喪師反側之徒多歸於廣德乃留慕容和守滑臺親率衆討廣斬之初寶之至黎陽也和長史李辯勸和納之和不從辯懼謀泄乃引晉軍至管城冀德親率師於後作亂會德不出愈不自安及德此行也辯又勸和反和不從辯怒殺和以滑臺降于魏時將士家悉在城內德將攻之韓範言於德曰魏師已入城據國成資客主之勢翻然復異人情既危不可以戰宜先據一方爲關中之基然後畜力而圖之計之上也德乃止德右衛將軍慕容雲斬李辯率將士家累二萬餘人而出三軍慶悅德謀於衆曰苻廣雖平而撫軍失據進有彊敵退無所托計將安出張華進曰彭城阻帶山川楚之舊都地險人殷可攻而據之以爲基本慕容鍾慕容護封逞韓諱等固勸攻滑臺潘聰曰滑臺四通八達非帝王之居且北通大魏西接彊秦此

二國者未可以高枕而待之彭城土曠人稀地平無嶮晉之舊鎮必距王師又
密邇江淮水路通淩秋夏霖潦千里爲湖且水戰國之所短吳之所長今雖剋
之非久安之計也青齊沃壤號曰東秦土方二千戶餘十萬四塞之固負海之
饒可謂用武之國三齊英傑蓄志以待孰不思得明主以立尺寸之功廣固者
曹嶷之所營山川阻峻足爲帝王之都宜遣辯士馳說于前大兵繼進于後辟
閭渾昔負國恩必翻然向化如其守迷不順大軍臨之自然瓦解既據之後閉
關養銳伺隙而動此亦二漢之有關中河內也德猶豫未決沙門朗公素知占
候德因訪其所適朗曰敬覽三策潘尙書之議可謂興邦之術矣今歲初長星
起于奎婁遂掃虛危而虛危齊之分野除舊布新之象宜先定舊魯巡撫琅邪
待秋風戒節然後北轉臨齊天之道也德大悅引師而南兗州北鄙諸縣悉降
置守宰以撫之存問高年軍無私掠百姓安之牛酒屬路德遣使喻齊郡太守
辟閭渾渾不從遣慕容鍾率步騎二萬擊之德進據琅邪徐兗之士附者十餘
萬自琅邪而北迎者四萬餘人德進寇莒城守將任安委城而遁以潘聰鎮莒

城鍾傳檄青州諸郡曰隆替有時義列昔經因難啓聖事彰中籙是以宣王龍飛於危周光武鳳起於絕漢斯蓋歷數大期帝王之興廢也自我永康多難長鯨逸網華夏四分黎元五裂逆賊辟閭渾父蔚昔同段龕沮亂淄川太宰東征勦絕凶命渾於覆巢之下蒙全卵之施曾微犬馬識養之心復襲凶父樂禍之志盜據東秦遠附吳越割剝黎元委輸南海皇上應期大命再集矜彼營丘暫阻王略故以七州之衆二十餘萬巡省岱宗問罪齊魯昔韓信以裨將伐齊有征無戰耿弇以偏軍討步剋不移朔況以萬乘之師掃一隅之寇傾山碎卵方之非易孤以不才忝荷先驅都督元戎一十二萬皆烏丸突騎三河猛士奮劍與夕火爭光揮戈與秋月競色以此攻城何城不克以此衆戰何敵不平昔竇融以河西歸漢榮被於後裔彭寵盜逆漁陽身死於奴隸近則曹嶷跋扈見擒於後趙段龕干紀取滅於前朝此非古今之吉凶已然之成敗乎渾若先迷後悟榮寵有加如其敢抗王師敗滅必無遺燼稷下之雄岱北之士有能斬送渾者賞同佐命脫履機不發必玉石俱摧渾聞德軍將至徙八千餘家入廣固諸

郡皆承檄降於德渾懼將妻子奔于魏德遣射聲校尉劉剛追斬於莒城渾參軍張瑛嘗與渾作檄辭多不遜及此德擒而讓之瑛神色自若徐對曰渾之有臣猶韓信之有蒯通通遇漢祖而蒙恕臣遭陛下而嬰戮比之古人竊爲不幸防風之誅臣實甘之但恐堯舜之化未弘於四海耳德初善其言後竟殺之德遂入廣固四年僭卽皇帝位于南郊大赦改元爲建平設行廟於宮南遣使奉策告成焉進慕容鍾爲司徒慕輿拔爲司空封孚爲左僕射慕輿護爲右僕射遣其度支尚書封愷中書侍郎封逞觀省風俗所在大饗將士以其妻段氏爲皇后建立學官簡公卿以下子弟及二品士門二百人爲太學生後因讌其羣臣酒酣笑而言曰朕雖寡薄恭己南面而朝諸侯在上不驕夕惕於位可方自古何等主也其青州刺史鞠仲曰陛下中興之聖后少康光武之儔也德顧命左右賜仲帛千匹仲以賜多爲讓德曰卿知調朕朕不知調卿乎卿飾對非實故亦以虛言相賞賞不謬加何足謝也韓範進曰臣聞天子無戲言忠臣無妄對今日之論上下相欺可謂君臣俱失德大悅賜範絹五十匹自是昌言競進

朝多直士矣德母兄先在長安遣平原人杜弘如長安問存否弘曰臣至長安若不奉太后動止便卽西如張掖以死爲効臣父雄年踰六十未沾榮貴乞本縣之祿以申烏鳥之情張華進曰杜弘未行而求祿要利情深不可使也德曰吾方散所輕之財招所重之死況爲親尊而可吝乎且弘爲君迎親爲親求祿雖外如要利內實忠孝乃以雄爲平原令弘至張掖爲盜所殺德聞而悲之厚撫其妻子明年德如齊城登營丘望晏嬰冢顧謂左右曰禮大夫不逼城葬平仲古之賢人達禮者也而生居近市死葬近城豈有意乎青州秀才晏謨對曰孔子稱臣先人平仲賢則賢矣豈不知高其梁豐其禮蓋政在家門故儉以矯世存居湫隘卒豈擇地而葬乎所以不遠門者猶冀悟平生意也遂以謨從至漢城陽景王廟讌庶老于申池北登社首山東望鼎足因目牛山而歎曰古無不死愴然有終焉之志遂問謨以齊之山川丘陵賢哲舊事謨歷對詳辯畫地成圖德深嘉之拜尚書郎立治於商山置鹽官於烏常澤以廣軍國之用德故吏趙融自長安來始具母兄凶問德號慟吐血因而寢疾其司隸校尉慕容達

因此謀反遣牙門皇璆率衆攻端門殿中師侯赤眉開門應之中黃門孫進扶德踰城隱於進舍段宏等聞宮中有變勒兵屯四門德入宮誅赤眉等達懼而奔魏慕容法及魏師戰于濟北之摽榆谷魏師敗績其尚書韓諄上疏曰二寇逋誅國恥未雪關西爲豺狼之藪揚越爲鴟鴞之林三京社稷鞠爲丘墟四祖園陵蕪而不守豈非義夫憤歎之日烈士忘身之秋而皇室多難威略未振是使長蛇弗翦封豕假息人懷憤慨常謂一日之安不可以永久朝夕之逸無卒歲之憂陛下中興大業務在遵養矜遷坻之失士假長復而不役愍黎庶之息肩貴因循而不擾斯可以保寧于營丘難以經措于秦越今羣凶僭逆實繁有徒據我三方伺國瑕釁深宜審量虛實大校成敗養兵厲甲廣農積糧進爲雪恥討寇之資退爲山河萬全之固而百姓因秦晉之弊迭相蔭冒或百室合戶或千丁共籍依託城社不懼燻燒公避課役擅爲姦宄損風毀憲法所不容但撿令未宣弗可加戮今宜隱實黎坻正其編貫庶上增皇朝理物之明下益軍國兵資之用若蒙採納冀裨山海雖遇商鞅之刑悅綰之害所不辭也德納之

遣其車騎將軍慕容鎮率騎三千緣邊嚴防備百姓逃竄以諱爲使持節散騎常侍行臺尚書巡郡縣隱實得蔭戶五萬八千諱公廉正直所在野次人不擾焉德大集諸生親臨策試既而饗宴乘高遠矚顧謂其尚書魯邃曰齊魯固多君子當昔全盛之時接慎巴生淳于鄒田之徒蔭修檐臨清沼馳朱輪佩長劍恣非馬之雄辭奮談天之逸辯指麾則紅紫成章俛仰則丘陵生韻至於今日荒草穨墳氣消煙滅永言千載能不依然邃荅曰武王封比干之墓漢祖祭信陵之墳皆留心賢哲每懷往事陛下慈深二主澤被九泉若使彼而有知寧不銜荷矣先是妖賊王始聚衆於太山自稱太平皇帝號其父爲太上皇兄爲征東將軍弟征西將軍慕容鎮討擒之斬於都市臨刑或問其父及兄弟何在始荅曰太上皇帝蒙塵於外征東征西亂軍所害惟朕一身獨無聊賴其妻怒之曰止坐此口以至於此奈何復爾始曰皇后自古豈有不破之家不亡之國邪行刑者以刀鐶築之仰視曰崩即崩矣終不改帝號德聞而哂之時桓玄將行篡逆誅不附己者冀州刺史劉軌襄城太守司馬休之征虜將軍劉敬宣廣陵

相高雅之江都長張誕並內不自安皆奔於德於是德中書侍郎韓範上疏曰

夫帝王之道必崇經略有其時無其人則弘濟之功闕有其人無其時則英武之志不申至於能成王業者惟人時合也自晉國內難七載于茲桓玄逆篡虐踰董卓神怒人怨其殃積矣可乘之機莫過此也以陛下之神武經而緯之驅樂奮之卒接厭亂之機譬如聲發響應形動影隨未足比其易也且江淮南北戶口未幾公私戎馬不過數百守備之事蓋亦微矣若以步騎一萬建雷霆之舉卷甲長驅指臨江會必望旗草偃壺漿屬路跨地數千衆踰十萬可以西幷彊秦北抗大魏夫欲拓境開疆保其社稷無過今也如使後機失會豪傑復起梟除桓玄布惟新之化遐邇既寧物無異望非但建鄴難居江北亦不可冀機過患生憂必至矣天與不取悔將及焉惟陛下覽之德曰自頃數纏百六宏綱暫弛遂令姦逆亂華舊京墟穢每尋否運憤慨兼懷昔少康以一旅之衆復夏配天況朕據三齊之地藉五州之衆教之以軍旅訓之以禮讓上下知義人思自奮繕甲待釁爲日久矣但欲先定中原掃除逋孽然後宣布淳風經理九服

飲馬長江懸旌隴坂此志未遂且韜戈耳今者之事王公其詳議之咸以桓玄新得志未可圖乃止於是講武於城西步兵三十七萬車一萬七千乘鐵騎五萬三千周亘山澤旌旗彌漫鉦鼓之聲振動天地德登高望之顧謂劉軌高雅之曰昔郤克忿齊子胥怨楚終能暢其剛烈名流千載卿等既知投身有道當使無慚昔人也雅之等頓首答曰幸蒙陛下天覆之恩大造之澤存亡繼絕實在聖時雖則萬隕何以上報俄聞桓玄敗德以慕容鎮爲前鋒慕容鍾爲大都督配以步卒二萬騎五千剋期將發而德寢疾於是罷兵初德迎其兄子超於長安及是而至德夜夢其父曰汝既無子何不早立超爲太子不爾惡人生心寤而告其妻曰先帝神明所敕觀此夢意吾將死矣乃下書以超爲皇太子大赦境內子爲父後者人爵二級其月死即義熙元年也時年七十乃夜爲十餘棺分出四門潛葬山谷竟不知其尸之所在在位五年僞諡獻武皇帝

晉書卷一百二十七考證

慕容德載記魏將拓拔章攻鄴○綱目作魏別將拓拔儀

慕輿護請馳間寶虛實德流涕而遣之○輿監本訛容今從南燕錄及下文慕

輿護爲右僕射改正

乞還就上以明微節德固留之○微監本誤是今從宋本

忞非馬之雄辭○非監本誤飛今從公孫龍子白馬非馬語改正

晉書卷一百二十七考證

晉書卷一百二十八

唐　太　宗　文　皇　帝　御　撰

載記第二十八

慕容超　慕容鍾　封孚

慕容超字祖明德兄北海王納之子苻堅破鄴以納爲廣武太守數歲去官家于張掖德之南征留金刀而去及垂起兵山東苻昌收納及德諸子皆誅之納母公孫氏以耄獲免納妻段氏方娠未決囚之於郡獄獄掾呼延平德之故吏也嘗有死罪德免之至是將公孫及段氏逃于羌中而生超焉年十歲而公孫氏卒臨終授超以金刀曰若天下太平汝以東歸可以此刀還汝叔也平又將超母子奔于呂光及呂隆降于姚興超又隨涼州人徙于長安超母謂超曰吾母子全濟呼延氏之力平今雖死吾欲爲汝納其女以答厚恩於是娶之超自以諸父在東恐爲姚氏所錄乃陽狂行乞秦人賤之惟姚紹見而異焉勸興拘以爵位召見與語超深自晦匿興大鄙之謂紹曰諺云妍皮不裹癡骨妄語耳

由是得去來無禁德遣使迎之超不告母妻乃歸及至廣固呈以金刀具宣祖
母臨終之言德撫之號慟超身長八尺腰帶九圍精彩秀發容止可觀德甚加
禮遇始名之曰超封北海王拜侍中驃騎大將軍司隸校尉開府置佐吏德無
子欲以超爲嗣故爲超起第於萬春門內朝夕觀之超亦深達德旨入則盡歡
承奉出則傾身下士於是內外稱美焉頃之立爲太子及德死以義熙元年僭
嗣僞位大赦境內改元曰太上尊德妻段氏爲皇太后以慕容鍾都督中外諸
軍錄尚書事慕容法爲征南都督徐兗揚南兗四州諸軍事慕容鎮加開府儀
同三司尚書令封孚爲太尉麴仲爲司空潘聰爲左光祿大夫封嵩爲尚書左
僕射自餘封拜各有差後又以鍾爲青州牧段宏爲徐州刺史公孫五樓爲武
衞將軍領屯騎校尉內參政事封孚言於超曰臣聞五大不在邊五細不在庭
鍾國之宗臣社稷所賴宏外戚懿望親賢具瞻正應參翼百揆不宜遠鎮方外
今鍾等出藩五樓內輔臣竊未安超新即位害鍾等權逼以問五樓五樓欲專
斷朝政不欲鍾等在內屢有間言孚說竟不行鍾宏俱有不平之色相謂曰黃

犬之皮恐當終補狐裘也五樓聞之嫌隙漸遘初超自長安行至梁父慕容法時爲兗州鎮南長史悅壽還謂法曰向見北海王子天資弘雅神爽高邁始知天族多奇玉林皆寶法曰昔成方遂詐稱衞太子人莫辯之此復天族乎超聞而恚恨形于言色法亦怒處之外館由是結憾及德死法又不奔喪超遣使讓焉法常懼禍至因此遂與慕容鍾段宏等謀反超知而徵之鍾稱疾不赴於是收其黨侍中慕容統右衞慕容根散騎常侍段封誅之車裂僕射封嵩於東門之外西中郎將封融奔于魏超尋遣慕容鎮等攻青州慕容昱等攻徐州慕容凝韓範攻梁父昱等攻莒城拔之徐州刺史段宏奔于魏封融又集羣盜襲石塞城殺鎮西大將軍餘鬱青土振恐人懷異議慕容凝謀殺韓範將襲廣固範知而攻之凝奔梁父範幷其衆攻梁父剋之凝奔姚興慕容法出奔于魏慕容鎮剋青州鍾殺其妻子爲地道而出單馬奔姚興于時超不恤政事畋游是好百姓苦之其僕射韓諄切諫不納超議復肉刑九等之選乃下書於境內曰陽九數纏永康多難自北都傾陷典章淪滅律令法憲靡有存者綱理天下此焉

爲本既不能導之以德必須齊之以刑且虞舜大聖猶命咎繇作士刑之不可已已也如是先帝季興大業草創兵革尚繁未遑脩制朕猥以不德嗣承大統撫御寡方致蕭牆釁發遂戎馬生郊典儀寖廢今四境無虞所宜脩定尚書可召集公卿至如不忠不孝若封嵩之輩梟斬不足以痛之宜致烹轘之法亦可附之律條納以大辟之科肉刑者乃先聖之經不刊之典漢文易之輕重乖度今犯罪彌多死之者稍衆肉刑之於化也濟育既廣懲慘尤深光壽建興中二祖已議復之未及而晏駕其令博士已上參考舊事依呂刑及漢魏晉律令消息增損議成燕律五刑之屬三千而罪莫大於不孝孔子曰非聖人者無法非孝者無親此大亂之道也轘裂之刑烹煮之戮雖不在五品之例然亦行之自古渠彌之轘著之春秋哀公之烹爰自中代世宗都齊亦愍刑罰失中咨嗟寖食王者之有刑糾猶人之左右手焉故孔子曰刑罰不中則人無所措手足是以蕭何定法令而受封叔孫通以制儀爲奉常立功立事古之所重其明議損益以成一代準式周漢有貢士之條魏立九品之選二者孰愈亦可詳聞羣下

議多不同乃止超母妻既先在長安爲姚興所拘責超稱藩求太樂諸伎若不可使送吳口千人超下書遣羣臣詳議左僕射段暉議曰太上囚楚高祖不迴今陛下嗣守社稷不宜以私親之故而降統天之尊又太樂諸伎皆是前世伶人不可與彼使移風易俗宜掠吳口與之尚書張華曰若彼侵掠吳邊必成鄰怨此既能往彼亦能來兵連禍結非國之福也昔孫權重黎庶之命屈己以臣魏惠施惜愛子之頭捨志以尊齊況陛下慈德在秦方寸崩亂宜暫降大號以申至孝之情權變之道典謨所許韓範智能迴物辯足傾人昔與姚興俱爲秦太子中舍人可遣將命降號脩和所謂屈於一人之下伸於萬人之上也超大悅曰張尚書得吾心矣使範聘于興及至長安興謂範曰封愷前來燕王與朕抗禮及卿至也款然而附爲依春秋以小事大之義爲當專以孝敬爲母屈也範曰昔周爵五等公侯異品小大之禮因而生焉今陛下命世龍興光宅西秦本朝主上承祖宗遺烈定鼎東齊中分天曜南面並帝通聘結好義尚謙沖使至矜誕苟折行人殊似吳晉爭盟滕薛競長恐傷大秦堂堂之盛有損皇燕巍

魏之美彼我俱失竊未安之興怒曰若如卿言便是非爲大小而來範曰雖由大小之義亦緣寡君純孝過於重華願陛下體敬親之道霈然垂愍興曰吾久不見賈生自謂過之今不及矣於是爲範設舊交之禮申敘平生謂範曰燕王在此朕亦見之風表乃可於機辯未也範曰大辯若訥聖人美之況爾日龍潛鳳戢和光同塵若使負日月而行則無繼天之業矣興笑曰可謂使乎延譽者也範承間逞說姚興大悅賜範千金許以超母妻還之慕容凝自梁父奔于姚興言於興曰燕王稱藩本非推德權爲母屈耳古之帝王尚興師徵質豈可虛還其母乎母若一還必不復臣也宜先制其送伎然後歸之興意乃變遣使聘於超超遣其僕射張華給事中宗正元入長安送太樂伎一百二十人於姚興興大悅延華入讌酒酣樂作興黄門侍郎尹雅謂華曰昔殷之將亡樂師歸周今皇秦道感燕樂來庭廢興之兆見于此矣華曰自古帝王爲道不同權譎之理會於功成故老子曰將欲取之必先與之今總章西入必由余東歸禍福之驗此其兆乎興怒曰昔齊楚競辯二國連師卿小國之臣何敢抗衡朝士華遜

辭曰奉使之始實願交歡上國上國既遺小國之臣辱及寡君社稷臣亦何心

而不仰酬與𠢐之於是還超母妻義熙三年追尊其父爲穆皇帝立其母段氏

爲皇太后妻呼延氏爲皇后祀南郊將登壇有獸大如馬狀類鼠而色赤集於

圜丘之側俄而不知所在須臾大風暴起天地晝昏其行宮羽儀皆振裂超懼

密問其太史令成公綏對曰陛下信用姦臣誅戮賢良賦斂繁多事役殷苦所

致也超懼而大赦譴責公孫五樓等俄而復之是歲廣固地震天齊水湧井水

溢女水竭河濟凍合而澠水不冰超正旦朝羣臣于東陽殿聞樂作歎音佾不

備悔送伎於姚興遂議入寇其領軍韓諄諫曰先帝以舊京傾沒戢翼三齊苟

時運未可上智輟謀今陛下嗣守成規宜閉關養士以待賊釁不可結怨南鄰

廣樹讎隙超曰我計已定不與卿言於是遣其將斛穀提公孫歸等率騎寇宿

豫陷之執陽平太守劉千載濟陰太守徐阮大掠而去簡男女二千五百付太

樂教之時公孫五樓爲侍中尙書領左衞將軍專總朝政兄歸爲冠軍常山公

叔父頹爲武衞興樂公五樓宗親皆夾輔左右王公內外無不憚之超論宿豫

之功封斛轂提等並爲郡縣公慕容鎮諫曰臣聞懸賞待勳非功不侯今公孫歸結禍延兵殘賊百姓陛下封之得無不可乎夫忠言逆耳非親不發臣雖庸朽忝國戚藩輒盡愚款惟陛下圖之超怒不答自是百僚杜口莫敢開言尚書都令史王儼謟事五樓遷尚書郎出爲濟南太守入爲尚書左丞時人爲之語曰欲得侯事五樓又遣公孫歸等率騎三千人入濟南執太守趙元略男女千餘人而去劉裕率師將討之超引見羣臣于東陽殿議距王師公孫五樓曰吳兵輕果所利在戰初鋒勇銳不可爭也宜據大峴使不得入曠日延時沮其銳氣可徐簡精騎二千循海而南絕其糧運別勑段暉率兗州之軍緣山東下腹背擊之上策也各命守宰依險自固校其資儲之外餘悉焚蕩芟除粟苗使敵無所資堅壁清野以待其釁中策也縱賊入峴出城逆戰下策也超曰京都殷盛戶口衆多非可一時入守青苗布野非可卒芟設使芟苗守城以全性命朕所不能今據五州之彊帶山河之固戰車萬乘鐵馬萬羣縱令過峴至於平地徐以精騎踐之此成擒也賀賴盧苦諫不從退謂五樓曰上不用吾計亡無日

矣慕容鎮曰若如聖旨必須平原用馬爲便宜出峴逆戰戰而不勝猶可退守不宜縱敵入峴自貽窘逼昔成安君不守井陘之關終屈於韓信諸葛瞻不據東馬之險卒擒於鄧艾臣以爲天時不如地利阻守大峴策之上也超不從鎮出謂韓䛕曰主上既不能芟苗守嶮又不肯徙人逃寇酷似劉璋矣今年國滅吾必死之卿等中華之士復爲文身矣超聞而大怒收鎮下獄乃攝莒梁父二戍脩城隍簡士馬畜銳以待之其夏王師次東莞超遣其左軍段暉輔國賀賴盧等六將步騎五萬進據臨朐俄而王師度峴超懼率卒四萬就暉等于臨朐謂公孫五樓曰宜進據川源晉軍至而失水亦不能戰矣五樓馳騎據之劉裕前驅將軍孟龍符已至川源五樓戰敗而返裕遣諮議參軍檀韶率銳卒攻破臨朐超大懼單騎奔段暉于城南暉衆又戰敗裕軍人斬暉超又奔還廣固徙郭內人入保小城使其尚書郎張綱乞師于姚興赦慕容鎮進錄尚書都督中外諸軍事引見羣臣謝之曰朕嗣奉成業不能委賢任善而專固自由覆水不收悔將何及智士逞謀必在事危忠臣立節亦在臨難諸君其勉思六奇共濟

艱運鎭進曰百姓之心係於一人陛下既躬率六軍身先奔敗羣臣解心士庶喪氣內外之情不可復恃如聞西秦自有內難恐不暇分兵救人正當更決一戰以爭天命今散卒還者猶有數萬可悉出金帛宮女餌令一戰天若相我足以破賊如其不濟死尙爲美不可閉門坐受圍擊司徒慕容惠曰不然今晉軍乘勝有陵人之氣敗軍之將何以禦之秦雖與勃勃相持不足爲患且二國連橫勢成脣齒今有寇難秦必救我但自古乞援不遣大臣則不致重兵是以趙隸三請楚師不出平原一使援至從成尙書令韓範德望具瞻燕秦所重宜遣乞援以濟時艱於是遣範與王簿往乞師于姚興未幾裕師圍城四面皆合人有竊告裕軍曰若得張綱爲攻具者城乃可得耳是月綱自長安歸遂奔于裕裕令綱周城大呼曰勃勃大破秦軍無兵相救超怒伏弩射之乃退右僕射張華中丞封愷並爲裕軍所獲裕令華愷與超書勸令早降超乃遺裕書請爲藩臣以大峴爲界幷獻馬千匹以通和好裕弗許江南繼兵相尋而至尙書張俊自長安還又降于裕說裕曰今燕人所以固守者外杖韓範冀得秦援範既時

望又與姚興舊昵若勃勃敗後秦必救燕宜密信誘範啗以重利範來則燕人
絕望自然降矣裕從之表範爲散騎常侍遣範書以招之時姚興乃遣其將姚
彊率步騎一萬隨範就其將姚紹于洛陽幷兵來援會赫連勃勃大破秦軍興
追彊還長安範歎曰天其滅燕乎會得裕書遂降於裕裕謂範曰卿欲立申包
胥之功何以虛還也範曰自亡祖司空世荷燕寵故泣血秦庭冀匡禍難屬西
朝多故丹誠無效可謂天喪弊邑而贊明公智者見機而作敢不至乎翌日裕
將範循城由是人情離駭無復固志裕謂範曰卿宜至城下告以禍福範曰雖
蒙殊寵猶未忍謀燕裕嘉而不彊左右勸超誅範家以止後叛超知敗在旦夕
又弟諱盡忠無二故不罪焉是歲東萊雨血廣固城門鬼夜哭明年朔旦超登
天門朝羣臣于城上殺馬以饗將士文武皆有遷授超幸姬魏夫人從超登城
見王師之盛握超手而相對泣韓諱諫曰陛下遭百六之會正是勉彊之秋而
反對女子悲泣何其鄙也超拭目謝之其尚書令董銳勸超出降超大怒繫之
於獄於是賀賴盧公孫五樓爲地道出戰王師不利河間人玄文說裕曰昔趙

攻曹嶷望氣者以爲澠水帶城非可攻拔若塞五龍口城必自陷石季龍從之
而嶷請降後慕容恪之圍段龕亦如之而龕降降後無幾又震開之今舊基猶
在可塞之裕從其言至是城中男女患脚弱病者大半超輦而升城尚書悅壽
言於超曰天地不仁助寇爲虐戰士尫病日就凋隕守困窮城息望外援天時
人事亦可知矣苟歷運有終堯舜降位轉禍爲福聖達以先宜追許鄭之蹤以
存宗廟之重超歎曰廢興命也吾寧奮劍決死不能銜璧求生於是張綱爲裕
造衝車覆以版屋蒙之以皮幷設諸奇巧城上火石弓矢無所施用又爲飛樓
懸梯木幔之屬遙臨城上超大怒懸其母而支解之城中出降者相繼裕四面
進攻殺傷甚衆悅壽遂開門以納王師超與左右數十騎出亡爲裕軍所執裕
數之以不降之狀超神色自若一無所言唯以母託劉敬宣而已送建康市斬
之時年二十六在位六年德以安帝隆安四年僭立至超二世凡十一年以義
熙六年滅
慕容鍾字道明德從弟也少有識量喜怒不形於色機神秀發言論清辯至於

臨難對敵知勇兼濟累進奇策德用之頗中由是政無大小皆以委之遂爲佐命元勳後公孫五樓規挾威權慮鍾抑己因勸超誅之鍾遂謀反事敗奔于姚興拜始平太守歸義侯

封孚

封孚字處道渤海蓨人也祖悛振威將軍父放慕容暐之世吏部尚書孚幼而聰敏和裕有士君子之稱寶僭位累遷吏部尚書及蘭汗之簒南奔辟閭渾渾表爲渤海太守德至莒城孚出降德曰朕平青州不以爲慶喜於得卿也常外總機事內參密謀雖位任崇重謙虛博納甚有大臣之體及超嗣位政出權嬖多違舊章軌憲日頹殘虐滋甚孚屢盡匡救超不能納也後臨軒謂孚曰朕於百王可方誰孚對曰桀紂之主超大慙怒孚徐步而出不爲改容司空鞠仲失色謂孚曰與天子言何其亢厲宜應還謝孚曰行年七十墓木已拱惟求死所耳竟不謝以超三年死于家時年七十一文筆多傳于世

史臣曰慕容德以季父之親居鄴中之重朝危未聞其節君存遽踐其位豈人

理哉然稟俶儻之雄姿韞從橫之遠略屬分崩之運成角逐之資跨有全齊竊弄神器撫劍而爭衡秦魏練甲而志靜荊吳崇儒術以弘風延讜言而勵己觀其爲國有足稱焉超繼已成之基居霸者之業政刑莫恤畋游是好杜忠良而讒佞進暗聽受而勳戚離先緒俄頽家聲莫振陷宿豫而貽禍啓大峴而延敵君臣就虜宗廟爲墟亦其人謀非不幸也

贊曰德實姦雄轉敗爲功奄有青土淫名域中超承僞祚撓其國步廟失良籌庭悲霑露

晉書卷一百二十八

晉書卷一百二十九

唐 太 宗 文 皇 帝 御 撰

載記第二十九

沮渠蒙遜

沮渠蒙遜臨松盧水胡人也其先世爲匈奴左沮渠遂以官爲氏焉蒙遜博涉羣史頗曉天文雄傑有英略滑稽善權變梁熙呂光皆奇而憚之故常游飲自晦會伯父羅仇麴粥從呂光征河南光前軍大敗麴粥言於兄羅仇曰主上荒耄驕縱諸子朋黨相傾讒人側目今軍敗將死正是智勇見猜之日可不懼乎吾兄弟素爲所憚與其經死溝瀆豈若勒衆向西平出苕藋奮臂大呼涼州不足定也羅仇曰理如汝言但吾家累世忠孝爲一方所歸寧人負我無我負人俄而皆爲光所殺宗姻諸部會葬者萬餘人蒙遜哭謂衆曰昔漢祚中微吾之乃祖翼獎竇融保寧河右呂王昏耄荒虐無道豈可不上繼先祖安時之志使二父有恨黃泉衆咸稱萬歲遂斬光中田護軍馬邃臨松令井祥以盟一旬之

閒衆至萬餘屯據金山與從兄男成推光建康太守段業爲使持節大都督龍驤大將軍涼州牧建康公改呂光龍飛二年爲神璽元年業以蒙遜爲張掖太守男成爲輔國將軍委以軍國之任業將使蒙遜攻西郡衆咸疑之蒙遜曰此郡據嶺之要不可不取業曰卿言是也遂遣之蒙遜引水灌城城潰執太守呂純以歸於是王德以晉昌孟敏以敦煌降業業封蒙遜臨池侯呂弘去張掖將東走業議欲擊之蒙遜諫曰歸師勿遏窮寇弗追此兵家之戒也不如縱之以爲後圖業曰一日縱敵悔將無及遂率衆追之爲弘所敗業賴蒙遜而免歎曰孤不能用子房之言以至於此業築西安城以其將臧莫孩爲太守蒙遜曰莫孩勇而無謀知進忘退所謂爲之築冢非築城也業不從俄而爲呂纂所敗蒙遜懼業不能容己每匿智以避之業僭稱涼王以蒙遜爲尚書左丞梁中庸爲右丞呂光遣其二子紹纂伐業業請救於禿髮烏孤烏孤遣其弟鹿孤及楊軌救業紹以業等軍盛欲從三門關挾山而東纂曰挾山示弱取敗之道不如結陣衡之彼必憚我而不戰也紹乃引軍而南業將擊之蒙遜諫曰楊軌恃虜騎

之強有窺覦之志紹纂兵在死地必決戰求生不戰則有太山之安戰則有累卵之危業曰卿言是也乃按兵不戰紹亦難之各引兵歸業憚蒙遜雄武微欲遠之乃以蒙遜之從叔益生爲酒泉太守蒙遜爲臨池太守業門下侍郎馬權儁爽有逸氣武略過人業以權代蒙遜爲張掖太守甚見親重每輕陵蒙遜蒙遜亦憚而怨之乃譖之於業曰天下不足慮惟當憂馬權耳業遂殺之蒙遜謂男成曰段業愚闇非濟亂之才信讒愛佞無鑒斷之明所憚惟索嗣馬權今皆死矣蒙遜欲除業以奉兄何如男成曰業羇旅孤飄我所建立有吾兄弟猶魚之有水人既親我背之不祥乃止蒙遜既爲業所憚內不自安請爲西安太守業亦以蒙遜有大志懼爲朝夕之變乃許焉蒙遜期與男成同祭蘭門山密遣司馬許咸告業曰男成欲謀叛許以取假日作逆若求祭蘭門山臣言驗矣至期日果然業收男成令自殺男成曰蒙遜欲謀叛先以告臣臣以兄弟之故隱忍不言以臣今在恐部人不從與臣剋期祭山返相告誣臣若朝死蒙遜必夕發乞詐言臣死說臣罪惡蒙遜必作逆臣投袂討之事無不捷業不從蒙遜聞

男成死泣告衆曰男成忠於段公枉見屠害諸君能爲報仇乎且州土兵亂似
非業所能濟吾所以初奉之者以之爲陳吳耳而信讒多忌枉害忠良豈可安
枕臥觀使百姓離於塗炭男成素有恩信衆皆憤泣而從之比至氐池衆逾一
萬鎭軍臧莫孩率部衆附之羌胡多起兵響應蒙遜壁于侯塢業先疑其右將
軍田昂幽之于內至是謝而赦之使與武衞梁中庸等攻蒙遜業將王豐孫言
於業曰西平諸田世有反者昂貌恭而心很志大而情險不可信也業曰吾疑
之久矣但非昂無可以討蒙遜豐孫言既不從昂至侯塢率騎五百歸于蒙遜
蒙遜至張掖昂兄子承愛斬關內之業左右皆散蒙遜大呼曰鎭西何在軍人
曰在此業曰孤單飄一己爲貴門所推可見匄餘命投身嶺南庶得東還與妻
子相見蒙遜遂斬之業京兆人也博涉史傳有尺牘之才爲杜進記室從征塞
表儒素長者無他權略威禁不行羣下擅命尤信卜筮讖記巫覡徵祥故爲姦
佞所誤隆安五年梁中庸房晷田昂等推蒙遜爲使持節大都督大將軍涼州
牧張掖公赦其境內改元永安署從兄伏奴爲鎭軍將軍張掖太守和平侯弟

犨爲建忠將軍都谷侯田昂爲鎮南將軍西郡太守臧莫孩爲輔國將軍房晷梁中庸爲左右長史張騭謝正禮爲左右司馬擢任賢才文武咸悅時姚興遣將姚碩德攻呂隆于姑臧蒙遜遣從事中郎李典聘于興以通和好蒙遜以呂隆既降于興酒泉涼寧二郡叛降李玄盛乃遣建忠犨牧府長史張潛見碩德于姑臧請軍迎接率郡人東遷碩德大悅拜潛張掖太守犨建康太守潛勸蒙遜東還犨私於蒙遜曰呂氏猶存姑臧未拔碩德糧竭將還不能久也何故違離桑梓受制於人輔國莫孩曰建忠之言是也蒙遜乃斬張潛因下書曰孤以虛薄猥忝時運未能弘闡大猷戡蕩羣孽使桃蟲鼓翼東京封豕烝涉西裔戎車屢動干戈未戢農失三時之業百姓戶不粒食可蠲省百徭專功南畝明設科條務盡地利時梁中庸爲西郡太守西奔李玄盛蒙遜聞之笑曰吾與中庸義深一體而不信我但自負耳孤豈尤之乃盡歸其妻孥蒙遜下令曰養老乞言晉文納輿人之誦所以能招禮英奇致時邕之美況孤寡德智不經遠而可不思聞讜言以自鏡哉內外羣僚其各搜揚賢儁廣進芻蕘以匡孤不逮遺輔

國滅莫孩襲山北虜大破之姚興遣將齊難率衆四萬迎呂隆隆勸難伐蒙遜
難從之莫孩敗其前軍難乃結盟而還蒙遜伯父中田護軍親信臨松太守孔
篤並驕奢侵害百姓苦之蒙遜曰亂吾國者二伯父也何以紀綱百姓乎皆令
自殺蒙遜襲狄洛磐于番禾不剋遷其五百餘戶而還姚興遣使人梁斐張構
等拜蒙遜鎮西大將軍沙州刺史西海侯時興亦拜禿髮傉檀爲車騎將軍封
廣武公蒙遜聞之不悅謂斐等曰傉檀上公之位而身爲侯者何也構對曰傉
檀輕狡不仁款誠未著聖朝所以加其重爵者褒其歸善卽敘之義耳將軍忠
貫白日勳高一時當入諧鼎味匡贊帝室安可以不信待也聖朝爵必稱功官
不越德如尹緯姚晃佐命初基齊難徐洛元勳驍將並位纔二品爵止侯伯將
軍何以先之乎竇融殷勤固讓不欲居舊臣之右未解將軍忽有此問蒙遜曰
朝廷何不卽以張掖見封乃更遠封西海邪構曰張掖規畫之內將軍已自有
之所以遠授西海者蓋欲廣大將軍之國耳蒙遜大悅乃受拜時地震山崩折
木太史令劉梁言於蒙遜曰辛酉金也地震於金金動刻木大軍東行無前之

徵時張掖城每有光色蒙遜曰王氣將成百戰百勝之象也遂攻禿髮西郡太守楊統於日勒統降拜爲右長史寵踰功舊張掖太守句呼勒出奔西涼以從弟成都爲金山太守羅仇子也鄯爲西郡太守麴粥子也句呼勒自西涼奔還待之如初蒙遜率騎二萬東征次于丹嶺北虜大人思盤率部落三千降之時木連理生于永安永安令張披上書曰異枝同幹遐方有齊化之應殊本共心上下有莫二之固蓋至道之嘉祥大同之美徵蒙遜曰此皆二千石令長匪躬濟時所致豈吾薄德之所能感也蒙遜率步騎三萬伐禿髮傉檀次于西郡大風從西北來氣有五色俄而晝昏至顯美徙數千戶而還傉檀追及蒙遜于窮泉蒙遜將擊之諸將皆曰賊已安營弗可犯也蒙遜曰傉檀謂吾遠來疲弊必輕而無備及其壘壁未成可以一鼓而滅進擊敗之乘勝至于姑臧夷夏降者萬數千戶傉檀懼請和許之而歸及傉檀南奔樂都魏安人焦朗據姑臧自立蒙遜率步騎三萬攻朗剋而宥之饗文武將士于謙光殿班賜金馬有差以敦煌張穆博通經史才藻清贍擢拜中書侍郎委以機密之任以其弟挐爲護羌

校尉秦州刺史封安平侯鎮姑臧旬餘而犂死又以從祖益子爲鎮京將軍護羌校尉秦州刺史鎮姑臧俄而蒙遜遷于姑臧以義熙八年僭即河西王位大赦境內改元玄始置官僚如呂光爲三河王故事繕宮殿起城門諸觀立其子政德爲世子加鎮衞大將軍錄尚書事傉檀來伐蒙遜敗之於若厚塢傉檀湟河太守文支據湟川護軍成宜侯率衆降之署文支鎮東大將軍廣武太守振武侯成宜侯爲振威將軍湟川太守以殿中將軍王建爲湟河太守蒙遜下書曰古先哲王應期撥亂者莫不經略八表然後光闡純風孤雖智非靖難職在濟時而狡虜傉檀鴟峙舊京毒加夷夏東苑之戮酷甚長平邊城之禍害深獫狁每念蒼生之無辜是以不遑啓處身疲甲冑體倦風塵雖傾其巢穴傉檀猶未授首傉檀弟文支追項伯歸漢之義據彼重藩請爲臣妾自西平已南連城繼順惟傉檀窮獸守死樂都四支既落命豈久全五緯之會已應清一之期無賒方散馬金山黎元永逸可露布遠近咸使聞知蒙遜西如苕藋遺冠軍伏恩率騎三萬襲卑和烏啼二虜大破之俘二千餘落而還蒙遜寢于新臺閹人王

懷祖擊蒙遜傷足其妻孟氏擒斬之夷其三族蒙遜母車氏疾篤蒙遜升南景
門散錢以賜百姓下書曰孤庶憑宗廟之靈乾坤之祐濟否剝之運會拯遺黎
之荼蓼上望掃清氛穢下冀保寧家福而太后不豫涉歲彌增將刑獄枉濫衆
有怨也賦役繁重時不堪乎羣望不絜神所譴乎內省諸身未知罪之攸在可
大赦殊死已下俄而車氏死蒙遜遣其將運糧于湟河自率衆攻剋乞伏熾磐
廣武郡以運糧不繼自廣武如湟河度浩亹熾磐遣將乞伏魋尼寅距蒙遜蒙
遜擊斬之熾磐又遣將王衡折斐麴景等率騎一萬據勒姐嶺蒙遜且戰且前
大破之擒折斐等七百餘人麴景奔還蒙遜以弟漢平爲折衝將軍湟河太守
乃引還晉益州刺史朱齡石遣使來聘蒙遜遣舍人黃迅報聘益州因表曰上
天降禍四海分崩靈耀擁于南裔蒼生沒于醜虜陛下累聖重光道邁周漢純
風所被八表宅心臣雖被髮邊徼才非時儁謬爲河右遺黎推爲盟主臣之先
人世荷恩寵雖歷夷嶮執義不回傾首朝陽乃心王室去冬益州刺史朱齡石
遣使詣臣始具朝廷休問承車騎將軍劉裕秣馬揮戈以中原爲事可謂天贊

大晉篤生英輔臣聞少康之興大夏光武之復漢業皆奮劍而起衆無一旅猶能成配天之功著車攻之詠陛下據全楚之地擁荊揚之銳而可垂拱晏然棄二京以資戎虜若六軍北軫剋復有期臣請率河西戎爲晉右翼前驅熾磐率衆三萬襲湟河漢平力戰固守遣司馬隗仁夜出擊熾磐斬級數百熾磐將引退先遣老弱漢平長史焦昶將軍段景密信招熾磐熾磐復進攻漢平漢平納昶景之說面縛出降仁勒壯士百餘據南門樓上三日不下衆寡不敵爲熾磐所擒熾磐怒命斬之段暉諫曰仁臨難履危奮不顧命忠也宜宥之以厲事君熾磐乃執之而歸在熾磐所五年暉又爲之固請乃得還姑臧及至蒙遜執其手曰卿孤之蘇武也以爲高昌太守爲政有威惠之稱然頗以愛財爲失蒙遜西祀金山遣沮渠廣宗率騎一萬襲烏啼虜大捷而還蒙遜西至苕藋遣前將軍沮渠成都將騎五千襲卑和虜蒙遜率中軍三萬繼之卑和虜率衆迎降遂循海而西至鹽池祀西王母寺寺中有玄石神圖命其中書侍郎張穆賦焉銘之於寺前遂如金山而歸蒙遜下書曰頃自春炎旱害及時苗碧原青野倏爲

枯壤將刑政失中下有冤獄乎役繁賦重上天所譴乎內省多缺孤之罪也書不云乎百姓有過罪予一人可大赦殊死已下翼日而澍雨大降蒙遜聞劉裕滅姚泓怒甚門下校郎劉祥言事於蒙遜蒙遜曰汝聞劉裕入關敢研研然也遂殺之其峻暴如此顧謂左右曰古之行師不犯歲鎮所在姚氏舜後軒轅之苗裔也今鎮星在軒轅而裕滅之亦不能久守關中蒙遜爲李士業敗於解支澗復收散卒欲戰前將軍成都諫曰臣聞高祖有彭城之敗終成大漢宜旋師以爲後圖蒙遜從之城建康而歸其羣下上書曰設官分職所以經國濟時恪勤官次所以緝熙庶政當官者以匪躬爲務受任者以忘身爲效自皇綱初震戎馬生郊公私草創未遑舊式而朝士多違憲制不遵典章或公文御按在家臥署或事無可否望空而過至令黜陟絕於皇朝駮議寢於聖世清濁共流能否相雜人無勸競之心苟爲度日之事豈能憂公忘私奉上之道也今皇化日隆遐邇寧泰宜肅振綱維申修舊則蒙遜納之命征南姚艾尚書左丞房晷撰朝堂制行之旬日百僚振肅太史令張衍言於蒙遜曰今歲臨澤城西當有破

兵蒙遜乃遣其世子政德屯兵若厚塢蒙遜西至白岸謂張衍曰吾今年當有
所定但太歲在申月又建申未可西行且當南巡要其歸會主而勿客以順天
心計在臨機愼勿露也遂攻浩亹而蛇盤於帳前蒙遜笑曰前一爲騰蛇今盤
在吾帳天意欲吾迴師先定酒泉燒攻具而還次于川巖聞李士業徵兵欲攻
張掖蒙遜曰入吾計矣但恐聞吾迴軍不敢前也兵事尚權乃露布西境稱得
浩亹將進軍黃谷士業聞而大悅進入都瀆澗蒙遜潛軍逆之敗士業於壞城
遂進剋酒泉百姓安堵如故軍無私焉以子茂虔爲酒泉太守士業舊臣皆隨
才擢敘蒙遜以安帝隆安元年自稱州牧義熙八年僭立後八年而宋氏受禪
以元嘉十年死時年六十六在僞位三十三年子茂虔立六年爲魏所擒合三
十九載而滅

史臣曰蒙遜出自夷陬擅雄邊塞屬呂光之悖德深懷仇鄕之寃推段業以濟
時假以陳吳之事稱兵白澗南涼請和出師丹嶺北寇賓服然而見利忘義苞
禍滅親雖能制命一隅抑亦備諸凶德者矣

贊曰光猜人傑業忌時賢游飲自晦匿智圖全兇心既逞僞績攸宣挺茲姦數

馳競當年

晉書卷一百二十九

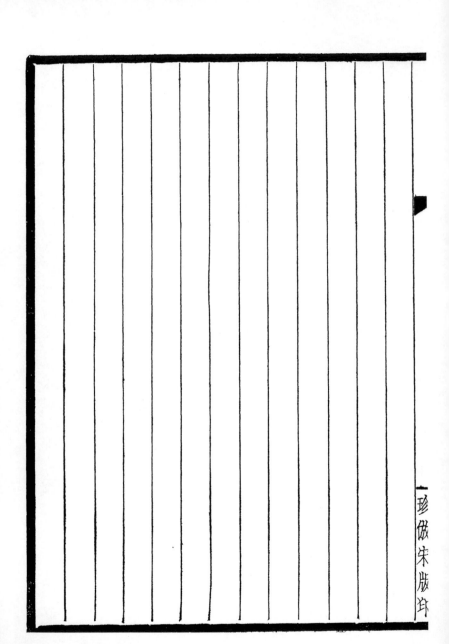

晉書卷一百二十九考證

沮渠蒙遜載記乃以蒙遜之從叔益生爲酒泉太守○監本遜字下脫之字叔字下衍下字今從宋本增删

蒙遜曰汝聞劉裕入關敢研研然也○史炤曰研研五見反正誤謂以文義及音義推之與斷斷相類忿爭強辨之意只如字讀

晉書卷一百二十九考證

晉書卷一百三十

唐　太　宗　文　皇　帝　御　撰

載記第三十

赫連勃勃

赫連勃勃字屈孑匈奴右賢王去卑之後劉元海之族也曾祖武劉聰世以宗室封樓煩公拜安北將軍監鮮卑諸軍事丁零中郎將雄據肆盧川爲代王猗盧所敗遂出塞表祖豹子招集部落復爲諸部之雄石季龍遣使就拜平北將軍左賢王丁零單于父衞辰入居塞內苻堅以爲西單于督攝河西諸虜屯于代來城及堅國亂遂有朔方之地控弦之士三萬八千後魏師伐之辰令其子力俟提距戰爲魏所敗魏人乘勝濟河剋代來執辰殺之勃勃乃奔于叱干部叱干他斗伏送勃勃於魏他斗伏兄子阿利先戍大洛川聞將送勃勃馳諫曰鳥雀投人尚宜濟免況勃勃國破家亡歸命於我縱不能容猶宜任其所奔今執而送之深非仁者之舉他斗伏懼爲魏所責弗從阿利潛遣勁勇篡勃勃於

路送於姚興高平公沒弈于弈于以女妻之勃勃身長八尺五寸腰帶十圍性辯慧美風儀興見而奇之深加禮敬拜驍騎將軍加奉車都尉常參軍國大議寵遇踰於勳舊興弟邕言於興曰勃勃天性不仁難以親近陛下寵遇太甚臣竊惑之興曰勃勃有濟世之才吾方收其藝用與之共平天下有何不可乃以勃勃爲安遠將軍封陽川侯使助沒弈于鎮高平以三城朔方雜夷及衞辰部衆三萬配之使爲伐魏偵候姚邕固諫以爲不可興曰卿何以知其性氣邕曰勃勃奉上慢御衆殘貪暴無親輕爲去就寵之踰分終爲邊害興乃止頃之以勃勃爲持節安北將軍五原公配以三交五部鮮卑及雜虜二萬餘落鎮朔方時河西鮮卑杜崘獻馬八千匹于姚興濟河至大城勃勃留之召其衆三萬餘人僞獵高平川襲殺沒弈于而并其衆衆至數萬義熙二年僭稱天王大單于赦其境內建元曰龍昇署置百官自以匈奴夏后氏之苗裔也國稱大夏以其長兄右地代爲丞相代公次兄力俟提爲大將軍魏公叱干阿利爲御史大夫梁公弟阿利羅引爲征南將軍司隸校尉若門爲尚書令叱以韓爲征西將軍

尙書左僕射乙斗爲征北將軍尙書右僕射自餘以次授任其年討鮮卑薛干等三部破之降衆萬數千進討姚興三城已北諸戍斬其將楊丕姚石生等諸將諫固險不從又復言於勃勃曰陛下將欲經營宇內南取長安宜先固根本使人心有所憑繫然後大業可成高平險固山川沃饒可以都也勃勃曰卿徒知其一未知其二吾大業草創衆旅未多姚興亦一時之雄關中未可圖也且其諸鎭用命我若專固一城彼必并力於我衆非其敵亡可立待吾以雲騎風馳出其不意救前則擊其後救後則擊其前使彼疲於奔命我則游食自若不及十年嶺北河東盡我有也待姚興死後徐取長安姚泓凡弱小兒擒之方略已在吾計中矣昔軒轅氏亦遷居無常二十餘年豈獨我乎於是侵掠嶺北嶺北諸城門不晝啓興歎曰吾不用黃兒之言以至於此黃兒姚邕小字也勃勃初僭號求婚於禿髮傉檀傉檀弗許勃勃怒率騎二萬伐之自楊非至於支陽三百餘里殺傷萬餘人驅掠二萬七千口牛馬羊數十萬而還傉檀率衆追之其將焦朗謂傉檀曰勃勃天姿雄驁御軍齊肅未可輕也今因抄掠之資率思

歸之士人自爲戰難與爭鋒不如從溫圍北渡趣萬斛堆阻水結營制其咽喉百戰百勝之術也傉檀將賀連怒曰勃勃以死亡之餘率烏合之衆犯順結禍幸有大功今牛羊塞路財寶若山窘弊之餘人懷貪競不能督厲士衆以抗我也我以大軍臨之必土崩魚潰今引軍避之示敵以弱我衆氣銳宜在速追傉檀曰吾追計決矣敢諫者斬勃勃聞而大喜乃於陽武下陜鑿陵埋車以塞路傉檀遣善射者射之中勃勃左臂勃勃乃勒衆逆擊大敗之追奔八十餘里殺傷萬計斬其大將十餘人以爲京觀號髑髏臺還于嶺北勃勃與姚興將張佛生戰于青石原又敗之俘斬五千七百人興遣將齊難率衆二萬來伐勃勃退如河曲難以去勃勃既遠縱兵掠野勃勃潛軍覆之俘獲七千餘人收其戎馬兵仗難引軍而退勃勃復追擊于木城拔之擒難俘其將士萬有三千戎馬萬匹嶺北夷夏降附者數萬計勃勃於是拜置守宰以撫之勃勃乃率騎二萬入高岡及于五井掠平涼雜胡七千餘戶以配後軍進屯依力川姚興來伐至三城勃勃候興諸軍未集率騎擊之興大懼遣其將姚文宗距戰勃勃僞退設伏

以待之與遣其將姚榆生等追之伏兵夾擊皆擒之與將王奚聚羌胡三千餘
戶于勅奇堡勃勃進攻之奚驍悍有膂力短兵接戰勃勃之衆多爲所傷於是
堰斷其水堡人窘迫執奚出降勃勃謂奚曰卿忠臣也朕方與卿共平天下奚
曰若蒙大恩速死爲惠乃與所親數十人自刎而死勃勃又攻興將金洛生于
黃石固彌姐豪地于我羅城皆拔之徙七千餘家于大城以其丞相右地代領
幽州牧以鎮之遣其尚書金纂率騎二萬攻平涼姚興來救纂爲興所敗死之
勃勃兄子左將軍羅提率步騎一萬攻興將姚廣都于定陽剋之坑將士四千
餘人以女弱爲軍賞拜廣都爲太常勃勃又攻興將姚壽都于清水城壽都奔
上邽徙其人萬六千家于大城是歲齊難姚廣都謀叛皆誅之姚興將姚詳棄
三城南奔大蘇勃勃遣其將平東鹿弈于要擊之執詳盡俘其衆詳至勃勃數
而斬之其年勃勃率騎三萬攻安定與姚興將楊佛嵩戰于青石北原敗之降
其衆三萬五千獲戎馬二萬匹進攻姚興將党智隆于東鄉降之署智隆光祿
勳徙其三千餘戶于貳城姚興鎮北參軍王買德來奔勃勃謂買德曰朕大禹

之後世居幽朔祖宗重輝常與漢魏爲敵國中世不競受制於人逮朕不肖不能紹隆先構國破家亡流離漂虜今將應運而興復大禹之業卿以爲何如買德曰自皇晉失統神器南移羣雄嶽峙人懷問鼎況陛下奕葉載德重光朔野神武超於漢王聖略邁於魏祖而不於天啓之機建成大業乎今秦政雖衰藩鎮猶固深願蓄力待時詳而後舉勃勃善之拜軍師中郎將乃赦其境內改元爲鳳翔以叱干阿利領將作大匠發嶺北夷夏十萬人於朔方水北黑水之南營起都城勃勃自言朕方統一天下君臨萬邦可以統萬爲名阿利性尤工巧然殘忍刻薄乃蒸土築城錐入一寸卽殺作者而幷築之勃勃以爲忠故委以營繕之任又造五兵之器精銳尤甚既成呈之工匠必有死者射甲不入卽斬弓人如其入也便斬鎧匠又造百鍊剛刀爲龍雀大環號曰大夏龍雀銘其背曰古之利器吳楚湛盧大夏龍雀名冠神都可以懷遠可以柔邇如風靡草威服九區世甚珍之復鑄銅爲大鼓飛廉翁仲銅駝龍獸之屬皆以黃金飾之列於宮殿之前凡殺工匠數千以是器物莫不精麗於是議討乞伏熾磐王買德

諫曰明王之行師也軌物以德不以暴且熾磐我之與國新遭大喪今若伐之豈所謂乘理而動上感靈和之義乎苟恃衆力因人喪難匹夫猶恥爲之而況萬乘哉勃勃曰甚善微卿朕安聞此言其年下書曰朕之皇祖自北遷幽朔姓改姒氏音殊中國故從母氏爲劉子而從母之姓非禮也古人氏族無常或以因生爲氏或以王父之名朕將以義易之帝王者繫天爲子是爲徽赫實與天連今改姓曰赫連氏庶協皇天之意永享無疆大慶係天之尊不可令支庶同之其非正統皆以鐵伐爲氏庶朕宗族子孫剛銳如鐵皆堪伐人立其妻梁氏爲王后子璝爲太子封子延陽平公昌太原公倫酒泉公定平原公滿河南公安中山公又攻姚興將姚逵于杏城二旬剋之執逵及其將姚大用姚安和姚利僕尹敵等坑戰士二萬人遣其御史中丞烏洛孤盟於沮渠蒙遜曰自金晉數終禍纏九服趙魏爲長蛇之墟秦隴爲豺狼之穴二都神京鞠爲茂草蠢爾羣生罔知憑賴上天悔禍運屬二家封疆密邇道會義親宜敦和好弘康世難爰自終古有國有家非盟誓無以昭神祇之心非斷金無以定終始之好然晉

楚之成吳蜀之約咸口血未乾而尋背之今我二家契殊曩日言未發而有篤愛之心音一交而懷傾蓋之顧息風塵之警同克濟之誠戮力矢心共濟六合若天下有事則雙振義旗區域既清則並敦魯衛夷險相赴交易有無爰及子孫永崇斯好蒙遜遣其將沮渠漢平來盟勃勃聞姚泓將姚嵩與氐王楊盛相持率騎四萬襲上邽未至而嵩爲盛所殺勃勃攻上邽二旬剋之殺泓秦州刺史姚平都及將士五千人毀城而去進攻陰密又殺興將姚良子及將士萬餘人以其子昌爲使持節前將軍雍州刺史鎮陰密泓將姚恢棄安定奔于長安安定人胡儼華韜率戶五萬據安定降于勃勃以儼爲侍中韜爲尚書留鎮東羊苟兒鎮之配以鮮卑五千進攻泓將姚諶于雍城諶奔長安勃勃進師次郿城泓遣其將姚紹來距勃勃退如安定胡儼等襲殺苟兒以城降泓勃勃引歸杏城笑謂羣臣曰劉裕伐秦水陸兼進且裕有高世之略姚泓豈能自固吾驗以天時人事必當剋之又其兄弟內叛安可以距人裕既剋長安利在速返正可留子弟及諸將守關中待裕發軫吾取之若拾芥耳不足復勞吾士馬於是

秣馬厲兵休養士卒尋進據安定姚泓嶺北鎮戍郡縣悉降勃勃於是盡有嶺北之地俄而劉裕滅泓入于長安遣使遺勃勃書請通和好約為兄弟勃勃命其中書侍郎皇甫徽為文而陰誦之召裕使前口授舍人為書封以答裕裕覽其文而奇之使者又言勃勃容儀瓌偉英武絕人裕歎曰吾所不如也既而勃勃還統萬裕留子義真鎮長安而還勃勃聞之大悅謂王買德曰朕將進圖長安卿試言取之方略買德曰劉裕滅秦所謂以亂平亂未有德政以濟蒼生關中形勝之地而以弱才小兒守之非經遠之規也狼狽而返者欲速成篡事耳無暇有意於中原陛下以順伐逆義貫幽顯百姓以君命望陛下義旗之至以日為歲矣青泥上洛南師之衝要宜置游兵斷其去來之路然後杜潼關塞崤陝絕其水陸之道陛下聲檄長安申布恩澤三輔父老皆壺漿以迎王師矣義真獨坐空城逃竄無所一旬之間必面縛麾下所謂兵不血刃不戰而自定也勃勃善之以子璝都督前鋒諸軍事領撫軍大將軍率騎二萬南伐長安前將軍赫連昌屯兵潼關以買德為撫軍右長史南斷青泥勃勃率大軍繼發璝至

渭陽降者屬路義真遣龍驤將軍沈田子率衆逆戰不利而退屯劉迴堡田子與義真司馬王鎮惡不平因鎮惡出城遂殺之義真又殺田子於是悉召外軍入于城中閉門距守關中郡縣悉降璝夜襲長安不剋勃勃進據咸陽長安樵採路絶劉裕聞之大懼乃召義真東鎮洛陽以朱齡石爲雍州刺史守長安義真大掠而東至於灞上百姓遂逐齡石而迎勃勃入于長安璝率衆三萬追擊義真王師敗績義真單馬而遁買德獲晉寧朔將軍傅弘之輔國將軍蒯恩義真司馬毛脩之於青泥積人頭以爲京觀於是勃勃大饗將士于長安舉觴謂王買德曰卿往日之言一周而果效可謂算無遺策矣雖宗廟社稷之靈亦卿謀猷之力也此觴所集非卿而誰於是拜買德都官尙書加冠軍將軍封河陽侯赫連昌攻齡石及龍驤將軍王敬於潼關之曹公故壘剋之執齡石及敬送于長安羣臣乃勸進勃勃曰朕無撥亂之才不能弘濟兆庶自枕戈寢甲十有二年而四海未同遺寇尙熾不知何以謝責當年垂之來葉將明揚仄陋以王位讓之然後歸老朔方琴書卒歲皇帝之號豈薄德所膺羣臣固請乃許之於

是爲壇于灞上僭卽皇帝位赦其境内改元爲昌武遣其將叱奴侯提率步騎二萬攻晉并州刺史毛德祖于蒲坂德祖奔于洛陽以侯提爲并州刺史鎭蒲坂勃勃歸于長安徵隱士京兆韋祖思既至而恭懼過禮勃勃怒曰吾以國士徵汝奈何以非類處吾汝昔不拜姚興何獨拜我我今未死汝猶不以我爲帝王吾死之後汝輩弄筆當置吾何地遂殺之羣臣勸都長安勃勃曰朕豈不知長安累帝舊都有山河四塞之固但荆吳僻遠勢不能爲人之患東魏與我同壤境去北京裁數百餘里若都長安北京恐有不守之憂朕在統萬彼終不敢濟河諸卿適未見此耳其下咸曰非所及也乃於長安置南臺以璝領大將軍雍州牧錄南臺尚書事勃勃還統萬以宮殿大成於是赦其境内又改元曰真興刻石都南頌其功德曰夫庸大德盛者必建不刊之業道積慶隆者必享無窮之祚昔在陶唐數終厄運我皇祖大禹以至聖之姿當經綸之會鑿龍門而闢伊闕疏三江而決九河夷一元之窮災拯六合之沉溺鴻績侔於天地神功邁於造化故二儀降祉王靈叶贊揖讓受終光啓有夏傳世二十歷載四百賢

辟相承哲王繼軌徽猷冠於玄古高範煥乎疇昔而道無常夷數或屯險王桀不綱網漏殷氏用使金暉絶于中天神轡輟于促路然純曜未渝慶緜萬祀龍飛漠南鳳峙朔北長轡遠馭則西罩崐山之外密網遐張則東絙滄海之表爰始逮今二千餘載雖三統迭制於崤函五德革運於伊洛秦雍成篡弒之墟周豫爲爭奪之藪而幽朔謐爾主有常尊於上海代晏然物無異望於下故能控弦之衆百有餘萬躍馬長驅鼓行秦趙使中原疲于奔命諸夏不得高枕爲日久矣是以偏師蹔擬涇陽摧隆周之鋒赫斯一奮平陽挫漢祖之銳雖霸王繼蹤猶朝日之升扶桑英豪接踵若夕月之登濛汜自開闢已來未始聞也非夫卜世與乾坤比長鴻基與山嶽齊固孰能本枝於千葉重光於萬祀履寒霜而踰榮蒙重氛而彌耀者哉於是玄符告徵大猷有會我皇誕命世之期應天縱之運仰協時休俯順時望龍升北京則義風蓋於九區鳳翔天域則威聲格于八表屬姦雄鼎峙之秋羣凶嶽立之際昧旦臨朝日旰忘膳運籌命將舉無遺策親御六戎則有征無戰故僞秦以三世之資喪魂於關隴河源望旗而委質

北虜欽風而納款德音著于柔服威刑彰于伐叛文教與武功並宣俎豆與干戈俱運五稔之間道風弘著暨乎七載而王猷允洽乃遠惟周文啓經始之基近詳山川究形勝之地遂營起都城開建京邑背名山而面洪流左河津而右重塞高隅隱日崇墉際雲石郭天池周縣千里其爲獨守之形險絶之狀固以遠邁於咸陽超美於周洛若乃廣五郊之義尊七廟之制崇左社之規建右稷之禮御太一以繕明堂模帝坐而營露寢闔閭披霄而山亭象魏排虛而嶽峙華林靈沼崇臺祕室通房連閣馳道苑園可以蔭映萬邦光覆四海莫不鬱然並建森然畢備若紫微之帶皇穹閬風之跨后土然宰司鼎臣羣黎士庶僉以爲重威之式有闕前王於是延王爾之奇工命班輸之妙匠搜文梓於鄧林採繡石於恆嶽九域貢以金銀八方獻其瓌寶親運神奇參制規矩營離宮於露寢之南起別殿於永安之北高構千尋崇基萬仞玄棟鏤槐若騰虹之揚眉飛簷舒咢似翔鵬之矯翼二序啓矣而五時之坐開四隅陳設而一御之位建溫宮膠葛涼殿崢嶸絡以隋珠綷以金鏡雖曦望互升於表而中無晝夜之殊陰

陽迭更於外而內無寒暑之別故畬目者不能爲其名博辯者不能究其稱斯
蓋神明之所規模非人工之所經制若乃尋名以求類跡狀以效真據質以究
名形疑妙出雖如來須彌之寶塔帝釋忉利之神宮尙未足以喻其麗方其飾
矣昔周宣考室而詠於詩人閟宮有侐而頌聲是作況乃太微肇制清都啓建
軌一文昌舊章唯始咸秩百神賓享萬國羣生開其耳目天下詠其來蘇亦何
得不播之管弦刊之金石哉乃樹銘都邑敷讚碩美俾皇風振於來葉聖庸垂
乎不朽其辭曰於赫靈祚配乾比隆巍巍大禹堂堂聖功仁被蒼生德格玄穹
帝錫玄珪揖讓受終哲王繼軌光闡徽風道無常夷數或不競金精南邁天輝
北映靈祉踰昌世業彌盛惟祖惟父克廣休命如彼日月連光接鏡玄符瑞德
乾運有歸誕鍾我后應圖龍飛落落神武恢恢聖姿名教內敷羣妖外夷化光
四表威截九圍封畿之制王者常經乃延輸爾肇建帝京土苞上壤地跨勝形
庶人子來不日而成崇臺霄峙秀闕雲亭千榭連隅萬閣接屏晃若晨曦昭若
列星離宮旣作別宇云施爰構崇明仰準乾儀懸甍風閣飛軒雲垂溫室嵯峨

層城參差樞雕虬獸節鏤龍螭瑩以寶璞飾以珍奇稱因褒著名由實揚偉哉
皇室盛矣厥章義高靈臺美隆未央邁軌三五貽則霸王永世垂範億載彌光
其祕書監胡義周之辭也名其南門曰朝宋門東門曰招魏門西門曰服涼門
北門曰平朔門追尊其高祖訓兒曰元皇帝曾祖武曰景皇帝祖豹子曰宣皇
帝父衞辰曰桓皇帝廟號太祖母苻氏曰桓文皇后勃勃性凶暴好殺無順守
之規常居城上置弓劍於側有所嫌忿便手自殺之羣臣忤視者毀其目笑者
決其脣諫者謂之誹謗先截其舌而後斬之夷夏囂然人無生賴在位十三年
而宋受禪以宋元嘉二年死子昌嗣僞位尋爲魏所擒弟定僭號於平涼遂爲
魏所滅自勃勃至定凡二十有六載而亡
史臣曰赫連勃勃獯醜遺類入居邊宇屬中壤分崩緣閒肆慝控弦鳴鏑據有
朔方遂乃法玄象以開宮擬神京而建社竊先王之徽號備中國之禮容驅駕
英賢闚闞天下然其器識高爽風骨魁奇姚興覩之而醉心宋祖聞之而動色
豈陰山之韞異氣不然何以致斯乎雖雄略過人而凶殘未革飾非距諫酷害

朝臣部內囂然忠良卷舌滅亡之禍宜在厥身猶及其嗣非不幸也

贊曰淳維遠裔名王之餘嘯羣龍漠乘釁侵漁爰創宮宇易彼氈廬雖弄神器猶曰凶渠

晉書卷一百三十

晉書卷一百三十考證

赫連勃勃載記黄兒姚邕小字也○綱目正誤男女始生爲黄黄兒猶言小兒也興弟邕嘗勸勿用勃勃興不聽故曰不用黄兒之言今謂黄兒乃邕小字恐誤

姚興來伐至三城勃勃候興諸軍未集率騎擊之○三當作貳亦作二本書姚興載記謂倉松番禾爲二城又下文徙其三千餘戸于貳城當即其地也

姚興將姚詳棄三城南奔大蘇○本書姚興載記云留禁兵五千配姚詳守貳城則知三之當作貳矣

晉書卷一百三十考證

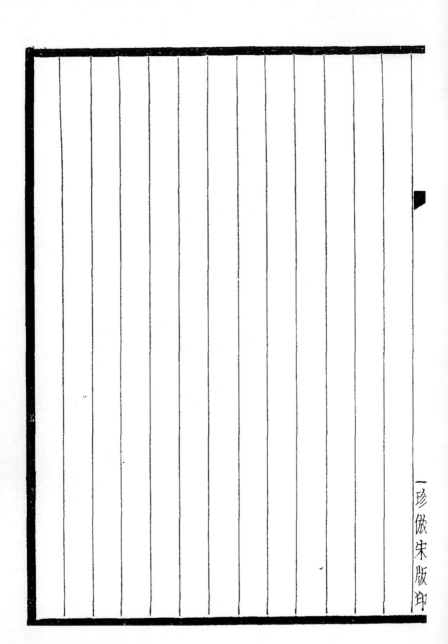

晉書音義序

晉書音義余內弟東京處士何超字令升之所纂也令升卽仲舅商州府君之子惟我仲舅實藴多才彊學懿文紹興門範剖符行節弘闡帝猷雖位望兼崇大名猶鬱而增修益振餘慶方鍾確爾專精深期克復時之未與衣冠之嗣曷沉道在則聞儒素之風自遠不隕其業斯爲得與處士第約以優閑溺於墳史嘗訝晉室之典未昭其音思欲發揮前人啓迪後進由是博考諸傳綜覽羣言研覈異同譔成音義亦足以暢先皇旨趣爲學者司南式敘其由勸成其美三都尙隱思旌擅洛之文五等迴封遠愧平吳之績巨唐天寶六載天王左史弘農楊齊宣字正衡序

晉書音義三卷

先朝所譔晉書帝紀十志二十列傳七十載記三十合一百三十篇令升此音紀志共爲一卷其列傳載記各自區分都成三軸件目如左仍依陸氏經典釋文注字並以朱暎服勤編簡頗涉暄寒凡所訓釋必求典據庶無牆面疇敢師心如或未周敬俟來哲耳

晉書音義卷之上　紀志　起第一盡第二十

唐　東　京　何　超　纂

晉書卷一　帝紀第一

黎落兮反　司馬卬五郎反　獱必至反　踞音據　每與音預　令揣上力呈反下居綺反　宛於元反　向鄉式亮反　有閒閒廁之閒　水柵字林曰柵編豎木也惻白反　造七到反　扼音厄　向晥漢書音乎袞反又音胡版反廬江縣也下短反又胡官反　泝音素　胊䏰如淳曰上音蠢下音如允反　郃音合　郿音眉　黥渠京反　隃麋上以朱反下音眉　芟所銜反　餌仍吏反　鹵音魯　使使上音史下音所吏反　勞洛到反　衄女六反　監冶音也　僑音喬　挑徒了反　巾幗古獲反婦人首飾　鯁古杏反　卒子忽反　五藏昨浪反　蒺藜疾梨二音　輭而兖反　木屐奇逆反　氐當兮反　輸音戍　碣音竭　邃隧漢書音遂　旗幟昌志反　樵音譙　詭道居委反詐也　楯櫓上食允反下音魯　鈎橦直江反　芒鬣忙獵二音　震慴之涉反懼也　簒初官

反 鯨鯢上渠京反下五奚反 詿音卦又胡卦反 檽日朱反 施式智反 薊音計 心惡烏故反 先是蘇見反 更古行反

倭烏禾反 重譯上五龍反下音亦 焉者於乾反 芍陂芍吮削反 隲之日反 掠柤上力讓反下側孤反 郾音偃 漕左到反水運穀也 諡名必反 皆從才用反 肘陟柳反 挾音叶 鄢於隱反 彪甫九反 涂音除 折簡之舌反 祟雖遂反

轀輬溫涼二音 丕反 佑音右 戢阻立反

晉書卷二 帝紀第二

覘勅劍反 毋丘音無下同 艾五愛反 瑕古雅反一作暇 酆音豐 緝七入反 儌古堯反 要一遙反 鑠喜藥反 冗從上而勇反下才用反 辟旁益反 嫚與慢同 祼郎果反 恚一避反 璽斯此反 髦音毛 惰徒臥反本作墮 趾音止 佻吐彫反

宄音軌 摯音至 蔑莫結反 琢丁角反 顓頊上音專下許玉反 柏招漢書古今人表帝嚳師 彗因歲反 瀍橋說文曰瀍水出潁川陽城少室山東入潁音殷又音隱 枚莫回反 鴦烏郎反又於良反 冠古亂反 譟蘇到反 披靡上匹靡反 綝丑林反

楯食允反 瘤音留 齧五結反 苛音何 禕於離反 亟紀力反 震讋說文讀若摺之涉反 子靚才姓反 隗五罪反 輜側持反 餧奴罪反 完胡官反 懌音亦 譎古穴反 蹙子六反 曼音萬 叱齒日反 顗魚豈反 倅七碎反 璜音黃 楛音戶 砮音奴又音弩 貂音彫 絆音半 沓徒合反 纂作管反 斌府巾反 廖化廖音力救反漢有廖湛 以隳許規反

履哲本或作喆與哲同 迪宣音狄 櫛阻瑟反 蛑音謀與蝥同 擐音患 元憝字林曰憝惡也尚書云元惡大憝徒對反 劻渠京

反　馘古獲反　信威信音申　叟蘇口反　狡古巧反　悍音翰　提封徒奚反　胙昨誤反　校尉陔公才反　苴子余

反　鄮侯音贊　緱盧結反　賁音奔　鈇鉞甫越二音　彤徒冬反　玈音盧　秬鬯巨暢二音　卣音由　將校上子亮反下音效

莘所臻反　滕以證反　岷音旻　傳張戀反　檻胡黯反　虡音巨　弑音試

晉書卷三　帝紀第三

輯音集　於戲烏希二音　惴之睡反憂也懼也　岫音宙　莞音官　睢音雖　菑側持反　尉他音陀亦作佗　禰乃禮反　澠音沔

本或作黽同　皇子衷音中　孛音佩又卜內反　羊祜下古反　必泥奴戾反　郁於六反　毛炅古鼎反字林音桂　販方願

反　郭廙音弋　渦口說文渦水出淮南陽浮溝浪蕩渠東入淮屋戈反又古和反　堆都回反　綴張衛反　皇子柬音簡　冠古亂

反　氾敷劍反　大雩音于旱祭也　戶調徒弔反　袤莫候反　組音祖　其帥所類反　枳諸氏反　軫之忍反　夏謖

字林謖起也所六反　稱尺證反　螟音冥　頠魚毀反　璩音渠　荔力智反　召或作邵同　顒魚容反　耽丁含反　蕤儒佳反

唐彬音斌　秣莫割反　瑩烏定反　蹙子六反　櫬初覲反　酃音零　浩亹漢書金城郡浩亹縣孟康曰浩亹音合門顏云浩音誥水

名亹者水流夾山岸若門詩大雅鳧鷖在亹亦其義也今俗呼此水爲閤門河蓋疾言之耳浩音閤　廆五罪胡罪二反　牂則郎反　獠音老　玷音點

褚䂮力灼反　朱提山漢書犍爲郡有朱提山出銀蘇林曰朱音銖提音匙北方人名匕曰匙　犍其連反　朱整之領反　帢音洽

皇孫遹音聿　次子羕弋向反　繇音遙　造次七到反　青絲紖字林曰牛系也文忍反　紊音文　佚音逸

晉書卷四　帝紀第四

翼本或作翌與翼同 楙莫候反本一作懋 泓烏宏反 奎苦圭反 郝好各反 解系胡計反 氐帥所類反 禖音梅裴

頠魚毁反 皇孫虨補閑反 冏九永反 彗似歲反又似醉反 歘許金反 汶山音岷 堮五各反 湨公壁反又補賴反

饕吐高反 葛旟音余 韡韋鬼反 虓許交反 炤亦照字之肖反 駝徒何反 堨烏葛反 碓音對 涸下各反 踧子六反

周玘音起 郫音皮 圮符鄙反 陳昣字林曰昣目有所恨也之忍反又音真 鷊音鬲 齎卽令反 粇音庚 燥蘇老反乾也 盂

音于 歔欷上音虛下音許既反 暾他昆反 馥音復 繆胤音謬 鶩貙敕居反 刁默音彫 惤令漢書音堅 惤爨七亂反

跋蒲撥反 蝦蟆二音 麋靡爲反 鴆直禁反 赧奴版反 鼃烏瓜反蝦蟆也又烏嗚反

晉書卷五　帝紀第五

螘衆牛綺反 喁喁字林曰喁喁衆口上見魚容反 玫莫迴反 尠息淺反 鄄音絹 惲於粉反 錢璯苦邁反 沶音怡 枹

鼓音孚本亦作桴 睎音希 瑁音妹 珉武巾反 杜弢他勞反 轘轅還袁二音 緄古本反 疋音雅 崧音嵩 昵尼質反 梟

古堯反 沌音篆 髦音毛 灄中書涉反 骼音格 觜前智反 䴵必郢反 磾音低 螽音終 薈烏外反 喋音牒 淇音其 蹠

之石反 羯居謁反 耒盧對反 嫄音元 貊音陌 櫛阻瑟反 枲胥里反 弛式是反 核下華反 爕蘇叶反 鼇五勞反

獯音勳 顱力胡反 仆音赴

晉書卷六　　帝紀第六

覬渠刃反 䕫音杲 刈音乂 煒于鬼反 如也 窘其隕反 徼玉釣反 軼音逸 擐音患 鈇音甫 甫于反又 毖音祕 麗姬
與驪反 羿五計反 蕢周易音蹄 浹子協反 窬音渝 逡七旬反 郤音隙本或作郄俗 悝苦迴反 諝私呂反 輯音集
茹而據反 贄音至 惏盧含反 珥仍吏反 璠音繁 龕可含反 莞胡管反又音官 句驪上古侯反下音離 厭次上一琰反
又一涉反下如字又音恣 紐女九反 詮此緣反 愞乃亂反一作懦 隗五罪反 邃雖遂反 郗丑脂反 鄒側鳩反 青練所居
反 釵初佳反 榼苦盍反 貯張呂反 扛鼎音江 隳許規反 齊斧張晏曰征伐斧也以整齊天下也張軌云齊斧蓋黃鉞也應劭
曰齊利也虞憙志林云齊當作齋凡師出必齋戒入廟而受斧也 彝音夷 鞅於兩反 驤音襄 檇息委反 釗指遙反 跣蘇典反 盱
眙上況于反下與之反 篡初宦反 公乘雄公乘姓也見風俗通 巴滇都賢反 嫗衣遇反 壼苦本反 朱雀桁胡郎反
惋烏亂反 爨七亂反 李遏他歷反 稷契私列反 贇於巾反 禋音因 崧音嵩本亦作崧 悆羊茹反 曄筠輒反 槩
古代反 扞音翰 推轂吐迴反 圉音語 緝七入反 崎嶇上去奇反下音區 大祲字林子沁反 縗絰上音崔下徒結反
箠之累反

晉書卷七　　帝紀第七

迭徒結反 涪音浮 曹勱音邁 崏音晏 劉闓音鎧又音開 枹罕上于甫反又音扶下音漢 瑾音覲 勰音協 柤側孤反又側加

反燼徐刃反溧陽音栗上邽音圭琉音充本或作玩丘塢音古霍彪甫休反騶側鳩反䶵黃蕩反郿音眉玡

音午噲苦怪反凱音愷奎苦圭反桁與航同駱音鶴睎音希懌音亦降殺所拜反驎力珍反闐音田聃他含反

瞿音句阽音鹽

晉書卷八　帝紀第八

瓚昨旱反燾徒到反爨頠上七亂反下魚毀反雋與俊同畯音俊亢剛抗二音氐帥上丁奚反下所類反枋音方邯鄲

寒丹二音垣音袁遂與遁同芍陂七削反鮪榮美反萇音長靚音淨鳶於艮反笁音竹佽飛音次鴆直任反曇

音譚山茌仕疑反梁王璉子仁反本亦作璡下同子暐于鬼反鶵士于反汪烏皇反浩亹上音閤下音門饋逵位

反苛音何劉岵音戶餌仍吏切瓠胡故反赭圻上之也反下音祈泯武盡反涂中音途虓許交反瘞疾字林

痿痹也人垂反又於佳反白帢苦洽反重閟音祕第莊几反又側里反禳汝商反爂扶北反又符逼反

晉書卷九　帝紀第九

葆音保幘音責頤與之反戮音六粃政補几反見國語俾以二滑泥上音骨擔都濫反樂浪洛郎二音卞眈丁含

反赧奴版反寧康一本云康寧郁於六反天門蜑徒旱反蠻屬見文字集略或作蜒墊江音牒邸都禮句難

音鉤璪音早逋博孤反句町應劭句音鉤顔町音挺牢音勞阿房如淳音旁雹蒲角反雨冰也龢音和螽音終忱氏林反

潼音同 湟音皇水名在安定 晡博孤反 臨力禁反 惡烏路反 醒音星又息定反 讖初譖反 孕以證反 屯陟倫反 吒
陟嫁反 斵力弔反一作料本亦作斷 彙音謂 鬻音育 鑣甫嬌反

晉書卷十 帝紀第十

劓音計 臋奴昆反 烱古迥反 阯音止 沮渠子余反 柵惻戟反 蝦音賈 騶側鳩反 傉檀內沃反 仄阻力反 謐
音蜜 湓口蒲奔反水名見潯陽記 崢嶸上土耕反下音宏 腆他典反 柞在各反又音作 稜威來登反 憝徒對反 猖狂
上音昌 狡苦巧反 沮慈呂反 孜子之反 球音求 跋蒲撥反 臨朐其俱反 鵄處脂反 蒯苦怪反 僖許其反 眚
所景反 句驪上古侯反下音離 倭烏和反 鵝五歌反 縊於賜反 衮古本反 綟盧結反 瞋目充人反字林云張目也莊
子云瞋目而語難 飪如甚反 啓行戶郎反 閫苦本反 隧音遂 有閒古莧反 屠音徒 隻支石反 熏許云反 湎彌兗
反

晉書卷十一 志第一

庖犧上薄交反下許奇反 嚳苦沃反 佚音逸 裨頻卑反 燔音煩 髀傍米反 隤杜回反 推磨莫賀反下同 蟻魚倚
瞀莫候反 窈烏皎反 填星陟刃反 魄焉上音薄 覆冒音副 聳音悚 覆奩上芳福反下音廉 駮比角反 晷音軌
伺相吏反候也 璣居希反 廡音武堂下 楯食允反 閎音宏 蓂莢上音冥下古叶反 卵落管反 彀苦角反 甄曜居遷

反郵音尤啻施智反穊音冀共之居勇反杠音江魁苦回反杓必消反腐音父芒音亡紐女久反熛甫遙反武賁音奔抵丁禮反禨居希反槍初庚反棓片口反果蓏郎果反在木曰果在地曰蓏鉤鈐巨淹反鈇鑕上甫于反又音府下音質跗甫于反桴甫予反本作枹潢音黃爲帝子僞反盛饘上音成下之然反爟音貫鍵音件貉音陌觜蠵上子兒反下戶圭反囷去倫反膾古外反重譯上直龍反下音亦共工音恭句古侯反杵尺與反氐丁禮反枵許喬反諏子侯反樂浪洛郎二音敦煌屯皇二音牂牁上子郎反下音歌

晉書卷十二　志第二

慝吐得反高埤音卑麓音六爍書藥反爲焠七碎反僇音六壅沮上於容反下余七反壅本亦作𡏖孛音佩格澤如字兌音說本亦作銳天欃初銜反雚音丸鏠與鋒同天柎甫于反綎音庭天榬禹煩反毚士咸反蓬絮息據反詘區物反十煇音運見周禮眂祲上音視下子任反僪音決又其聿反本亦作璚觿子垂反又戶圭反本亦作鐫瞢莫登反又莫亘反璚音瓊見玉篇亟紀力反乂初牙反杵敞汝反霾莫皆反蜄時忍反員簦音登闍視奢反又音都帎音鳥挈音結見蒼頡篇瞀莫候反遹音聿隗五罪反仄匿莊力反眕之忍反狡古巧反鼂音晁

晉書卷十三　志第三

楗閉其輦反又其偃反甄氏音真虓許交反朐音衢鬣良輒反繆胤音謬砰普耕反弢他高反

晉書卷十四　志第四

蟠音盤惢音又碭大浪反上谷古木反又音欲邯鄲寒丹二音黔音琴閬音旻洮吐刀反千乘繩證反儋都甘反
雟小委反汶山音旻犍爲其連反拓土音托鄱陽薄波反朱提上音殊下上支反涪陵音浮東莞音官晛
五計反崦音淹又音掩豎亥殊主反鋌丁乙反結公八反要一遙反摯音至虺火鬼反閼音閑參之音三賙
音周酇作管反聚名見周禮分限符問反邾陟輸反鄖音云共音恭郜音告邘羽俱反郇相倫反鬲音華過古禾反
偪陽音逼邿音詩鄶古外反邶音佩鄅音羽聃奴甘反又他酣反莘所臻反鄟音專姺蘇典反緡音旻飂音留鬷
子紅反五伯音霸綫息練反篡初宦反畦戶圭反果蓏郎果反太行胡郎反郟鄏夾辱二音成皋音高卷
丘圓反鼉池鼉一作澠同俱音沔嶢音堯鞅於兩反讘之輒反又而涉反濩澤烏獲反析城音錫猗乙奇軹音紙孱
陵士限反又士連反宛句上於元反下音劬單父善甫二音方與防預二音亢父上古郎反下音甫扁鵲蒲殄反山
茌仕疑反盱眙上況于反下與之反郾一健反鄢於晚反鮦陽音紂沛博蓋反杼秋音緒洨胡交反虹音絳酇
才胡反龍亢古郎反軑音太蘄音祈零婁況于反黥渠京反鄡口堯反廮陶上嬰弁反下音遙茌平仕疑反
厭次二琰反漯他合反蓨音調蠡音禮鄃式朱反陘音刑遒子由反薊音計沮陽七余反句麗上古侯下音
離令支上來定反下三支反跋蒲撥反盂音于鄎一古反泫氏工玄反又乎犬反鞮音低轑音老崞音郭涅陶上于

往反亦作汪下音遙蕵人沙瓦反雍閼擁遏二音大荔力計反下邽音圭蓮勺上力䈞反下音酌巀嶭上昨結反下五
結反蒯城苦壞反璝公回反浩亹上古合反下音門驪靬上力馳反下音虔番和白干反本作禾騂息營反涫音官
湟音皇沮渠子余反獂音丸墊音牒葭萌上音加下亡行反朐䏰蠢閏二音郫音皮僰白北反鞞音卑又必爾反旄
音毛筰音昨鷩必世反又必舌反栟棟上音弄下丁送反蛉音零楪榆弋涉反句町劬挺二音又古侯反毋掇上音
無下之劣反鐔大南反篖音唐存駹亡嫁反母單母丹二音滇丁田反

晉書卷十五　志第五

浞仕角反黔陬上其廉反又音琴下子侯反又音惤音堅東莞音官又音丸下邳符悲反嶧音亦睢陵音雖郯音談襄
賁音肥贛榆音感繒才陵反費音祕贅之税反高郵音尤黔中音琴鄳武庚反編步典反鄀音若嬖博計反
臨沮七余反邔音起又渠記反酇音鄼犨昌牛反淯以六反葉音攝比陽音毗涅奴結反酈音歷酇音贊筑音竹
又音逐穰人羊反沶音怡秭歸音姊很山恒懇反黚其炎反鐔大南反又音尋澧力主反下雋似轉反酃來丁
反荼陵大家反耒力對反又力水反鄣音章濞片備反秣音末溧音栗灊音潛皖胡管反鄞音銀又牛巾反鮚埼
上巨乙反下音祈鄮莫候反剡上檢反又羊檢反暨音既黝音伊歙失輒反鄡陽口堯反雩都音于又況于反揭陽
音竭趙佗音陀番禺潘愚二音下同苟漏上古豆反下來豆反羸𨻻上音蓮下力口反又力主反鳶羊全反麊泠音眉都

洨胡交反 舍洭音匡 湞音貞又丈莖切

晉書卷十六　志第六

侈弇音奄 正日音征 械胡界反 嘉量力向反 籥合藥閤二音 伶音零 窾苦弔反 琯音管 泠音零 徵張里反 太簇音湊 洗四典反 無射音亦 函鍾音含 捃居運反 廂音襄 秤整之反 郢 葙音襄本作廂 氂力之反 有奇居宜反 匏白交反 哨七曜反小也見考工記又邪也見廣雅 詖徐義反 律中張仲反 緹幔徒奚反赤色也 溟音嫇下也 葭莩加孚二音 覆音副 臬魚列反 鬴音父 臀徒運反 答都合反 絫力委反 錘自垂反 錙鋝淄還二音 碓音對

晉書卷十七　志第七

扐音勒 撓如紹反又如效反 譏居希反 差跌上初皆反下徒結反 三號音豪 奇居宜反 耦五口反

晉書卷十八　志第八

鶩音務 告朔古沃反 陬子侯反 紕繆上匹夷反下音謬 岌魚及反 蔀音部 朓吐了反 駁音剝

晉書卷十九　志第九

螠烏計反 粃卑履反 瑄音宣璧名 崧音嵩 摭支石反 騮音留赤馬黑鬣曰騮 䓇與赫同 毳昌芮反 窊烏瓜反 笄音雞 騩音愧馬淺黑色 壝音位壇也周禮音惟 荀彧於六反 禖音梅 雩音于 澍之遇反 禜音詠 幘音責 灊音潛 憝徒對反

蝦古雅反　葦茇偉交二音　梗古杏反　磔竹客反　煽音扇　祧他彫反　昭音韶　嫄音原　袷音洽　窋竹律反　墠音善　醢音海　勦子小反　索綝丑林反

晉書卷二十　志第十

豐殺所拜反　苴子余反　絰大結反　甇音瓊　衰音催　軺輂音遙　晡補胡反　臨力禁反　險易以豉反　洿音烏江　彪甫巾反又方閑反　齊斬上音資　咺況晚反　賵芳鳳反　燕音宴　凷苦對反　厭降一葉反　倅七碎反　號咷豪陶二音　匍匐上音蒲下蒲北反　武賁音奔　楯食允反　鹵簿上音魯下裴古反　蠆丑芥反　輓音萬　枚音梅　裼先擊反　屠蕢苦壞反本作蒯　篋苦協反　識音志　珥仍吏反　椑瀰歷反史音閉　毖音秘　悝苦回反　恧女六反　伍員音云　析音錫　礿音藥

晉書卷二十一　志第十一

正會音征　贄音至　百華音花　跪去委反又求累反　壝以水反亦音遺　旂音祈　燔音繁　禰乃禮反　跳音條　瞽叟上音古下素口反　逌音由　壼苦本反　褠幘鉤責二音　孟縶張立反　宿縣音懸本作懸　杕杜音悌　鬣良涉反　鼙音迷　肄羊至反　貙劉敕俱反本亦作貙　阼音祚東階　醮子笑反　華廙音翼　祺音其　紞都敢反　纁音勳　盩之耶反　畢音必　雩婁　侯即令升之十五代祖雩音況于反　悸其季反　禊音系　祓除音拂

晉書卷二十二　志第十二

倕音垂 聆音零 袓音但 迓五駕反 蹲音存 鼙蒲迷反 鼐乃代反 洿萊音烏 徵張里反 蔟音湊 蕤儒佳反 緧音秋

紐女九反 於薦音烏或如字 燕及音宴 於乎烏呼二音 牷音全 竢與俟同 薆烏代反 豢音患 酤音姑又音故 廂

音襄 頎音祈 虡音巨 煌音皇 儐必刃反 焜燿昆耀二音 垠音銀又語巾五恨二反 晢晢旨熱反又音制 喤喤音橫 楛音戶

瀸與殲同 嫯音遨 渟音亭 投袂協韻音滅 纊音曠 玁狁險允二音 鞹苦郭反 瘁疾醉反 螽音終 樛居幽反 賨在宗

反 种音沖 斌府巾反

晉書卷二十三　志第十三

釐力之反 齊斧如字亦音資解已見上文 鉦音征鐃也似鈴 鐃女交反 繆音謬 攄勑居反 睆胡管反 獮息淺反 痡普胡

反又音孚 礫音歷 螭丑之反 麓音鹿 闞火斬反又火檻反 鍠鍠協韻音皇 禡莫駕反 祊甫彭反 鐲音屬又音濁 蜿蜿

音婉 翽翽呼外反 髦才音毛 酷祝之六反 鞞蒲迷反亦作鼙 煨烏回反 哮闞上許交反下火斬反 慴之涉反 茨疾資

反 身患協韻音還 箾中音肖 嚙血結反 嶋都浩反 耨鎛字當作鎛鉏屬也補各反 澌音斯 綆古杏反 蕡符云反 魑

魅上五知反下音媚 兜當侯反 郝好各反 珉音旻 懊憹上烏浩反下奴告反 廞許金反 柈音盤 紵音佇 嗽蘇豆反 扛

音江 絚古恆反 跂音岐 棬音權 笮側陌反又音昨

晉書卷二十四　志第十四

仲虺許鬼反　摻版布綰反　佽音次　銑蘇典反　騭之日反　蠡音麗或作綟盧結反　軺音遙　皁作早反　鎧苦愛反　卿
官古者天子皆名執政大夫曰正卿自周已來始有三公九卿之號率九卿其官無卿字至梁始加卿字其後因之晉書及唐初重撰故或有加卿字處或
無卿字並存　賵芳鳳反　珧音姚　惇音敦　憙虛里反　郃音合　鵠胡沃反　輸音戍　貂璫彫當二音　惔大甘反　冗從上而
勇反下才用反　廄音救　驊騮華留二音　大篳音丹本或作篳音蔽　灌溉古礙反　琇音秀　勰音協　幟音志又昌志反又音試所以相
別

晉書卷二十五　志第十五

纁音勳　赬赤貞反　鞙胡犬反　韍分物反　杓音標　鞗音條　鷊音聿　豸宅買反　燼疾刃反　袀居春反戎服也　玃許縛反
軔音刃　葆音保　儐必忍反　改正音征　櫨其巨反　軨音零　繆字當作蟉渠糺反　軾音式　軛音厄　筩音同　橑音老　玳瑁
代冒二音　鵾翅上音昆下施智反　棨音啓　槖音託字或作櫜音高　弫甫勿反古文　蛙蟆上烏蝸反下音麻　杪音眇　氂理之反
纛音導　揉入久反　髦插上音毛下初洽反　顱音盧　㚇士范反　釳魚訖反　罽居厲反　茸而容反　鈴音零　瓖音襄馬帶
玦名也　玦音決　輈陟留反　轙魚倚反　幩扶云反　耒耜上盧對反下音祀　幢翳宅江反　輞音罔　闒徒盍反又上盍反
蹋徒盍反　弩箙音服盛弓箭器　槌直追反　屬車音燭　繐似歲反　揭去竭反　佽音次　四行戶郎反　框音剛舉也　邪

拖託何反　鞉音陶　㩉蘇但反　稍山卓反　袴褶神入反　較音角　蚤音早　轓音藩義同　懅虛偃反　傳乘張戀反　輜

側持反　輧蒲丁反又音蠙　騩音愧黑色　淺　歐烏侯反　縹紺上敷沼反下古暗反　幅音福　裨音卑服冕也　袜皇發反　帢苦洽反

反　璇音旋　蟪音惠　勁悍音翰　縰想里反纚同　咋鉏陌反又壯伯反　纚所綺反　鷸音聿　憣孚袁反　噲音快　鶡音曷　璂

音其　邸音底　尖韎上子廉反下音昧　尋況羽反　頜五陌反亦作額　本　蜯步項反亦作蚌　本　螭丑知反　鞶音盤　騶側鳩反

祫古洽反　盛音成　緌儒追反　襮音博　韠音畢　相繆或彪反　翡扶沸反　于寘音田又音殿　婕妤接予二音　瓄音獨

鐼音墳　緄古本反　幗古獲反

晉書卷二十六　志第十六

皐都孝反　邪音似　鴟夷處脂反　鳸音戶　廥古兌反　琅玕郎干二音　梢所交反蒲梢艮馬也　裸郎果反　赧女版反　貸

音忒　菁茅音精　廡音武　孑居列反　帑他朗反　傕音角　氾音泛　啖徒敢反　侯汶音問　濺子賤反　糇糧侯糧二音　輸

音戌　梠音呂　椹食稔反　沴音麗　荷鍤初洽反　䴵與餅同　賧吐濫反以財贖罪　蠻夷　挻式連反　覬音冀　芍七削反　堨

音過　斐妃尾反　耬犁音婁　溉古礙反　舄鹵昔魯二音　完音桓　泚音比　販方願反　殿最都見反　汙音烏　墝埆上口

交反下音籍　螺蚌上錄和反下白項反　填淤音於　孳音茲　葦音偉　沮子據反　完音丸　瓫與盆同　滀丑六反　涸音鶴　賨

在宗反　占之贍反　鈒色立反　熯音漢　氾勝音凡　騣音婁　鼈并列反　賈販音古下同　杼柚佇逐二音　盬音古　礫音曆

鍥公節反又音契又口頡反

晉書卷二十七　志第十七

迪音狄　宓生音伏　眭息為反　雰音分　勰音協　頻音顰本作頻　鈴音零　掛卦負反又音卦　埜古野字　萐莆上所甲反下音甫　綝丑林反　珧音遙　紞都敢反　屐其逆反　柝音託　眊莫報反　姏武酣反女老稱　隼思尹反　恣睢許悸反　茶陵丈加反　昭穆音部　東莞音官　冏舉永反　航胡郎反　艘蘇曹反　胔在智反　燠於六反　霧莫弄反天氣下地不應又音務　禍音禍與禍同　豸池爾反　㡤作在反　剽西妙反　倮郎果反　悛此緣反　醟音詠　酤音姑　帢苦洽反　縹敷沼反　蘖音薛　劘音摩　䙅一宵反　貊音陌　炙之夜反　絈與帕同莫格反方言帕頭幧頭也南楚江淮之閒曰帕頭自關以西秦晉之郊曰絡頭字書帕頭巾者也　幧且消反　毳此芮反　擷胡結反　鐓徒猥反　屩音脚　繐衰音崔　帩七遙反　褊扶然反　髲皮義反　殮力驗反

菰音孤　葆音保　轜音而　玘音起　媼烏老反　蝱武庚反

晉書卷二十八　志第十八

蜩音調　螗音唐　譁音華　炕苦浪反　箝巨淹反　螽音終　欬嗽上苦愛反下蘇豆反　傎都田反　譔所六反　澍之戍反又音樹　荐與薦同在見反　兜當侯反　鼉徒河反　刮古刖反　拊音撫　㬉乃亂反　嵯峨上昨何反下五歌反　髑髏獨婁二音　嚨哅上盧紅反下音凶　咀嚼上慈呂反下在爵反　鄣諸良反　屠蘇音塗　瞎許鎋反　訇呼宏反　甒音武　瓿音部　甊盧斗反　堙

音因 磕礚苦蓋反 轠居畏反 縊一賜反 曇音潭 忱氏林反 拉颯上盧合反下蘇合反 娙音孚 捻乃叶反 喝於介反嘶

聲 懊憹上烏皓反下奴浩反 啄丁角反 荻徒歷反 艦胡黯反 橙橙直耕反 孿居鋗反 讙音喧 欻許物反 坼丑格

反 黧音黎黑而黃也 覘敕豔反 傴於武反 撞宅江反 噪蘇到反 檛陟瓜反 禖音梅 鉦音征 弛式是反 螟螣音特

稗旁賣反 蕢音買 枇杷毗琶二音 樛居虯反 蝘於殄反字或作躽音偃 螫音釋 樟諸良反 仆音赴 泓烏宏反 鵜鶘

題胡二音 汙澤音烏 共公音恭 鷇苦候反 吻武粉反 鶖音秋 帆檣凡牆二音 瘤音留 汙萊烏來二音 鵙與鶪同本亦作

鳴 猗於離反 咋助陌反又壯百反 淖奴效反 涽眉隕反 賕音求 委虵逶迤二音

晉書卷二十九　志第十九

詆都禮反 漳諸良反 枹罕上音扶又甫于反下音漢 彰與靜同本作靚 殪於計反 趺甫于反 釘釘上音丁下丁定反 猳

音加牡豕也 豚徒渾反 酗香句反 嘔霧上烏豆反下亡豆反 蹉七何反 幃音韋 鞞鞔上四計反下五計反 刹初轄反 絀

音黜 彭蜞音其 駛所吏反 秭將几反 濄音戈 犍其焉反 呴呼后反 咠息魚反 朱提殊匙二音 滹沲上火乎反下音

沱 浩亹上古合反下音門 士位音無下同 貿莫候反春秋曰王師敗績於貿戎 嘻許其反 縈涘淄反 蟠音盤 橑音老 線

仙箭反 黿愚袁反 蹠之石反 濞匹備反 暨居未反 柘之夜反 髭鬚上即移反下相俞反 蔚音尉

晉書卷三十　志第二十

痡普胡反 犴音岸 陬子侯反 惛音昏 朴昔木反本一作朴 臏毗忍反 皐音高 胇吳廢反 鎔音容 老髦莫報反 憃丑江反又丑用反 縶張立反 宄音軌 狙七余反 殛紀力反 榜音彭 箠之累反 鉆鑽上巨淹反下字亂反斤反穿也 讞魚列反 耐乃代反 應劭音膺 管蒯上音奸下音怪又苦壞反 彧於六反 痝音芒 鬻拳育權二音 鋸音據 鈦音第又音大 趾音止 械胡介反 檛陟瓜反 悝音恢 狡古巧反 糅入久反又女救反 猲計葛反相恐也又起法反 謾武安反 呵呼何反 郵音尤 烽燧峯遂二音 髡苦昆反 梟菹側疎反 歐一口反 以匃音蓋 戕疾良反 捍音汗 銖音殊 珽他鼎反 蹴取育反 頠魚毀反 售音授 槩古壞反 圮符鄙反 嶷魚力反 惇音敦

晉書音義卷上

唐　東京　何超　纂

晉書卷三十一　列傳第一

伉儷抗麗二音　敻虛政反　嚳苦沃反　朓漢書音吐彫反又吐鳥反　龍嶷史記音俟其反字林五之反　挺式更反　枌音汾　甄音真　孌力兖反　詖彼義反　雎七徐反　彤徒冬反　勣則歷反　綈音啼　瘞必至反　恚於避反　衜古文道字　筭音雞　紡方兩反　浣胡管反　朦音蒙　轜音而　轀輬温涼二音　豔說文曰好而長也以贍反　柬音簡　語魚據反　蓀音孫　瘁疾醉反　窀穸屯夕二音　王假音格　儷合韻音离　嫄音元　嫣居爲反　翬音揮　晻烏感反　躊躇儔除二音　翣所甲反　嫕於計反　悝苦回反　要募要慕二音　泯武盡反　忉怛音刀　憧憧尺容反　豈五來反　懰慄音劉　歔欷上音虛下許既反　號咷豪桃二音　漣洏連而二音　蔟倉谷反　繭古典反　綢繆上直牛反下武彪反　禔福上氏支反又章移反　妊如林反　聃他含反　繸音遂　斲童燕反　仡許訖反　輓音萬又音晚　滕以證反　闓音開又音愷　烟煴上音因下於云反　曣晛上一見反說文曣日生無雲暫見也下乃見反詩云見晛曰消　樗勑居反　玫音梅　昔古時字　踧踖上子六反下音迹　珧音姚　厮音斯　嫗紆遇反　簏音鹿　寺人時志反　暾他昆反　祊甫彭反

晉書卷三十二　列傳第二

濟子禮反 邛陽音云 和熹音熙 毋丘無字 籥音藥 姥莫補反 彪布蠻反又甫巾反 蒜蘇段反 怖普布反 贅之芮反 恇然音匡 喁魚容反 瀯音潛 濛音蒙 隗五罪反 有娠音申 陰沴音戾 嚚語巾反 蛙烏蝸反 蛤音閤 戚周許劣反 鏑音的 化芊彌爾反事見史記春申君傳

晉書卷三十三　列傳第三

砥音止 睢陵音雖 耆艾上音祁下五蓋反 耄莫報反 簟徒玷反 玦音決 笥相吏反 甓蒲歷反 奩音廉 糒平祕反 降殺所芥反 酖直任反 簞音丹 縕於問反 憮音武 絀音黜 核下革反 擯必刃反 匄音蓋 騶側鳩反 繆靡幼反 酢音昨 燕見宴現二音 坼丑格反 忲他蓋反 歘紖上方物反下直引反 瑩烏定反 鬲音革縣名在平原 鯤音昆 姣胡茅反 販方願反 較音角 輜側持反 詭居委反 葆音保 折撓奴效反 脆此銳反 幢宅江反 眕之忍反 虓許交反 悸其季反 戢側立反 鉗巨奄反 料音僚 訕所晏反 狽音貝 貲即移反 珥仍吏反 粭澳與之反 咄當沒反 齎即奚反 蹁蒲田反又音匹面反 躃神夜反 螺祿和反 碓音對 畦戶圭反 蘿息委反 沍胡故反 逶迤上於爲反下弋支反 撞宅江反 螳蜋堂郎二音 飪如甚反

晉書卷三十四　列傳第四

祜音戶 汶音問 識音志 和逌音由 佑音右 戍邏盧箇反 鈴音零 棨音啓 衄女六反 譎音決 俘音孚 償音尚又音常

㲉苦角反 紞丁感反 㦨胡暗反 驤音襄 吳會古外反 霓五巽反 搴居輦反 堡音保 岷音旻 秣音末 楯食允讜議都郎反 峴胡典反 鬚相余反 柩音臼 憩去例反 儈古外反 懦女亂反 驀莫胡反 暨其器反 酇音贊 菑側持反 檻胡黯反 人排蒲芥反魏志韓暨作木排 譁音花 晷音軌 敧器去奇反事見孔子家語又韓詩外傳 完牢丸勞二音 僾音愛 枰音平 熾昌志反 陴頻卑反 沅音元 潦音老 耽丁含反又都含反 癭一井反 瓠胡故反 頸居郢反 泮音判 滍淯左傳云夾滍而軍杜云滍水自魯陽縣東經襄城定陵入汝滍音雉字林曰淯水出酈縣西北山中南入漢酈擲字亦同淯音育 刋音刊 瀉悉野反 鮮息淺反 跨苦化反 摯音至 癖音辟 餉式向反 嘔吐烏口反 祭仲側芥反 璲音遂 洧榮美反 蝦古雅反 刺七亦反 砥音旨 幅音福 檀徒丹反

晉書卷三十五　列傳第五

曄于輒反 枳音紙居爾反 膂音旅 郝詡況禹反 彊其兩反 甄擿吉還反 迂乙具反下同 冞入武移反 陬子侯又側鳩反 顗魚毁反 憬九永反 紿之音待 該古來反 模莫胡反 謨音模 咎單音善 祖己音紀 佚音逸 埤音卑 裸裎說文曰裎袒也直貞反 撫之石反 矍居縛反 仿佛上方往反下芳不反 餌仍吏反 從伯譏巨衣反 當否丁浪反 斥音尺 眸莫浮反 甑子孕反 拳音權 蕪菁音精 瓚昨旱反 閾榮逼反又況逼反 鯤音昆 庾敳五來反 岨與徂同 勒簿裴古反 轂音角 盾徒損反 泠音零 笥相吏反 媧姑柴反又古禾反

覬几利反闚妄雲反眩音縣仆撫遇反菑音淄敦煌屯皇二音索素各反筋音斤緳音戾璪玠上早下界螺落戈反檛陟瓜反齎子奚反創痍音夷頡胡結反委蛇逶迤二音苯蓴本尊二音峨嵯上音俄下才何反蚑蚑音岐蚑蚑行也阿那上安可反下難可反漪於離反籀直救反胡毋音無摹印音模殳音殊甄音真鍼之林反櫛阻瑟反縕於云反振擊幽結反字林擊擊也震叶韻音真從者音縱杳杪烏了反郤音隙般倕班垂二音韜翰叶韻音寒頫仰說文頫低頭也太史卜書頫仰斐古反又仰字如此俗作俛靡卷反又作撫父反又鵠胡沃反釘丁定反砥音旨蜿蜒上於遠反下餘言反簴音巨嶄巖鋤銜反巀才結反又才割反勦子小反崎去奇反黝黈上知之上聲下智主反點黼乃簟反怫音弗惴慄之瑞反槁枯老反搗字林搗擊持也几足反巇許羈反較音角被看苦幹反惔徒含反鷦鷯焦寮二音罻尉同尉二音翳薈烏外反茝音止又昌待反鵰鶡彫曷二音觜距即委反鷺音路軼音逸鵾音昆蘆音盧繳音灼鷙音至紲音屑塊苦對反縶張立反坻都里反蚊睫文接二音鵬音朋漕昨到反伺閒上相吏反下居莧反紞都感反輈張留反騶側留反屐奇逆反韙韋鬼反坼丑格反頸居穎反篋苦叶反鳧音符鮓側賈反茅積紫賜反雒古候反蛇蛻舒銳反又脫臥反槌之直追反愈音庾要音邀效與音于函音咸拭音式芒武方反炫音縣蟠縈薄官反冏九永反崔杼直呂反斲陟角反欒郤鸞隙二音皁作早反笁音竹犖力角反殄瘁音萃

晉書卷三十七　列傳第七

馗渠追反　勸渠卷反　邽音圭　殷音古　墉音庸　阼音祚　跪渠靡反　鑾音鸞　賁音奔　魁苦回反　芍七削反　整之郢反　棘力戟二音　賁音肥　確苦角反　諶氏林反　晞音希　虓許交反　莞音官　韡音偉　顒魚容反　湞陽應劭曰湞水出南海龍川音真又更丈反　緝七入反　宂從上而勇反　蕃薛前漢魯國蕃縣應劭曰邾國也音皮白褻云陳蕃之子爲魯國相人爲之諱改曰皮顏云白說非也郡縣之名士俗各有別稱不必皆依本字　詈力智反　誹府謂反　奏劾胡得反　惉占賢反　萊音來　叟人所求反　郝好各反　攄勑居反　浚音濬　斌音邠　鄃弋朱反　曼音萬　噉徒敢反　癘音勵　疋音雅　攘汝羊反　窘渠隕反　瘞人垂反又於佳反　猜佻吐彫反　詖彼義反　孑居列反　惇音敦　扞音汗　啼山洽反　耽丁含反　媧堡上姑洼反下音保　梟古堯反　隗五罪反　潰胡對反　迭徒結反　鉛音緣　葦茭音偉交　鮮息淺反　悝苦回反　圮符鄙反　䐗陟魚反　廙音翼　捍音旱　警音景　涓公玄反　叱齒日反　舟艦字林艦屋船也音檻　涂音徒　浙江說文曰江水東至會稽爲浙江之舌反　赧奴版反　郗丑之反　糅汝教反　恇音匡　詫丑亞反　渾胡本反　蓼音了　皐陶高遙二音　[illegible]魚紀反說文曰[illegible]讀作疑　梗古杏反　汲黯烏檻反

晉書卷三十八　列傳第八

伷音宙　彤音融本或作彤徒東反　腐爛音輔　釘丁定反　踞音據　闚去隨反　堙音因　箋則前反　靚疾正反　秔音庚　佽

昌六反 醞香遇反 禧許之反 喆音哲 鬚髯汝鹽反 悖音佩 質左傳音至 嬖博計反 洵音荀 裨頻卑反副將 啖徒敢

反 臠力轉反 嚼疾藥反 憲虛偃反 盾徒損反 羕餘亮反 牘音讀 嵇音溪 差選初皆反 乃責側賣反 鞭扑

普木反 餧奴罪反 閽音昏 紞都感反 診之忍反 歐烏口反 泫胡犬反 鮌古木反 殛紀力反 恚於避反 痼音固

逼或作福 褫周易鞶直是反

晉書卷三十九 列傳第九

廞許金反 䂮力灼反 祝鮀堂何反 櫬初覲反 浚音峻 薊音計 鹵音魯 瓮於貢反 鴦於良反又烏郎反 鎧苦愛反

麓音鹿 薈烏外反 絙古亘反 猗於宜反 毖音祕 讖初譖反 踞音據 調徒弔反 彧於六反 嘏古雅反 顥音浩 契

音薛 棐音匪 肸許乙反又許訖反 佑音又 閶闔昌盍二音 倅千內反 刺七賜反 斥音尺 眭七余反 賈音古 鐸徒洛反

嗷音遨 傲古堯反 孜音茲 挈瓶苦結反 悁於緣反 撓奴教反 饜一豔反 奸音干 駮北角反 否音圮 毗房脂

珧弋昭反 圈嗇上渠篆反又音色 邴與丙同 迕爭音悟 輯音集 晙音俊 適音嫡 磬苦定反 邃闓上雖遂反下音愷亦

音開 刁音彫 汪烏皇反 秣音末 莘所臻反 媵以證反 叟蘇口反 獯許云反 漳滏章府二音 稔如甚反 焚燎力召

反 獷古猛反 鶩音務 煽音扇 狙七余反 投畀必至反 蝥賊左傳音牟

晉書卷四十 列傳第十

逵渠追反　度支待洛反　汲音急　毋丘音無　壘方軌反　蹕音必　釐力之反　煇與輝反　經緯云貴反　要一遙反
禰乃禮反　緹幢上從奚反下宅江反　鉞音月　疫音役　轘轅還袁　犒苦到反　綟音戾又盧結反　輼輬溫涼二音　武賁音奔
佾音逸　荃音銓　攘而羊反　幔莫半反　愕五各反　狸里之反　輻音福　斌府巾反　摯音至　胗之忍反　傅會音付　限
斷丁亂反　飄頻霄反　閑使古莧反　詈力智反　戇下降反　悛七全反　虡音巨　憔悴上音譙下在醉反　彝音夷　裁
在代反　確苦角反　粢盛咨成二音　珧音遙　頷五感反　愎符逼反　昵女乙反　蒯苦怪反　跪渠靡反　閹音奄宦官又豎
也宮中闈閨閤門也　怯懦上去業反下乃亂反　廐音救　斫斫之藥反　剌剌七亦反　務亭亡附反又亡古亡毒二反　蓼莪劉炫
上音力救反下岸何反　文琚音居　函音咸　毓音育　袴褶神入反又是汁反　乞丐古太反　泆音逸

晉書卷四十一　列傳第十一

甯乃定反　碓音對　濉彌淺反　浚音峻　汰音太　襆房玉反　贄音至　憮音至　賵賻上芳鳳反下音附　怛當割反　燧音遂
繐音歲　牕與窗同　皁昨早反　鞮當奚反　泫氏漢書上黨泫氏縣大玄反又乎犬反　陔古來反　占之贍反　繆慼音謬　頤
音怡　斥音尺　玷音點　肖音笑　竽音于　稽音啓　咎繇高遙二音　欒黶上音鸞下乙咸反　躋即奚反　啖徒敢反　磋七何反
級音急　筋力音斤　飪如甚反　確苦角反　寠羣羽反　憩去例反　絳音降　裀褥因辱二音　囊奴當反　祭仲側界反
賕音求　賾仕責反　概古愛反

晉書卷四十二　列傳第十二

渾戶昆反　昶丑兩反　瑩縈定反　晥胡官反又胡板反　艘蘇遭反　瀨音賴　俞恭丑攻反　醨所宜反詩云醨酒有藇說文曰
醨下酒也一音山爾反　滕徒登反　與聞音預　伷駿宙俊　厭一葉反又音壓　甄音真　睢音雖　稽顙上啓下蘇黨反　佑音右　埒
音劣　駁北角反　賭音覩　貯張呂反　蒸肫徒魂反　鄣音章　癖芳辟反　汶音問　恢苦回反　幡旗翻其二音　鵠胡沃反
暨其器反　輯音集　徼古弔反　艦音檻　舫府妄反　櫓音魯　鷁五狄反　柹芳廢反木片也　驤音襄　彬音斌　險磧七迹反蒼
歷反字林云磧小渚有石也　鎚職追反　閒諜音牒　筏音伐　炬其呂反　鼓棹亦擢　幅音福　衰音催　櫬初覲反　瑾音覲
犒苦到反　秣音末　泝音素　要音腰　帆音凡　泊傍各反　蹴子六反　怖普故反　慄音栗　螳蜋唐郎　庇必至反　蹲踏
上子本反下徒合反　戇丑江反又丑龍反丑用反　腦奴浩反　嚭否鄙反　閒閒廁之閒　慝他得反　繭古典反　噬時制反　沸府謂
反　脆此銳反　攄勑居反　案行下孟反　跳刀字林曰跳躍也大么反　竄七亂反　篋笥音伺　券音勸　盜跖之石反
瓶罄薄經反　眚所景反　龔音恭　褊方緬反　猜倉才反　餬左傳音胡　泯武盡反　顥音昊　鎧若愛反　搔蘇曹反　隅
一作嵎音愚　疆場音亦　莫廆五罪反　拓音托　洎其器反　烽音峯　閬音浪本作閣　幅芳逼反又音福　黷音讀　扆衣豈反
斁音亦

晉書卷四十三　列傳第十三

宛句上於元反下其具反蹴取育反眠莫賢反咄當沒反傳張戀反藜落奚反枚音梅逌音由昵尼質反沓徒合
反甄居還反輿音預瞑莫見反跣蘇典反模莫胡反猋必遙反牢音勞晷音軌媵以證反鬲音革埃音哀該
古來反尪烏皇反酩酊上莫迥反下音頂涅乃結反嶷魚力反軼音逸伶人郎丁反弛式是反饕吐刀反何
足算蘇管反虓吼上呼交反下呼垢賻音附禊下計反蘄音祈邾音誅筒音同苫失廉反粥之竹反圮符鄙
旟音餘碓音對嗇音色肓音荒鑽借官反核下革反郟古洽反璞匹角反緅初六反壚音盧羈紲私列反糠
音康嫗紆遇反馨呼刑反樏力軌反麈音主愎符逼反錮音固窟苦骨反輜重上側狸反下直用反萇音長塡陟鄰
反清峙直里反擔糞都甘反敳五來反豎殊主反鯤音昆胡毋音無鷟字林爲子生哺者音卯又公豆反飄符霄
反寵力董反弢音滔孱應劭音仕連反棧顏沓徒合反扈音戶搤烏革反穉直利反彪甫休反勱音邁歆許金
反吡齒日反棒步項反恚於避反搯口洽反灸音久沌口音篆稆音呂啖徒檻反廙音翼繆音謬誹府謂
僑音喬髦音毛裸郎果反鏑音的衵女日反左傳衷其衵服近身衣捫音門跰步孟反愞乃亂

晉書卷四十四　列傳第十四

冢莫候反甀主然反踵之隴反詡況羽反覈下革反刪所姧反儁祖兗反廝音斯邃雖遂反疇諮疇一作詶
訊音信羸力爲反誄力軌反涿丁角反毓音育沔彌兗反軺音遙鎧苦愛反鑵音觀匱逵位反貲即移反疽

七余反　斑他鼎反　笏音忽　驤音襄　朝歌如字　轢音歷　衄女六反　泓烏宏反　觖窺瑞反又音玦　猾音滑　綝丑林反　粗
徂古反　駑怯上奴下去劫反　諶氏林反　猗於離反　磾音低　迕五故反　賕音求　詭居委反　瘖於今反　緦音叶　腊
陟魚反　整之郢反　薈烏外反　蔬色魚反　戇子降反　雩音于　覘勑廉反　爲己音紀　叄音三　郁於六反

晉書卷四十五　列傳第十五

掖音亦　喈音皆　攫居縛反　鼷音奚　蓋古盍反　喟五愧反　鄒側愁反　蜂蠆丑芥反　洙音朱　綦涘淄反　瞿然俱遇
反　訩音凶　疵疾移反　悴疾醉反　暨其器反　駁北角反　培薄回反　撓奴效反　捶之累反　峭七肖反　劾胡得反又
胡愛反　謚音示　暾總上他昆反下作孔反　紞都敢反　扞音汗　懟直類反　詰去吉反　粹雖遂反　艾五蓋反　晅況晚反
鴆直禁反　稜魯登反　殲子廉反　幅音福　蠡音禮　峙直几反　佑音右　琇音秀　屬吏音燭　逌音由　磥砢上音落猥反下
勒可反　吝力晉反　陔古哀反　邳符悲反　詮論字林云詮具也七全反謂昊說事理　昊胡老反　昵尼質反　檢覈音核下
筯持據反又作著　瘖於今反　番直孚袁反　鷂弋笑反　郤音隙　瑠璃字林云火齊珠也留離二音　詭說居委反　少選
呂覽云覆以玉筐少選而發視之高誘云少選須臾之頃也珠叢少音尸紹反選音先兗反又音雪絹反　幢宅江反　郫音皮　共驩上音恭

晉書卷四十六　列傳第十六

碓音對　芍七削反　稚直利反　剽匹妙反　堙音因　氾敷劍反　瞽音古　鈇鉞方無反又甫于反　槩古礙反　蔕都計反

捍音汗 圈閑渠篆反 赧奴版反 械胡界反 較音角 諳烏含反 竊隱於靳反付也本或作穩 軟究面反 眚所景反
旒音流 充昌終反本或作䪞 纊音曠 兕徐姊反 逡七旬反 瘁疾醉反 謳烏侯反 渾胡本反 訾卽移反 殺所拜
反 躄博計反 鄢音偃 鄒側鳩反 呵好何反 否滯符鄙反 醉子內反 珩音衡 韣音獨 級音急 耋耄上杜結反下莫
報反 葅醢上側魚反下音海 愜苦協反 亹亹無匪反 懋哉莫侯反

晉書卷四十七　列傳第十七

泥陽說文云泥水出北地郁郅鑾夷中漢書音彌 繆音謬 鶉觚鶉音純 眥卽移反 亟定紀力反 莘所申反 懞音蒙 鼉
直遙反 綦毋龢其無和 諠譁上與喧同下音花 暵音漢 墾康本反 徧與遍同 車誼音義 償音尚 窟苦骨反 募
音暮 恚於避反 罵莫駕反 竦踊悚勇二音 菲妃尾反 慙恧女六反 馥房六反 激訕上古歷反下所晏反 茅茨疾脂
反以茅覆屋也 賈豎古樹二音 玠音介 烝烝諸丞反 悾苦貢反又音空 癡丑之反 快苦夬反 肇音趙 造詣七到反 吠
符廢反 叵普可反 欻許物反 頟頟五陌反 鬚相俞反 仄音側 譸咨上音疇 泥乎乃計反語曰致遠恐泥 闋苦穴
反 靦他典反 翅施智反 弛式是反 溷淆上胡困反下音肴 倩于見反倩而美也 沽音姑 更互上音庚下胡怒反 縷
力主反 纂作管反 嘏音賈 堰於建反 瓚昨旱反 楫音接 盟津音孟 諤五各反 崎嶇上卿宜反下曲俱反

晉書卷四十八　列傳第十八

笤丑之反　骼音格　齘在智反　幢宅江反　敦煌屯皇二音　洮上刀反　懔懔力稔反尚書曰百姓懔懔　耒　耜上盧會反下音
似　吞吐根反　戇子降反　狠狽博蓋反　慷慨上苦朗反下苦愛反或有抗愾者其例不一　柩音舊　圜音還　盤薄官反　貯
張呂反　糅女久反　餌入吏反　闔閭音盍　七卑履反　燿弋照反　尫悴上烏光反　韮山輒反又贊甲反　婁音樓　孟軻
口何反　闚闟上口隨反下音翕　僂落侯反　蜫音昆　糟音遭　羖音古　獺他達反　鸇諸然反　讖初譖反　砥矢上征履反
槩石礙反　嚋音儔一作譸　篳音畢　纘作管反　牂牁上側郎反下音哥　填音田　遹音聿　鮮衣音仙　磋七何反一作瑳　操
七刀反　閽音昏　絮息據反　叱齒日反　髡鉗本或作彝上口昆反下巨炎反　戢阻立反　撻他達反　窋竹骨反　俶昌六反
恣睢許鼻反縱心肆志也　弱植時勑反楚詞弱顏固植王逸云植立志也　懾之涉反　欒落官反　謩莫胡反　啜其泣矣啜音
陟衛反又昌雪反啜泣皃也見詩傳

晉書卷四十九　列傳第十九

瑀音羽　犨因歲反　鄣之亮反　嘻許其反　釀女亮反　竄七亂反　肫徒昆反　瘠音籍　踞音據　喭迎戀反　懌音亦　齎
卽奚反　壚音盧　璱音瑟　褌古屯反　縫房用反　絮息據反　襠音當　躧山寄反又所賣反　垣音袁　氛祲作任反　爝音爵
屐奇逆反　屛當上卑政反下丁浪反　簏音鹿　蠟音臘　儋都濫反　阜音婦　亹音尾　鵬音朋　鸑於角反　鴳音晏　祟雖遂反
溧音栗　弛式是反　剡以冉反　綜子宋反　貰式射反　腆他典反　嵇音奚　銍陟栗反　飴以之反　庖薄交反　餌仍吏

反恨恨力讓反鍛都亂反縲紲上力追反下音薛嫈音瓊襁褓上居兩反下音保姐子據反痏榮美反恧女六

反囹圄零語沮慈呂反浪音郎祇音支煌音皇向式亮反狷吉掾反躊躇儔除二音伶音零鍤初洽反跪祝

渠靡反酲音呈隗五罪反拳音權肋音勒扃古螢反巵章移反觚音孤挈榼苦盍反罌烏莖反漱所又反醪

音勞髯汝鹽反蜾蠃上音果下盧果反螟蛉冥靈鯤音昆挑徒了反憺徒濫反胛音甲吳春貫甲牽背弢音叨勸與倦

同砥礪旨麗曼音萬胡毋音無敳五來反鋸音據騶側愁反尻苦高反絅音紂蟹音解鼇音遨垍普伯反笨

布袞反睚眦上五懈反下士懈反荼音徒蹌七將反舐痔上食爾反下直里反鳶弋專反吝腐音輔潺湲水流皃也上士

連反下于權反瀨音賴躅丈足反

晉書卷五十　列傳第二十

鄄音絹譎音決隧音遂掉徒弔反棣堤細反鴟鴞上處脂反下干嬌反骾與鯁同顆苦果反嫣音嫗又於建反踶齧

上徒計反漢書云乘犉牝者不得聚會注云踶齧案踶蹋也蝎音曷蠹當故反襪亡伐反秕卑履反屣所綺反珉音旻幅芳逼

反礌砢上方罪反下力可反幘憒上音責下徒果反瀉音寫魁苦回反訶乎何反名公無騁反相名目也譊女交反

錯倉故反酗香句反龐白江反瘲疾移反醒息定反拊音撫湎音緬俾卑婢反使也販母板反亟去吏反剪

音孚芮而銳反茈左傳音眦至反整之郢反䂮力灼反丐音蓋節彼詩音齊結反賫音責怙音戶鄫疾陵反婞下挺

反 慺音婁 醟音詠又音窶酌酒也 癉多餰反

癡丑之反 瘅必至反 鞅於兩反 喑於吟反 硜口萌反 睨五計反 嶙力神反 臏婢忍反 刦居怯反 瑣蘇果反

晉書卷五十一　列傳第二十一

較音角 扁薄泫反又方典反 摯音至 榛士臻反 咳苦愛反 噏許及反 獷古猛反 贄音至 戔作千反 纁音勳 璵璠于繁

捫音門 哈下紺反 阬口庚反 犄徂古反 蘧蒢渠除 薺即奚反 祔音附 弢音叨 璜音黃 霓五兮反 籥音藥 緹他禮反

蜩音調 繇音由 廝音斯 燧音遂 殿丁練反 彯音飄 亹音尾 筐音匡 懸音玄 韡䩽上韋鬼反下筠輒反 吸許及反

廩力甚反 纚鷦上所綺反下即遙反 駔子朗反 凱音愷 溽音辱 鷁五歷反 舳艫逐盧二音 汎敷劒反 漂音飄 毚士咸反

蓐音辱 滀丑六反 瞰苦濫反 偭偭嚮也彌箭反又音沔 黔音琴 婁句協韻音俱 跖之石反 巛與坤同 攘人常反

永歎他晏反 弧翔奴盍反 彎烏還反 殪於計反 轙軥上魚綺反下張留反 屆古拜反 旃之然反 爍書藥反 猋

音摽 纖纚上息廉反下協韻所宜反 僸僸仰頭皃也牛錦反 炫音縣 闛[illegible]上音湯下吐盍反 眚所景反 篳音必 於休音烏

隩烏到反 圮符鄙反 岷音旻 朝鮮上持遙反下音仙 貊音陌 憝徒對反 重譯音亦 邛冉渠容反 騤巨追反 橐

音高 猗於离反 䌵音叶 絓閡上胡卦反下吾愛反 佋音詔 澍音注 橡音象 餧五罪反 晳音錫 龕音堪 鑒古銜反 咍火才

反 烹撫庚反 咏音詠 深識叶韻音志 蟠音盤 長沮七余反又子余反 援音院 鰌音秋 埳音坎 盱況于反 梏古沃反

桎音質 藿音霍 蟨蛁上厥下彫 崢嶸上士耕反下音宏 蠆丑芥反 拖徒可反 稸丑六反 夸苦瓜反 薙池計反 緌濡佳反 霡霂陌沐二音 滂沲上普郎反下音陁 雩音于 疆甽公犬反 藨甫嬌反 蓘古本反 牂祖桑反 清渤河清勃海二郡 齕下沒反又胡結反 騅駓上職追反下敷悲反 坰古螢反 泞直呂反 洿音烏 舃鹵尺魯二音 塢烏古反 臿初洽反 稌陁古反 隮即奚反 禜音詠 不準不音甫鳩反姓也 共伯音恭 繳音灼 燼疾刃反 洗祓音拂又方吠反 騂䮂息螢反 硋五愛反 從理即容反

晉書卷五十二　列傳第二十二

郤音隙 單父善甫二音 讜音黨 詗音冏 購古候反 絞古巧反 兕徐姊反 种直忠反 獫狁險允二音 悍音翰 狙七余反 填徒賢反 瀚音汗 沴魯帝反 錐職追反 磽口交反 穡音色 斮子角反 砥音旨 廋所鳩反 諝仙與反 趑雎上七私反下七余反 慤苦角反 黠胡八反 跣蘇典反 嘲張交反 郟音洽 珧余昭反 怏於亮反 啻施智反 觖窺瑞反 繒疾陵反 帢口洽反綸幘也 齏即奚反 珩音行 薖軸上苦和反詩注毛云寬大皃鄭飢意也下音逐 褎弋授反 褫池爾反

晉書卷五十三　列傳第二十三

遹音聿 毖音秘 禕於宜反 廙音翼 嬉許其反 弛式是反 埤音婢 鞅於兩反 酤音姑 揣初委反 訶呼何反 廂音襄 郁於六反 臘盧合反 汝鬉子紅反 嵯峨上才何反下五他反 髑髏獨婁二音 吐他故反 酖直任反 杵椎上昌與反

下直追反 忉音刀憂也 幃玉非反 髫音調 齓初覲反 牝毗忍反 髦音毛 泯彌隣反 彪甫斤反 哽咽古杏反 掇都活
反 胙昨故反

晉書卷五十四　　列傳第二十四

伯世音霸 羿五計反 馘古獲反 枋甫彭反 猋甫遙反 哮闞上呼交反下火斬反 怙音戶 稔如甚反 翕許及反 鉏士魚
反 疇諮音儔一作酬 晞音希 輻音福 騭之日反 惇音敦 喟丘愧反 滸呼古反 濡日朱反 蓬蘢盧紅反 孑居列
反 衄女竹反 莞胡版反 蒐所鳩反 棘音戟 鎩所八反 圻渠希反 瑋韋鬼反 瑰古回反 輶音由 輣扶萌反 凱
苦亥反 皐音皐 梯湯奚反 隊徒對反 浹之叶反 貿莫候反 岷音旻 稚直利反 偪彼力反 燮蘇叶反 跼蹐局積
二音 忼愾上苦朗反下苦改反 阨烏解反 沿音緣 坑客庚反 踠迹音宛 熢燧峯遂二音 殄瘁疾醉反 酪音洛 蕁蕘
音淳 珽他鼎反 箭音同 頸居郢反 筲所交反 絃音縣 頔音適 芒武方反 惡覩音烏 饕音叨 賈音古 瞪直耕反瞪直視
也又音丈證反 仆撫遇反 堙音因 昶丑兩反 畛音軫 否符鄙反 號音豪 岨側呂反 宄音軌 鉦鼙上之成反下步迷反 闔
苦本反 共和音恭 甓博計反 扼腕上音厄下烏段反 鬻音育 貉音鶴 拯蒸上聲 郝好各反 懮虛偃反 恰目洽
唳音戾鶴鳴也 漂撫昭反 踝胡寡反 鬚相俞反 縗絰上音崔 騤渠追反 麋武悲反 肄羊至反習也 廝音斯 娶
口反 迥 籥音藥 邯鄲寒丹二音 諦音帝 戇丁降反 逗音豆 瑁莫佩反 較古岳反 瑩烏定反 坼五格反 怨於袁反

晉書卷五十五　　列傳第二十五

茵音因　抵諸氏反　萃疾醉反　彤徒冬反　煇與輝同　蟠音盤　駘徒亥反　噫於其反　嘔喁上於武反下虞矩反　函音咸

瑣素果反　爨七亂反　噓音虛　噏許及反　嶒疾陵反　枳落博雅落居也閑居賦芳枳樹籬藩音已爾反　渦烏和反　詁音古

誹府謂反　抵柲字林抵側擊也之爾反柲推毗必反　蹉雹七何反　仡許乞反　蹩躠上浦結反下先結反　迕五故反　驊音華

鑑格懺反　鷃烏間反　徼古堯反　三絀音黜　才生音哉　於戲烏乎二音　砥礪旨厲二音　槀音高　鑽借官反　緝七入

反　蕞在外反　矧式忍反　逌音由　劌居衛反　芘音毗　壝以季反周禮大司徒掌社稷之壝　枑音互行馬也　黕丁感反　阼

在護反　蒠犗古邁反　縹軛上匹妙反下烏革反　紺古憾反　耜鄭玄禮記注耜耒之金也音似　幰釋名云車幔也所以御熱也虛偃反

魚麗呂知反　穜稑鄭玄周禮注云先種後熟謂之穜後種先熟謂之稑上直龍反下力竹反　挈壺苦結反　錚鎗上义莖反下义莊反

綃音消　綷縩上七倅反下七大反　沛艾上普賴反下五賴反　縞古老反　鈒所立反　晻烏感反　嘲哳上所交反下陟轄反　啾

嘈上子秋反下音曹　鼙步迷反　硡磤上火宏反下音隱　砰礚上普耕反下苦蓋反　筍簴笋巨二音　翥之庶反　震塡上音

真下從年反　熲工迥反　縻牛轡也靡宜反　遝徒合反　頒斌上版蠻反下甫巾反　髫大聊反　掎居靡反　襼與袂同當作襼複襦

也音藝李善注文選亦作襼即袂字今依諸本及音義　祧他堯反　諏足俱反　簠簋甫軌二音　淖乃孝反　縮鬯上所六反下敕亮反

尟息踐反　粢盛子夷反　耨奴豆反　斯齊子兮反　坻直夷反　鞅於亮反　鞧七牛反　刺促七亦反　官樆音离

整之郢反槁公厄反大車軛寫鞍先夜反券音勸洒與灑同躁則到反誚才笑反筲所交反酤酪上古胡反下盧
格反黝於糾反磽匹孝反蟊莫行反裖質瞵反與振同瀺灂上士咸反下士角反菡萏上胡感反下徒感反椑必移反郁
棣提細反蒜芋上蘇亂反下于句反筍戌尹反菫薺上居隱反下齊禮反荽八維反蘘而羊反薤戶戒反版輿以板
爲輿見周遷輿服雜事挂頳勑貞反褉胡計反汜辭理反狡黠古巧反刎無粉反噂喈上慈損反下徒合反粕匹各
反闒闟上他唐反下他合反般辟房益反哇於佳反洙音朱瀸漬上子廉反下子賜反誾語巾反盥音管又去聲蒔
音時穜也蛻舒芮反又他臥反蚌步項反埴常職反蝦古雅反澡音早侈尺氏反屣所綺反杅音于岷嶓音波邛
僰傍北反趑趄七余反鐫子泉反搉古角反又古學反犀音西吳榜方孟反螭丑之反骹口交反韝古交反
靈音零孱孟康云冀州謂儒弱爲孱仕連反呴香句反碌音祿嶔岑去音反濛汜蒙祀二音輾尼展反崢嶸上士爭反
下音宏渾濩胡郭反嘐嘈上音料或音牢曹礫音歷巘魚蹇反汀濘上吐泠反下奴泠反翳薈烏外反腴以朱反
崥崹上扶雞反下音啼跖之石反茗莫泠反嶕嶢上昨焦反下五聊反蓂莢上莫經反下古協反爛旰古岸反闤音還
頳勑貞反本一作赬枌栱墳拱二音葩普巴反蠖烏郭反麓音鹿鼺音壘愬音素鰓蘇才反矰音增櫂與棹同驌
驦肅霜二音罠音旻鉦諸盈反彀音遘豜音堅豵子公反齩五交反齀音瓦以鼻搖物賁音奔蹴子六反狶許豈反
撌令升案諸家書並無此字李善注文選作賁甫運反僓謂僵也應得其實善云僓或作撌非也柳碩言浮沸反拉盧合反甝胡甘反虪音叔

馳直買反　擺北買反　踣蒲北反又音副　驃彼喬反　醻子誚反又在爵反　鋌徒鼎反　鍱音葉　鍛下亂反　奮椎直追反

瞯胡山反　鷚丁刮反　蹯音繁　髀卑履反又傍禮反　猩音生能言獸　鮐他來反　鷚呂售反　燀音闡　酟池兼反　鬐巨黎

反　榛音湊　殼叶韻音苦豆反　蟣居豈反一作蟻　腊音昔　跂音岐　騍胡果反　烟熅上音因下於云反　狷吉掾反　蔀音部　躂

音偉

晉書卷五十六　列傳第二十六

蕤儒佳反　亢父剛甫二音　崎嶇上去奇反下音區　婪盧含反　悍音汗　顙蘇朗反　繒疾陵反　鄮瞞母官反　綫私箭

反　衽如甚反　肘腋上陟柳反下音亦　愈以主反一作揄　燼似刃反　忸字當作狃女救反　忕音太　段頰古鼎反　扞音翰

漑古礙反　札瘥昨何反　狡猾音滑　迸比諍反　逷他歷反　糝素感反　粒音立　擠音霽又將西反　拓音託　句驪上古

侯反又音俱下音離　噬齧上時制反下五結反　喆陟列反　史佚音逸　采椽直緣反　綈徒奚反　蚡扶粉反　藍縷上力甘反

下力主反　桷音角　餼許既反生餉也　弁皮變反　販方萬反　鬻與逐反　圃博戶反　孿呂員反　攄勅居反　郗丑脂反　成

臯音高　彪逋還反　瓚作旱反　敳五才反　悛此緣反　紐女九反　隩烏到反　乘桴芳于反　輮轢上人又反下音歷

枹鼓音孚　楛音戶　擾攘如兩反　合從上音閤下音即容反　膽都敢反　稽音啓　蛻託臥反　艘蘇遭反　刳苦胡反　秣

莫割反　肓呼光反　俞跗以朱反　訕所諫反　蛙蝦上烏媧反下音霞　鄞語斤反　楓音風　汰音太　鈸布火反　粃卑履

反 蹴子六反 挈苦結反 仆音赴 漕昨到反 痒弋丈反 慴之涉反

晉書卷五十七　列傳第二十七

臨力禁反 廞許金反 郫音皮 紲私列反 櫬初覲反 遯徒困反 募莫故反 鎧苦愛反 幢宅江反 猝跋上麤沒反 下蒲撥反 珧音遙 硜北口莖反字當作陘戶經反卽井陘之北 斛𨔶與斛同下都回反 璜音黃 阯音止 諝私呂反 汜詳理反又苻嚴數劍二反 翊況羽反 呵呼何反 阻險與岨嶮同 獠盧浩反 宛陵於袁反 譯音亦 帥所類反 尪烏光反 墝埆上口交反下苦角反 貿莫候反 湮音因 跳徒聊反 昵尼質反 敦煌上徒渾反下音皇 餽逵位反 弢吐高反 猗於離反 賑市忍反 酋字秋反 薪槱音猶

晉書卷五十八　列傳第二十八

魴符方反 額五陌反 蛟音交 搏音博 蹉七何反 跎徒何反 釃所宜反 齊斧解已見上 鷲音朋反 齟子 瑲苦買反 愞奴亂反 恚於避反 䴉音叶 傖助庚反 內荏如甚反一作恁 涂度都反 卞壼苦本反 梟古堯反 闔胡臘反 狽音貝 咤陟訝反 槔音高 棖直庚反 廙音翼 沌文字集略沌水出江夏入江音篆上聲 左甄音堅 釗指遙反 虓許交反 崗古郎反 汙音烏 斲弛上音託下式是反

晉書卷五十九　列傳第二十九

赧奴版反 祏音石 軹音枳 蘽即委反 偪彼側反 羯居謁反 憝徒對反 絜大下結反 煽音扇 丐古泰反 袚敷勿
反 羕余亮反 刦鈔居業反 崧息戎反 珉音旻 貂音彫 騶側留反 礔礰霹靂二音 歔欷上音虛下許既反 緝七入
反 躄博計反 佽音次 荂音孚本作莽 詡況羽反 顥胡老反 櫓音魯 徼古弔反 嚚語巾反 訬楚交反健也又亡少反
販方願反 諺音彥 瘤音留 顒魚容反 頴一作熲古鼎反 堮五各反 臯音高 髦音毛 懑莫旱反又亡本反 惔徒含反 汶
音問 敞昌兩反 診之忍反 覘勑豔反候也 邃雖遂反 旟音餘 檻胡黯反 泱音殃 迕五故反 鈇鑕上方主反下之日反
湎彌兗反 憁恫上作弄反下徒弄反無知貌 闚去隨反 喋音牒 闒音闟 袙莫白反 犖呂角反 歃山洽反 懥虛偃反
殄徒典反 慨苦蓋反 郅之日反 痍音夷 墐奇鎮反 眕之忍反或作昕 逯力玉反 薳爲委反 龕音堪 疋與雅同 夔
武悲反 扼烏革反 田甄音真 惲於粉反 裨頻卑反 洧榮美反 祧吐彫反 纛徒到反 狙七余反 奸音干

晉書卷六十　列傳第三十

蟹下買反 斲喪息浪反 欒郤綺戟反 認而忍反 旂渠希反 蹻去遙反 悍音翰 慴之涉反 鞞步迷反 繆音謬
郝呼各反 坫都念反 睢七余反 躓音致 蹢音適 羆彼爲反 帴側前反 薈烏外反 塢烏古反 𧋍況望反又古鄧反
綝丑林反 婧疾郢反 氾衷凡忠二音 戲胡甘反 紾之忍反 虫蛇虎鬼反 虬蟉渠糾反 阿那上烏可反下乃可反
欻許物反 肸許訖反 窊烏瓜反 踞音據 差初宜反 窈嬈上烏交反下奴鳥反 苫先廉反 猗音倚 螭丑知反 鼺力尾

反 俶儻他朗反又他浪反 析先擊反 磥虛郭反 腕烏段反 鯁綣去完反 芟所銜反 蝮芳伏反 螫施尺反 柖
音呂 竺陟六反 獷古猛反

晉書卷六十一　列傳第三十一

淩私閏反 俘馘古獲反 惲於粹反 狷吉掾反 詆都禮反 碌初危反 衰范初危反 眕之忍反 崤胡茅反 險
澀所立反 漕在到反 睎音希 紓音舒 虓許交反 柵楚革反 壘力軌反 援枹芳呼反本與桴同 羯居謁反 瀗音亡本
反 刲居怯反 瑁莫佩反 盾徒損反 軼夷質反 悝苦回反 崎嶇上去奇反下音區 袪去魚反 鞮當奚反 簏音祿

晉書卷六十二　列傳第三十二

荂音孚 帀子荅反 楯食尹反 鞮當奚反 鞬舉軒反 耨奴豆反 勞倈上盧到反下音賴 猗㐌上於離反下弋支反 痍
音夷 拓音託 擐餗音速 翅施智反 蟻魚豈反 殪於計反 磾當奚反 啑所洽反 邏騎盧箇反遊兵也 慷愾忼慨二音
輈張留反 攄勑居反 縊於賜反 擾攘如兩反 頓仆音赴 跋蒲撥反 櫜音高 驎方珍反 踦嶇上去奇反下音區
藜落奚反 猶膩女利反 械胡介反 殮力驗反 疽七余反 鴦於良反又烏郎反 遒子由反 賙音周 蹴取育反 剽
匹笑反 鎧苦愛反 楫紫葉反 譎古穴反 擔都濫反 樵昨蕉反 醊音綴 妖於喬反 羖音古 喈音皆 蹠之石反 錐
職追反 捶之累反 佻巧吐彫反 跅弛上音託下式是反 圄音語 獯音勳

晉書卷六十三　列傳第三十三

亟去吏反　掠力灼反　齓初謹反　塢烏古反　堨烏葛反　薈烏外反　軺音遥　堮五各反　猗於離反　塵音圭　峴胡典反　槊所角反　洎其器反　酖字當作鴆直任反　繹幕顏音弋尺反　襁居兩反　該古哀反　倮郎果反　肫徒昆反　孔

煒于鬼反　呴呼后反嘘呴也　眦睚上士懈反下五懈反　戾叶韻盧結反

晉書卷六十四　列傳第三十四

眦房脂反　朿音刺　瑋于鬼反　匱逵位反　譟蘇到反　忼苦朗反　愾苦愛反　懦乃臥反　籥音藥　鈴郎丁反　歘許物反　剽匹笑反　璡音進與瑨同　矇莫紅反　翣所甲反　柷昌六反　甒音武　已罷音皮　頔音適　姏姆上五酣反下莫侯反

領五感反　儂如冬反　茹音如又而據反　殣音僅　忱氏林反　鉏助魚反　傅會音附　鄱薄波反　蹂人友反　粰⿰米象上房謀反下音象　朱芾反敷物　僷僷音牒　尾媪烏浩反　丱古患反　嚭匹鄙反　札瘥才何反

晉書卷六十五　列傳第三十五

覘勑黠反　愀子了反又　泮普半反　龕音堪　隗五罪反　帑他朗反金帑舍也　綀色魚反　賵撫諷反　襚音遂　轀輬温涼二音　纛音導　檮杌上徒刀反下五忽反　圮符鄙反　襞字林曰襞卷衣也音必益反　嘏古雅反　躧所買反　如椽直緣反　曇徒含反　墮徒臥反　饘諸然反　飴音嗣　歆許金反　隼思尹反　櫛阻瑟反　隤杜回反　⿸虍曾胡大反

晉書卷六十六　列傳第三十六

研音硯　梟古堯反　泝鄉與之反　禡日朱反　醪音勞　勱音邁　璠音繁　逵渠追反　髲皮義反　樅陽七容反　晫字林

曰晫明也丁角反　弢吐高反　潯音尋　泠力丁反　沌音篆　溳音云　熠之涉反　遡音素　芟所銜反　鍵其輦反　圻渠布反

筰子各反又在各反　某音母　挑徒了反　頒布還反　百鼊蒲歷反　扑普木反　樗勅居反　睹陟魚反　訶呼何反　把

博下反　湓蒲本反　珧音遙　浮長直亮反　愾許既反又苦愛反　毋丘音無　傳知戀反　棨音啓　梭蘇和反　裛於輒反

窬羊朱反　舸古我反　陬子侯反　髦音毛　江澳於六反

晉書卷六十七　列傳第三十七

憺徒敢反　敳五才反　員音云　輊苦貢反　庇人弁至反　幘側革反　桁胡朗反　愎符逼反　珫音充　粢盛資成二音

曄筠輒反　斲丁角反　重趼古典反　唏山洽反　褊阸上方緬反下烏懈反　怯去業反　綢繆上直牛反下武彪反　裸郎果

反　鉦諸盈反　四望磯居希反大石激水也　躓陟利反　燬許委反　狡古巧反　憖牛吝反　噎烏結反　鑒古銜反　䘏

辛聿反　嶧音亦　蟄直立反　汩古沒反　殛紀力反　庱亭丑升反　扞音汗　忖倉本反　晡博孤反　飴音飼　頰古叶反

犖呂角反　髯汝鹽反頷毛　澁色立反　枋府良反　旰音幹　誄六軌反　屐竭戟反　鬚相俞反　紐女久反　拓音託　掎

居綺反　猰窳軋愈二音

晉書卷六十八　列傳第三十八

炙之夜反 啗徒濫反 旟以魚反 舳艫上逐下盧二音 薺芥上五芥反下古邁反 蹉跌上七何反下徒結反 蛙烏媧反 婭音亞

拓音託 隮即奚反 闓音開下同 鄢音偃 混沌上胡本反下徒損反 矇莫紅反 曁音既 燔爇如雪反 葦韋鬼反

晉書卷六十九　列傳第三十九

隗五罪反 砥音旨 龕口含反 螭魅上丑知反下美秘反 嚚語巾反 惷丑江反又丑龍反 釐理之反 諠譁喧花二音 誳

嚇凶赫二音 刁協音彫 懦乃亂乃臥二反 塢烏古反 諳烏含反 猗於離反 蠹當故反 井渫息列反 騄音綠 璵璠

余繁二音 沁七鴆反 弢吐高反 繆坦音謬 黌音橫 洙音殊 羯居竭反 鴟處脂反 邊布玄反 媟私列反 賁嵩音肥

風俗通賁甫前漢賁赫禮有縣賁父音奔 腐脅上音父 瞋昌鄰反 郝蝦上呼各反下古雅反 樗勑居反 絜息據反 肘陟柳反

料力弔反 腴羊朱反

晉書卷七十　列傳第四十

應音膺 玫莫杯反 酋自由反 劵去願反 覬覦上几利反下羊米反 鞅於兩反 粃卑履反 漉音鹿 蔿為委反 頡頏

上胡結反下胡郎反 繾綣上音遣下去阮反 尠息淺反 玘音起 估音古 憾下紺反 拉盧合反 卬五剛反 騷蘇遭反 櫃

逵位反 槌直追反 佷愎符逼反 訐姜謁反 裴盾徒損反 狷吉掾反 塍以證反 意斷上於力反下都亂反 詮此緣

反韡與韡同錡甎反謨莫胡反撓奴效反峯岠音巨桁胡郎反創初良反眕盱上之忍反下凶于反矢擔說文曰擔

建大木置石其上發以擊敵也春秋傳曰擔動而鼓古外反厭二葉反僵君良反拳巨員反瞻以贍反耽丁含反悛吡全反

胡毋音無盱眙上許于反下與夷反愌而兖反又奴亂反璲徐鄙反儋石都濫反函音咸廄音救衰音崔旆薄蓋反

葩普巴反榱音衰

晉書音義卷中

晉書音義卷之下　傳下載記　起第七十一盡一百三十

唐　東　京　何　超　纂

晉書卷七十一　列傳第四十一

跼蹐局積二音　餔糟搏孤反　噬時制反　墨翟徒歷反　重繭上直龍反下吉典反　箋則前反　噏許及反　賁育音奔

拉盧合反　曳音裔　刎頸上武粉反下居郢反　喁喁魚容反　鞬居言反　鵠胡沃反　榜與牓同　賻音附　幘側革反　華

軼夷質反　謳烏侯反　貔貅上房脂反下音休　耒耜上盧潰反下音似　蟻魚綺反　穰苴上而羊反下子余反　茹而據反

覈下革反　綝丑林反　捽昨沒反　粃卑履反　翺五勞反　兜當侯反　蟣蝨上居豈反下音瑟　兕徐姊反　擐音患　旂渠希反　衄女六反　戭以淺反　頵懿倫又居筠二反　訢許斤反　倨居御反　垤徒結反　核下革反　宿辦薄莧反　崧息融反　悝苦回反　噂嗒上兹損反下徒合反　酃來丁反　耆渠脂反　桷音角　詆都禮反

晉書卷七十二　列傳第四十二

抵都禮反　嘘吸上音虛　邛音恭　鼯五胡反　螫式石反　欻許物反　茱萸殊渝二音　沴魯帝反　鐸徒洛反　繇直又反　棧士限反　繆音謬　蠢尺刃反　旰音翰　紓音書　糟粕四博反　呼沲徒何反　珥而至反　埒力輟反　薈烏外反

皋音高　摹莫胡反　髯汝鹽反　鵂鶹椒僚二音　蛙烏媧反　鼇五勞反　袪去魚反　訊息晉反　驌驦肅霜二音　蒵度奚

反嚶烏莖反刈音乂爨七亂反暈許歸反旭晞上許玉反下音希蚓蛾上餘軫反下五哥反騂息營反麤倉胡反

籟音賴蚊音文蜉蝣浮游二音椿勑屯反沍胡故反蔚音尉顰脾賓反顰蹙憂愁不樂之狀蟪蛄惠姑二音薺音茨婆

娑素何反沌徒本反杌五忽反潦音老犴音岸暨居未反投畀弁至反褻私列反貍理之反魍魎上音罔下音兩

慝他德反沙漲陟亮反齎即奚反彝以脂反躶郎果反醊陟衛反袴褶神執反又音習驁五勞反貿莫候反

樗勑居反屚音漏翅施智反鷃音晏跛布火反鼈弁列反嫫莫胡反礫音歷僬僥譙堯二音夸苦瓜反躓

礙陟利反扛鼎音江圯符鄙反藻棁職雷反較古學反悱憤上妃尾反肘陟柳反輭而兗反綈緗啼襄二音

紬勑鳩反

晉書卷七十三　列傳第四十三

徼古堯反悾苦貢反羕餘亮反柂工徒可反懌音亦噉徒敢反薤胡界反鯁噎上古杏反下烏結反旰音幹撟

許爲反鋤助魚反馘古獲反顱音盧彬俯巾反龢與和同跪渠靡反艾五蓋反聆郎丁反餉式亮反恇去王

反汪烏光反殲子廉反珫音充貣徒德反虨卑民反皝黃蕩反頎渠希反傴於語反不伸也惛音昏掣尺制反又

尺折反溳音云赭圻上之野反下渠希反稸丑六反羸瘠上力爲反下秦昔反燥涸上蘇浩反下下各反疽七余反惔徒含

反瑰公回反卨私列反吻武粉反台產史記台音胎

晉書卷七十四　列傳第四十四

龍亢音岡　顥音昊　簞瓢上音丹下符霄反　嶔崎上去音反下去奇反　逡遒才由反　禕惠符支反　鸇諸然反　硊巨毀魚毀二音　俞縱丑又反　迸北諍反　劾胡愛胡勒二音　豁呼括反　笁陟六反　賻音附　趫巨消反又去遙反　跳徒聊反　鎧苦愛反　沮子余反　涌音中勇　柞在各子各二反　紿徒亥反　瞋昌隣反　諳烏含反　沅愚袁反　漳諸良反　擔幢宅江反　仄阻力反　竦音悚　掠力讓反　扼腕上音厄下烏段反　氐音低　勦子小反　較古岳反　重複上直龍反下音福　闚覦窺俞二音　思算相吏反　犒苦到反　溧音栗　孱陵古限反　撲普木反　閫苦本反　輶音由又弋久反　衽如甚反　驎音隣　愞乃亂反　醨音离　煽音扇　喈音皆　汙音烏

晉書卷七十五　列傳第四十五

顙蘇朗反　隤徒雷反周易云坤隤然　秣音末　蟻魚倚反　躓陟利反　梗古杏反　稸丑六反　屐奇逆反　齧五結反　虡音巨　鷟音育　褫池爾反　邯鄲寒丹二音　亹亹音尾　綢繆上直牛反下武彪反　繾綣上音遣下去阮反　濠胡刀反　燮蘇叶反　厭於叶反　忱市林反　醆側限反　祼魯果反　峭峭峻也七召反　佑音右　蔡州　荻徒歷反　齎即奚反　崧音嵩　彧一六反　頵居筠反　齠齓上音調下初謹反　馗渠違反　廞許金反　瘁在醉反　訂字林曰訂評議音亭又音汀說文直鼎反　闓胡臘反　慨苦愛反與愾同　䝟儒佳反　惔徒甘反　鼈并列反　遯與遁同音鈍　鍻胡瞎反　汪烏皇反　瘞於列反　洙音殊

螭丑知反 狢他朗反 涯五佳反 眥即移反 謦苦定反 簁所宜反與篩同 睫紫葉反 擿陟爪反 鉗其炎反 嚬音頻

蝦古雅反 芒屩居灼反 傖初庚反 勃窣蘇骨反 臑日朱反 熨音尉 複褌古渾反 煖乃管反 繐音叶 窒陟栗反 爻胡交反 璯苦夬反 牝毗忍反 旂渠希反 籛則前反 餗音速 桷音角 彘直例反 紊無運反 蔀音部 葳音威

晉書卷七十六　列傳第四十六

輜側持反 鄶古外反 騑音斐 逮達賚反 苞皮表反 柵側戟反 燾徒倒反 浙之舌反 醒息定反 番禺音潘愚

廙音翼 弢吐高反 胕腑音附 額五格反 樟諸良反 鐸徒落反 舫府妄反 眩音縣 彬府巾反 謇居輦反 跪去委反 稜魯登反 彪甫尤反 鬚相俞反 秣音末 寒悴在醉反 猖蹶昌厥二音 蔕都計反 頷戶感反 鷙脂利反 掎居綺反 滬音戶 仡許訖反 鱟字林鰶魚出東萊文字集略鱟亦作鰶字音祭又音制 蝦音霞 鮓側下反 廞許金反 崎嶇上去奇反下音區 詰去吉反 珫音充 茹而據反 莋在各反 庱亭耻陵反吳志孫權射於庱亭即此亭也 耽都含反 鸇諸然反

碏左傳音鵲史記音且亦反 鮒音附 酈音歷 巇思嗣反

晉書卷七十七　列傳第四十七

曄筠輒反 蝦古雅反 培塿上蒲走反下力狗反 猶以周反 傖初庚反 僂落侯反 瘞於禁反 霣于閔反 臠力兗反

一柈音盤 裝音莊 襆房玉反 俶昌六反 撞宅江反 瀸音潛 惲於粉反 叡以芮反 麈音主 槩古礙反 嗷五勞反

釀女亮反 翜字林曰翜捷飛之疾也山立反又所甲反 顩魚毀反 坑客庚反 柴音寨 吡齒日反 呵呼何反 悳與德同 忖七本反 狷吉緣反 圯符鄙反 句音鉤 矱胡郭反 炬音巨 掬九六反 哂式忍反 璩音渠 僂力主反 顙蘇郎反 賵撫諷反 彭蜞音其 蟹胡買反 鰲五勞反 航胡郎反 靚疾政反 虪說文黑獸也山六反 甝說文白獸也下甘反 疁說文疁種也音流案通溝溉田亦爲疁 輜側持反 羯居謁反 芍陂七削反 肘陟柳反 咄咄當沒反 櫛阻瑟反 璲音遂 窆方驗反 拊孚武反

晉書卷七十八　列傳第四十八

籠龜盧紅反 堰於建反 誾語巾反 汪烏光反 茹如魚反 殛鯀古本反 氾音汎 膾古外反 砎周易音介字林砎堅也 齕下沒反 諏子于子侯二反 榱椽上音衰下直專反 鸒烏墊反 斤斤音靳詩云斤斤其明傳云明明斤斤察也 穰汝陽反 埭達賴反 覆瓿揚雄傳云蓋醬瓿服虔曰瓿小甖也音部 秫音述 孽魚列反 豚徒渾反 盎阿浪反 弛式是反 篠簜上蘇烏反下徒浪反

晉書卷七十九　列傳第四十九

鯤音昆 咷音陶 鴝鵒衢欲二音 襦日朱反 枋音方 譎古穴反 梗澀色立反 軺音遙 錮音固 惔徒甘反 噂嗒上兹損反下動合反 輯音集 胼胝史證上蒲堅反下竹尸反 繕市戰反 賭音覩 屐奇逆反 旆薄蓋反 憾下紺反 尩烏光反 觓

女六反　迮狹上側陌反下音洽　艦胡黯反　剞苦胡反　禁欎力兖反　一㹠亦豚反　戴逯與遁同徒困反　東莞音官
涂度乎反　盱眙與之反　航胡郎反　蚝七吏反　屈氏音支　駱駝徒河反　渦頼古和反　柵側戟反　泒匹卦反
碻磝上苦勞反下五勞反　香音桂風俗通彭城香景以爲計掾古有此姓　鏑音的　雰撫云反　孑居列反　慺落侯反　瑍音奐　鶴
氅昌兩反　脩治直之反　褊阨上方緬反下烏懈反　來䑛食爾反　郜音告　懟直類反　褫池爾反　泌鄙媚反　瞰苦濫
反　媮亂侯反　纇盧潰反

晉書卷八十　列傳第五十

炙之夜反　噉徒敢反　啗徒濫反　亟紀力反　饋逵位反　麋音眉　涖力至反　浙吉熱反　禊胡計反　湍他端反　惓
渠眷反悶也出玉篇　姥莫補反　棐几音匪　刮古滑反　懊烏到反　戢阻立反　洒先禮反　顙蘇朗反　皦音皎　彷彿髣髴
二音　犖呂角反　柱頰上張禺反下古協反　摴勑居反　掣尺折反　駮牸上北角反下音字　傖助庚反　殿榜博朗反　釘
丁定反　橙都鄧反　鬚相俞反　揣初委反　韍分物反　袠音秩　靚疾政反　霤力救反　槎枿五曷反說文枿伐木餘　春
蚓音引　鬻之據反　蟠音盤

晉書卷八十一　列傳第五十一

馘古獲反　牂柯臧歌二音　釗指遙反　爨七亂反　透他候反　龕日含反　莞音官　鴦於良反又烏郎反　愞乃亂反　弩

奴古反狡古巧反䘏女六反郝蝦好各古雅二反輜旨而反販方願反忕音太銍陟栗反詡況羽反廐久祐反
钁胡郭反鉏耒上助魚反下盧潰反軺餘昭反芸穫云鑊二音鎧苦愛反峴胡典反惔徒甘反蚝七吏反嚙
音詠詖彼義反串古患反捋盧活反伺相吏反灄書涉反郴丑林反姓也名寶楊珉武巾反弢吐高反脛戶定反
反櫓音魯怯去業反噤渠飲反械胡界反鋋市連反甑子孕反茄古牙反髀傍禮反蹋徒合反韡與靴同
邾音誅狢下各反纛徒到反汶無運反璩彊魚反璠音繁瑾音僅迸北諍反菰葑甫用反珠叢云菰草叢生其根盤結
名曰葑异餘吏反涪音浮僰傍北反又符遏反勦子小反邃雖遂反隙去逆反毆烏口反迭徒結反蠶昨含反
噲苦夬反蛟音交枋音方蚖音元鞞蒲迷反罝子邪反赳音糾

晉書卷八十二　列傳第五十二

謖所六反髡苦昆反郪取私反又音妻齧五結反上貸他代反下貣徒得反償常亮反旃諸然反溥與普同
䂮力灼反契音挈矍相居縛反撮子括反摯音至喈音皆斥昌石反跌徒結反訾即移反爨七亂反獫狁
險允二音龕口含反濞匹備反耐罪乃代反裸袒徒旱反麈音主鸇諸然反瑩烏定反驎力珍反碣渠列反
躊躇儔除二音碌碌音祿歔音虛欷許既反緹徒奚反癉多旱反流漣音連惇都昆反

晉書卷八十三　列傳第五十三

蝨音瑟 喘昌兖反 耽丁含反 白璇似泉反 嬈乃了反 洙市朱反 媟私列反 甑子孕反 滬音戶 負進漢書高紀
云蕭何主進鄭氏曰主賦斂禮錢也陳遵傳云遵祖父遂與宣帝博數負進顏云進勝也帝博而勝 秭歸孟康云下音姊 鶱翥上虛言反下之據反
逌音由 塹柵上七豔反下側戟反 泮音判 賁易音方義反徐一返音扶云反又音奔 餽達位反 糒平祕反 沴魯帝反 瞢武登
反又武亘反 覕几利反 脅虛業反 繖蘇旱反 誠讜丁浪反

晉書卷八十四　列傳第五十四

忱氏林反 長直亮反 珧餘招反 棱所追反 輯秦入反 鞅於兩反 廞許金反 邏盧箇反 簳各旱反 合鏑閤的
二音 髀傍禮反 葦韋鬼反 鬚相俞反 氅昌兩反 盱眙與之反 跳音調 狡古巧反 斵丁角反 稆音呂 麑音迷 鴞
干驕反 葚食稔反 捍音翰 毆詈上一口反下力智反 犍爲渠焉反 鍵其偃反 獠音老 扞音翰 柝音托 湓蒲奔反 遹
音聿 歃山洽反 鄼城音贊 柞子各反又在各反 袗之忍反 獷古猛反 餉式亮反 剽匹妙反

晉書卷八十五　列傳第五十五

慴之涉反 譟蘇到反 悛此緣反 佻吐彫反 躁則到反 愎符逼反 捼五木奴禾反 窶良據反 褊方緬反 猜
所角反 新淦顏音紺又古含反 黥渠京反 旿音午 拉盧合反 桎音質 梏古屋反 跳踉音良 椽桷傳角二音 祏音石
蠆丑芥反 莞音官

晉書卷八十六　列傳第五十六

烏氏音支筴音冊氾音汎繆靡幼反刎武粉反魴音房鴡茗徒聊反晁直遙反耽丁含反屣所綺反髦音毛

轄胡瞎反蹹勳合反琠字林琠玉也他殄反浩亹閤門二音毻布吐敢反塢烏古反銖市朱反肘陟柳反筐篚

匡匪二音漂音飄宛許元反崧息融反譟蘇到反腕烏段反岌魚及反糟粕匹各反齷音握齪測角反攘音穰白帢字林曰帢士服制如榼缺四角苦洽反騭之日反揖次上子魚反下音恣令居孟康令音連顏音零鞋音封窪烏瓜反寶堂見反瀰音彊踊音勇解扁音篇諠譁喧花二音慓悍上匹笑反下音汗彪許交反璣居希反穰苴汝陽子魚二反耿弇古南反梟古堯反霤車蒲角反白帢苦洽反瑁莫佩反燬許委反燼疾忍反鴵音晃帑他朗反囹圄零語二音茨疾脂反琪音其驪靬顏音驪力馳反靬音虔今其土俗人呼驪靬疾言曰力虔訞音妖張瑇殊六反綝丑林反剔他歷反鞘私妙反嘏古雅反仂音力同又音勒葚食稔反甜徒廉反覘丑廉反又勑豔反

晉書卷八十七　列傳第五十七

馨奴昆反騧古華反且渠子余反謖所六反湟胡光反騂思營反赫呼格反泮普半反邅張連反榛士臻反拓音託緊烏奚反餗音速昏墊都念反鴡處脂反欒涫洛官二音頮盧對反傉檀音耨又反谷反恣睢上如字下許季反又恣音千私反睢音千余反荏如甚反勍渠京反菴藹於蓋反沮七余反鳶音緣嚇呼訝反潄所祐反彭

音淨 闃苦覓反 忪懞上之凶反惶也下音蒙 崨嶫上才接反下音業 嶔岑欽吟二音 鞅於兩反 罩都孝反 馘古獲反

芟所銜反 恰苦洽反 豢音患

晉書卷八十八　列傳第五十八

亹亹音尾 循陔音該 灑所綺反 頫與俯同 沫莫葛反 蒔時吏反 毳此芮反 醮子誚反 孑居列反 豎刁音彫 哺薄故反 蠐螬齊曹二音 飴與之反 蓼莪上音六下五哥反 屩居約反 邴兵永反 負笈其輒反風土記笈學士所以負書籍 許孜音茲 羸憊防介反 頸居郢反 搏音博 衮古本反一本作衮音裕 筥音舉 糝先感反 捃居運反 橡音象 苕音條 賡古衡反說文以為古文續字 孥音奴 畟初力反 蘂而髓反 怞直牛反 眩瞀莫候反 蔑莫結反 呵呼何反 籃盧甘反龍鬣 惇都昆反 瞳音同 刮古滑反 髯汝鹽反 髦音毛 堇居隱反 榱椽上所追反下直緣反 穰汝陽反 抶丑栗反 認而晉反 鉏助魚反 廞許金反 熖與啖同以贍反 煢渠營反 購古候反 葦韋鬼反 塼甓蒲歷反 榥胡廣反

晉書卷八十九　列傳第五十九

崎去奇反 虓許交反 顪魚毀反 翬許歸反 伶音零 血濺子賤反又則幹反 浣胡管反 眕之忍反 桷音角 之溜力救反 勱音邁 呼噏許及反 圻渠希反 蹻足許慎云舉足小高也音喬 訕所晏反 蘧為委反 疋與雅同 鬻音育 儻當亮反 鷁弋笑反 茨簷疾脂反 漂撫昭反 瞋昌隣反 偵丑鄭反 幘側革反 掛音卦 筋舉欣反 悝苦回反

鯨鯢上渠京反下五奚反　蓮芍如淳音輦酌　粒音立　罽烏埊反

晉書卷九十　列傳第六十

偪與逼同　氾音汎　冡莫候反　纂音部在始平一音來　賵芳鳳反　貔房脂反　爨七亂反　廐音救　衵尼質反　燎力召反

遒音由　酈郎激反　廞許金反　拕託何反　歠昌雪反　菹側魚反　絮息據反　歃所洽反　剔他歷反　飧音孫　蓬薄紅反　番禺潘愚二音

晉書卷九十一　列傳第六十一

煬餘亮反　填徒賢反　坑穽疾政反　孑居列反　弛式是反　亟去吏反　銍陟栗反　甋音適　裹蕢音肥　祧吐彫反

詁音古　韡與鞾同　炤燿與照曜同　臍音齊　氾音汎　鉏助魚反　癰於容反　斂力驗反　澣胡管反　葦席韋鬼反　祲作鴆反

躋陟利反　礙吾愛反　媟私列反　裸郎果反　輯秦入反　謏蘇小反　抵都禮反　軟而兗反　綈音題　餋音養

踁踁口莖反字當作硜　愾苦愛反　丐古泰反　鏟初限反　獷古猛反　輠古火反

晉書卷九十二　列傳第六十二

軑音大　塹才敢反　研音硯　薈烏外反　埒力輟反　飫於據反　溷淆上胡本反下胡交反　蚑巨支反　蠕而允反又而兗反

鎔音容　委蛇音委迤　注張丁杖反　暈云問反　珥而至反　彗孛上因歲反下蒲背反　沆漭上胡朗反下莫朗反　熾尺志反

反炮白交反鼇五勞反奓陟加反濛汜蒙似二音慓必遙反洿安都反慨慷上音愷下苦朗反嘈音曹柔撓
而小反澎濞上普彭反下普秘反咧音列怫符弗反蟬蜎伊緣反悱妃尾反磞硠上普萌反下郎堂反訇磕上火宏反
下苦蓋反嘲嘈勞曹二音吻武粉反曜音狄濶胡困反傖助庚反溳音云占之贍反蔕都計反蹴取育反蹋徒合
反腆他典反汙音烏瞿俱遇反敷甫勿反緼褐於門反儜女耕反耨奴豆反泓噌疾陵反又則登反鎗鎗
初庚反脢胎音梅僂垢上力口反下音構嘲哮上張交反下許交反韞蠢上於粉反下尺允反庵婪上烏含反下盧含反眡
照上支反餼雅眡視也拉盧合反嗛閃上力冉反下舒斂反嗆哼七鄉向艮二反闒茸上土盍反下而勇反饕音叨諍音爭鬖
鼿上寥去聲下五弔反惛音昏圮普弭反蕨音厥菰古胡反鱸音盧蹻去遙反櫛阻瑟反栧餘制反汨音覓七狄反
倬丁角反焯之藥反琅琅音郎仆音赴綽約處灼反趠諸教反字林走也騄力玉反鰓蘇才反狷吉緣反擺
北買反蟪蛄惠姑二音罝子邪反洿音烏蘄苦上居希反下音怙砎音介棼橧分會二音塹七豔反柝音託适憶居
反蔗之夜反紿徒亥反彖他亂反

晉書卷九十三　　列傳第六十三

勦子小反烕之許劣反餽逵位反務莫候反姥莫補反䂮力灼反榱椽衰傳二音麋音眉嶷魚力反本作嶷作孔
反黈黃廣反惔徒含反淦古南反帽莫報反嫗紆遇反犀杷音西霸紓音舒肭腑符遇反

晉書卷九十四　列傳第六十四

渟音亭窅烏了反窐烏華反悛此緣反斁音妬汩音骨鴅與斥同鼙顱上脾賓反下子六反梠音呂蠊蠘上乎縑反

字林曰蠊海虫長一寸可食下音越帀子答反撞宅江反挑柈音盤蝃蝀上都計反下多動反忼慨音慷慨踧踖上子六反

下資昔反柂徒可反櫓音魯鯔鰞音淄烏鯆音鋪鮃音浮埤蒼鮃鰯魚也說文鰯魚出樂浪番國一名江豚多膏少肉一曰出江有兩乳

鰯音居六反鶂五歷反梢所交反跳徒聊反喉囀知戀反嗽蘇豆反咤陟嫁反讙況袁反葭音加袿音圭襹

音蜀字林曰袿婦人上衣也襹連要衣也認而晉反涫音官媟私列反頵居鈞反又於倫反哿古我反荀菘音嵩貿莫候反

菴烏含反袴褶神執反踑踞居御反瞪眸直陵直耕二反梁踦魚綺其綺二反墊都念反鮞音而饋求位反歠

昌雪反驎力珍反囷去倫反纁音勳餼許既反羯居謁反倮郎果反鐃女交反嘏古雅反鉥音殊瞿硎客庚

反汁溲疎有反縶陟立反秫音述秔古行反拳拳巨員反芸耔音云子叶韻音兹籃輿盧甘反颯蘇合反

敻虛政反泌毗必反

晉書卷九十五　列傳第六十五

讖初譖反畛之忍反闓音開蠡音禮禺音隅冐昴音謂卯炬音巨偵邏丑鄭盧箇二反賽先代反魅美秘反鼉

徒何反脹陟亮反欻許物反大鸜其俱反嚙五結反嗥五刀反拉盧合反搥拍上直追反下普伯反咋鉏陌反

浚私閏反羆彼爲反駮北角反隗炤音照著式脂反珝況羽反靚疾政反捍音翰鴨烏押反蚊音文瘻痺
上人垂反下必至反訶叱上呼何反下齒日反絜息據反鉢博末反枋府良反劬其居反肘陟柳反鷗烏侯反懺初鑒
反黿音元㠇蘇困反菅古顏反蜺託臥反紞都敢反泮普半反啖徒敢反濛汜蒙似二音島與嶋同滑音骨
㯉音雞乂初牙反紕匹夷反曇徒含反睫紫葉反

晉書卷九十六　列傳第六十六

娍息融反褺所臻反姙如林反韡韋鬼反翅施智反郝好各反袤莫候反浣胡管反瘞於計反蚶鮓苦甘
反蚪麤臥反晞音希藐妙小反弢吐高反覡勑黼反碌音祿崧音嵩葩普巴反剔緜他歷反登橙等鄧反
鷄音皇壺苦本反彎烏關反娩晚免二音

晉書卷九十七　列傳第六十七

夫餘音扶厥居厲反貂狗女滑反檝王於肺乙劣二音沃沮子余反紒亦髻字音計蹻其虐居灼二反讙音喧楯
食允反扁音褊襜處詹反砮奴古反楛音戶傉雞內沃反倭烏禾反砮音奴釤所監反羃䍦音覓離氂理之
反酋字秋反拔蒲撥反葉音攝恍惚上呼晃反下呼骨反涸下各反愞乃亂反汗音寒漒音强蹄音題襦日朱反
獪古邁反賁崙音奔月氏音支賈音古銖音殊顥音昊薤胡界反犁鞬上落奚反下居言反梲栭音拙而礎音楚

合縫下音俸 西卷漢書音卷又音權 鏟初限反 佸較音古角 鉦之成反 大灣烏關反 舶音白 獷古猛反 萋
莎蘇和反 蛭之日反 蠡音螺 鍪毋音無 俔苦見反 韝古侯反

晉書卷九十八　列傳第六十八

歐烏口反 磾音低 坫都念反 闇苦本反 陳頒布還反 絡他朗反 㼧匹鄙反 犒苦到反 剽掠上匹笑反下力讓反
鸞拳音權 育 筵音延 煽音扇 跽暨几反 桁胡郎反 輗車輗礙車也五奚反 枹音俘 稜落登反 蝟云貴反 礫陟格
反 魚復應劭音腹 筰橋側陌反 葭萌音加 昝子感反 噂㗛上兹損反下徒合反 淅音錫 芟音衫 潸數板反 虒池爾
反 犉音字 鞞補鼎反 鞛方孔反 豬圻上之野反下渠希反 柈音盤 涂度都反 蚝七吏反 慴之涉反 祟雖遂反 蠹
徒到反 鄜人蘇林音盲字林芒耿反 睥睨上匹詣反下五計反 懟直類反 浞士捉反 殪於計反

晉書卷九十九　列傳第六十九

冏舉永反 瓢符遙反 妳媼上奴解反下烏浩反 溢蒲奔反 悍胡幹反 虓呼交反 跋扈步撥反 蹙子六反 綟盧結
反 栝音呂 舸吉我反 彬甫巾反 榜博朗反 袵如甚反 轜音而 蒐所愁反 讙音喧 帔彼義反 偵丑鄭反 譟蘇到
反 喁魚容反 譁音花 衄女六反 舫府望反 磯居希反 柞在各反又則各反 溳音云 酗醟上香句反下音詠 徂七余
反 么麼上一堯反下亡可反

晉書卷一百　列傳第七十

慦古賢反本作恔券去願反撍子感反傴於武反下雋辭兗反腐扶古反絆音半涅陽奴結反蕕音西呵呼何
反殘吐高反篾則前反菘音嵩臠力兗反胗之忍反眺他鳥反踧丁六反汶衡亡運反紐女久反唒山洽
反鮪榮美反蕢舒制反又時夜反睆戶版反又胡官反縣名在廬江盱眙與之反柵側戟反攘如兩反裸郎果反蒙
餘亮反沮衂上慈呂反下女六反怯愞上去業反下奴亂反庱丑升反斁音斂緦音叶蜺託臥反尪烏光反傿於建
反堙音因簏音祿戇音感相浦側加反譎古穴反翌音翼盬古纂反又去聲痡普胡反蜮音或踣傍北

晉書卷一百一　載記第一

湩乳汁也多貢反又竹用反詖彼義反覘勑廉勑豔二反盟津音孟劃胡麥反沮渠子魚反冒頓莫北反奧鞬上於
六反下居言反鬐渠脂反覡胡狄反邯鄲寒丹二音鬝亂上音條一本作髫下初謹反賻音附磾音低珧餘昭反培塿
蒲口反盧斗反垃盧合反崎嶇上去奇反下音區拓音託閹音奄宦官又豎也宮中閹閽閉門者聶尼輒反泫胡犬反氐當異
反酋字秋反顥音浩

晉書卷一百二　載記第二

彎烏關反鹿蠡韋昭音離驁五勞反胏腑音府疋與雅同柘之夜反銀研五見反珝况兩反狠猛漢書狠音

㴲殿屎詩云人之方殿屎爾雅云殿屎呻吟也孫炎云愁苦呻吟之聲殿音丁見反屎音香夷反字林火迷反 狃女久反 戇丁降反 蹄

㴲助馨反 悸其季反 侂吐彫反 豕莫候反 猗乙奇反 詿音挂 孺而遇反 綦毋音無 螟螣音冥特螣食草葉 蝱

音謀 磻石薄官反 螽斯音終 劉勱音邁 榱所追反 簀側革反 喧喧況袁反 卿但識禮記云弟子識之識音之吏反

晉書卷一百三　載記第三

仆撫遇反 鬚髯上相俞反下汝鹽反 菅㴲鋤馨反菅一作管 掎居起反 諜徒叶反 大荔音戾 剽匹笑反又音飄 齓初謹

反 滈池胡老反 向雄杜回反 倮郎果反 咢西五各反 奮蒯直引反 困敦丁回反 獷古猛反 咞城音牽

休屠漢書屠音除 驫字或作䮾女輒反馬行疾也 躓涉利反 皚五來反 軹諸氏反 帢苦洽反 戲水許羈反 炮烙

上音匏下公百反一作格 謻門謻音池字林刃之反又直紙反

晉書卷一百四　載記第四

背音背下張背督同 羯居謁反 鄔太原鄔縣也音一戶反 鞞步迷反 鬻食育嗣二音 荏平之士反又仕疑反 逯明音祿

曀於計反 賭圈渠篆反 犒苦到反 禧許其反 敳五來反 呵呼何反 填煞之填音陟鄰反 洧榮美反 螘魚綺

反 愀子小反又茲糾反 鎧苦愛反 筏音伐 欲填徒賢反 范龕音堪 王眘古慎字 哆下佐反又車者反 鴦烏郎反又

於良反 坫都念反 桑乾音干 踁戶定反本作脛同 蜺託臥反 鼂音朝之朝錯 挈壺苦結反 孛薄背反又薄沒反

晉書卷一百五　載記第五

瑕古雅反滹荒烏反或作滹本纛徒到反呵呼何反咄哪上當沒反下乃結反岍音牽歐烏口反漚麻於侯反拳

巨員反復之方六反釀女亮反撲殺蒲角反刳音枯酇才何反酈食歷易二音核下革反琅音郎逡遒才由

反闓音開堨烏葛反澌字林澌流水也息移反訾訾上居悚反下即移反靦他典反偵諜上丑鄭反下音堞句麗音句

離楛音戶于寘音殿犖呂角反礌礌落猥反洿下哀都反謏蘇鳥反涅奴結反澍之樹反涉璝公回反

晉書卷一百六　載記第六

蹻去遙反又音喬吻武粉反瘿陶上一井反下音遙費縣音秘絚字林大索也古恆反輞音罔橡音象綷子對反鐺部堂

反崇杠音江竿也絙繳之藥反紐女九反恧女六反褻私列反捶之累反安次漢書次音恣令支應劭令音

零孟康支音秖蹋頓徒合反海島都浩反艘蘇遭反鉦諸盈反臭丑略反邾陟輸反葦韋鬼反迭徒結遞也反

豫且子余反申且子余反申扁芳蓮反湎彌兗反昴音卯恚胡桂反溺中乃弔反晼晼日深也一丸反耐

乃代反鞾與靴同偶語五口反象箸張據反孕以證反

晉書卷一百七　載記第七

湟音黃鵠胡沃反孑居列反張瑁莫佩反愀子小反又慈糾反頷胡感反舐食爾反郝呼各反洿音烏豺士諧

反頡胡結反下辦步莧反惛音昏羯居謁反盂音于餤以贍反浹子協反銖市朱反滏音釜滆音鬲譎古穴反餉式亮反縋馳僞反遏陘戶經反汨音骨闐鞞蒲迷反仆音赴倜儻博雅卓異也倜音他歷反儻他況反褫他爾反懟直類反畚鍤上音本下初洽反惵惵徒協反獷古猛反慘蘇浩反晻烏感反

晉書卷一百八　載記第八

魔五罪反步搖餘昭反魁苦回反耐乃代反膾古外反岌魚及反銚音晃崔毖音秘犒苦到反紐女久反

燾徒到反傕汜較汎二音員音云蓨音條

晉書卷一百九　載記第九

佟徒冬反滹火湖反蚡房粉反噂嗒上玆損反下徒合反漉盧合反釗指遙反蠮螉上烏結反下烏紅反澮古兌反

墊都念反佛肸許乙反

晉書卷一百一十　載記第十

鶩音務龕口含反沲徒何反綫仙箭反瓫蒲奔反猶音由鏗鎗上口莖反下七將反褠古侯反禩陸氏士戀反顧音士合反踶齧上特計反下五結反煢渠營反縻靡爲反鴦於良反又烏郎反潸然出涕毛詩潸涕下貌劉炫音生版反涕音他禮反闃苦覓反蹋徒合反嶠嶅口勞五勞二反

晉書卷一百一十一　　載記第十一

韡文字集略韡亦煒字于鬼反　螗蜋堂郎二音　圈渠篆反　笁陟六反一作築　跋扈蒲撥反　燼疾刃反　荷擔都濫反　甌

吳一侯反　謏蘇鳥反　涌音勇　餽逵位反　賕音求　陟岵字或作阽乎古反　帑他朗反　襜褕字林曰直裾曰襜褕上處詹反

下式朱反　弋綈杜奚反　裯直牛反　彙音謂　隔閡五代反　挻式連反　蝥莫浮反　讋章葉反字林失氣也　媪烏浩反　衝

輣步萌反　蝟云貴反　鴟尺脂反

晉書卷一百一十二　　載記第十二

氐當奚反　酋字秋反　上邽古攜反　枋府良反　艸古草字本或作草　菁子情反　軹音紙　淅音析　堆都回反　屐奇逆

反　瞎許鎋反　耐刀槊所角反　跣蘇典反　粱楞來登反　彎烏關反　錘直垂反　鉗巨淹反　鋸音據　僵仆薑赴

二音　洿音烏　鄜城撫夫反　爓徐廉反　隻之石反　悸其季反

晉書卷一百一十三　　載記第十三

翌與職反　嘔血烏口反　蚝七吏反　丐古泰反　廏音救　京索應劭曰京縣名今有大索小索亭晉灼曰音柵　耳屬朱辱反

瓫蒲奔反　鷙陝上音就陝漢書音下夾反兩山之間也本或作陝　漒音強　胏胕音府　輶以周反　沮水七余反　虓許交反

邛苲在各反本爲笮　墊江音疊　仂來北反　翼犍渠焉反　漑古礙反　游馬以度說文曰游水上也音由　盱眙況上

魚反下與之反溯音素璪音早涂中度都反擯必刃反磃阨方緬反烏懈反嵏子紅反璣居希反玕音干哂式忍反
于窴堂見反又音田㵐五勞反

晉書卷一百一十四　　載記第十四

餒奴罪反豙莫候反彌窴堂見反輟鋪薄故反咤陟嫁反沮計慈呂反鄖音云柵恥格反掎居綺反勍渠京反憮音武壺飧音孫髀傍禮反厭於豔反豫且子魚反潸數版反戇丁降反堰於建反鶡古段反揭竿去竭反碭山音宕碻磝上口勞反下五勞反蘧篨渠除二音以飴辭吏反埳與坎同苦感反蓮芍輦酌二音圮毀苻鄙息泿二反衄女六反熖以豔反長鞘所交反鞭頭也鬻音育一作粥鬚相俞反捫蝨門瑟二音揃字林揃音子善反螭蟠上抽知反下音盤吲與哂同式忍反睚眦上五懈反下士懈反如綖私箭反汰音太唾吐臥反精餚音肴

晉書卷一百一十五　　載記第十五

犍爲渠焉反驎力珍反猗於宜反吒陟加反械胡界反輜軿上側持反下薄經反刻鉾字林古矛字矟所角反彌姐慈野反又作可反字林子野反裸郎果反瞬舒閏反笞丑之反湟胡光反泮普半反鼁鼀字林鼁似蝦蟆烏佳反又烏蝸反黽水虫也芒耿反蠆丑芥反愎符逼反

晉書卷一百一十六　　載記第十六

填徒賢反　洿音烏　狷吉緣反　貫鉀音甲　碻磝上口勞反下五勞反　愊芳逼反　蠡音禮　北屈居勿反　党删丁浪反

馬蒐五回反　鵙處脂反　蒔時吏反　槌直追反　闚覦窺渝二音

晉書卷一百一十七　　載記第十七

泫氏胡犬反又胡堅反上黨有泫氏縣　彭音膨　朓他了反　驢磑五內反　讞魚列反　沮渠子余反　洸古皇反　傉內沃反　梃式連反　番禾音盤　譯羊益反　波若入者反　獫狁險允二音　鶚五各反　鐸音託　重繭上持容反下古典反　擯必刃反

晉書卷一百一十八　　載記第十八

濜口水經曰濜水出襄鄉縣東北陽中山濜疾亂反南都賦云溼灃藥濜發源巖穴即此水也　袤莫候反　拓跋上音託下步末反　楞盧登反　禆音卑　平輿音豫　鶩陜下夾反下同　絕亢下郎反　紓音舒　覬九利反　鏗口莖反　洿音烏

晉書卷一百一十九　　載記第十九

雊古候反　殷殷有聲殷音隱　瞋昌隣反　洸古皇反　完胡官反　墨蠡祿弋反　蠡吾上音禮　掎居綺反　禆將頻卑反　嘔一口反　拔蒲撥反　憮無府反

晉書卷一百二十　　載記第二十

𩐫胡老反　碭杜浪反　黔中音琴　賨南蠻賦才冬反　剽匹笑反　復方六反　覭胡狄反　苾毗必反　廞許金反　愞乃亂反　幟昌志反又式吏反　弇古南反　氐叟蘇后反　鞬居言反　晶音精晶光也　檉勑貞反　衙博上音牙　葭萌上音加下莫耕反　摯徒叶反　璜胡光反　氾音汎　黃訇呼宏反　犨尺玉反古文觸字　郫苻羈反　幢宅江反

晉書卷一百二十一　載記第二十一

鄭倉㤂反又音妻　芋羽遇反　羅羕餘亮反　覭胡狄反　惇都昆反　絰丑結反　釗指遙反　琀胡紺反　玝音午　扞音翰　玘字林本玟字方廉反　毋丘音無　朱提上是朱反下足支反　瘍左傳云生瘍於頭字林瘍頭瘡也音羊　酗香句反　嘏古雅反　痕字林瘡瘢也戶林反　吮徐兗反　瓌姑回反　紊無運反　昝子感反　艦胡黯反　譟蘇到反　祟雖遂反　獠音老　蹙子六反　汶音旻　鑕之日反　剽竊字林剽結人也匹召反　鼈并列反

晉書卷一百二十二　載記第二十二

蚝七吏反　獪古邁反　呐女劣反又女鬱反　矛矟音朔　羂古犬反　馗渠追反　黠胡入反　尉祐音鬱　允吾應劭曰允音鉛吾音牙　鷀之然反　鞬居言反下同　揖次孟康揖音子如反次音㤂　鞅於兩反　涫音官　番禾音盤和本一作和　吞吐根反　咀慈呂反　拉盧合反　榼苦盍反　崎嶇上去奇反下音區　坑客庚反　橜其月反　琱音彫　蕞爾在最反

晉書卷一百二十三　載記第二十三

句踐音鉤 靬音半 鄖城音云 歃山洽反 椹食稔反 罟姑戶反 侏張上張流反 塹七豔反 兜當侯反 北走音奏

跳徒聊反 嫄音原 溯音素 曇徒含反 狃女久反

晉書卷一百二十四　載記第二十四

砥音旨 惷丑江反又丑降反 眭戶圭反 撾捶上陟瓜反下之累反 鴟鴞上處脂反下于驕反 羿五計反 勍呪詛上職救反

下剔據反 暍說文傷暑也音謁 剗楚簡反 躃踊房益反 仆音赴 襚韡與靴同 跋蒲撥反 槀古老反 擬魚紀反 惡

有音為 掎拔居綺反 勦子小反 鬒之忍反 逭胡段反

晉書卷一百二十五　載記第二十五

紇下沒反 汗音寒 鐸大各反 軻音柯又去聲姓也 輢居宜反 翟瑥音溫 狃女久反 羖羝音古低 踧子六反 捫音門 党丁浪反 嵻峎康郎二音 轘音患 蹢直炙反蹢蹄也又音的 噍祚叫反 阽余廉反 叱咤上齒只反下陟嫁反 跋蒲撥反 韮町徒鼎反 閼伯烏葛反 賕音求 蝚蠕上音柔下而兗反 睹音覩 柘之夜反 鸛古段反 廝音斯 砥礪音旨厲二音

晉書卷一百二十六　載記第二十六

壽闐徒賢反 鞬居言反 湟胡光反 鍮託侯反 崙音倫 麗軒上力馳反下音虔 頃襄頃音傾 允街孟康曰允音鈆

衒音皆氐池都兮反或作丘池番和音盤邯川音寒又胡甘反苕藋上音條下徒弔反愎符逼反子鮮音仙鞨靮
音的馬韁也乾谿音干

晉書卷一百二十七　載記第二十七

拓拔上音託下蒲撥反踔音卓紐女久反流澌息移反奎苦圭反勦子小反耿弇古南反湫隘子小反鴟
鴞上處脂下于驕反鉦諸盈反

晉書卷一百二十八　載記第二十八

恚於避反轘音患下同霈普蓋反峴胡典反陘音刑臨朐音劬從卽容成反翌與職反龕音堪悛此緣反撓
如效反

晉書卷一百二十九　載記第二十九

沮子余反滑稽史記滑稽二音又骨雞二音匄古泰反覡胡狄反拏女余反湟胡光反魋杜回反姐才也反隗
五罪反澍之樹反研研五見反

晉書卷一百三十　載記第三十

孑居列反偵丑鄭反堆都回反髑髏獨樓二音刎武粉反党丁浪反璝公回反蒯苦壞反罩都孝反組

古垣反濛蒙汜似旰音幹綷子對反閟兵冀反侐況逼反嵯峨上昨何反下五哥反螭丑之反

晉書音義卷下

編修臣人龍謹言晉書一百三十卷晁公武謂歷代之史惟此最爲叢冗至於取沈約誕誣之說雜採詭異謬妄之言尤不可不辨而鄭樵謂古者修書如班馬之徒自成一家至唐始用衆手各隨其學術所長所以晉之有志獨善于古今是則此書之瑕瑜固有不相掩者編修臣李龍官奉

勅校勘凡監本舛訛或從他本及何倫音義有可據者從而釐正之臣人龍復與同事諸臣詳審參訂錄爲考證各附卷末臣謹識

原任詹事臣陳浩洗馬臣陸宗楷編修臣孫人龍知州臣王祖庚拔貢生
臣王積光等奉
敕恭校刊

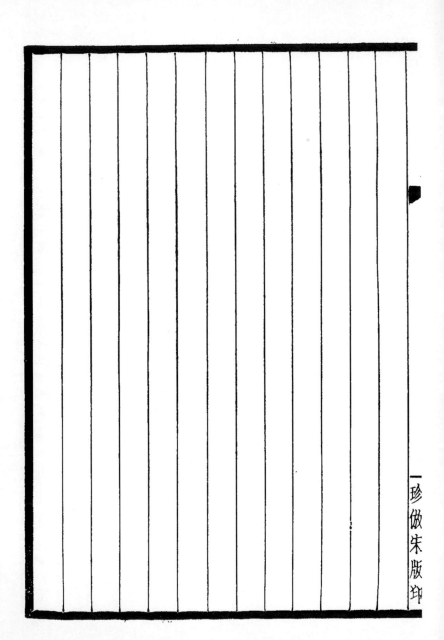

西元二〇二〇年六月一日重製一版

晉書（附考證）冊六（唐太宗御撰 何超音義）

平裝六冊基本定價肆仟捌佰元正（郵運匯費另加）

發行人 張敏君
發行處 中華書局
臺北市內湖區舊宗路二段一八一巷八號五樓（5FL., No. 8, Lane 181, JIOU-TZUNG Rd., Sec 2, NEI HU, TAIPEI, 11494, TAIWAN）
客服電話：886-2-8797-8396
公司傳真：886-2-8797-8909
匯款帳戶：華南商業銀行西湖分行 179100026931
印刷：維中科技有限公司 海瑞印刷品有限公司

No. N1042-6

國家圖書館出版品預行編目(CIP)資料

晉書 / 唐太宗御撰 ; 何超音義. -- 重製一版. --
臺北市 : 中華書局, 2020.06
冊 ; 公分
ISBN 978-986-5512-16-3(全套 : 平裝)

1.晉史

623.101 109007154